高等学校经济管理类“十三五”规划教材
西安电子科技大学研究生精品教材

资产定价与风险管理

申尊焕　编著

西安电子科技大学出版社

内容简介

本书综合了金融学的基础理论和最新研究成果，按照由简到繁的分析思路，循序渐进、较为系统地阐述了资产定价以及由此产生的风险管理理论和方法。基于价值理论基础，本书内容包括价值与货币理论、资产定价导论、利率与汇率、债券定价、股票定价、金融衍生品定价、风险管理概论、期望效用理论与风险、组合理论与风险管理、信用风险管理、投资风险管理、操作风险管理等，最后对《巴塞尔协议》的内容进行了简要介绍。

本书适合于金融学、财务管理、会计学专业的研究生和MBA学生使用，也可以作为金融机构、企业管理人员和对金融学有兴趣的读者的学习参考资料。

图书在版编目(CIP)数据

资产定价与风险管理/申尊焕编著. 一西安：西安电子科技大学出版社，2016.3(2018.1 重印)
高等学校经济管理类"十三五"规划教材
ISBN 978-7-5606-3982-6

Ⅰ.①资… Ⅱ.①申… Ⅲ.①资产评估—风险管理—高等学校—教材 Ⅳ.①F20

中国版本图书馆 CIP 数据核字(2016)第 018946 号

策划编辑 李惠萍
责任编辑 李惠萍 闫柏睿
出版发行 西安电子科技大学出版社(西安市太白南路 2 号)
电　　话 (029)88242885 88201467 邮　　编 710071
网　　址 www.xduph.com 电子邮箱 xdupfxb001@163.com
经　　销 新华书店
印刷单位 陕西大江印务有限公司
版　　次 2016 年 3 月第 1 版 2018 年 1 月第 2 次印刷
开　　本 787 毫米×1092 毫米 1/16 印张 19.5
字　　数 459 千字
印　　数 1001～2000 册
定　　价 40.00 元
ISBN 978-7-5606-3982-6/F

XDUP 4274001-2

前　言

在经济全球化的背景下，不断提高经济发展水平已经成为社会各界的共同需求。金融不仅是经济发展的第一推动力，也是经济发展的持续推动力。因此，在我国建立社会主义市场经济的过程中，如何充分认识并发挥金融对经济发展的促进作用已经成为一个重要任务。

价格理论是经济学的核心内容，而资产定价以及由此产生的风险管理理论与方法则构成了金融学的研究主线。金融资产不仅包括原始形态的货币，而且包括由此派生的以金融合约形式出现的债券、股票和金融衍生工具。由于货币受到经济和非经济因素的共同影响，因而资产价格经常处于波动之中，并引发了投资收益率的波动和风险。由此可见，资产定价与风险管理之间有着紧密的内在逻辑关系。

基于以上思路，本书分为资产定价和风险管理两个部分，共13章。在资产定价部分，内容涉及价值与货币理论、资产定价导论、利率与汇率、债券定价、股票定价、金融衍生品定价六章。从逻辑关系上看，价格是价值的货币表现形式，为了较为全面地理解资产定价的本质，就需要回顾价值理论与货币理论。因此，第一章简要介绍了西方价值理论、货币的起源、货币的功能及货币体系。第二章是资产定价导论部分，明确了资产的类型、资产定价的理论基础和相关理论。考虑到货币是衡量资产价格的依据，同时由于利率和汇率分别反映了在封闭经济环境和开放经济环境下货币的价格，因而，第二章最后介绍了利率与利率形成机制以及汇率与汇率制度。第三、四、五和六章分别研究了利率与汇率、债券定价、股票定价和金融衍生品定价。其中，第三章涉及利率决定理论、汇率决定理论以及汇率决定中的基本关系；第四章的内容包括债券定价、债券价格波动的测量以及债券价格波动率的测量；第五章讨论了股票的定价问题，涉及均值-方差分析、资本资产定价模型、单指数模型、多指数模型等内容；第六章侧重于金融衍生品的定价问题，突出了对期权定价问题的分析，内容包括期权价格、期权平价公式、期权定价的二叉树模型、Black-Scholes期权定价模型以及影响期权价格波动的因素分析。

本书风险管理部分包括第七章至第十三章，共七章内容。第七章是风险管理概论，介绍了风险的内涵、风险的类型、风险管理的程序和在险价值。第八章是期望效用理论与风险，内容包括期望效用函数、期望效用函数的讨论、期望效用与风险态度、风险厌恶程度的测量、均值-方差效用函数、确定性等值与风险溢价、保险定价、道德风险与逆向选择，本章的分析有助于读者全面理解效用理论在经济学理论中的重要地位。第九章是组合理论与风险管理，强调了组合理论在风险管理中的理论与实际应用，内容包括风险规避、组合理论与风险控制方法、保险组合基础等。第十章是信用风险管理，内容包括违约风险的统计度量和市场度量、信用风险暴露、信用风险管理等。第十一章是投资风险管理，内容包括绩效评估、风险预算和风险贡献以及对冲基金的市场风险及其投资策略等。第十二章是操作风险管理，包括操作风险的识别、评估、管理以及《巴塞尔协议》对操作风险资本要求的计算方法。第十三章介绍了《巴塞尔协议》，涉及不同时期《巴塞尔协议》的内容、《巴塞尔协议》中的资本、《巴塞尔协议》与信用风险资本、市场风险资本要求等。

本书的编写具有系统性和应用性的特点。在整个内容的安排上，本书以价值理论和货币理论为基础，重点分析了资产定价以及与此相关的风险管理问题，并在每章内容的组织上，按照本章内容、本章小结、案例研究和思考与练习的次序排列，方便读者系统地学习，体现了良好的系统性特点。本书的部分章节还列出了阅读专栏，以便读者了解更多的信息与相关知识。为了突出资产定价和风险管理理论与方法的实践性和应用性，本书的案例来自于公开媒体，从而更好地反映我国实际金融活动中出现的新现象和新问题，帮助读者提高认识问题、分析问题和解决问题的能力。与此同时，在思考与练习中也提供了“金融风险管理师”考试的部分真题，为读者参加金融风险管理考试提供参考。

本书的内容基于对研究生“风险管理”课程的教学实践，同时广泛吸收了国内外学者和国内外教材关于资产定价与风险管理的成果。在此对这些资料的作者和出版机构表示诚挚的感谢。正是由于他们的辛勤工作，才为本书的编写提供了有理论依据和实践基础的素材。在本书编写过程中，对于参考过的文献的统计难免有所遗漏，本人对此深表歉意。

本书的编写得到了西安电子科技大学研究生院教学改革项目的大力支持，在此表示衷心的感谢！本书的出版还与西安电子科技大学出版社李惠萍老师的精心策划和闫柏睿老师的细致工作密不可分，在此也对她们的不懈努力和出版社其他工作人员的辛勤劳动表示崇高的敬意！

由于作者水平有限，书中不足之处在所难免，希望读者批评指正。

申尊焕

2015年10月

目　　录

目　录

第一章　价值与货币理论

在长期的人类实践中，价值的内涵经历了不断的演化。货币的出现使人们对价值有了更深入的认识，但也产生了大量的讨论和不同的观点。基于价值与价格概念的明确区分，资产定价也就成为理论研究的重要问题。因此，为理解资产定价与风险的关系，有必要了解价值与衡量价值的货币的相关理论。本章分别介绍了西方价值理论、货币的起源与货币形态的演进、货币的功能以及货币制度。

1.1　西方价值理论简述

价值埋论是经济学的核心，它体现在不同时期的经济思想中。从历史发展过程看，价值理论主要经历了古希腊和古罗马时期、欧洲中世纪时期、重商主义时期和古典经济学时期等发展阶段。

1.1.1　古希腊和古罗马的经济思想

希腊是西方古代文化的发源地，希腊的众多学者对经济思想进行了阐述，代表性人物包括色诺芬和亚里士多德，他们的见解成为理解现代经济理论的出发点。

色诺芬(Xenophon，约公元前 430—公元前 354)是古希腊著名的哲学家苏格拉底的弟子，在经济方面著有《经济论》和《雅典的收入》。色诺芬以物品是否对人有用作为衡量财富的标准，即有利的东西都是财富。亚里士多德(Aristotle，公元前 384—公元前 322)是古希腊伟大的思想家，论著主要有《政治论》和《伦理学》。他首先意识到并指出了商品的两种价值：一种是物本身所固有的，另一种则不然。例如，服装既可以自用，也可用于交换。他的这一概念被亚当·斯密发展成为使用价值和交换价值，从此成为经济学中的固定范畴。亚里士多德区分了两种财富，作为有用物的财富和作为货币积累的财富。与此相适应，又有两种科学：经济和货殖。前者研究如何获得有使用价值的物品，而后者研究如何获得货币。因此，货殖具有反自然的性质。真正的财富是有限的，而以货币为目的的货殖却没有限度。

1.1.2　欧洲中世纪时期的经济思想

欧洲中世纪时期的经济思想经历了早期、中期和后期三个时期。欧洲封建社会约从公元五世纪末开始，到十五世纪左右结束，历时约 1000 年，历史上称为中世纪时期。中世纪时期社会经济关系的基础是封建主占有土地和不完全占有生产者，教会拥有很高的地位，罗马教廷确立了教皇在宗教和世俗事务方面的无限权力，经院哲学成为中世纪占统治地位的意识形态。在经济思想方面，亚里士多德在《政治论》和《伦理学》中关于买卖、货币和高利贷的论述，成为经院哲学的精神基础。

基督教最初是奴隶和贫民的宗教，早期基督教神父指责财富和私有财产，认为慈善不是一种赠予，而是一种权利，但又不强制要求普通人放弃财产，只是要求他们多行慈善。早期基督教经济思想产生于罗马帝国的衰退时期，罗马基督教最著名的思想家奥古斯丁(Augustine，354—430)经常重复强调早期基督教圣经中的"不劳动者，不得食"。十三世纪的阿奎那(Saint Thomas Aquinas，1225—1274)将圣经、教父的教义和亚里士多德的著述结合起来，建立起完整的经院哲学体系，代表作是《神学大全》。他认为，社会生活中的公平包括三个方面：一般公平涉及个人对集体的责任义务；交换公平指导个人与个人的交往；分配公平是关于集体对个人的责任义务。关于私有财产，阿奎那并不是无条件地反对私有制，而是将财产的权利分为所有权和使用权，主张国家根据社会利益对财产进行管制，财产的所有权属于个人，而使用权属于众人。从研究内容上看，公平价格是交换公平的核心，也是经院哲学的中心议题，其晚期(十三世纪末到十六世纪)学者在价格政策上有两种主张：一是主张由市场自由形成，二是主张由政府进行管制。在价格理论上大致沿着效用理论和成本决定价格这两条线发展，代表人物包括奥列维、波拿达恩等。奥列维(Pierre de Jean Olivi，1248—1298)将物品的有用性、稀缺性和其满足买者的能力看成是影响商品价格的三个决定因素。物品的有用性是物品的客观效用，其满足消费者的能力为客观效用的主观评价。物品的价格与其稀缺性成正比关系，而且，购买者的主观评价不同，商品价格也会不同。波拿达恩(Bernardine，1380—1438)继承了奥列维的价格决定因素的观点，并将公平价格看成一定幅度内的价格而非始终不变的定量；价格幅度取决于物品的稀缺程度、成本以及风险等因素。

1.1.3　重商主义时期的经济思想

重商主义起源于十五世纪，全盛于十六和十七世纪，而衰退于十八世纪下半叶。十五世纪，商品货币关系已经有了一定程度的发展，统一性的市场开始形成，而十六和十七世纪发生的资产阶级革命则促进了资本主义商品经济的发展，并形成了相应的经济思想。在重商主义之前，经济思想大多数体现在哲学家、神学家等的著作中，并以满足人类物质需求为重心，认为粮食、服装等消费品就是真正的财富。与此相反，重商主义认为，只有货币或能够实现货币功能的物品才是财富。基于这一观点，重商主义的主要观点包括：第一，财富来源于流通领域，商业是致富之本；第二，在一个国家内部，一人之所得即是他人之所失，国内流通不能增加国家的财富，因此，只有将商品输往国外才能增加一国的财富。

从其发展过程看，重商主义经历了早期重商主义和晚期重商主义。早期重商主义主张禁止货币流出，在国际贸易中多卖少买或不买，而晚期的重商主义不反对货币的流出，只要一国全部对外贸易的出口总额大于进口总额，就可保证货币的流入。早期重商主义的代表是孟克列钦(Antoine de Montchretien，1575—1621)，他在1615年出版的《献给国王和王后的政治经济学》中，首次提出了"政治经济学"这一术语，表明它不再是重视家庭管理的经济学，而是关于整个国家的经济学。重商主义的晚期代表是托马斯·孟(Thomas Mun，1571—1641)，其代表作是他去逝后于1664年出版的《英国得自对外贸易的财富》。他是贸易平衡论的创始人，认为对外贸易才是国家致富的手段。在贸易过程中，重要的是要将货币投入到有利可图的流通领域。

在重商主义向古典经济学的过渡时期，威廉·配第(William Petty，1623—1687)对古典经济学有重要贡献。在研究方法上，在配第之前的英国经济思想中，多数学者以自己的感情和前人的说教为基础来研究经济问题，而他强调以事实、数量或经验为依据来进行研究。在经济思想上，配第是将劳动与价值联系起来的第一人，他将商品的价格区分为“自然价格”和“政治价格”，前者指商品的价值，后者指市场价格。在此基础上，他把商品的价值归结为生产商品所必需的劳动量，把商品价值量的大小归结为劳动生产率的高低。与此同时，配第第一次提出了货币流通速度的概念，认为商品所需的铸币(金或银)，应根据交换的次数和支付额来确定。针对重商主义的货币就是财富、商业为财富源泉的观点，法国重农学派的先驱布阿吉尔贝尔(P Pierre Le Pesant，sieur de Boisguillebert，1646—1714)进行了有力的批判。他指出，真正的财富是对人们生活有用的物品，而构成国家财力和财富的基础是生产这些必需品的农业。

1.1.4　古典经济学的理论演变

古典经济学经历了十八世纪中期到十九世纪六十年代的时期，它由重农学派初建，至亚当·斯密形成体系，在此基础上，形成了马克思的经济学说。这一发展时期的代表性人物包括魁奈、亚当·斯密、李嘉图、萨伊、马尔萨斯、穆勒、麦克库洛赫、西尼耶、巴师夏、李斯特和马克思。

一、魁奈

重农学派的代表人物是魁奈(Francois Quesnay，1694—1774)，他从等价交换原则出发，认为在自然秩序下，交换是一定量价值财富同相同数量的另一种价值财富的交换，流通领域不会引起财富的增加，因此，剩余价值就只能来源于生产领域。将剩余价值的研究从流通领域转向生产领域是重农学派的一大贡献。在他看来，社会各生产部门中只有农业能够生产净产品，农业是财富的唯一源泉。魁奈强调了经济自由的重要性，认为个人利益是社会公共利益的仆人，只有保护自由和私有利益才能使国家繁荣。各人追求自己的利益，最终将扩大整个社会利益，从而实现个人利益与社会利益的融合。

二、亚当·斯密

亚当·斯密(Adam Smith，1723—1790)是西方古典经济学最杰出的奠基者，其代表作是《国民财富的性质和原因的研究》(简称《国富论》)。亚当·斯密认为，人们在从事经济活动时，未必有促进社会利益的动机，但在自由放任的社会中，他会受着一只看不见的手的指导，去尽力达到一个并非他本意想达到的目的。这种以利己之心为基础的个人利益与社会利益的高度统一，是《国富论》的基本哲学根源。关于经济品的来源，他认为，一国国民每年的劳动，就是供给他们每年消费的一切生活必需品和便利品的源泉。构成这种必需品和便利品的，或是本国劳动的直接产物，或是用这类产物从国外购进来的物品。他将劳动视为一切财富(价值)的源泉，并且是财富的唯一源泉。关于货币，亚当·斯密认为，货币首先是流通媒介，通过货币，一切商品都能进行交换。关于价值，亚当·斯密认为，指的是使用价值和交换价值，这样，既可探讨交换价值(或两种商品的交换比率)，也可讨论两个交换商品内在价值的决定因素(如劳动、生产成本等)。在探讨交换价值时，亚当·斯密的重点是寻找衡量交换价值的标准，并认为劳动是衡量一切商品交换价值的真实尺度。劳动是衡量交换价值的尺度和形成国民财富的源泉，因而也是交换价值和使用价值的决定因素。

三、李嘉图

李嘉图(1772—1823)是英国产业革命时期的著名经济学家，其代表作是《政治经济学原理及赋税原理》(1817 年)，其主要内容包括：

(1) 明确指出了使用价值是交换价值的前提。他指出，效用对于交换价值来说虽是绝对不可缺少的，但不能成为交换的价值尺度。如果一种商品没有任何用处，那么无论它如何稀缺，也无论获得时需要耗费多少劳动，总不会具有交换价值。

(2) 批评亚当·斯密的二重价值观，指出这是亚当·斯密的劳动价值论的不彻底性和自相矛盾之处，从而肯定了只有生产商品时所耗费的全部劳动决定价值这一正确定义。

(3) 具体说明了什么样的劳动量决定商品的价值量。首先，要看它是简单劳动还是复杂劳动，是熟练劳动还是非熟练劳动；其次，劳动不仅包括直接劳动(即创造价值的活劳动)，而且包括间接劳动(即转移价值的物化劳动)；最后，劳动不是指个别劳动，而是指必要劳动。

四、萨伊

萨伊(1767—1832)是法国的庸俗经济学家，其代表作为《政治经济学概论》(1803 年)，其主要观点如下：

(1) 物品的效用就是物品价值的基础。当人们承认某种东西有价值时，所根据的总是它的有用性。没有用的东西，谁也不会给予其价值。

(2) 生产要素(劳动、资本、自然)共同创造价值。价值是人类的辛勤劳动、自然所提供的各种要素和资本的共同作用产生的成果。

(3) 商品的价值是由各种收入构成的。产品的全部价值可分解为各种收入，因为任何产品的总价值，都是由形成它的土地所有者、资本家和勤劳者的利润相加而成的。

五、马尔萨斯

马尔萨斯(1766—1834)是代表英国资产阶级土地贵族利益的庸俗经济学家，其商品价值理论主要体现在其《政治经济学原理》中，主要观点包括：

(1) 继承了亚当·斯密价值论的庸俗观点，即劳动决定商品价值，并解释为：在任何时间和任何地点，商品的估价总是取决于需求和供给的相对状况，而且通常取决于基本的生产成本。

(2) 为了分析供求平衡时价值决定的困境，提出了“需求强度”决定价值的观点。需求强度是指具有购买力的购买欲望，并认为，不应把供求关系看成是一种纯数量的关系，真正决定价值的绝对因素只能是需求强度。

(3) 决定商品价值的需求强度本身是以商品的价格为前提的。他用收入决定论解释了商品价格的决定问题，最后归结为生产费用决定论。

六、穆勒

穆勒(1773—1836)是英国庸俗经济学家，其代表作为《政治经济学纲要》(1821 年)，其主要观点包括：

(1) 劳动与资本的交换就是普通的商品与商品的交换，是按照等价交换原则进行的，因此，它与价值规律不矛盾。

(2) 劳动与资本共同创造价值，它们之间的区别只是劳动的不同形式的区别：劳动是指直接劳动，资本是积累劳动，即间接劳动。直接劳动创造价值是明显的，而间接劳动同样创造价值。

(3) 决定价值的劳动时间应当是指生产时间，即除了劳动时间之外，还包括资本作用的时间(指劳动中断但仍处于生产过程的时间)。

七、麦克库洛赫

作为英国庸俗经济学家的麦克库洛赫(1789—1864)，其观点体现在《政治经济学原理》(1825年)中，主要包括：

(1) 价值分为真实价值和相对价值。前者指生产商品时所耗费的劳动，后者指各种不同商品之间交换的比例。在自由市场中，劳动与资本的交换能使它们获得自己的真实价值，是一种等价交换。

(2) 劳动不仅包括人力(包含人的直接劳动和人的积累劳动)，而且包括动物和自然力的活动，它们都参加价值的创造。

(3) 决定价值量的劳动时间不仅指活劳动作用的时间，而且也包括物化劳动(即资本)作用的时间。

八、西尼耶

英国庸俗经济学家西尼耶(1790—1864)提出了节欲创造价值的观点，其代表作为《政治经济学大纲》(1836年)，主要观点如下：

(1) 价值构成的要素和特性有三个：效用、供给有限和可以转移，即效用性、稀缺性和转让性。其中最重要的是稀缺性，即供给问题，而供给受生产价值的三要素(劳动、节欲、自然)所制约。

(2) 除了劳动和自然之外，节欲也是价值的源泉。

(3) “最后一小时”创造的价值形成资本家的利润。

九、巴师夏

法国庸俗经济学家巴师夏(1801—1850)的代表作为《经济和谐》(1850年)，其主要观点是：

(1) 价值是交换着的两种服务的关系，因为价值这个词的定义，不仅必须关联到人类的努力，而且关联到那些交换着的或是能够交换的努力。交换不只是显示出价值和衡量价值，它还给予价值以存在。

(2) 服务就是服务者提供的劳动，但这种劳动并不像古典学说中的劳动，而是人的努力和紧张情况。

(3) 各类资本家垫支资本就是延缓了自己的消费或享受，而延缓本身就是一种特殊的服务，因而应得到报酬，否则我们就必须放弃社会的最高规律，即以服务换服务的规律。

十、李斯特

德国历史学派的代表人物是李斯特(1789—1846)，提出了生产力价值论，其代表作是《政治经济学的国民体系》(1841年)，主要观点如下：

(1) 价值是交换价值，而交换价值也是使用价值。

(2) 价值是由生产力创造的。财富的原因与财富本身完全不同。一个人可以完全占有财富，那就是交换价值；但如果没有那份生产力可以生产出的大于他所消费的价值，他将越过越贫穷。一个人也许很贫穷，但是如果他拥有那份生产力，就可以生产出大于他所消费的有价值的产品，从而富裕起来。

(3) 什么是生产力增长的因素呢？他认为，基督教、一夫一妻制、奴隶制与封建领地的取消，王位的继承、印刷、报纸、邮政、货币、计量、历法、钟表、警察等等级事物，制度的发明、自由持有不动产原则的实行、交通工具的采用，这些都是生产力增长的丰富源泉。

十一、马克思

古典经济学家以研究财富的性质和源泉为出发点，目的在于指出国家富强之道。马克思(Karl Marx，1818—1883)的《资本论》将资本主义的生产关系和交换关系作为研究对象，目的在于揭示资本主义的运行规律。马克思提出了价值由劳动决定的命题，完成了劳动价值论体系。在他看来，使用价值虽然是价值的不可缺少的条件，但它本身并不构成价值。他指出交换价值首先表现为一种使用价值同另一种使用价值相交换的量的关系或比例。不同商品之间能够交换，表明它们有共性，这就是商品的价值，即商品中凝结着无差别的人类劳动，这种抽象的人类劳动的凝结，就是商品的价值。

从商品价值的表现来看，单个商品没有任何价值表现，但如果将其放入商品社会的社会联系中，其价值量和价值性质就会表现出来，因此，商品交换实际上是商品生产者之间的不同劳动的交换。关于财富的源泉，他认为，劳动作为使用价值的创造者，作为有用劳动，是不以一切社会形式为转移的人类生存条件，是人和自然之间物质变换即人类生活得以实现的永恒的自然必然性。具体劳动只有同自然力结合起来才能创造使用价值，因此，劳动并不是它所生产的使用价值即物质财富的唯一源泉。正像配第所说，劳动是财富之父，土地是财富之母。

在价格的形成过程中，生产者在交换时关心的不是纯收入与其所用生产资料价值之间的比率(利润率)，而是商品价格是否与其所付出的劳动相等。平均利润率的形成基于这样的事实：商品不只是当作商品来交换，而是当作资本的产品来交换。这些资本要求从剩余价值的总量中，分到和它们各自的量成比例的一份，或者在它们的量相等时，要求分到相等的一份。平均利润率形成后，商品市场价格围绕生产价格上下波动。从理论上看，商品的市场价值是一个部门单个商品价值的平均值。剩余价值来自于剩余劳动，是雇佣工人在超额劳动时间中创造的超过预付资本的价值增值。

1.2 货币起源与货币形态的演进

1.2.1 价值形式的演化与货币的产生

从历史上看，货币的产生经历了长期的演化过程，这一过程体现为价值形式的不断变化，具体包括简单的价值形式、扩大的价值形式、一般的价值形式和货币形式四个阶段。

一、简单的价值形式

随着生产技术的不断提高，人类社会出现了第一次大分工，畜牧业与农业产生了分离，剩余产品的出现为商品经济的发展奠定了基础，从而形成了商品交换。在交换过程中，商品的价格形态也不断发生变化。在初始阶段，商品交换具有偶然性，表现为一种商品与另一种商品的交换。从价值形式上看，商品交换可表示为：X 量的 A 商品等于 Y 量的 B 商品。如 10 码麻布等于 1 件上衣，含义为 10 码麻布的价值等于 1 件上衣的价值，或者说，10 码麻布值 1 件上衣。其中，前一商品起主动作用，后一个商品起被动作用；前一个商品的价值表现为相对价值，或者说，处于相对价值形式，后一个商品起等价物的作用，或者说，处于等价形式。这就是简单的价值形式。

二、扩大的价值形式

随着生产技术的不断进步，产品的丰富程度也就越来越高，从而促进了交换形式的变化。商品交换不只是简单地与另一种商品的交换，而是经常与多种商品的交换，交换的对象和范围也在不断扩展。这种交换形式理论上可抽象为：一种商品的价值可以扩大地表现在一系列不同的商品上，如 10 码麻布等于 1 磅茶叶，或 10 码麻布等于 1 袋小麦，或 10 码麻布等于 2 把石铲等，即茶叶、小麦、石铲等都成为麻布的价值表现形态。这种经常的、扩大的交换活动被称为扩大的价值形式。与简单的价值形式相比，扩大的价值形式有三个特点：

（1）它使商品的价值第一次真正表现为同一的、抽象的人类劳动的凝结。因为形成个人价值的劳动十分清楚地表现为这样一种劳动，其他任何一种人类劳动都与之等同，而不管其他任何一种劳动具有何种自然形式，即不管它是物化在上衣、小麦、铁还是金等等之中。

（2）它表明商品交换的社会关系扩大了。

（3）更为重要的是，它表明商品的价值与使用价值的自然形式无关。麻布的价值通过上衣、茶叶、小麦等的使用价值得以表现，表明商品价值同它借以表现的使用价值的特殊形式没有关系。

三、一般的价值形式

随着社会分工协作程度的进一步提高，商品交换成为人类生活中不可缺少的环节，这种频繁和不断的交换活动，客观上要求有一种公众认可的物品能够作为衡量价值的标准。在长期的生活实践中，一些商品逐渐地从普通商品中分离出来，如非洲的象牙、欧洲的牲畜、亚洲的粮食等。这些分离出来的商品虽然仍然具有其自身的使用价值，但它们更主要的作用是固定地发挥交换媒介的功能。这种公共物品的出现不仅简化了人们的交易活动，节约了交易成本，而且也促进了交换行为在地理区域上的扩大。这种由一种商品作为交换媒介的现象，被称为一般的价值形式。从价值的角度上，可表现为 1 件上衣等于 10 码麻布，或 1 磅茶叶等于 10 码麻布，或 1 袋小麦等于 10 码麻布，或者 2 把石铲等于 10 码麻布。与前两种价值形式相比，一般的价值更为重要，体现在：

（1）在简单和扩大的价值形式中，处于相对价值形式上的商品起主动作用，而在一般的价值中，处于相对价值形式的商品，不是个别商品，而是一切商品要表现价值，要求集中地表现在一个等价物商品上。

（2）充当一般等价物的商品所包含的私人劳动，取代了一般的社会劳动形式，成为衡量其他商品价值的标准。

四、货币形式

在一般价值形式中，作为等价物的可以是任何商品，这取决于不同国家和地区、不同时期的自然环境等因素。在古代中国，不少地区长期将贝壳作为一般等价物。从更广泛的地区来看，黄金更具有作为一般等价物的属性，因为它不仅是社会劳动的商品，而且是最理想的货币材料。货币天然不是黄金，但黄金天然是货币。黄金的天然属性主要表现在：

（1）黄金质地均匀，易于分割；

（2）黄金具有抗腐蚀性、耐高温、可长期贮藏的特点；

（3）黄金价值大，但体积小，便于携带；

（4）黄金硬度高，不易磨损且容易鉴别，保值性好。

正是由于黄金所具有的天然自然属性，使其成为人们乐于接受的一般等价物。从价值形式看，货币形式表现为：1 件上衣等于 2 盎司黄金，或 1 磅茶叶等于 2 盎司黄金，或 1 袋小麦等于 2 盎司黄金，或者 2 把石铲等于 2 盎司黄金。

值得注意的是，在简单价值形式演化为扩大的价值形式、扩大的价值形式转化为一般的价值形式的过程中，价值形态都发生了本质的变化。但从一般的价值形式过渡到货币形式，则没有发生这样本质的变化，因为它只是用黄金代替了麻布作为一般等价物而已。与此同时，应当进一步明确两个问题：第一，作为货币的黄金首先是商品，是劳动的产物，任何不经过劳动就能得到的物品就不是商品，因而不能作为交换的对象；第二，黄金是一种特殊的商品，其自然属性决定了它是最理想的等价物，在没有更好的物品替代之前，黄金都会保持其充当货币的地位。最后，关于价值形式转化为价格形式的问题，马克思指出：一种商品（如麻布）在已经执行货币商品职能的商品（如黄金）上的简单的、相对的价值表现，就是价格形式。这表明价格不过是商品价值的货币表现而已，正因为如此，理解价格理论及资产定价的基础是价值理论。

1.2.2 货币形态的演进

货币是经济发展的自然产物，然而，在不同的社会环境下，货币在演化过程中有不同的形态及特征。

一、实物货币

实物货币是指以实物形态充当等价物的货币，在简单价值形式、扩大的价值形式和一般价值形式中的商品都可以认为是实物货币。由于实物货币首先是商品，具有价值和使用价值，因此，实物货币具有如下特征：

（1）货币材料的多样性。虽然在不同的地区和时期，充当等价物的商品有所不同，但从理论上讲，有多少种商品就有多少种货币，这表现了货币材料的多样性。

（2）货币单位的多样性。正是由于作为等价物的商品即货币材料具有多样性特点，货币单位也就呈现出多样性。货币单位的这种多样性取决于商品本身的特点，如作为等价物的麻布，其单位是码，而作为等价物的石铲，其单位是个，如此等等。

（3）货币交换的有限性。在实物货币形态下，由于受到地理位置、运输条件、剩余商品数量多少等条件限制，无论是商品交换的商品范围还是交换地域都受到制约，使货币交换具有有限性特点。但需要注意的是，这种有限性首先体现为地区的有界性，其次体现为商品交换品种和数量的有限性。

（4）货币标准的广泛性。在实物货币形态下，商品交换不是一种经常发生的经济行为，作为等价物的商品也不断更换，使货币商品在交换中缺少固定的标准，所谓的“等价交换”

在实践中难以实现。

二、金属货币

实物货币虽然有利于交换的迅速完成，但随着使用时间的不断增加，它也存在着数量减少、质量降低等风险，从而使金属货币应运而生。顾名思义，金属货币是指金属商品作为等价物充当货币的表现形式。金属货币虽然也属于实物货币，但在生产力普遍低下的时代，与主要以满足生活基本需要的商品的实物货币相比，金属货币在保存性方面具有天然的优势。从发展历程看，金属货币经历了从低档金属向贵金属转变的过程，如铁、铜向银、金的过渡。但无论利用何种金属作为货币，它们都经过了称量货币和铸造货币两个阶段。称量货币指以金属的重量为单位，以表现商品的价值，金属条块上印有商户名称，其基础是商业信用。铸造货币则是以金属货币数量单位作为商品价值的体现，是国家产生以后基于国家垄断权力的产物，其信誉基础是国家的强制力和经济实力。

与实物货币相比，金属货币有如下特点：

(1) 货币材料的单一性。由于金属的开采和使用需要大量劳动的投入，金属货币的使用具有持续性特点，即在相当长的一个时期内，货币会固定于单一的金属材料。虽然随着其他更好金属材料的出现会出现两种金属同时作为等价物的情况，但在多数时期内，金属货币具有单一性的普遍规律。

(2) 货币单位的稳定性。金属货币具有抗损耗、易保存等特点，因而，金属货币具有货币单位稳定的特征。例如，中国秦代的"半两"钱、汉代的"五铢"钱在市场上流通了数百年。

(3) 货币标准的准确性。作为等价物货币的标准化程度越高，就越有利于交换的快速完成，金属货币就具有这种特点。金属货币能够进行分割，使其成为较小的货币单位，并使不同数量的商品交换通过一定量的货币数量得以顺利实现，从而使其在衡量商品价值时呈现出准确性特征。

三、信用货币

随着商品经济范围的不断扩大，交换所需要的货币数量也越来越大，从而为信用货币的发展提供了条件。信用货币是指以货币符号等信用工具作为货币的表现形式，而货币符号是代表贵金属货币流通的贵金属重(数)量的价值符号，如欧洲早期的银行对存款客户开出的银行券和我国早期钱庄票号发出的银票，就是典型的货币符号。

从是否兑现的角度看，信用货币形态经历了兑现的信用货币阶段和不兑现的信用货币阶段。兑换的信用货币是指货币符号的持有者可以随时到发行机构按照票面标明的符号兑现贵金属，贵金属货币与标明贵金属的货币符号在流通中的作用完全相同。早期欧洲银行发行的银行券就是兑换信用货币，即银行对存入贵金属货币的客户开具标明相同数量单位贵金属的银行券，客户持有该银行券，可以通过购买商品实现转让，或者可以出票银行必须无条件地将此银行券兑换成相同数量贵金属货币的支付票据。相对于贵金属货币，银行券不仅携带方便，而且有出票银行的保证，因此，银行券的出现提高了市场交换效率。与西方的情况类似，中国清代钱庄和票号对客户存入的白银开出银票，银票在流通中发挥着同等数量白银的作用。由此可见，兑现信用货币在流通中代表了同等数量的贵金属货币，它们在流通中有相同的作用。与此相反，不兑现信用货币是持有货币符号者可以随时在市场上购买相应价值的商品，但不能要求发行机构兑现相同价值的贵金属货币，而只能在市场上转让。不兑现信用货币有狭义和广义之分。狭义的不兑现信用货币指国家凭借其强制力发行的流通货币，它有规范的格式和面值。广义的不兑现信用货币包括由商业银行开出的可代替贵金属货币流通的信用票据，它无严格规范的格式，在指定时间内有效。

信用货币具有如下特点：

(1) 货币材料纸质化。在不兑现信用货币时期，流通中的货币是完全由政府统一发行的强制流通的纸质货币，这种纸质货币在由政府控制的范围内充当一般等价物，而贵金属货币完全退出流通领域，主要在国际贸易中发挥作用。

(2) 货币单位主观化。货币单位名称的确定，完全取决于发行货币的政府的意愿。例如，英国的货币单位是英镑，德国的货币单位是马克，美国的货币单位是美元，中国香港特别行政区的货币单位是港币，而中国古代货币单位先后使用过铢、串、两等。

(3) 货币数量权力化。货币符号流通的数量完全由垄断货币发行权的政府决定，以在流通中发挥交易媒介的作用，但投入到流通中的货币符号与实际交易中所需要的金属货币数量往往不一致，从而造成货币符号与金属货币的比例不稳定，并对经济活动产生影响。

(4) 货币流通的区域化。一般而言，政府发行的货币符号只限于在其法律保护的区域内流通，货币成为政府主权的重要组成部分，不被其他政府接受。如果货币符号代表的价值稳定，就可能在其他区域中流通，从而充当更大范围内商品流通的交易媒介。

四、电子货币

电子货币是随着计算机技术的不断发展而产生的新型交换媒介。与实物货币、金属货币和信用货币不同，这种新型媒介有其自身的特点：

(1) 形态无纸化。电子货币贮存在不同的信息介质中，在使用时它只会以信息的形式表现出来，而且这种信息只有通过特定的设备才能认读，它没有外在的实物表现。

(2) 流通网络化。由于电子货币没有实物表现，因此，它不能像实物货币、金属货币或纸币那样通过直接交换发挥媒介作用，商品交换引起的货币流通必须借助网络才能完成。因此，电子货币对网络有很强的依赖性。

(3) 风险多样性。电子货币是基于网络工具发挥交易媒介作用的非实物货币，因而，它不仅面临着传统货币所面临的流动性风险、利率风险、汇率风险等，而且也存在着网络系统风险、技术选择风险、信息安全风险等。

阅读专栏

比　特　币

比特币(Bitcoin)自2009年诞生以来，发展迅速。2013年初，比特币价格仅为13美元，4月初突破了100美元关口，12月份最高价超过1000美元。比特币的迅速发展引发了人们对虚拟货币是否是真正意义上的货币的思考。有人认为比特币的出现是对现行货币体系的巨大挑战，甚至有人称其为“未来的黄金”。从属性上看，比特币不是真正意义上的货币。第一，比特币没有国家信用支撑，没有法律性和强制性，因此，比特币的流动范围有限且不稳定，难以真正发挥支付手段的作用。第二，比特币的规模存在上限，难以适应经济发展的需要，如果比特币成为货币，会导致通货紧缩，抑制经济发展。第三，比特币缺乏中央调节机制，容易被过度炒作，导致价格剧烈波动，无法成为计价货币和流通手段，目前接受比特币支付的商品，其标价货币大多仍为该国的本位货币。第四，比特币具有很强的可替代性，很难固定地充当一般等价物。任何有自己的开采算法、遵循P2P协议、限量、无中心管制的数字“货币”都有可能取代比特币。目前，比特币更多的是作为投机工具，而非实体经济中的支付工具，持有比特币的人更愿意把它收藏起来而不是用于购买其他商品。

社会公众对比特币还缺乏足够的了解，一些人出于跟风或者投机的心理持有、使用和交易比特币，可能产生以下风险。一是比特币的网络交易平台、过程和规则等缺乏监管和法律保障，容易产生价格操纵和虚假交易等行为，其账户资金安全和清算结算环节也存在风险。二是比特币价格缺乏合理的支撑，其涨跌主要取决于参与者的信心和预期，甚至主要依赖于比特币未来将成为“世界货币”这一遐想，容易沦为投机炒作的工具，一旦市场或政策出现风吹草动，就可能泡沫破灭。三是比特币交易具有较高的隐蔽性、匿名性和不受地域限制的特点，其资金流向难以监测，为毒品、枪支交易和洗钱等违法犯罪活动提供了便利。

2013年12月，中国人民银行等五部委发布《关于防范比特币风险的通知》，要求各金融机构和支付机构不得开展与比特币相关的业务；提供比特币登记、交易服务的网点应当在电信管理机构备案，并切实履行反洗钱义务，以用户身份进行识别、报告可疑交易；相关部门和金融机构、支付机构要加强对社会公众货币知识的教育，引导社会公众树立正确的货币观念和投资理念。

资料来源：中国人民银行.《中国金融稳定报告2014》，P101－102.

1.3　货币的功能

在商品经济的发展过程中，货币经历了不同的形态变化，而货币形态的发展变化使货币的功能也发生了变化，并在货币固定于黄金状态时期，其功能得到了全面体现。

1.3.1　价值尺度

一、价值尺度功能

作为交换媒介，货币的首要和最基本的功能是价值尺度，即货币以自身的价值发挥衡量普通商品价值量大小的功能。价值是抽象的人类社会劳动的凝结，是物化在商品中的社会劳动，其价值无法直接自我表现，必须通过同质的物品才能得到社会的承认。货币以自身的同质性对商品进行“鉴定”，以自身的价值对商品进行“标价”，从而成为衡量普遍商品价值的标准。作为价值尺度的货币必须具有内在的使用价值、具有独占性和排他性特点，但它可以不需要货币本体亲临交换现场。

二、价格标准

由于价格是价值的外在表现形式，因此，与价值尺度相关的是价格标准。价格标准是指包含一定量的贵金属货币单位。它们的区别体现为：第一，价值尺度是商品在交换过程中自发分离出来的、固定的、充当一般等价物的特殊商品，价格标准是由国家通过法律形式强制规定的贵金属货币重量单位。第二，价值尺度的作用是鉴定商品价值和衡量商品价值量，而价格标准是通过货币重量单位表现商品价值量的大小。第三，价值尺度随着生产货币商品的劳动生产率的变化而变化，而价格标准的变化取决于政府法令，与劳动生产率无关。与此同时，价值尺度和价格标准也有内在的联系，表现为两个方面：第一，价值尺度离开价格标准便无法得到外在表现，价值尺度的功能也就不能实现；第二，价格标准是以价值尺度为基础的，如果没有价值尺度，价格标准也就失去了存在的意义。

三、信用货币的价值尺度

在讨论价值尺度时，需要明确信用货币能否发挥价值尺度的问题。如前所述，发挥价值尺度的货币必须是具有内在价值的作为劳动成果的物品，而没有内在真实价值的物品无法作为等价物发挥衡量商品价值的功能。在货币历史的发展进程中，在银行券流通时期，标明黄金数量的银行券代表了真实的黄金重量。这种作为真实黄金代替物的价值符号，除了本身没有贵金属重量的特征外，其功能与贵金属的功能没有差别。但是，当流通中的银行券不能兑现时，银行券就成为不兑现的信用货币，从而可能出现三种不同的情况：第一，信用货币发行量等于贵金属货币量，信用货币代表真实的黄金重量，具有完整意义上的价值尺度功能；第二，信用货币发行量大于贵金属货币量，单位信用货币代表较少的贵金属货币量，在衡量商品价值时，表现为名义货币单位低于真实货币单位的价值量，且偏离越大，单位信用货币代表的真实货币量越小，而商品的名义货币单位相对越多，此时的价值尺度称为贬值的价值尺度；第三，与前一情形相反，如果信用货币的发行量小于贵金属货币量，单位信用货币代表的真实货币量增加，而商品的名义货币单位高于真实货币单位的价值量，且单位信用货币代表的真实货币量越多，商品的名义货币单位相对越少，这可称为升值的价值尺度。由于电子货币是信用货币的高级形式，因此，其价值尺度的表现特征也符合信用货币的内在规律。

不兑现的信用货币流通时，黄金的价值尺度功能被这种不兑现的信用货币代替，虽然其发行量的人为因素使价值尺度的稳定性受到影响，但仍然保持与黄金名义上的间接内在逻辑关系。事实上，许多国家通过规定本国单位货币含金量的方法，以维持信用货币和黄金之间的比例关系。在这种情况下，当信用货币表现商品价格时，一定数量的信用货币可以换算为一定量的黄金重量，以衡量和表现商品的内在价值。在黄金非货币化以后，黄金与信用货币的名义关系已经不复存在，失去参照依据和数量标准的信用货币也就无法换算成商品的黄金价值。此时，对于信用货币的价值尺度功能，唯一能够解释的是，信用货币的流通总量与商品价值的社会交易总量之间的比值关系，通过单位货币代表的社会平均商品价值量，以货币符号形式外在地表现出来。

1.3.2 流通手段

流通手段指货币在完成商品交换时所充当的中间媒介功能。货币的价值尺度功能反映了货币能够衡量商品价值的特征，而货币的流通手段功能则能够使商品的价值在市场上得以实现。在商品交换过程中，货币的价值尺度功能只要求交易各方在观念上对价值衡量标准和数量达成共识，而货币的流通功能则要求交易媒介必须是现实的货币，如贵金属或者价值符号，而不是想象的、观念上的货币。由于人们持有货币的目的是为了完成下一次交换，因此，在金属货币流通过程中，人们更关心的是货币本身能否在下一次交易中被对方接受，而轻视金属货币是否有相应足够的重量。如历史上我国出现了民间私铸的“小钱”，秦朝初年统一铸造的“半两”钱，到汉代初年已经蜕变为“鹅眼半两”，“五铢”钱到了西汉末年也成了“榆钱五铢”。

一、金属货币需求量

关于流通中需要的货币量，在金属货币和信用货币形态下其决定因素是不同的。在金属货币流通过程中，假设金属货币都是足值的，那么在价值等量交换中，货币流通与商品流通对等换位，每一次换位商品退出流通或被消费，或者成为另一种商品的原料，而货币仍在流通过程中，且每一单位金属货币多次在流通中不断转换所有者。因此，从理论上看，货币需求量为：

$$\text{货币需求量} = \frac{\text{交易商品的价格总额(单位价格} \times \text{商品数量)}}{\text{货币流通速度(次数)}} \tag{1.3.1}$$

由式(1.3.1)不难看出货币需求量与商品价格总额和货币流通速度的关系。货币需求量与交易商品价格总额成正比，单位时间中交易的商品价格总额越大，则货币需求量越大；货币需求量与货币流通速度成反比，即单位时间内同一货币周转次数越多，则货币需求量越少。

二、信用货币需求量

在信用货币流通状态下，流通中的货币符号有三个特点：一是它间接代表一定的价值量；二是货币供应量取决于货币发行者的主观意志和判断；三是信用货币发行后，如果发行机构不回笼货币，则它们不会退出流通领域。因此，有如下关系：

货币需求量×货币流通速度(社会总需求)＝商品价格×商品数量(社会总供给)（1.3.2）

由式(1.3.2)可以看出，信用货币需求量与货币流通速度、商品价格与商品数量存在内生关系。在货币流通速度不变的情况下，货币需求量与商品价格和商品数量成正比关系。

1.3.3　贮藏手段

货币的贮藏手段是指货币根据商品交易的需求，自动进入或者退出流通领域，发挥调节货币供给的功能。货币发挥贮藏功能时需要具备三个前提条件：第一，货币本身是具有十足价值的商品；第二，货币的社会存量大于社会当时货币的流通量；第三，没有强制性权力介入货币流通。在这样的前提下，当市场交易量扩大时，等价交换原则要求增加货币供应量，商品需求者会把贮藏的货币拿出来支付给商品出让者，从而完成商品交换；当市场交易量减少时，一部分货币会被人们保存起来形成贮藏货币。基于等价交换原则的货币不断进入和退出流通领域，从而实现市场上货币供求的平衡关系。

货币贮藏功能的表现方式是货币贮藏。需注意的是，货币的贮藏是货币在一定时期内暂时退出流通，而不是永远退出流通领域。如果货币被埋藏起来而不为人们所知，则无法起到调节市场货币供给量的作用，货币的贮藏功能也就无法体现。不兑现的信用货币不存在与贵金属的转换关系，被投入到流通领域后也不会自动退出，因而没有贮藏手段功能。

1.3.4　支付手段

货币的支付手段指货币以信用方式买卖商品、借贷或单方面进行货币转让时发挥的功能。随着商品经济的不断发展，对货币支付手段也有不同的理解。传统理论将商品先购买后偿债称为货币的支付手段，即先发生商品所有权的转移，后发生货币所有权的转移，商品与货币所有权的转移在时间上发生了分离。现代货币支付手段有了更宽泛的外延，它既包括商品价款的延期支付、购货款的提前预付、银行贷款的借出与归还，也包括税收款的征缴与财政款项的下拨，以及赠款、捐款等。无论是以足值贵金属还是以价值符号进行货币支付，都能够达到清偿债务和购买商品的目的，不同的是，足值贵金属能够在世界范围内实现支付功能，而货币符号则受到发行机构管辖权的限制。

1.3.5 世界货币

如果货币跨出国界，在国际市场上发挥商品交换等价物的功能，则成为世界货币。世界货币必须是足值的贵金属货币，并以条块重量作为价值的代表在不同国家的所有者之间进行转移，以完成债权债务清偿或商品购买活动。

世界货币功能体现在以下三个方面：

(1) 国际流通手段。由于贵金属货币的使用价值和价值不受国家意志的影响，所以容易被不同国家的经济主体接受。早期的国际贸易使用黄金作为支付手段，特别是对于不同国家不固定的商人而言，黄金是唯一的交易媒介。黄金以商品和货币的双重身份与其他商品在同一时间、同一地点完成相同价值的交换。

(2) 国际支付手段。在经常性的国际经济活动中，交易差额最终是以金银支付进行清偿。

(3) 财富的单方面转移。在国际经济活动中，会出现单方面的货币转移，它们与商品交换没有关系，如国际信贷、战争赔款、捐赠、资本外逃等。

在贵金属完全退出流通领域后，为开展国家之间的经济交流与合作，个别国家的信用货币也开始发挥世界货币的功能，这取决于这种信用货币发行机构的经济实力、币值稳定性、政治体制等多种因素。

1.4 货币制度

1.4.1 货币制度的形成

在商品经济的发展过程中，货币经历了实物货币、金属货币、信用货币和电子货币四种形式，货币也经历了从自然形成到人为管理的过程，货币发行机构对货币的控制体现了人类的主观意志，而国家的建立是货币制度形成的前提。

所谓货币制度，是指国家以法律形式规定的货币结构、货币发行、货币流通和货币组织管理等一系列措施的总称。从历史上看，在金属货币形态下，为发挥货币价值尺度、流通手段等功能，每次交易时都需要对金属货币的成色、重量等进行鉴别，从而降低了交易效率。为解决这些问题，一些富商就给自己铸造的金属条块打上印记，以标明其重量和成色，从而形成最初的铸币。国家形成后，为促进商品流通，国家对流通中的货币作出强制性规定，形成了各国的货币制度。

在欧洲封建社会，没有统一的国家，封建主则成为权力的象征，各封建主都有其自己的货币管理体系，如在中世纪，仅德国封建主的铸币机构就有6000多家。在我国的战国时期，齐、楚、燕、韩、赵、魏、秦等各国均有自己的货币制度，从而使秦国在统一这七国后的一个重要任务就是统一货币制度，确定其铸币材料(黄铜)、铸币形状(天圆地方)、铸币重量(半两)等。汉武帝在继承秦朝货币制度的基础上，以"五铢"作为标准的货币单位用于流通。虽然现在各国的货币制度比以前有很大的发展，但其实质是相同的。

货币制度的形成主要是基于经济发展的考虑。随着交换商品的种类和交换规模的不断扩大，多样化的货币结构不仅增加了交易难度，而且也隐含着投机行为。欧洲封建时期主要用白银作为货币材料，但也可以用铜或铜和银混合作为货币材料，这就增加了价值鉴别的难度，妨碍了货币作为价值尺度功能的正常发挥。我国清代将白银作为货币材料，货币单位为"两"，但在不同的地区其含义不同，代表性的就有广平两、漕平两、关平两、库平两等，影响了货币价值尺度功能的发挥。与此同时，为了稳定政权并增加税款，国家也有统一货币单位与重量标准、维护公平交易的内在动机，从而形成了金属货币制度和信用货币制度。

1.4.2　金属货币制度

金属货币制度有狭义和广义之分。狭义金属货币制度指以金属作为货币单位，流通中的货币具有内在价值，可以自由铸造和输出输入的货币制度，如金本位制度。广义的金属货币制度还包括以金银为货币材料，但流通中使用银行券的制度，如金块本位制度和金汇兑本位制度。

一、金属货币制度的构成

金属货币制度经历了逐步发展和完善的过程，它主要包括货币金属、货币单位、货币管理和准备制度。

1. 货币金属

货币金属是指规定的充当货币的金属材料，如规定以铜、金或银作为货币材料。

2. 货币单位

货币单位是指规定的货币单位名称和单位货币的金属重量，即价格标准。货币单位在同一时期、不同国家是不同的。例如，英国1816年5月的金币本位法规定，货币单位为"英镑"，每1英镑内含成色11/12的黄金(折合7.97克)。我国1914年颁布的《国币条例》规定，货币单位为"圆"，每圆含纯银库平白银6钱4分8厘(折合23.977克)。

3. 货币管理

货币管理指货币铸造、发行与流通。金属货币分为本位币(主币)和辅币。本位币是用货币金属按照规定的货币单位铸造的货币，是足值货币，可以自由铸造。所谓"自由铸造"，指居民既可以将其持有的货币金属材料委托国家造币厂铸造成本位货币，也可以把持有的本位货币金属熔化成金属条块进行保存。

4. 准备制度

金属货币的实体要亲自进行流通，因此，严格意义上不存在货币发行的准备制度。但广义金属货币阶段发行银行券，特别是中央银行发行统一的银行券后，准备制度成为重要的货币制度构成要素，它要求发行银行券的机构必须有一定的贵金属贮备。

二、金属货币制度的类型

在商品经济的发展过程中，金属货币制度相应经历了银本位制度、金银复本位制度和金本位制度。

1. 银本位制度

银本位制度是指以白银作为本位货币的制度。银本位制以白银作为货币材料，流通中的白银数量不受限制。白银作为流通货币的名义单位与实际包含的白银价值完全相同，因而它不受国界的限制，并且同时具有商品和货币的双重身份。

2. 金银复本位制度

金银复本位制度是指国家以法律形式规定用金和银同时作为本位货币材料，并确定两种本位货币单位的货币制度。由于金和银的内在价值不同，因而，在金银复本位制度实行过程中，经历了金银平行本位制和金银双本位制两个主要阶段。金银平行本位制是指金和银在流通过程中，由市场决定两者比价关系的制度。金银双本位制指政府以法律形式规定金银的比价，两者同时发挥本位货币功能的制度。随着金银数量的不断变化，政府规定的比价关系不稳定，从而出现了实际价值较低的货币充斥市场的现象。英国政治经济学家汤姆斯·格雷欣经过研究，提示了货币制度的缺陷，指出这是“劣币驱逐良币规律”。英国在16世纪曾经规定金币与银币的比价为1∶15，但由于技术水平的提高和白银产量的扩大，白银的价值降低，从而使市场中两者的实际比价为1∶16。因此，按照政府规定的两者比例，白银的价值被高估，成为“劣币”，而金的价值相对低估，成为“良币”。如果将金币按照市场比价换成银币，再按照政府规定的比价换成金币，则可获利。当越来越多的人利用这一差别获利时，金币成为人们贮藏的对象，而市场中发挥流通作用的主体则是银币。

3. 金本位货币制度

金本位货币制度指国家规定以黄金作为本位货币金属，确定货币单位、铸造方式和管理方式的制度，它经历了金币本位、金块本位和金汇兑本位三种制度形式。

(1) 金币本位制度。在金银复本位末期，黄金成为流通中的本位货币，金币本位制度确立。英国在1816年正式采用金币本位制度，德国、瑞典开始实行的时间分别为1817年和1837年。金币本位制度的主要内容包括：第一，黄金是本位货币材料，可以自由铸造，无限法偿；第二，银和铜镍为辅币材料，名义价值高于实际价值，限制自由铸造，有限法偿；第三，黄金可以自由输入和输出；第四，商业银行可以发行银行券，但必须以相应数量的黄金作为发行准备。

(2) 金块本位制度。第一次世界大战以后，一些国家为促进国内经济的发展，对黄金自由输出和输入作出了限制，并不断增强其贸易壁垒，金币本位制转化为金块本位制。金块本位制指国内不铸造金币，而发行银行券代替一定的黄金量进行流通，且银行券可以有条件地兑换成金块的货币制度。

(3) 金汇兑本位制度。金汇兑本位货币制度指国家不铸造金币，流通中使用银行券，银行券可以兑换外汇，持有外汇可以在货币挂钩国家兑换黄金的货币制度，其特点是本国货币与另一个实行金币本位或金块本位制度国家的货币保持固定的比价，并将本国的黄金存放在这个国家作为外汇基金。实行这种金汇兑本位货币制度的国家主要是殖民地和经济发展水平较低的国家，如历史上作为英国殖民地的印度和菲律宾，分别在1893年和1903年实行金汇兑本位货币制度，固定其货币与英镑的比价关系，在国内可以兑换英镑，而用英镑在英国兑换黄金。

1.4.3 信用货币制度

如前所述，根据货币符号是否能兑现成贵金属，信用货币包括可兑现信用货币和不可兑现信用货币。从货币制度的角度看，可兑现信用货币与金属货币制度无论在内容还是在性质上有众多相同之处，因此，下面只对不可兑现信用货币制度进行简要介绍。

一、信用货币制度的内容

信用货币制度指国家(或机构)统一发行代表一定金属货币的价值(货币)符号用于在流通中发挥等价物作用，但不能兑换成贵金属的货币制度。信用货币制度的内容主要包括以下几个方面：

1. 货币发行机构和权力

信用货币制度与金属货币制度最大的不同在于信用货币制度取消了货币兑现成贵金属的约束。由于不兑现信用货币只是价值符号而不用兑现成贵金属，只用纸张印制即可，生产成本低，因此，容易造成发行数量的扩张。各国政府通过法律的形式规定其中央银行是本国货币发行的唯一机构，对货币发行实行垄断，以控制不可兑现信用货币的发行量，并获取铸币税的利益。与信用货币不同，电子货币的制作和发行多数由商业银行自主管理，发行机构多，发行数量受制于存款数量，但信用卡的透支功能会产生创造货币的效果。另外，区域经济合作也为区域性货币的发行提供了条件。欧元的成功发行和流通，为信用货币的跨区域流通提供了经典范例。

2. 货币单位和结构

一国政府可以通过法律的形式规定货币的单位名称和货币发行结构。如英国的货币单位为“英镑”，1 英镑＝100 便士。本币结构为 50 英镑、20 英镑、10 英镑、5 英镑、1 英镑，辅币结构为 50 便士、20 便士、10 便士、5 便士、2 便士和 1 便士。

3. 货币流通范围和对外比值

由于不兑现信用货币不能兑现成贵金属，因此，国家的法律保护是其正常流通的基石。一国法律的保护范围只限于国内，跨国界的行为不受本国法律的保护。目前，大多数国家的信用货币只限于在国内流通，只有少数国家的信用货币能够被其他国家接受，进行跨国界的流通。从信用货币的对外比值看，对于实行外汇管制的国家，汇率是由其中央银行根据国内外经济、政治等因素综合考虑，以确定的本国信用货币与外币的比价关系。对于实行自由兑换的货币制度而言，汇率变动主要受外汇市场的影响，汇率反映了不同货币的市场供求状况和比价关系，但中央银行对外汇市场的关注和引导是其重要活动之一。

4. 货币发行准备和保证

不兑现信用货币的发行准备指货币发行机构对货币投放数量的客观约束和最高限量，发行机构可以以外汇资产、市场商品、有价证券或其组合作为货币发行准备和保证。

二、信用货币制度的类型

在信用货币制度下，价值符号是商品交换的媒介，就需要相应的保证。根据保证方法的不同，信用货币制度可分为商品作保证的信用货币制度、有价证券作保证的信用货币制度和外汇资产作保证的信用货币制度。

1. 商品作保证的信用货币制度

商品作保证的信用货币制度是指信用货币的发行以国内商品市场供应状况作为货币发

行数量的主要依据，以经济的稳定发展为目的决定货币发行量的货币信用制度。在这种信用货币制度下，由于贵金属与货币发行没有关系，货币发行的数量既要考虑市场交易的需要，又要考虑到经济的发展和物价的稳定，因此，影响货币发行数量的因素既包括市场的客观因素，也包括发行机构的主观意愿。目前，包括我国在内的大多数国家采用以商品作保证的信用货币制度。

2. 有价证券作保证的信用货币制度

有价证券作保证的信用货币制度是指货币的发行以相应数量的各种有价证券作为约束的信用货币制度。由于有价证券容易统计，因此，相对于商品作保证的信用货币制度，货币数量的发行更容易受到控制。关于有价证券，1980 年美国的《联邦储备法》规定，可以作为货币发行保证的有价证券包括：联邦政府债券、合格的商业票据和银行承兑票据、经联邦银行审查合格的地方政府债券、黄金证券等。

3. 外汇资产作保证的信用货币发行制度

顾名思义，外汇资产作保证的信用货币发行制度指信用货币发行与外汇资产保持固定比例关系的信用货币制度。在这种信用货币制度下，货币发行机构首先确定外汇资产数量，然后按照当时的汇率折合成相应的本国货币，作为发行本币的最高数量。在实践中，我国香港特别行政区的港币发行实行“联系汇率制度”，即保持 1 美元兑 7.8 港币的固定比例关系。在发行港币时，包括香港汇丰银行、渣打银行和中国银行的港币发行机构向香港外汇基金管理局上缴美元外汇，换得“负债证明书”，标明相应数量的美元债务，以此为凭证折合相应数量的港币，作为港币发行的最高数额。港币的发行以相应数量的美元作保证，保证了港币价值的稳定性。

本章小结

金融是经济发展的第一推动力和持续推动力，因此，对资产定价和风险管理的认识基础是金融基本知识，而其核心是价值理论和价值体现的货币理论。本章简要介绍了西方的价值理论、货币的起源、货币功能和货币制度。价格是价值的外在表现，学习价值理论有利于学生正确理解价格的波动原因。货币是价格的重要表现形式，学习货币的起源、货币功能和货币制度，有利于进一步理解价格和价值的关系及其隐含的风险。

案例研究

48.65 万亿“表外”逼近“表内”监管警示风险传染

一、案例描述

在金融脱媒的趋势下，银行表外业务的雪球越滚越大。央行发布的《中国金融稳定报告 2013》(下称《报告》)显示，截至 2012 年末，银行业金融机构表外业务(含委托贷款和委托投资)余额为 48.65 万亿，比年初增加 8 万亿，增长19.68%。同期商业银行各项贷款余额为 51.7 万亿，整个银行业贷款余额为 68.59 万亿。表外业务总量正在逼近表内信贷总量。

多数银行高管认为，表外业务增长迅速的原因主要有三点：一是金融脱媒，大量存款流向表外，购买理财产品；二是央行对信贷总量的控制和社会融资的需求，给予表外业务足够的增长空间；三是资本压力之下，银行对资本占用较少的表外业务更为热衷。与此同时，证券分析人员认为银行在表外业务中并没有直接支出资产，因此也不直接承担风险，更多的是信用风险，是或有风险。监管方也不断强调控制表外业务风险，其中包括严控影子银行，规范银行理财、部分同业业务，强调核查贸易融资担保等。上述《报告》强调，要全面布控表外业务风险，严防风险传染和蔓延。但有银行从业人员认为，表外业务的风险控制要以不妨碍产品创新和财富管理业务为前提。

表外结构拆开看贸易融资真伪

表外业务包括结算、代理等无风险业务，还包括信用证、票据贴现、衍生品交易等或有风险业务。据统计，截至 2012 年底，16 家上市银行的信用证、保函、承兑汇票、贷款承诺等或有风险表外项目余额为 15.08 万亿元，其中工行、建行、中行均超过 2 万亿元；北京银行表外项目为 1625.62 亿元，同比增长58.91%，民生银行、光大银行、交通银行的增速也超过 20%。

从业务类型上看，2012 年各家银行的承兑汇票、信用证、保函增长迅速。截至 2012 年底，16 家上市银行承兑汇票余额为 5.66 万亿，同比增长 22.47%；其中北京银行、兴业银行、华夏银行、中信银行承兑汇票同比增长分别为64.13%、45.77%、36.44%和 32.23%。同期，兴业银行开出信用证、保函余额分别为 692.33 亿、254.29 亿，同比分别增长 107.75%和 96.61%；民生银行、宁波银行、华夏银行、交通银行信用证同比分别增长 103.39%、72.23%、39.41%和 49.88%。

银行的工作人员认为，票据业务的增长缘于监管对信贷规模的控制。央行从 2010 年开始就控制了信贷增量，对信贷发放节奏也有要求，但客户有融资需求银行不能拒绝，这就为票据融资创造了空间。担保业务的增加与贸易融资大跃进有关，这两年很多银行都加大对贸易融资的投入，但实际很多资金并没有真实贸易，而是进入了房地产行业。沿海地区的虚假贸易套利，也让担保业务增加比较多。2012 年下半年以来，东部沿海地区通过虚假贸易结合银行担保融资，使大量热钱流入境内套利。截止 2013 年一季度，虚假贸易更是猖獗，直接导致一季度进出口数据异常增长。

相对或有风险表外项目而言，代理发行的银行理财业务引起了监管更大的注意。《报告》数据显示，截至 2012 年底，存续期银行理财产品 3.1 万只，资金余额 6.7 万亿元。而普益财富数据显示，2012 年针对个人发行的银行理财产品的发行规模达 24.71 万亿元，同比增长 45.44%。

上述央行《报告》指出，一些信托公司、证券公司作为商业银行的"通道"，将银行理财资金投资于证券市场和产业市场。理财产品在一定程度上改变了融资过度依赖银行体系的情况，满足了实体经济的部分融资需求，但也蕴藏一定风险，部分产品走样成为信贷替代产品，一些理财资金投向限制行业和领域，规避宏观调控和金融监管等。

票据、信用承诺表外转表内

庞大的表外业务量已经引起监管的注意。2013 年政府工作报告甚至把"表外业务风险"与"局部和区域性风险"并列为今年必须加强监管的两大风险之一。

2013 年以来，监管层对影子银行、民间融资以及银行理财的讨论和规范力度得到加强。上述央行《报告》明确提出，要全面布控表外业务风险，严防风险传染和蔓延，并从四个方面提出要求：完善交叉性产品综合统计和监测制度，严格表外业务确认、计量、报告和披露，确保表外业务信息真实、完整和准确；完善表外业务管理办法和操作规程，加大内部控制和约束机制建设，严格审查资金去向和风控措施，建立风险"防火墙"和风险代偿机制，完善应急预案，防止风险转移到表内；加强对集团客户及其关联企业的信贷管理，防范关联交易风险；加强监管政策和措施的协调合作，明确监管责任，强化表外业务信息共享。

资料来源：对《48.65万亿"表外"逼近"表内" 监管警示风险传染》(《21世纪经济报道》，2013年06月20日。http://business.sohu.com/20130620/n379310864.shtml)进行部分删减而成。

二、问题讨论

1. 银行理财业务的风险体现在哪些方面？监管部门应如何防范由此产生的信用风险？

2. 信用证、票据贴现、衍生品交易等或有风险业务的风险体现在哪些方面？监管部门应如何防范由此产生的信用风险？

思考与练习

1. 结合西方价值理论，你认为在人类社会的发展过程中，价值的本质是什么？应如何衡量价值？

2. 在不同的货币制度下，试说明国际贸易中的价值测量问题。

3. 在互联网时代，价值标准有哪些？请举例说明。

第二章　资产定价导论

商品价值及其衡量是资产定价的基础。在资产定价中，同样需要理解资产的内涵与分类、资产定价的逻辑、资产定价基础理论以及资产定价的基本方法。与此同时，在信用经济环境下，发挥价值尺度功能的仍然是法定货币，而作为衡量法定信用货币价格的利率和汇率，对金融资产的价格有广泛的影响。因此，有必要进一步认识利率政策和汇率机制，这是学习资产定价的逻辑前提。

2.1　资产内涵与分类

2.1.1　资产概念与分类

一、资产的概念

资产是日常生活中经常用到的概念，人们通常认为由个人拥有的物品如现金、股票、住房、汽车等就是资产，而从学术的观点看，资产内涵另有深意。资产的概念来源于对会计问题的研究。根据美国会计理论的发展历史，资产的定义有四种观点。

第一种观点是“未消逝成本”观。1940 年，美国著名的会计学家佩顿(W. A. Paton)和利物尔顿(A. C. Littleton)在其《公司会计准则导论》中就指出，资产就是“未消逝的成本”。这种观点对于描述有形和无形物品来说都是合理的。例如，对于有形物品而言，虽然取得其所有权需要支出成本，但从形态上看，它仍然存在，并且由其投资者所拥有，因此，可以认为资产是仍然现实存在的成本。对于专利、版权等无形物品来说，它们也需要一定的成本投入。由于其所有权仍然由其拥有者占有，因此，它实际上也没有消失。关于资产的第二种观点为“借方余额”观。1953 年，美国注册会计师协会的会计名词委员会颁布的第 1 号《会计名词公报》中提出了资产是账户借方余额的观点。关于资产的第三种观点是“经济资源”观。1957 年，美国会计学会在其重要文献《公司财务报表所依持的会计和报告准则》中提出了这一观点，指出资产是一个特定会计个体从事经营所需的经济资源，是可用于有益于未来经营的服务潜力的总量。资产的第四个观点是“未来经济利益”观。1962 年，美国注册会计师协会的会计研究部主任穆尼茨(M. Moonitz)和斯普劳斯(T. Sprouse)在其《会计研究论丛》第 3 号《企业普遍适用的会计准则》中提出了资产是未来经济利益的观点，它显然是考虑了资产具有产生未来收益的潜力。我国于 1992 年底所发布的《基本会计准则》，采取了一种折中式的处理，将资产定义为能够用货币计量的经济资源。目前，基于资产是经济资源的观点，通常认为资产是指过去的交易、事项形成的并由企业拥有或控制的资源，该资源预期会给经济主体带来经济效益。对于企业来说，根据这种定义，资产可分为流动资产、长期投资、固定资产、无形资产、递延资产等类别。从企业会计的角度看，金融资产主要包括库存现金、应收账款、应收票据、贷款、垫款、其他应收款、应收利息、债权投资、股权投资、基金投资、衍生金融资产等。

与资产相关的概念是财产。关于财产，从法律角度看它强调的是权利与义务的关系。美国经济学家罗伯特·考特和托马斯·尤伦指出，财产的法律概念就是一组所有者自由行使并且其行使不受他人干涉的关于资源的权力。美国宪法的主要起草者詹姆斯·麦迪逊认为财产更广泛、也更恰当的含义应当包括一个人认为有价值的、有权享有的一切东西，且自己可支配其全部收益。如果只从产权理论的角度看，经济主体拥有资产和财产应是没有区别的，只是资产经常与负债相对应，它适用于在编制资产负债表时使用，而财产则是一般意义上的称谓，它有更广泛的用途。

结合以上不同观点，在研究资产定价的过程中，可以认为资产就是企业、自然人或国家等经济主体拥有或者控制的能以货币来计量并在未来产生现金流的经济资源，它强调不同主体之间的债权债务关系。资产是一种产权，体现了所有人的权利和利益。德姆塞茨认为，产权是一种社会工具，其重要性在于事实上它们能帮助一个人形成他与其他人进行交易时的合理预期。产权具有排他性、可转让性和受法律保护的特点。排他性保护资产的收益可以由其所有者获得，可转让性使资产从相对不乐观的所有者向相对乐观的潜在所有者的转移成为可能，而法律保护能为所有人提供资产安全性的保证，从而激励人们拥有资产，并享有相应的权利。

二、资产的分类

资产的类型很多。按照不同的标准来划分，资产有不同的类型。

1. 无形资产与有形资产

如果按照资产的物理特征分，资产包括无形资产（如股票、期权）和有形资产（如厂房、设备）。由于有一定的物理形状，且使用价值明确，因而有形资产的定价相对容易。与此相反，由于无形资产不可观察，其使用价值也无法事先感受，因而无形资产的定价相对较难。

2. 金融资产与非金融资产

如果按照行业来划分，资产包括金融资产（如股票）与非金融资产（如服装、住房等）。金融资产与非金融资产的区别较大。首先，金融资产具有无形的特征，代表了一定的收益权，而非金融资产通常有一定的物理形状。其次，金融资产往往代表未来一定的收益权，因此，其不确定性大。相对而言，非金融资产面对的不确定性程度较低，风险也较低。

3. 风险资产和无风险资产

由于非金融资产通常风险较小或无风险，因此，风险资产与非风险资产的划分主要针对金融资产。如果按照未来收益的确定性来分，金融资产可划分为风险资产（如股票）和无风险资产（如现金）。无风险资产主要是指固定收益证券。在未来不确定性状态下，风险资产的价格可以通过用无风险资产的收益率折现风险资产的未来现金流得到。

与一般消费品不同，金融商品或资产的最大特征是其未来收益存在不确定性。在本教材中，我们只关心金融资产的定价和风险管理问题。

2.1.2 证券与有价证券

证券是各类财产所有权或债权凭证的通称，是用来证明证券持有人有权收取相应权益的凭证，如股票、债券、基金凭证、票据等。证券的发行和管理有严格规定，各个国家制定了相应的法规。在我国，为了规范证券的发行，制定了众多法规，如《中华人民共和国公司法》、《股票发行与交易管理暂行条例》、《中央企业债券发行管理暂行办法》、《全国银行间债券市场金融债券发行管理办法》等。因此，合法性是证券发行和管理的基本要求。根据分类标准的不同，证券有不同的分类。

一、狭义证券与广义证券

如果按照范围分，证券分为狭义证券和广义证券。狭义证券只指资本证券，而广义证券包括商品证券、货币证券和资本证券。

1. 商品证券

商品证券是证明持券人有商品所有权或使用权的凭证，取得该证券就意味着拥有商品的所有权，这种证券对相应商品的所有权受到法律的保护，如提货单、货运单等。

2. 货币证券

货币证券是指它能使持券人或第三者取得货币索取权的有价证券，包括体现为商业证券的商业汇票和商业本票以及体现为银行证券的银行汇票、银行本票和支票。

3. 资本证券

资本证券是指由金融投资或与金融投资有直接联系的活动所产生的证券，其证券持有人对发行人有一定的收入请求权利，包括股票、债券及其衍生品如证券投资基金、可转换证券等。

在日常生活中，人们经常提到证券，但主要指狭义上的资本证券，而不是广义上的证券。从价值的角度看，无论是商品证券、货币证券还是资本证券，都属于有价证券。

二、其他证券

按照法律属性的不同，证券可分为证据证券、凭证证券和有价证券。

1. 证据证券

证据证券是指单纯证明某些特定事实的文件，主要包括信用证和书面证明等。

2. 凭证证券

凭证证券是指认定持证人为某种私权的合法拥有者的文件，如存款单、借据、收据和定期存单等。

3. 有价证券

有价证券是指对某种有价物具有一定权利的证券书或凭证。具体而言，有价证券是具有一定票面金额，持有人有权利按期取得一定收入，并可自由转让和买卖的所有权或债权证书。

有价证券是依法发行的债权或债务的书面凭证，它不是劳动的产品，本身没有价值，但由于它能够使持有者取得一定收入(如股息或利息)，因此，它具有价格。有价证券的价格实质上是资本化了的收入。

有价证券的类型较多。如果按照权益不同划分，有价证券可分为权益类有价证券和债权类有价证券。

(1) 权益类有价证券。

权益类有价证券是指对剩余权益(资产减去负债后的余额)的要求权，典型代表是普通股票。在公司正常经营时，股票可以在资本市场上进行交易，但不能向公司退还股票。对于股票持有人而言，当公司破产清算时，它只有对公司的剩余资产拥有要求权，如果公司的剩余财产为负，则股票持有者无法得到任何补偿。因此，股票持有者面临公司破产的风险。

（2）债权类有价证券。

债权类有价证券是表明持有人具有某项债权的凭证，典型代表就是债券，包括企业债券和国库券，它们都是证明持有人到期收回本金和利息的凭证。

三、债券与股票的区别

作为权益类和债权类有价证券的代表，债券和股票有显著的区别，主要体现在以下几个方面：

（1）权利不同。股票是所有权凭证，代表所有权关系。作为公司的股东，股票持有者享有公司的投票权、收益分配权和剩余财产分配权。债券是债权凭证，反映了持有人和发行人之间的债权债务关系，债券持有人只有按照规定获取利息和本金的权利，但无权参与公司的经营活动。由于债券不代表所有权，所以，当公司破产时债券持有者比股票持有者享有优先获得公司剩余财产的权利。

（2）发行主体不同。股票的发行主体是股份有限公司，所筹资金列入公司资本。债券的发行主体较为广泛，可以是公司、政府或金融机构，它属于公司的负债，而不构成公司的资本。

（3）期限不同。股票是公司所有权的证明，属于永久性投资，它只能转让但不能要求企业赎回。债券一般有固定的期限，到期时债务人必须偿还利息和本金。在债券未到期时，一些债券可以在金融市场上通过交易实现所有权的转让。

（4）收益与风险不同。股票的收益不固定，它随着公司经营情况的变化而变化，因而风险较大。由于事先确定了利率，在正常情况下，债券的收益一般固定，不会因为宏观经济等环境的变化而变化。

2.2 资产定价的理论基础

在市场经济条件下，作为调节经济活动的价格是经济学的核心问题，因为任何商品都需要定价。如前所述，资产有不同形式，它们都有商品的属性，因此，资产定价或资产价格也要遵循价值理论。关于商品的定价，瓦尔拉斯提出了一般均衡理论，而阿罗·德布鲁则回答了一般经济均衡价格体系的存在性问题。以均衡理论为基础，形成了资产定价的内在逻辑。

2.2.1 一般均衡理论

在数理经济学领域，对经济理论影响最大的是瓦尔拉斯的一般均衡理论。一般均衡理论可以描述如下：在市场经济活动中有许多参与者，一类是消费者，一类是生产者。消费者追求在收入一定情况下的消费效用最大化，而生产者追求在既定成本或者既定产量条件下的利润最大化。所有生产者为市场提供消费品，形成市场供给，而消费者对市场上的商品进行消费，形成市场需求。市场通过“看不见的手”对商品供求关系进行调节，最终使市场的供求达到平衡状态，并形成一般均衡价格体系。在均衡价格体系下，每个消费者实现了效用最大化，而每个生产者实现了利润最大化。

为实现整个社会的一般均衡状态，需要解决相应的数学问题：如果市场上有 l 种商品，每种商品的供给和需求都是这 l 种商品价格的函数。于是，由这 l 种商品的供求平衡关系就能得到 l 个方程。由于价格需要有一个计量单位，或者各种商品价格之间要形成一定的比例关系才有意义，因此，这 l 种商品的 l 个方程只有 $(l-1)$ 个是独立的。在市场经济条件下，商品交换需要货币，商品也有价值体现，整个市场要达到均衡状态，就要求市场上所有商品的供给总价值等于所有商品的需求总价值。这种关系就是"瓦尔拉斯法则"。在以上条件下，就有与 l 种商品对应的 l 种商品价格和 l 个方程，形成一个方程组，其解就构成了一般均衡的价格体系。

这种分析方法看起来完善，但是存在一个问题：如果方程组不是线性的，那么方程组中方程的个数与方程是否有解就没有直接联系，从而使瓦尔拉斯的一般均衡经济理论失去基础。为解决这一问题，阿罗(K. J. Arrow，1921—)和德布鲁（G. Debreu，1921—2004)，利用 1941 年日本数学家角谷静夫(Kakutani Shizuo，1911—2004)对 1911 年荷兰数学家布劳维尔(L. E. J. Brouwer，1881—1996)提出的不动点定理的推广，给出了一般经济均衡价格体系的存在性证明，并因此先后于 1972 年和 1983 年获得诺贝尔经济学奖。

一般均衡理论的提出和均衡价格体系存在性的证明，说明市场经济存在着能够使生产者和消费者同时实现效用(或利润)最大化的理想状态，在这种理想状态下的商品价格也应是能够体现商品价值的公平价格。由于经济活动的复杂性，这种理论研究必须有一定的假设条件，因此，理论上一般均衡的存在性并不意味着现实的存在性。虽然如此，均衡理论仍然有重要的理论价值，因为均衡价格体系为非均衡状态的资产定价提供了理论标准，从而使一般均衡理论成为资产定价的基石。与此同时，以均衡理论为基础的资产定价的优点为在原理上能够解释一些结构性问题，例如外部环境变化时价格如何变动，以探讨隐藏在价格背后的风险来源，如消费偏好、投资者的效用函数、经济政策等。

2.2.2　资产定价与无套利假设

在金融市场上，金融资产也存在着供求关系。如果将一般均衡理论应用于金融市场中，也可以类推出金融资产均衡价格体系的存在性。金融资产定价的逻辑是以均衡状态下的理论价格为基础，确定处于非均衡状态下资产的理论价格，并以此为依据估计实际价格。

与资产定价紧密相关的概念是无套利假设。莫迪利阿尼(F. Modigliani，1918—2003)和米勒(M. H. Miller，1923—2000)于 1958 年在探讨公司的财务政策(分红、债权/股权比等)是否影响公司价值这一主题时提出了无套利假设"公理"，并把它作为金融资产定价的出发点。事实上，根据一般均衡理论，当市场处于均衡状态时，作为供求双方的消费者和生产者都达到了理想状态，因而他们没有机会、也没有必要通过价格差异来获利。

如果与非金融资产相比，关于金融资产定价的无套利假设实质上类似于普通商品定价问题中的"无投入就无产出"假设。由于在市场经济活动中都需用货币进行结算，所以无论是投入还是产出都必须以货币的形态表现，无套利假设也就体现为"无货币投入也就无货币产出"，这是现代金融经济学的一条公理。

莫迪利阿尼和米勒的结论是：在理想的市场条件下，公司的价值与财务政策无关，这些结论后来被称为莫迪利阿尼-米勒定理。考虑到金融资产未来收益存在不确定性，所谓无套利假设，是指在一个完善的金融市场中不存在套利机会(即确定的低买高卖的机会)。因此，如果两个不同公司在未来的(即不确定的)价值是一样的，那么，它们今天的价值也应相同，而与它们的财务政策无关；否则，人们会通过买卖这两个公司的股票来获利。由于处于一般经济均衡状态下的金融市场一定满足无套利假设，因此，莫迪利阿尼-米勒定理与一般经济均衡框架是相容的或不矛盾的。基于这种观点，直接从无套利假设出发研究金融产品的定价是理想的途径。

作为金融资产定价的出发点，无套利假设是金融市场中的重要公理，由此可以演化出不同的公理或规则，这可体现在对期权的定价和组合证券的定价两个方面。

(1) 关于期权，它是金融市场中的一种商品，特别地，它是未来价值不确定性的商品。要对期权进行定价，就可以利用无套利假设。对于未来有不确定价值的期权来说，如果其当前价值也是不确定的，那么它在现在的市场就不可能交易；或者说，未来有不确定价值的期权现在有多种价格，则在目前市场上会出现对这种期权商品“低买高卖”的套利行为。因此，在提出期权定价问题时，已经隐含了一个公理：每一种(未来价值不确定的)期权都有其(当前确定的)价格。

(2) 关于组合证券，它是金融市场中的一种复合商品。除了无套利假设，金融资产的定价也遵循另一公理——“线性定价法则”。线性定价法则是指若干份 A 证券与若干份 B 证券的证券组合的价值，应当等于 A 证券的价值和 B 证券价值之和，即证券组合的价值应等于它的组成证券的价值之和。如果这条公理不成立，则意味着人们可以利用“合起来”买卖一个证券组合与“分开来”买卖一个证券组合的差价，进行套利活动。因此，线性定价法则也体现了无套利假设。

无套利假设对资产定价有重要的作用。资产定价是要确定未来不确定条件下的资产特别是金融资产的价格或者价值。如果不考虑时间因素，基于无套利假设，金融资产的价格应是其市场均衡时的价格。如果考虑到时间因素，资产在不同时间的价值应相等。因此，基于资产价值的不变性，其现在的价值(价格)应与未来的价值相等。根据这种观点，资产定价的基本思想是：资产价格等于未来收益的贴现值，或者用无风险收益率对未来的收益进行折现，再加上表示风险溢价的误差因子。这种误差因子反映了宏观经济环境和微观经济特征的影响。

2.3　资产定价理论简述

资产定价是金融经济学中的重要议题，学者对此进行了大量研究，从而形成了不同的理论。从研究方法看，资产定价理论从两个方向展开。一是基于均衡理论的资产定价理论，它利用均衡市场的无套利假设得到资产定价，其原理是如果两组证券或其组合的收益和风险相同，则其价格也就相同，因此，它不需要投资者的效用函数。另一类是基于对投资者偏好的相关假设得到资产定价，这种理论需要考虑投资者的效用函数和风险偏好。

在资产定价理论的发展过程中，形成了一般均衡理论、证券组合理论、资本资产定价理论、渐近套利理论、跨期无套利理论、跨期最优消费、投资和均衡定价理论、均衡定价等众多理论。本节将介绍资产定价的主要理论，并简要说明影响资产定价的因素。

2.3.1　经典的资产定价理论

如前所述，经过长期的发展，形成了较多的资产定价理论，本节只介绍几种经典的资产定价理论。

一、马克维茨(Markowitz)的最优投资组合理论

按照传统的经济学理论，投资者进行投资的目的是通过最终消费实现效用最大化，因此，在资产定价时需要建立期望效用最大化的资产定价和消费选择模型。然而，这种思路虽然完美，但由于效用函数难以确定，因而限制了其操作性。针对这种不足，马克维茨(1952)提出了易于操作的最优投资组合模型。这种模型的特点是不需要考虑效用函数，而只以资产回报率的均值和方差作为研究对象，因此，也称为均值-方差模型。

基于 Markowitz(1952)的工作，其他学者进行了进一步的研究，如 Sharpe(1964)、Lintner (1965)以及 Mossin(1965)独立地得出了资产均衡定价理论(CAMP 理论)。

二、资市资产定价模型(CAPM)

资本资产定价模型(Capital Asset Pricing Model, CAPM)是对投资组合理论的拓展，其主要贡献是将证券(组合)的超额回报率与市场证券组合的回报率结合起来，从而对无风险收益率和超额收益率的来源进行了较好的解释，体现出了“高收益是对高风险的回报”的理念。与此同时，系统性风险概念的引入则解释了市场组合收益与单个证券收益之间的相关性。

三、布莱克-斯科尔斯(Black - Scholes)的期权定价理论

布莱克-斯科尔斯(Black - Scholes)的期权定价理论是衍生品定价的经典理论，其基本思想是，如果在完备的市场中，价格已知的证券之间满足无套利假设，则构造出的与衍生品有相同期望收益和风险的证券组合的价格就是衍生品的价格，这实质上是均衡定价理论的体现。

四、最优消费与投资决策

与短期的消费和投资相比，投资者更关心其整个生命周期的最优投资和消费问题，因而，只关注一期的 Markowitz 最优消费和投资组合理论需要扩展，从而产生了关注多期的最优消费与投资决策理论。由于要考虑到整个生命周期，所以就需要将以时间为变量的效用函数引入到模型中。显然，这种理论比研究单期的最优消费与投资理论的实用性更强，但也更为复杂。

五、套利定价理论(APT)

建立在均值-方差模型基础上的资本资产定价模型是以许多假设为条件的，如所有投资者的效用函数需要以证券组合回报率的期望和标准差为基础，因此，资本资产定价模型的应用受到了限制。与此不同，套利定价理论(Arbitrage Pricing Theory, APT)的假设较少，其基本假设是，投资者会利用在不增加风险条件下的能够提高回报率的机会。套利定价理论的实质是所有具有相等的因子敏感度的证券或者证券组合的期望回报率也是相同的，市场几乎不存在套利机会，这实际上体现了无套利假设。

六、以消费为基础的资本资产定价理论(CCAPM)

以消费为基础的资本资产定价理论(Consumption Capital Asset Pricing Model, CCAPM)对效用函数、消费和资产的超额回报率的联合分布作出假设，以简化定价方程，将证券的期望超额回报率和证券的超额回报率与消费之间的协方差联系起来，从而得到定价公式。

在以上理论之外，文献还提出了代表性个体经济均衡模型、等价鞅测度方法、不完备市场中的资产定价、异质性个体均衡模型等定价理论。关于资产定价的详细讨论，可参见杨云红(2006)的研究和其他文献。

2.3.2 影响资产定价的因素

由于资产对其拥有者有正向效用，因此，理性经济人都有愿望通过交易等方法拥有更多的资产。在金融市场上，资产的价格会受到多种因素的影响。

一、宏观经济因素

资产能够以商品形式进行交易，因此，它会受到宏观经济因素的影响，包括通货膨胀、利率、汇率、市场化程度和成熟度等。例如，如果通货膨胀较为严重，会导致货币的贬值和资产价格的上涨，而利率或汇率的波动也会造成资产、特别是金融资产价格的波动。另外，国家政策和国际经济环境的变化也会引起一国资产价格的波动，如国际石油价格的波动会影响到大宗商品和金融资产的价格。

二、资产自身因素

不同资产有不同的特征，从而会对资产价格产生影响。如资产的质量、债券的成熟期、债券的信用级别等都会对其价格产生影响。一般来说，信用级别高的债券其价格(以收益率表示)较低，而信用级别低的债券由于面临较大信用风险，因而其价格(以收益率表示)相对较高。

三、投资者因素

投资者自身因素也会对资产价格产生影响。如股票价格就会受到投资者自身的影响，在这方面有大量的理论研究，如曾和杰(1994)认为股民心理是影响股价的中介因素，文凤华等人(2014)研究了投资者情绪对股票价格行为的影响，而赵骅等人(2007)研究了交易机制对证券价格形成的影响。由于投资者经常受到情绪的影响，所以国内外对投资者情绪也有较多研究。Lee 等(1991)研究了投资者情绪与股票收益或收益波动率的关系，结果表明，投资者情绪的变化与市场收益正相关，而与市场收益波动负相关。Baker and Wurgler (2006) 认为市场情绪会驱动投机性投资的存在，池丽旭和庄新田(2011)的研究发现投资者情绪对股票收益具有显著影响。与此同时，学术界对投资者情绪有进一步细化的研究，如刘维奇和刘新新(2014)的研究发现，机构投资者情绪可以协助预测个人投资者情绪，且投资者关注越高的股票，其收益对投资者情绪变化的敏感度越高。张宗新和王海亮(2013)建立了“信念调整—投资者情绪—市场波动”的分析框架，其实证分析表明，投资者情绪对市场收益率和波动率有显著的正面冲击。宋泽芳和李元(2012)的实证分析进一步表明，我国 A 股市场在一定时期内，规模较大、波动率较高、市净率较高的股票易受情绪的影响。这些文献都表明投资者个人因素对资产价格有重要影响。

2.4　利率与利率形成机制

在国民经济运行过程中，货币不仅发挥着价值尺度、流通手段、支付手段等功能，同时也以生产要素的形式进入到生产环节，从而对经济发展有重要的促进作用。然而，作为交易媒介的货币和体现为生产要素的货币资本有不同的作用，其中一个重要的区别是作为交易媒介的货币不能实现货币的增值，而作为生产要素的货币能够实现增值，从而发挥资本的作用。既然是生产要素，资本就有价格，体现为在一定时期内放弃一定量的货币使用权而应得到的回报，这就是资本的利息，相对于一定的本金，它就表现为利率。

在市场经济活动中，由于货币发挥着价值尺度的功能，因而有必要明确在一国范围内发挥交易媒介的货币价格(即利率)的形成机制和在国际市场中发挥交易媒介作用的货币价格(即汇率)的形成机制，这对理解资产定价有基础性作用。

一、利率的含义及分类

利率是一定时期内利息额与本金的比率，它对于资金供求双方而言有不同的含义。对于资金出借者而言，它是因为放弃了一定时期内资金的使用权而得到的收益率；对于资金借入者来说，利率则是为了得到一定资金的使用权而产生的资金成本率。按照不同的标准来划分，利率有不同的类型。

1. 不同时期的利率

如果按照时间单位分，利率可分为年利率、月利率、日利率，可分别用百分比、千分比、万分比表示。

2. 固定利率与浮动利率

如果按照利率的变化情况分，可分为固定利率和浮动利率两类。固定利率指在借贷合同期限内利率不随利率政策及资金供求状况等外部因素变动而变动的利率。浮动利率指在借贷合同期限内，根据约定在规定的时间依据利率政策或某种市场利率进行调整的利率。

二、利率形成机制

信用货币是一个主权国家或拥有自主权的地区发行的在该国家或区域内强制使用的货币。由于面对的经济环境和经济发展水平不同，各国利率的形成机制也有所不同。根据世界各国的金融实践，韩汉君(1997)将利率形成机制分为非均衡利率、市场化利率、自由化利率和国际化利率四种。

1. 非均衡利率形成机制

非均衡利率是指一国的利率主要由政府或金融管理机构根据各种不同的需要人为制定，它具有强制性和主观性等特征。由于它与市场均衡条件下的利率相对应，因此，可以称为非均衡利率形成机制。在确定利率时，利率制定者要考虑资本的供求状况，但可能更多地体现了国家意志，因而具有主观性特点。在这种利率形成机制下，相应的利率政策可称为利率管制政策。

非均衡利率形成机制适用于经济发展水平较低、金融业发展程度不高的国家。为了促进经济发展，国家的金融政策(包括利率政策)多数采取严格控制的措施。在经济发展初期，会面临资金供给不足、资金需求旺盛的市场环境，在这种情况下，如果由市场供求关系来确定利率，则会造成高利率情况，从而抑制投资和经济发展。因此，理性的政府会采取利率管制政策，倾向于直接控制利率，压低贷款利率以降低融资成本，发挥刺激投资的作用。一般来说，在非均衡利率形成机制下，可能存在某一时期或许有几种利率高于市场均衡利率的情形，但总体而言，利率会低于均衡利率水平。

许多国家的利率政策实践经历了实施非均衡利率机制的阶段。日本在战后较长的时间内就实行了利率管制政策，如1947年的日本实行了《临时利率调整法》，对存贷款利率上限作出严格限制，以刺激经济发展。一些发展中国家如拉美的智利、阿根廷等以及新兴的工业化国家韩国，也实施过非均衡利率政策。为了发展民族经济，拉美国家在独立后，采用了把利率限制在较低水平的措施。韩国在60年代中期以前实行的“官定利率”就大大低于市场均衡利率，直到1965年，才对这种非均衡利率进行改革。由于经济发展水平低，我国长期以来实行的是利率控制政策。我国利率水平的确定主要通过行政手段，虽然近几年来进行了一定程度的改革，但总体上实行的是非均衡利率政策。

非均衡利率形成机制对经济发展有促进作用。实施非均衡利率机制，政府能够根据经济发展情况的需要，直接制定利率水平，以保证资金供给，满足资金需求。但实行非均衡利率机制也有负面影响。从宏观角度看，政府对利率的限制掩盖了资金供求的实际情况，从而扭曲了市场信号，使社会资源不能得到合理的配置。从微观方面看，由于市场信号的扭曲，企业无法正确预测市场供求关系，经营活动具有很大的盲目性，面临风险较大。与此同时，低利率虽然可以刺激投资，但容易引发投资效率低下的问题，从而造成资金资源的浪费。从我国情况看，长期以来形成的重投资、轻效率等问题与这种非均衡利率形成机制有很大关系，这是值得注意的问题。正因为如此，许多国家先后实施利率政策改革，促使非均衡的利率形成机制向市场化的利率形成机制转变。

2. 利率市场化

与通过行政方法决定利率的机制不同，利率市场化就是由资金市场的供求关系来决定利率的机制。由于市场供求关系真实反映了资金供求的实际情况，因而，由市场机制决定的利率就是市场均衡利率。市场均衡利率是市场供求双方力量竞争的结果，它不可能由任何机构或专家确定或准确预测，而且它会随着经济环境的变化而变化，因而具有动态性特点。考虑到市场均衡利率不断变化的特点，政府在将非均衡利率形成机制转向市场化利率形成机制的过程中，还会采取一些必要的管理措施。特别是在改革利率形成机制的初期，放开利率管制的结果可能是利率的频繁波动，从而对实体经济产生冲击，于是政府有必要对利率设置上限、下限等来控制其波动，但这要以不影响利率的正常波动为前提条件。

利率市场化虽然有利于充分发挥资本在经济发展中的作用，提高资源配置效率并促进经济发展，但实施利率市场化需要合适的条件。

一是要有相对完善的市场体系。要实行利率市场化，宏观经济系统就应实现商品以及劳动、资本等生产要素的市场化。与此同时，企业、政府和消费者具有较强的市场意识，经济主体之间的有序竞争成为常态，市场在经济活动中能够发挥主导性作用。

二是要有相对完善的法律保证体系。利率市场化必然会强化市场竞争的程度，而市场经济需要经济主体之间的合理竞争。市场竞争对提高资源配置效率和劳动生产率有重要作用，但它需要有法律体系的完善作为保证。

三是宏观经济整体处于良好的运行状态，如宏观经济指标处于稳定的正常水平，微观层次上的企业经营良好，且微观经济主体能够接受利率的合理波动。

这种良好的经济环境对于利率市场化改革是有利的。政府必须充分考虑这些利率市场化的改革条件，否则可能产生不利结果。需要注意的是，由于影响利率市场化的因素较多，利率市场化改革有一个较长的发展过程，要循序渐进。

3. 利率自由化

利率自由化是利率市场化的高级阶段。虽然利率形成机制从完全由政府确定的非均衡利率机制转向为受政府管制的市场均衡利率形成机制是一个本质的变化，但由于市场均衡利率受到一定的政府管制，由此产生了金融抑制、资金配置效率不高等问题。这就要求利率市场化向利率自由化的方向推进。利率自由化，就是实行没有政府管制的市场均衡利率，其关键点是政府不直接限制市场利率的波动，但它并不排除政府仍然会利用经济手段影响利率波动或者对利率进行必要的管理。

利率自由化是在世界范围内金融自由化的宏观背景下产生的。众所周知，无论是在发达国家或者发展中国家，金融业都受到比其他部门更严格的监管。但自从 80 年代开始，世界范围内出现了利率自由化、汇率自由化、金融业务自由化和金融监管自由化的趋势，而利率和汇率的自由化是金融自由化的基础。其中，利率自由化强调利率的形成完全由市场机制进行，而政府不加任何指导或者干预。显然，这种利率的自由化无论是对市场体系还是国家管理体系都提出了更高的要求。一方面，市场体系发育完善、市场信息充分、健全的法制体系等是实行利率市场化的必要条件。另一方面，由于政府对利率的直接管制被取消，金融机构之间、金融机构与非金融机构之间的竞争程度会加剧，金融风险会增加，因此，为了降低金融体系的风险和经济风险，政府必须加强金融监管，提高监管效率。

4. 利率国际化

非均衡利率、利率市场化和利率自由化这三种利率形成机制针对的是封闭状态下的经济环境。随着经济全球化的不断发展，国际资本的流动在不断加强，金融业的国际化趋势也日益明显，这就需要考虑开放环境下的利率形成问题，这就是利率的国际化。

在国际市场环境下，与其他商品一样，利率的决定仍然要受到市场供求规律的影响。国际市场中的资金不仅会来自于发达国家，也可能来自于发展中国家。由于资金的供求关系不仅受到一个国家经济发展状态的影响，也会受到其他国家经济发展环境的影响，因而利率的形成也更为复杂。与此同时，由于国际资本的流动，利率的变动也会引起汇率的变动，从而加剧一国经济和世界经济的风险。这是利率国际化发展中应注意的重要问题。

2.5 汇率与汇率制度

在封闭环境下，资金的价格表现为利率，然而，在开放的国际经济环境下，资金的价格表现为汇率。汇率是指用一国货币表示的另外一国货币的相对价格，即两国货币之间的兑换比率。在市场体系中，不仅存在着商品与商品的交换，也存在着货币与货币的交换行为。在封闭环境下的商品交换活动中，货币只是发挥着交易媒介的作用，而在国际经济中，由于商品交易的需要，就要用一种货币兑换另外一种货币，从而表现为以一种货币交换另外一种货币，这就需要货币的交换比率，即汇率。

为了度量汇率，可以采用直接标价法和间接标价法。直接标价法是以一定单位的外币

(基准货币)兑换为一定数量的本币(报价货币)的方法。与此相反，间接标价法是以一定单位的本币(基准货币)兑换为一定数量的外币(报价货币)的方法。从历史进程看，英国一直沿用间接标价法，美国早期采用直接标价法，但从 1978 年 9 月 1 日起改用间接标价法。与此同时，英联邦国家和欧元区国家也采用间接标价法。从总体上看，包括我国在内的大多数国家采用的却是直接标价法。

一、汇率类型

由于采用标准的不同，汇率也就有不同的类型。

1. 固定汇率和浮动汇率

如果从国际货币体系的历史演变和变化情况划分，汇率可分为固定汇率和浮动汇率。固定汇率是指一国货币与另外一种货币的交换比率基本保持不变，其波动限制在一定的范围内的汇率。固定汇率是在金本位和布雷顿森林货币体系下各国货币汇率安排的主要形式。在金本位时期，货币的含金量是决定汇率的基础，汇率的波动范围体现为黄金输送点，汇率基本不变。在布雷顿森林货币体系下，由于国际货币基金组织的成员国货币与美元挂钩，汇率的波动也限制在一定范围内，汇率也基本固定。与固定汇率不同，浮动汇率是根据市场供求关系自由浮动的汇率，它是布雷顿森林货币体系崩溃后各国汇率的主要安排形式。

2. 基本汇率与套算汇率

从汇率管理者的角度看，在制定汇率时就涉及基本汇率和套算汇率。基本汇率是本国货币与关键货币相比的汇率，而关键货币是指在国际贸易或国际收支中占比最大、自由兑换性最强、能够为各国普遍接受的货币，如美元。以基本汇率为基础，套算汇率是计算出的与其他国家货币的比率。

3. 官方汇率与市场汇率

按照外汇管制的程度，汇率可分为官方汇率和市场汇率。官方汇率是指由官方(如财政部、中央银行或外汇管理机构)规定的汇率，它体现了监管机构对货币和经济发展的希望和要求，它具有强制性特点。由于官方汇率没有充分反映市场的供求关系，它和实际汇率有一定差异，从而导致外汇黑市的出现。与此不同，市场汇率是指由市场供求关系自发形成的汇率。

4. 即期汇率和远期汇率

按照交割期限的不同，汇率可分为即期汇率和远期汇率。在外汇交易中，如果外汇交易成交后，交易各方于当日或者两个工作日之内进行外汇的交割，此时的汇率就是即期汇率。远期汇率是指成交后，交易各方在约定的未来日期交割时采用的汇率。在采用远期汇率时，由于即期汇率与远期汇率通常存在差价，从而使商品交易面临汇率波动的风险。

5. 名义汇率与实际汇率

从货币价值的角度划分，汇率可分为名义汇率和实际汇率。名义汇率是指用一种货币所能兑换的另外一种货币的数量表示的汇率，它又包括名义双边汇率和名义有效汇率两种形态。其中，名义双边汇率就是用一国货币的数量表示另一国货币的汇率，而名义有效汇率是指用若干其他货币的加权平均数来表示某种货币价值的汇率。显然，名义汇率没有考虑通货膨胀因素。实际汇率是指扣除物价因素后的名义汇率，因此它能够反映货币的实际购买力。

二、汇率制度

在国际经济中，由于汇率的变动对一国及其他国家都会产生影响，因而，需要对汇率进行管理。汇率制度就是一国货币当局对本国汇率形成和变动机制所作出的一系列安排。作为确定汇率的基本性原则，汇率制度具有相对稳定的特点。由于经济发展水平和社会环境不同，采用的汇率制度也有所不同，表 2-5-1 提示了世界各国的汇率制度。

表 2-5-1　世界各国的汇率制度

汇 率 制 度	国家(或地区)数量	国 家 名 称
无独立法定货币的汇率制度	41	欧元区 11 国
货币局制度	7	中国香港、爱沙尼亚、吉布提、拉脱维亚、保加利亚、文莱、波斯尼亚-黑塞哥维纳
其他传统的固定钉住(包括钉住单一货币和一篮子货币)	41	中国、马来西亚、沙特阿拉伯等
水平范围内钉住	4	丹麦、塞浦路斯、匈牙利、汤加
爬行钉住	5	突尼斯、玻利维亚、哥斯达黎加、尼加拉瓜等
爬行区间内的汇率	5	波兰、乌拉圭等
不事先公布汇率路径的管理浮动	50	阿根廷、泰国等
单独浮动	34	美国、英国、日本、韩国、澳大利亚、印度等

资料来源：IMF.《国际金融统计》，2004.

在表 2-5-1 中，虽然汇率制度较多，但具有代表性的只是两类，即固定汇率制度和浮动汇率制度。

1. 固定汇率制度

固定汇率制度包括金本位制度下的固定汇率制度和纸币流通条件下的固定汇率制度。如前所述，金本位制度下的固定汇率制度的基础是货币的含金量，因此，汇率基本固定。纸币流通条件下的固定汇率制度是第二次世界大战后西方国家根据国际货币基金组织的规定，基于美元的汇率制度。

金本位制度下和纸币流通条件下的固定汇率制度有联系，但也有区别。它们的共同点体现为各国都对本国货币规定了金平价，由此得到汇率，且这种汇率会围绕中心汇率进行小范围内的波动。这两种固定汇率制度也有不同点，主要表现在汇率的形成机制和货币的含金量不同。在金本位制度下，基于货币中的法定含金量和金币的自由兑换特征，汇率波动小，固定汇率自动形成，且货币的含金量不变。但与此不同，在纸币流通条件下，固定汇率是各国协商的结果，而且货币的含金量可变，从而形成套利机会，加剧汇率的波动性，因此，它不是真正意义上的固定汇率制度。

2. 浮动汇率制度

市场环境的变化，促成了各国汇率制度的变迁。20 世纪 70 年代，能源危机使固定汇率制度难以为继，1973 年 2 月后，西方国家先后实行了浮动汇率制度，国家不再规定本国货币与其他国家货币的平价关系，但这并不意味着国家放弃了对汇率的管制。

浮动汇率制度的表现形式较多。按照国家对汇率管理的程度，浮动汇率制度可进一步分为自由浮动和管理浮动两种类型。自由浮动是指国家对汇率不进行任何干预，汇率完全由市场供求关系决定。虽然称为自由浮动，但由于汇率对经济活动及消费和投资都有重要影响，事实上，国家仍然会对汇率进行一定程度的控制，因此，这种"自由"的理论意义要大于实际意义。与自由浮动不同，管理浮动是指国家通过干预外汇市场，从而实现政府的管理目标。

如果按照浮动方式看，浮动汇率又可分为单独浮动和联合浮动两类。单独浮动是本国货币不与其他国家货币联系，汇率的变化单独由外汇市场的供求关系进行调整，如代表性的单独浮动货币就包括美元、英镑、加拿大元等。联合浮动是指由若干国家组成货币集团，集团内的货币规定比价关系和浮动界限，但对集团外的货币实行同涨或同跌的浮动汇率制度。这方面的一个例子是1973年3月，欧洲共同体中的联邦德国、法国、比利时、荷兰、卢森堡和丹麦就曾规定其成员国货币实行固定汇率，汇率浮动界限为货币平价上下各1.125%，而对集团外国家的货币实行联合浮动。

3. 汇率制度评价

固定汇率和浮动汇率制度各有利弊，如固定汇率制度能够实现汇率的稳定性和经济的稳定性，而浮动汇率制度能够增强国家管理的主动性和灵活性，因而评价这两种汇率制度的优劣是困难的。事实上，汇率制度受到多种因素的影响，因此，汇率制度的选择要综合考虑国民经济发展的不同需求。国际货币基金组织公布了汇率制度选择的参照标准，认为国家选择汇率制度时应考虑的因素包括：经济规模和开放程度、中央银行对金融市场的控制能力、资本流动性、区域经济合作、金融市场发展程度、通货膨胀等。由此可见，汇率制度的选择应根据各国经济发展的具体情况来确定，因为检验汇率制度好坏的标准只能是国家自身的社会经济发展状况。

三、人民币汇率制度的演变历程

作为我国的法定货币，人民币1948年12月诞生于石家庄，人民币汇率于1950年开始公布，人民币汇率制度也经历了长期的发展过程。

1. 传统体制下的人民币汇率制度(1949—1980年)

人民币汇率在这一时期经历了三个不同的发展阶段。第一阶段为实行浮动汇率制度阶段(1949—1950年)。1949年，人民币实行管理浮动制度，由中国人民银行公布交易所平价，并由交易所议价成交。1950年，国家开始对外汇实行统收统支制度，取消了外汇交易所。中国人民银行根据物价变化对汇率进行机动调整，具体方法为参照75%至80%大宗出口商品的加权平均换汇成本加上5%至15%的利润，同时考虑1/3的侨眷国内生活消费品指数后确定人民币汇率。第二阶段采用的是钉住单一货币制度(1953—1972年)。1953年，我国采用钉住英镑的固定汇率制度。第三阶段采用的是钉住一篮子货币制度(1973—1980年)。一篮子货币的种类及其权重由国家统一掌握，并适时进行调整，到1979年，货币的种类为20种，包括美元、英镑、联邦德国马克等。

2. 经济转轨时期的人民币汇率制度(1981—1993年)

随着对外开放政策的实施，人民币汇率制度也发生了变化，这可分为两个阶段。第一阶段实行的是人民币内部结算价和官方汇率并存的双重汇率制度(1981—1984年)。在这一时期，对外贸易结算采用内部结算价，而官方汇率仍然钉住一篮子货币。第二阶段为官方汇率和调剂市场汇率并存的双重汇率制度(1985—1993 年)。1985 年 12 月第一家外汇调剂中心在深圳成立，从而形成了官方汇率和外汇调剂市场汇率并存的格局。

3. 向市场过渡的有管理的浮动汇率制度(1994—2005 年 7 月)

为适应经济环境的变化，1994 年，我国实行了对官方汇率和外汇调剂市场汇率的并轨，建立了以市场供求为基础、单一、有管理的浮动汇率制度，建立了统一的银行间外汇市场。1996 年 12 月 1 日，中国人民银行宣布人民币实行经常项目下的自由兑换。

4. 以市场机制为基础的人民币汇率制度(2005 年 7 月至今)

为了促进国民经济的发展，人民币汇率制度的改革不断进行。2005 年 7 月 31 日，中国人民银行宣布，人民币汇率开始实行以市场供求为基础、参考一篮子货币进行调节、有管理的浮动汇率制度。2010 年 6 月，中国人民银行进一步推进人民币汇率形成机制改革，重在坚持以市场供求为基础，参考一篮子货币进行调节，增强人民币的弹性，保持人民币汇率在合理均衡水平上的基本稳定。为增强人民币兑美元汇率中间价的市场化程度和基准性，中国人民银行决定完善人民币兑美元汇率中间价报价。自 2015 年 8 月 11 日起，做市商在每日银行间外汇市场开盘前，参考上日银行间外汇市场收盘汇率，综合考虑外汇供求情况以及国际主要货币汇率变化向中国外汇交易中心提供中间价报价。

人民币汇率制度的改革有力地促进了实体经济的发展，提高了人民币的弹性和国际地位，这对我国国民经济的发展有积极的促进作用。

阅读专栏

广场协议

《广场协议》(Plaza Accord)是美国、日本、英国、法国及西德等 5 个工业发达国家财政部长和央行行长于美国纽约的广场饭店秘密会晤后，在 1985 年 9 月 22 日签署的协议。目的是联合干预外汇市场，使美元对日元及马克等主要货币有秩序地下调，以解决美国巨额贸易赤字，从而导致日元大幅升值。

《广场协议》签订后，上述五国开始联合干预外汇市场，在国际外汇市场大量抛售美元，继而形成市场投资者的抛售狂潮，导致美元持续大幅度贬值。1985 年 9 月，美元兑日元在 1 美元兑 250 日元上下波动，协议签订后不到 3 个月的时间里，日元兑美元迅速升值到 1 美元兑 200 日元左右，升幅 20%。1988 年与 1985 年相比，主要货币对美元的升值幅度大约分别为：日元 86.1%，德国马克 70.5%，法国法郎 50.8%，意大利里拉 46.7%，英国英镑 37.2%，加拿大元近 11%。

作为 1980 年代的世界第二大经济体(1978 年时超过了苏联)，日本亲眼目睹了其经济起飞后快速蹿升之势，逐渐演变为缓慢增长、停止增长乃至严重衰退，到了 1990 年代中期又经历货币快速贬值(时称“抛售日本”)，从此一蹶不振，泡沫经济破裂、崩盘，十余年未恢复元气。

1987 年 2 月，七大主要工业国政府签订《卢浮宫协议》，《广场协议》被取代。

资料来源：维基百科. http://zh.wikipedia.org/wiki/%E5%B9%BF%E5%9C%BA%E5%8D%8F%E8%AE%AE

本章小结

在市场经济环境下，价格能够起到优化资源配置、提高经济效益的作用，因而，价格成为经济学研究的核心问题，在金融领域中，研究资产定价也显得日益重要。虽然资产的类型较多，但我们主要关心金融资产的定价问题。由于金融资产的无形性，金融资产的定价理论主要基于市场均衡理论和无套利假设，其内在逻辑是：如果整个市场处于均衡状态，则资产价格无差异，呈现为市场没有套利机会，因此，不同时间或不同细分市场的金融资产的价格应相同。货币不仅体现为度量价格的标准，同时，货币本身也是一种直接的和最简单的金融资产，因此，体现为一国货币价格的利率和体现外国货币价格的汇率的形成机制是理解金融资产定价的基础。学习本章内容有利于理解后续章节中的资产定价和相应的风险管理问题。

案例研究

欧洲央行全面推量化宽松计划　人民币兑美元贬值压力增大

一、案例描述

欧洲央行2015年1月22日宣布推出量化宽松(QE)计划，以应对通货紧缩，提振欧洲经济。分析人士普遍认为，欧洲央行量化宽松规模和结构仍优于市场预期，但不一定能达到预期效果。而欧洲全面QE的出台，有利于美元走强，人民币兑美元面临贬值压力。

欧洲央行推出的量化宽松，每月采购600亿欧元资产，持续到2016年9月。依据市场推测的2015年3月1日启动计算，本次QE将持续18个月，总额度为1.08万亿欧元。

全球金融危机后，美国、英国与日本的央行皆重度依赖量化宽松政策来提振经济。目前，美联储与英国央行虽在经济稳健增长、失业率下滑之际不再延续购债计划，日本央行却仍在激进推行量化宽松计划。值得注意的是，欧洲央行此前一直不愿效仿，仍主要通过降息和针对银行放款来达到向经济注入信贷流动性的目的。为了实现经济复苏，欧央行推出了一系列创新工具，但效果不理想。

欧元区官方数据显示，2014年12月欧元区通胀率为－0.2%，自2009年以来首次跌至负值，使得欧元区陷入技术性通货紧缩。对此，市场分析人士指出，欧洲央行此次全面推出量化宽松计划，主要原因之一是欧洲经济复苏缓慢，面临通货紧缩压力。同时，此前政策并没有达到预计效果，未能提高欧洲央行持有的资产规模。

受欧洲央行量化宽松政策刺激，欧洲当日股市普遍上涨，欧元兑美元汇率下跌。对于此次欧洲央行推出的量化宽松计划带给中国经济的影响，央行人士认为，欧洲央行的新一版量化宽松政策加上美国量化宽松政策正常化的趋势，将会进一步推动美元汇率的走强，从而可能会对人民币兑美元汇率形成下行压力。欧洲央行的新一版量化宽松政策所提供的大量流动性毫无疑问会产生溢出效应。国外一些分析师也认为，欧元区量化宽松政策的首要影响或表现为热钱流入美国、美元升值间接带来的贸易与金融市场冲击；对中国而言，则意味着人民币相对美元贬值的压力增大，资金流出压力增强，同时对欧洲出口也将受到影响。

资料来源：经对《欧洲央行全面推量化宽松计划 人民币兑美元贬值压力增大》(京华时报，2015 年 1 月 24 日，http://news.xinhuanet.com/finance/2015-01/24/c_127416104.htm)部分内容删减而成。

二、案例讨论

1. 试比较美国、日本和欧洲中央银行量化宽松政策的影响。
2. 中国货币当局应如何应对欧洲中央银行的量化宽松政策?

思考与练习

1. 试分析金融资产定价与普通商品定价的区别与联系。
2.《广场协议》对日本和世界经济有什么影响?
3. 试分析利率市场化对微观经济实体和宏观经济的影响。

第三章　利率与汇率

在市场经济环境下，货币通常是衡量价值的工具，发挥价值尺度功能，而货币自身也存在着价值衡量或定价问题。从货币的起源看，货币不仅是具有使用价值的商品，同时也具备其他商品所不具有的功能，这就使对货币价值的衡量变得更为重要。当国家出现以后，形成了不同的货币制度，因此，对于货币价值的度量涉及基于一个国家的货币价格的确定和基于国际市场的货币价格的确定两个方面。从单一国家的角度看，货币定价就是要确定利率，而对于国际市场中的货币来说，其定价的实质是确定汇率，这是本章的主要内容。

3.1　利率决定理论

货币有金属货币形态和信用货币形态之分。金属货币既有使用价值，也有价值，其价格就是价值的反映。与此不同，由于信用货币是由政府机构发行的强制性交易媒介，所以其本身并没有价值，但它有交换价值，即价格。货币的价格实质上是使用或借贷货币的成本，即利率(相对价格)或利息(绝对价格)，或者说，利率是借贷期间所形成的利息额与本金的比率，是借贷资本的价格。对货币价格的研究也就体现为利率的决定理论。

从历史上看，人们对利息的认识经历了不断的变化。对借贷和利息的探讨至少可以追溯到公元前的古巴比伦，利率一直是神学、哲学、政治学、经济学和金融学研究的重要课题。罗马天主教和伊斯兰教曾经长时期禁止放贷和利息，认为高利贷者出售时间，然而时间是上帝赋予所有生灵的共同财富，绝不能被出售。因此，高利贷者的行为违背自然规律，违背神的意志。与此同时，哲学家也关注借贷、利息和食利者的正当性和合法性，而学者则研究利率的决定问题。

利率决定理论主要分为古典利率理论、凯恩斯的流动性偏好理论、可贷资金理论和利率的期限结构等理论。

一、古典利率理论

马克思的利率决定论和古典学派的储蓄投资理论都研究了利率的决定问题。马克思的利率决定论强调制度因素对利率决定的作用，重点分析了利息的来源和本质。马克思指出，利息是贷出资本的资本家从借入资本的资本家那里分割出来的一部分剩余价值，利息的多少取决于利润总额，利息率取决于平均利润率。

1907 年，美国经济学家费雪(Irving Fisher，1867—1947)发表的《利息理论》被认为是首次为利率理论建立了完整的分析架构。关于利率的决定，他认为社会里总有人愿意和有耐心推迟消费，将资源转借他人投资或消费，以获得收入使其在未来享受更高水平的消费，而另一些人愿意借入他人的资源进行投资或消费，从而形成供求关系。供需均衡时就形成利率均衡点，资源的均衡价格就是利率。与此同时，费雪将利率分为名义利率和实际利率，指出名义利率是实际利率与通货膨胀率之和，并强调了时间的重要性。

总体而言，古典学派的储蓄投资理论的观点可以表述为：投资来源于储蓄，储蓄是当期放弃的消费，利率在本质上是由于人们放弃了当期的消费而得到的报酬。投资者用投资所得来支付利息，储蓄者因为牺牲当期的消费而获得利息。利率的变动能使储蓄和投资自动到达一致，从而使经济体系处于充分就业的均衡状态，此时，储蓄和投资的真实数量都是利率的函数，利率决定于储蓄和投资的相互作用。

二、可贷资金理论

可贷资金理论产生于20世纪30年代，由剑桥学派的罗伯森(D. H. Robers，1890—1963)和瑞典学派的俄林(Bertil Ohlin，1899—1979)等提出，认为利率不是由储蓄与投资决定，而是由借贷资金的供给与需求的均衡点决定。利率是使用借贷资金的代价，影响借贷资金供求水平的因素就是影响利率变动的因素。从借贷资金与利率的关系看，借贷资金的供给与利率成正向变动关系，而借贷资金的需求则与利率成反向变动关系，两者的均衡决定利率水平。

三、凯恩斯的流动性偏好理论

凯恩斯(John Maynard Keynes，1883—1946)是英国著名经济学家，他认为利率是纯粹的货币现象。因为货币富有流动性，它在任何时候都能转化为任何资产，利息就是在一定时期内放弃流动性的报酬。货币富有流动性的原因是人们有“流动性偏好”。所谓“流动性偏好”是指人们以牺牲利息收入而储存不生息的货币来保持财富的愿望或动机。凯恩斯把人们储存货币的动机分为交易动机、谨慎动机和投机动机。交易动机是指人们为了应付日常支出的需要而持有一部分货币的动机，它主要取决于收入；谨慎动机或预防性动机是指人们为了预防意外支出而持有一部分货币的动机，如个人或企业为应付事故、失业、疾病等意外事件而需要持有一定数量的货币。谨慎动机产生于人们对未来收入和支出的不确定性；从整个社会来看，这部分货币量和收入密切相关。因此，出于谨慎动机所需的货币量大致也是收入的函数。投机动机是指人们为了抓住购买生利资产例如债券等有价证券的有利机会而持有一部分货币的动机。此时，虽然人们持有货币可以随时利用有利的投机机会，但会损失利息。出于投机动机对货币的需求量与利率成反方向变动关系。

四、利率的期限结构理论

影响利率的因素很多，其中一个重要因素就是货币的使用期限。在经济实践中有一种现象，即如果储蓄的时间越长，则利率越高，长期利率水平要高于短期利率水平。通常将这种因期限不同而产生的利率之间的差异，称为利率的期限结构。

利率期限结构理论试图解释利率期限结构存在的原因及其决定因素，并出现了众多的学派，具有代表性的是预期假设理论和流动性偏好假设理论。

1. 预期假设理论

预期假设理论是1896年由费雪(Irving Fisher)提出的，它是最早、最著名的实用型定量的期限结构理论。它认为，利率期限结构和对未来利率水平的预期有关，而与债券的期限无关。理性投资者总是倾向于购买预期收益率高的债券，如果预期利率水平下降，投资者会选择购买长期债券，而过度的需求会导致长期债券投资收益率的下降，直至市场中的过度需求消失。

预期假设可用数学方式表述。假设 i_1 为第 1 期的短期利率，i_2 为第 2 期的短期利率，…，i_n 为第 n 期的短期利率。如果第 n 期期末的长期利率为 i，则有如下关系：

$$(1+i_1)\times(1+i_2)\times\cdots(1+i_n)=(1+i)^n \tag{3.1.1}$$

如果用连续复利形式表示式(3.1.1)，则有

$$e^{g_1+g_2+\cdots+g_n}=e^{ng} \tag{3.1.2}$$

其中，g 为连续复利的利息率，$g_i=\ln(1+i)$。

由式(3.1.2)可以看出，当短期利率在未来有上升趋势时，期限越长的债券利率越高；当短期利率有下降趋势时，期限越长的债券利率越低。

2. 流动性偏好假设理论

预期假设理论只是对利率与期限相关的现象进行说明，但没有解释预期产生的根本原因。为此，希克斯(J. R. Hicks) 和卡尔伯森(J. M. Culberton)对预期假设理论进行了修正，并提出了流动性偏好假设。它认为，由于短期债券的清偿期临近，价格波动较小，所以其流动性比长期债券高。为规避风险，投资者偏好高流动性债券，从而导致对短期债券的需求增加，投资收益率低于长期债券。这种由于期限的不同而导致的收益率的差别，称为期限溢价。流动性偏好假设进一步认为，期限溢价实质上是为了吸引投资者持有长期债券而向其支付的流通性补偿，长期债券的利率就是短期利率与流动性补偿之和。

3.2 我国的利率政策

由于经济发展水平和社会环境不同，不同的国家采用了不同的利率政策。在我国，利率政策是货币政策的重要组成部分，人民币是我国的法定货币，由中国人民银行统一印制、发行。作为我国法定货币的人民币具有如下特征：

(1) 人民币是我国境内唯一合法货币，具有无限法偿的能力；

(2) 人民币是价值符号，是商品价值计价的尺度；

(3) 人民币是相对稳定的货币，即人民币能够保持相对稳定的购买力；

(4) 人民币是独立自主的货币，是国家经济主权的象征。国内一切货币收付、计价单位和汇价的确定都由人民币承担。

一、基准利率

作为法定货币，人民币利率可分为中央银行的基准利率与金融机构经营利率。其中，基准利率包括存款基准利率和贷款基准利率，它们是由中国人民银行公布的利率标准，其他利率水平或金融资产价格均可根据这一基准利率水平确定。基准利率是中国人民银行公布的商业银行存贷款、贴现等业务的指导性利率，各金融机构的存贷款利率可以在基准利率的基础上上下浮动。不仅如此，基准利率是金融资产定价的重要参考依据，也是投资者决策的基础。

1. 基准利率的特征

(1) 市场性。基准利率由市场供求决定，它不仅反映了货币的市场供求现状，而且也反映了市场对未来的预期。

（2）基础性。基准利率在利率体系、金融产品定价中处于基础地位，它与其他金融市场的利率或金融资产的价格有较强的相关性。

（3）传递性。基准利率反映的市场供求信息或中央银行对经济活动调整的信号，能够有效地传递到货币市场、资本市场和外汇市场及其金融产品的价格上。

基准利率是国民经济运行中最重要的利率，它会对其他利率和市场中货币的供求产生直接影响。在金融实践中，各国的基准利率的确定有差异。英国的基准利率是伦敦银行间同业拆借利率，美国是美国联邦基准利率，在我国，中国人民银行对商业银行和其他金融机构规定的存贷款利率为基准利率。

2. 存贷款基准利率

（1）存款基准利率。我国的存款基准利率是中国人民银行根据市场供求和经济发展的需要确定的利率。我国对金融机构的存款利率实行上限管理，存款利率上限为存款基准利率的1.1倍。金融机构可以在人民银行规定的存款基准利率上限以下，结合资金成本、自身经营策略以及市场情况，自主确定对客户的存款利率。

（2）贷款基准利率。我国的贷款基准利率也是中国人民银行根据经济发展情况确定和公布的利率。2013年7月20日以前，我国的贷款利率实行下限管理，贷款利率下限为贷款基准利率的0.7倍。自2013年7月20日起，经国务院批准，中国人民银行决定全面放开贷款利率管制，即取消金融机构贷款利率0.7倍的下限，由金融机构根据商业原则自主确定贷款利率水平。虽然如此，中央银行的基准利率仍然起着重要的作用，人民银行继续公布贷款基准利率。

二、中央银行对利率工具的应用

利率政策是我国货币政策的重要组成部分。中国人民银行根据货币政策实施的需要，对利率水平和利率结构进行调整，以调节社会资金供求状况和经济运行，促进国民经济发展。目前，在利用利率工具方面，中国人民银行的职能包括：

（1）调整中央银行基准利率，包括再贷款利率、再贴现利率、存款准备金利率、超额存款准备金利率等；

（2）调整金融机构法定存贷款利率；

（3）制定金融机构存贷款利率的浮动范围；

（4）制定相关政策对各类利率结构和档次进行调整等。

根据经济形势发展的需要，中国人民银行在利率管理上也在不断改进。如在同业存款利率的管理上，中国人民银行制定了《同业存单管理暂行办法》，自2013年12月9日起施行。根据这项规定，同业存单是指由银行业存款类金融机构法人（包括政策性银行、商业银行、农村合作金融机构以及中国人民银行认可的其他金融机构）在全国银行间市场上发行的记账式定期存款凭证，是一种货币市场工具；同业存单的发行利率、发行价格等以市场化方式确定；同业存单发行采取电子化的方式，在全国银行间市场上公开发行或定向发行。与此同时，全国银行间同业拆借中心（以下简称同业拆借中心）提供同业存单的发行、交易和信息服务。由此可见，同业存单的利率实际上由市场供求来确定，但其基础仍然是基准利率。

根据基准利率和中央银行的监管要求，金融机构就可以确定其存贷款等利率。

随着全球经济一体化进程的加快，人民币国际化也成为重要的议题，利率市场化也是大势所趋。但需要注意的是，在人民币利率市场化的过程中，利率不仅体现了资金的时间价值，也体现了资金的风险价值，对人民币的定价就应包括对信用风险和市场风险的定价。

阅读专栏 1

中国人民银行决定下调存贷款基准利率并降低存款准备金率

中国人民银行决定，自 2015 年 8 月 26 日起，下调金融机构人民币贷款和存款基准利率，以进一步降低企业融资成本。其中，金融机构一年期贷款基准利率下调 0.25 个百分点至 4.6%；一年期存款基准利率下调 0.25 个百分点至 1.75%；其他各档次贷款及存款基准利率、个人住房公积金存贷款利率相应调整。同时，放开一年期以上(不含一年期)定期存款的利率浮动上限，活期存款以及一年期以下定期存款的利率浮动上限不变。

自 2015 年 9 月 6 日起，下调金融机构人民币存款准备金率 0.5 个百分点，以保持银行体系流动性合理充裕，引导货币信贷平稳适度增长。同时，为进一步增强金融机构支持"三农"和小微企业的能力，额外降低县域农村商业银行、农村合作银行、农村信用社和村镇银行等农村金融机构准备金率 0.5 个百分点。额外下调金融租赁公司和汽车金融公司准备金率 3 个百分点，鼓励其发挥好扩大消费的作用。

具体调整见表 3-2-1。

表 3-2-1　金融机构人民币存贷款基准利率调整表

	调整后利率(%)
一、城乡居民和单位存款	
(一)活期存款	0.35
(二)整存整取定期存款	
三个月	1.35
半年	1.55
一年	1.75
二年	2.35
三年	3.00
二、各项贷款	
一年以内(含一年)	4.60
一至五年(含五年)	5.00
五年以上	5.15
三、个人住房公积金贷款	
五年以下(含五年)	2.75
五年以上	3.25

资料来源：中国人民银行货币政策司，2015-8-26

阅读专栏 2

贷款基础利率集中报价和发布机制正式运行

为进一步推进利率市场化，完善金融市场基准利率体系，指导信贷市场产品定价，

2013年10月25日，贷款基础利率(Loan Prime Rate，LPR)集中报价和发布机制正式运行。

贷款基础利率是商业银行对其最优质客户执行的贷款利率，其他贷款利率可在此基础上加减点生成。贷款基础利率的集中报价和发布机制是在报价行自主报出本行贷款基础利率的基础上，指定发布人对报价进行加权平均计算，形成报价行的贷款基础利率并对外予以公布。运行初期向社会公布1年期贷款基础利率。

全国银行间同业拆借中心为贷款基础利率的指定发布人。首批报价行共9家，分别为工商银行、农业银行、中国银行、建设银行、交通银行、中信银行、浦发银行、兴业银行和招商银行。每个工作日在各报价行报出本行贷款基础利率的基础上，剔除最高、最低各1家报价后，将剩余报价作为有效报价，以各有效报价行上季度末人民币各项贷款余额占所有有效报价行上季度末人民币各项贷款总余额的比重为权重，进行加权平均计算，得出贷款基础利率报价平均利率，于每个工作日通过上海银行间同业拆放利率网对外公布。市场利率定价自律机制将按年对报价行的报价质量进行监督评估，促进提升贷款基础利率的基准性和公信力。

贷款基础利率集中报价和发布机制作为市场利率定价自律机制的重要组成部分，是上海银行间同业拆放利率(Shibor)机制在信贷市场的进一步拓展和扩充，有利于强化金融市场基准利率体系建设，促进定价基准由中央银行确定向市场决定的平稳过渡；有利于提高金融机构信贷产品定价效率和透明度，增强自主定价能力；有利于减少非理性定价行为，维护信贷市场公平有序的定价秩序；有利于完善中央银行利率调控机制，为进一步推进利率市场化改革奠定制度基础。

为确保利率市场化改革平稳有序推进，贷款基础利率集中报价和发布机制正式运行后，人民银行仍将在一段时间内继续公布贷款基准利率，以引导金融机构合理确定贷款利率，并为贷款基础利率的培育和完善提供过渡期。

有关贷款基础利率行情、《贷款基础利率集中报价和发布规则》等相关信息可登录上海银行间同业拆放利率网(www.shibor.org)查询。

资料来源：中国人民银行货币政策司，2013-10-25

3.3　美国商业银行的利率决定

在人民币利率市场化的改革进程中，需要借鉴国外商业银行的利率定价机制。作为世界上发达国家的典型代表，美国商业银行的利率定价机制对理解金融机构的利率决定有参考作用。潘小明(2014)在这方面进行了有价值的研究。

金融市场是价格形成的基础平台，从这方面看，美国具有完善的金融市场体系，货币市场、债券市场和股票市场的交易品种众多，交易规模大，市场透明度高。基于这种完善的金融市场体系，形成了美国商业银行的基准利率体系。如果根据用途来分，基准利率包括商业银行最优惠贷款利率的定价基准利率、短期和中长期浮息贷款的定价基准利率和中长期固定利率的定价基准利率三大类。美国商业银行根据产品期限长短的不同采用不同的基准利率，主要包括联邦基金利率、LIBOR以及掉期利率或国债利率。

一、联邦基金利率

美国联邦基金利率(Federal Funds Rate)是美联储用以实施货币政策的主要工具。联邦基金利率是美国同业拆借市场的利率，最主要的是隔夜拆借利率，它代表了短期市场利率水平。在通常情况下，联邦公开市场委员会(Federal Open Market Committee，FOMC)对联邦资金利率设定目标区间，通过公开市场操作，以确保利率维持在此区间内。作为同业拆借市场的最大的参加者，美联储并不是一开始就具有调节同业拆借利率的能力，因为它能够调节的只是自己的拆借利率，通过拆借利率，美联储就能够决定整个市场的联邦基金利率。与此同时，联邦基金利率的调节是由美联储宣布的。

二、贴现窗口利率

贴现窗口利率就是再贴现率，包括优先贷款利率和次级贷款利率，期限以隔夜最为典型。从利率水平看，贴现窗口次级贷款利率大于贴现窗口优惠贷款利率，而后者要大于联邦基金利率。从作用上看，由于贴现窗口利率只能影响那些符合再贴现资格要求的金融机构，因此，其影响要低于隔夜利率。

基于联邦基金利率和贴现窗口利率，各家银行就可根据自身情况确定最优惠贷款利率，它是美国银行业定价基准之一，常常被用于商业贷款定价，具体包括学生贷款、信用卡贷款以及其他可变利率短期贷款。

三、LIBOR

在国际金融市场中，能够作为短期利率定价基准的工具较多，包括伦敦 LIBOR、欧洲的 EURIBOR、东京的 TIBOR 以及上海的 SHIBOR，其中，以伦敦的 LIBOR 使用最为广泛。在通常情况下，LIBOR 是作为商业银行短期贷款和中长期浮息贷款的定价基准。目前，LIBOR 由英国银行业协会(BBA)统计和发布，其样本货币为 10 种，从隔夜到一年共 15 个期限品种，相关交易余额预计在 300 万亿美元以上。

值得注意的是，2009 年以来包括 LIBOR 在内的一些基准利率经历了一场信任危机，包括英国金融服务管理局、美国司法部和商品期货委员会和其他一些国家的监管机构一直在调查一些涉嫌操纵包括 LIBOR 在内的银行间同业拆借利率的行为，并以 2012 年 7 月份巴克莱银行接受 2.9 亿英镑的天价罚金在金融界引爆了 LIBOR 丑闻。

四、掉期利率、联邦政府债券利率和传统按揭利率

掉期利率、联邦政府债券利率和传统按揭利率是中长期固定利率贷款的定价基准。

(1) 掉期利率。它反映了场外交易的利率水平，期限从 1 年到 30 年，通常统计和披露的是 3 个月 LIBOR 掉期的利率水平，信息来源于 ISDAFIX(它是一家由国际掉期和衍生品协会(International Swaps and Derivatives Association，ISDA)、汤森路透以及 Garban Intercapital plc 1998 年合作成立的机构，每日收集和披露截至美国东部时间上午 11 点的中间市场掉期利率水平的数据。)

(2) 联邦政府债券利率。联邦政府债券的期限范围较大，从 1 个月到 30 年，可分为不长于 1 年的短期国债、2 至 10 年的中期国债和 10 年以上的长期国债。

(3) 传统按揭利率。传统按揭的期限长达 30 年，为固定利率贷款，其利率也是商业银行确定利率的基础之一。

表 3-3-1 对这些基准进行了比较。

表 3-3-1　美国商业银行的定价基准利率体系

利率品种	形成与披露	市场规模	定价基准
联邦基金利率	美联储议息会议制定与披露	交易规模不高，但因美联储的影响力和公信力，其目标利率成为市场短期利率的风向标	银行最优惠贷款利率的定价基准
LIBOR	截止2013年4月1日，由BBA负责收集、计算和发布LIBOR；2013年4月2日起，由BBA Libor Limited负责管理，Thomson Reu-ters负责计算	余额300万亿到350万亿美元金融资产的定价标准，远高于实际在伦敦市场交易的规模	短期贷款利率、中长期浮动贷款利率的定价基准
掉期利率、国债利率	国债发行利率根据竞价确定，掉期利率由银行撮合实现，由ISDA-FIX发布		中长期固定利率贷款的定价基准

资料来源：潘小明．美国商业银行利率定价机制分析[J]．金融讨论坛，2014(2)：27-34.

基于以上基准，商业银行就可以根据自身的情况决定实际业务的利率。在金融实践中，美国商业银行的定价理念实现了以产品为中心向以客户为中心的转变，并实现了利率、费率和汇率定价的高度融合。基于完善的金融市场和合理的定价，美国商业银行的交叉销售水平高，如J.P.摩根2011年的商业银行业务交叉销售已经达到每个客户持有8.4个产品的水平。这些成绩无论对于我国金融业监管机构或商业银行都有现实的借鉴作用。

3.4　汇率决定理论

在世界金融市场中，外汇是重要的金融资产，汇率决定问题是国际金融理论的核心内容之一，它主要分析汇率的影响因素及其影响。汇率决定理论主要有国际借贷学说、购买力平价学说、利率平价学说、国际收支说、资产市场说，而资产市场说又分为货币分析法(包含弹性价格货币分析法和黏性价格货币分析法)与资产组合分析法。

一、国际借贷学说

国际借贷学说出现和盛行于金本位制度实行时期，其理论渊源可追溯到14世纪，由英国学者葛逊(G.J.Goschen)于1961年在其《外汇理论》中较为完整地提出。该学说认为：汇率由外汇市场上的供求关系决定，而外汇供求取决于国际借贷关系。国际借贷分为固定借贷和流动借贷两种，前者指借贷关系已形成，但未进入实际支付阶段的借贷；而后者指已进入支付阶段的借贷。在这两种借贷中，只有流动借贷的变化才会影响外汇的供求。

二、购买力平价学说

购买力平价学说(Theory of Purchasing Power Parity，PPP)的理论渊源可追溯到16世纪。1914年，第一次世界大战爆发，金本位制崩溃，各国货币发行摆脱了黄金制约，导致物价飞涨和汇率的剧烈波动。1922年，瑞典学者Cassel出版了《1914年以后的货币和外汇》一书，系统地阐述了购买力平价学说。该学说认为：两种货币间的汇率取决于两国货币各自所具有的购买力之比(绝对购买力平价学说)，汇率的变动也取决于两国货币购买力的变动(相对购买力平价学说)。假定，A国的物价水平为P_A，B国的物价水平为P_B，E为A国货币的汇率(直接标价法)，则绝对购买力平价学说可以表示为：$E=P_A/P_B$。

如果考虑到时间因素，假定 T_0 时期 A 国的物价水平为 P_{A0}，B 国的物价水平为 P_{B0}，A 国货币的汇率为 E_0，T_1 时期 A 国的物价水平为 P_{A1}，B 国的物价水平为 P_{B1}，A 国货币的汇率为 E_1。P_{A1} 为 A 国在 T_1 时期以 T_0 时期为基期的物价指数，P_{B1} 为 B 国在 T_1 时期以 T_0 为基期的物价指数，则根据相对购买力平价学说，相对购买力平价意味着汇率升降是由两国的通胀率决定的。但需注意的是，相对购买力平价学说有前提条件：T_0 时期的汇率 E_0 是均衡汇率；否则，E_1 也就不可能是均衡的。

三、利率平价学说

在解释利率和汇率的关系时，利率平价说起到了重要作用。利率平价学说(Theory of Interest Rate Parity，IRP)可追溯到 19 世纪下半叶，1923 年凯恩斯对其进行了系统性的阐述。

利率平价说认为，两国之间的即期汇率与远期汇率的关系与两国的利率密切相关，其基本思想是：在资本自由流动前提下，资金会从利率低的国家流向高利率的国家以取得利差收益，而两国货币的流动会引起货币兑换，在两国汇率稳定的情况下，投资者将获得利差收入。但如果高利率国家的汇率下跌，则投资者可能会受到损失。为了降低损失，投资者会将低利率国家的货币兑换成高利率国家的货币进行投资，并在远期外汇市场上将高利率国家的货币卖出以换回低利率国家的货币。在这种情况下，在远期外汇市场上，高利率国家的货币供应增加，而低利率国家的货币需求增加，从而导致高利率国家货币的远期利率下跌，而低利率国家货币的远期汇率上涨，直到两国货币汇率的差异等于两国货币利率的差异，此时，金融市场达到均衡状态，市场不存在投机机会，利率平价成立。

利率平价学说可分为套补的利率平价(Covered Interest—Rate Parity，CIP)和非套补的利率平价(Uncovered Interest Rate Parity，UIP)。关于套补的利率平价，如果 i_A 是 A 国货币的利率，i_B 是 B 国货币的利率，p 是远期汇率的升跌水平，在投资者采取持有远期合约的套补方式交易时，市场最终会使利率与汇率形成下列关系：$p=i_A-i_B$，即汇率的远期升跌水平等于两国货币利率之差。关于非套补的利率平价，如果投资者根据自己对未来汇率变动的预期而计算预期的收益，在承担一定的汇率风险情况下进行投资活动，用 E_p 表示预期的汇率远期变动率，则有关系 $E_p=i_A-i_B$，即远期的汇率预期变动率等于两国货币利率之差。

四、国际收支学说

在布雷登森林体系实行的 1944 年到 1973 年期间，各国实行固定汇率制度。这一期间的汇率决定理论主要从国际收支均衡的角度确定适当的汇率水平，统称为国际收支学说。它的早期形式就是国际借贷学说，而近期的理论是国际收支说。

国际收支学说主要通过分析影响国际收支的主要因素来说明汇率的变动。例如，对于两个国家而言，假定 Y_A、Y_B 分别是本国(A 国)及外国(B 国)的国民收入，A 国的物价水平为 P_A，B 国的物价水平为 P_B，i_A 是本国(A 国)货币的利率，i_B 是外国(B 国)货币的利率，E 为本国(A 国)货币的汇率(直接标价法)，E_{ef}是预期汇率。假定国际收支仅包括经常账户(CA)和资本与金融账户(K)，则国际收支 BP 处于平衡状态，即有

$$\mathrm{BP} = \mathrm{CA} + K = 0 \tag{3.4.1}$$

其中，CA 由本国的进出口决定，即有

$$\mathrm{CA} = f_1(Y_A, Y_B, P_A, P_B, E) \tag{3.4.2}$$

$$K = f_2(i_A, i_B, E, E_{ef}) \tag{3.4.3}$$

如果假设汇率以外的其他变量均为已经给定的外生变量，则汇率将在这些因素的共同作用下达到某一水平，从而起到平衡国际收支的作用，即 $E=g(Y_A, Y_B, P_A, P_B, E, E_{ef})$。国际收支说指出了汇率与国际收支之间存在的密切关系，有利于全面分析短期内汇率的变动和决定。

五、资产市场说

1973 年，随着布雷登森林体系的解体，固定汇率制度崩溃，汇率决定理论发生了变化，资产市场说在 20 世纪 70 年代中后期成为了汇率理论的主流，它强调了资本流动在汇率决定理论的作用，汇率被看作资产的价格，由资产的供求关系决定。

根据对本币资产与外币资产可替代性的不同假定，资产市场说分为货币分析法与资产组合分析法。两者的区别是：货币分析法假定本币资产与外币资产两者可完全替代，而资产组合分析法假定两者不可完全替代。货币分析法又可根据对价格弹性的不同假定，分为弹性价格货币分析法、黏性价格货币分析法和汇率的资产组合分析法。

（1）弹性价格货币分析法。它假定所有商品的价格是完全弹性的，此时，只需考虑货币市场的均衡问题。其模型表明，本国与外国之间国民收入水平、利率水平及货币供给水平通过对各自物价水平的影响而决定了汇率水平。

（2）黏性价格货币分析法。它认为商品市场与资本市场的调整速度不同，商品市场上的价格水平具有黏性特点，这使得购买力平价在短期内不能成立，经济存在着由短期平衡向长期平衡的过渡过程。由于商品市场价格黏性的存在，当货币供给一次性增加以后，本币的瞬时贬值程度大于其长期贬值程度，这一现象被称为汇率的超调。

（3）汇率的资产组合分析法。它假定本币资产与外币资产不能完全替代，风险等因素使非套补的利率平价不成立，从而需要对本币资产与外汇资产的供求平衡在两个独立的市场上进行考察。与此同时，它还将本国资产总量直接引入了模型。假定本国居民持有本国货币、本国政府发行的以本币为面值的债券以及外国发行的以外币为面值的债券，与此相应有三个市场。只有当三个市场都处于平衡状态时，该国的资产市场整体上才处于平衡状态，据此，可以确定汇率水平。

3.5　汇率决定中的基本关系

汇率不仅涉及不同的国家的货币发行和货币监管政策，也涉及其经济运行状况。因此，如汇率决定理论所显示的，汇率受到多种因素的影响，特别是在金融衍生工具出现以后，更是受到远期市场的影响。与汇率有紧密关系的因素包括即期汇率、远期汇率、离岸利率、通货膨胀率和预期利率，由此产生了汇率与利率、汇率与通货膨胀率、利率与通货膨胀率、利率差与汇率差的关系。本节将进一步对汇率决定理论公式化，使其更容易理解和掌握。

一、基本概念与变量

为了分析汇率与其他变量的关系，首先要明确直接标价法、间接标价法、即期汇率和远期汇率。如前所述，直接标价法是指以本国货币衡量外国货币价格的方法，或者说购买一单位外币应付多少本币。包括中国在内的大多数国家就采用这种标价法，如 9.3 元人民币可兑换1英镑，表示用人民币的数量衡量英镑的价格。间接标价法是指以国外货币衡量本国货币价格的方法。如1元人民币值0.107英镑。即期汇率是指交易后立即交割时的汇率。如2014年8月1日，1欧元=8.2644人民币，或者1元人民币=0.1210欧元，指如果按照此汇率买卖欧元或人民币，就可立即进行交割，完成交易。远期汇率即远期合约中的汇率，指现在同意但在未来(如三个月、六个月后)实际支付外汇的汇率。如现在双方同意以1欧元=8.2644人民币的汇率买卖欧元资产，但在三个月后进行交割。

其次，为了讨论方便，各变量的含义包含在表3-5-1中。

表3-5-1　符号含义

变量符号	含　义
s_0	英镑兑换成美元的即期汇率(直接标价法：1英镑兑换的美元数量)
f_0	英镑兑换成美元的远期汇率(直接标价法：1英镑兑换的美元数量)
$i_\$$	美元的离岸利率
i_p	英镑的离岸利率
r	真实回报率
$\tilde{p}_\$$	美国的期望通货膨胀率
$\tilde{p}_p$	英国的期望通货膨胀率
$p_\$$	目前美国的价格水平
p_p	目前英国的价格水平
$\tilde{s}_t$	时刻t期望的英镑兑换成美元的即期汇率

二、利率与汇率的关系

在国际经济活动中，利率与汇率存在一定的关系，利率平价理论(Theory of Interest Rate Parity，IRP)就对它们之间的关系进行了描述。

1. 利率与汇率关系的直观表达

为了说明利率与汇率的关系，先用一个例子进行说明。

假设一个投资者要将100万英镑进行为期12个月的投资。他面临的市场环境如下：在现货市场上，英镑与美元的即期汇率为1英镑兑换1.68美元，12月的远期汇率为1英镑兑换1.6066美元。在离岸市场上，12个月英镑的固定利率为13%，而同期美元的固定利率为8.0625%。此时，假设投资者有两种投资策略：

投资策略一：将100万英镑投入到离岸市场，从而在12个月满期后可得113万英镑。

投资策略二：在现货市场上按照1英镑兑换1.68美元的汇率将100万英镑兑换成美元，然后投资到离岸市场以获取8.0625%的美元利息，12个月后，将所得美元按照1英镑兑换1.6066美元的汇率兑换成英镑。这一系列过程的结果为100万英镑→168万美元→181.5450万美元→113.042英镑。

不难看出，这两种投资策略下的收益相同。

进一步看，可通过计算考察变量之间的关系如下：

利率贴水为

$$\frac{i_\$-i_p}{1+i_p}=\frac{8.0625\%-13\%}{1+13\%}=-4.37\% \tag{3.5.1}$$

汇率贴水(定义为远期汇率的折扣率)为

$$\frac{f_0 - s_0}{s_0} = \frac{1.6066 - 1.6800}{1.6800} = -4.37\% \tag{3.5.2}$$

因此，有关系如下

$$\frac{i_{\$} - i_{p}}{1 + i_{p}} = \frac{f_0 - s_0}{s_0} \tag{3.5.3}$$

2. 利率与汇率关系的推导

假设美国出口商一年后收到货款 A，表明它那时会收到的美元数量为 f_0A。为防范一年后汇率波动的风险，他可以利用远期市场，其策略如下：

(1) 现在离岸市场借入英镑$\frac{A}{1+i_p}$；

(2) 在离岸市场将英镑立即转化为美元$\frac{A}{1+i_p}s_0$；

(3) 将转化后的美元投入到离岸市场。一年后，他将获取的美元数量为

$$\frac{A}{1+i_p}s_0(1+i_{\$})$$

进一步假设货币市场和远期市场都是均衡的，则要求两市场获得的收益相同，即

$$f_0A = \frac{A}{1+i_p}s_0(1+i_{\$}) \tag{3.5.4}$$

消除共同变量，并转换形式可得

$$\frac{i_{\$} - i_{p}}{1 + i_{p}} = \frac{f_0 - s_0}{s_0} \tag{3.5.5}$$

这就是最早由凯恩斯提出的利率平价理论。其实际意义是，由于各国利率之间存在差异，所以投资者会将资金由利率较低的国家转到利率较高的国家，以获取投资利益，但其前提条件是两国的汇率保持不变，否则，投资者将会面临投资损失的风险。

由于利率平价理论反映了两个国家的利率、即期汇率和远期率之间的关系，共涉及四个变量。因此，利率平价理论的实践意义是，如果有其中三个变量的信息，则可得到第四个变量的信息。

例 3-5-1　假设美元的离岸利率为 3%，英镑的离岸利率为 5%，一年后英镑兑换美元的汇率为 1 英镑值 1.68 美元，试计算在市场均衡条件下英镑与美元的即期汇率。

解　根据利率平价理论，有如下关系：

$$\frac{i_{\$} - i_{p}}{1 + i_{p}} = \frac{3\% - 5\%}{1 + 5\%} = \frac{-2\%}{1 + 5\%} = \frac{1.68 - s_0}{s_0}$$

因此，$s_0 = 1.7126$，即现在英镑与美元的即期汇率为 1 英镑兑换 1.7126 美元。

三、汇率与通货膨胀率的关系

对于经济主体而言，汇率和通货膨胀率都反映了货币的购买力，意味着它们之间存在相关性。购买力平价说(Theory of Purchasing Power Parity，PPP)描述了汇率与通货膨胀率之间的关系。

1. 汇率与通货膨胀关系的直观表述

假设在美国一个商品卖 400 美元，而同样的商品在英国卖 250 英镑，汇率为 1 英镑兑换 1.7 美元。假设无交易成本，投资者可将在美国买的这一商品运到英国销售，此时其每件商品的毛利润为(250 * 1.7)－400＝25 美元。

由于商品相同，所以在均衡市场条件下其价格应相同，即以英镑衡量的价格应等于以美元衡量的价格，即

商品的英镑价格×英镑的美元价格＝商品的美元价格

或者说：

$$\text{英镑的美元价格} = \frac{\text{商品的美元价格}}{\text{商品的英镑价格}} \tag{3.5.6}$$

这一规律也适应于国际市场，因而，有如下关系：

$$\text{英镑的美元价格} = \frac{\text{国际贸易商品的美元价格}}{\text{国际贸易商品的英镑价格}} \tag{3.5.7}$$

而且，两个国家的同一商品在其国内市场中价格的变化也应反映了两个国家汇率的变化，即有

$$\text{英镑的美元价格变化} = \frac{\text{美元价格的变化}}{\text{英镑价格的变化}} \tag{3.5.8}$$

假设美国的通货膨胀率为 8%，英国的通货膨胀率为 12%，利用购买力平价说就可得到英镑对美元下降了：

$$\frac{0.08-0.12}{1.12}=-3.6\%$$

体现这一思想的就是购买力平价理论，它可表示如下：

$$\frac{\tilde{p}_{\$}-\tilde{p}_{\mathrm{p}}}{1+\tilde{p}_{\mathrm{p}}}=\frac{\tilde{s}_{\mathrm{t}}-s_0}{s_0} \tag{3.5.9}$$

2. 汇率与通货膨胀关系的推导

假设任何时期的即期汇率都反映了当时的价格水平，则即期和远期的期望汇率可分别表示为

$$s_0=\frac{p_{\$}}{p_{\mathrm{p}}} \tag{3.5.10}$$

$$\tilde{s}_{\mathrm{t}}=\frac{p_{\$}(1+\tilde{p}_{\$})}{p_{\mathrm{p}}(1+\tilde{p}_{\mathrm{p}})} \tag{3.5.11}$$

对以上两式相减并相除，可得

$$\frac{\tilde{s}_{\mathrm{t}}-s_0}{s_0}=\frac{p_{\$}}{p_{\mathrm{p}}}\left[\frac{1+\tilde{p}_{\$}}{1+\tilde{p}_{\mathrm{p}}}-1\right]\frac{p_{\mathrm{p}}}{p_{\$}} \tag{3.5.12}$$

即为

$$\frac{\tilde{p}_{\$}-\tilde{p}_{\mathrm{p}}}{1+\tilde{p}_{\mathrm{p}}}=\frac{\tilde{s}_t-s_0}{s_0} \tag{3.5.13}$$

式(3.5.13)表明，购买力平价理论预示着汇率的变化实际上是对两国通货膨胀的补偿。如果一个国家的名义汇率下降正好补偿了其通货膨胀率的变化，则其有效汇率保持正常水平。

购买力平价理论反映了美国的预期通货膨胀率、英国的预期通货膨胀率、英镑兑换美元的即期汇率和未来英镑兑换美元的即期汇率这四个变量之间的关系。因此，购买力平价理论的实践意义是，如果已知其中三个变量的信息，则可得到第四个变量的数值。

例 3-5-2　假设美元一年后的预期通货膨胀率为 3%，而同期英镑的预期通货膨胀率为 1.5%，一年后期望的英镑兑换美元的汇率为 1.68，试计算在市场均衡条件下英镑兑换美元的汇率。

解　根据购买力平价理论，通货膨胀率和汇率之间有如下关系：

$$\frac{\tilde{p}_{\$}-\tilde{p}_{\mathrm{p}}}{1+\tilde{p}_{\mathrm{p}}}=\frac{3\%-1.5\%}{1+1.5\%}=\frac{\tilde{s}_{t}-s_{0}}{s_{0}}=\frac{1.68-s_{0}}{s_{0}}$$

因此，有 $s_0=11.655$，即目前英镑兑换美元的汇率为 1 英镑兑换 1.655 美元。

四、利率和通货膨胀率的关系(费雪效应)

为研究利率与通货膨胀的关系，均衡市场是重要的条件。如果市场达到了均衡状态，无套利机会存在，这与在前面定价理论思想中的无套利假设是相同的。

在货币能够在国际间自由流动、均衡市场的条件下，一国的利率应等于经过通货膨胀调整的真正投资收益率，或者说，将 1 单位英镑投资到离岸市场，一年后其本息总和应等于将其投入到有通货膨胀率的英国国内市场时的本息总和；同样，将 1 单位美元投资到离岸市场，一年后其本息和应等于将其投入到有通货膨胀率的美国国内市场时的本息总和。因此，有如下关系：

$$\begin{cases}1+i_{\$}=(1+r)(1+\tilde{p}_{\$})\\1+i_{\mathrm{p}}=(1+r)(1+\tilde{p}_{\mathrm{p}})\end{cases}\tag{3.5.14}$$

对以上两式相减可得

$$i_{\$}-i_{\mathrm{p}}=(1+r)(\tilde{p}_{\$}-\tilde{p}_{\mathrm{p}})\tag{3.5.15}$$

对上式变形可得

$$\frac{i_{\$}-i_{\mathrm{p}}}{1+r}=\tilde{p}_{\$}-\tilde{p}_{\mathrm{p}}\tag{3.5.16}$$

两边同乘以 $\frac{1}{1+\tilde{p}_{\mathrm{p}}}$ 可得

$$\frac{\tilde{p}_{\$}-\tilde{p}_{\mathrm{p}}}{1+\tilde{p}_{\mathrm{p}}}=\frac{i_{\$}-i_{\mathrm{p}}}{1+i_{\mathrm{p}}}\tag{3.5.17}$$

这就是体现费雪效应的方程式。费雪效应实际上说明了，一个国家的名义利率反映了经通货膨胀率调整后的预期真实收益率。在国际市场中，人们的期望收益率会趋于相同，或者说，在美国和英国的真正投资收益率会趋于相同。利用费雪效应可以计算预期的通货膨胀率或利率。

例 3-5-3　假设美国一年后的预期通货膨胀率为 3%，而同期英国的预期通货膨胀率为 1.5%，目前的英镑利率为 2%，试计算在市场均衡条件下美元的利率。

解　由费雪效应可得到如下关系：

$$\frac{\tilde{p}_{\$}-\tilde{p}_{\mathrm{p}}}{1+\tilde{p}_{\mathrm{p}}}=\frac{3\%-1.5\%}{1+1.5\%}=\frac{i_{\$}-i_{\mathrm{p}}}{1+i_{\mathrm{p}}}=\frac{i_{\$}-2\%}{1+2\%}$$

由此可得美元的利率为 3.5%。

五、即期汇率与远期汇率

关于即期汇率与远期汇率的关系是基于这样的假设：如果外汇市场的投资者不关心投资风险，则远期汇率将唯一地取决于其未来的即期汇率。如目前12个月的英镑兑换美元的远期汇率为1英镑兑换1.7639美元，这一远期汇率之所以能够存在，是因为投资者期望12个月的即期汇率是1英镑兑换1.7639美元。如果投资者预期它高于现在预测的1英镑兑换1.7639美元，则投资者就不会以这样的远期汇率卖出英镑。

如果投资者关心投资风险，则远期利率就会高于或低于这个预期的汇率。例如，假设一个美国出口商确信六个月后会收到100万英镑，他可能会等到六个月后如实收到这100万英镑，将其转换为美元；或者他现在就在远期市场上将其卖出。在前一种情况下他存在汇率风险，但在后一种情况下没有汇率风险。为防范汇率风险，人们会采取买或卖英镑的行为，但一些投资者会认为卖出英镑是安全的，但另一些人则认为买入英镑是安全的。如果前者的市场力量大于后者，则英镑的远期汇率要低于这种预期的即期汇率；反之，则会高于这种预期的汇率。但无论如何，投资者会不断调整预期，以使市场达到均衡的状态。当市场处于均衡状态时，则有关系：

$$\frac{f_0 - s_0}{s_0} = \frac{\tilde{s}_t - s_0}{s_0} \tag{3.5.18}$$

式(3.5.18)反映了两个国家的即期和远期汇率、未来某一时刻的即期汇率之间的关系。在市场均衡的条件下可以计算其中一个变量的数值。

例 3-5-4　假设12个月后英镑兑换美元的远期汇率为1.89，即期汇率为1.68。试计算在均衡市场条件下一年后期望的英镑与美元的即期汇率。

解　根据即期汇率与远期汇率的关系，有如下关系：

$$\frac{f_0 - s_0}{s_0} = \frac{1.89 - 1.68}{1.68} = \frac{\tilde{s}_t - s_0}{s_0} = \frac{\tilde{s}_t - 1.68}{1.68}$$

由上式可得英镑与美元的即期汇率为1.89，即1英镑兑换1.89美元。

六、利率差异与汇率变化的关系

与前面的分析不同，此处主要讨论风险套利的影响。在一个有效的市场中，理性的投资者会利用所有可提供的信息对即期和远期汇率进行估计。如果他们证实了能够从风险套利中获利，则他们通过购买一种货币而卖出另一种货币使汇率发生变动，以至于减少继续从风险套利中取得收益的机会，其结果可能是使利率的差异与汇率的差异趋于相同。在市场均衡的状态下，这种关系表现为：

$$\frac{i_\$ - i_p}{1 + i_p} = \frac{\tilde{s}_t - s_0}{s_0} \tag{3.5.19}$$

由式(3.5.19)可以看到，两个国家的利率、即期汇率和远期汇率之间有相互影响关系，由此可以计算其中的一项数据。

例 3-5-5　假设一年期的美元利率为3.6%，英镑的同期利率为6%，一年后期望的英镑与美元的汇率为1.7，试计算在均衡市场条件下英镑与美元的即期汇率。

解　由利率差异与汇率变化的关系可得

$$\frac{i_\$ - i_p}{1 + i_p} = \frac{3.6\% - 6\%}{1 + 6\%} = \frac{\tilde{s}_t - s_0}{s_0} = \frac{1.7 - s_0}{s_0}$$

简化上式可得到英镑与美元的即期汇率为1.74，即1英镑兑换1.74美元。

本章小结

货币不仅是商品交易的媒介，同时也是度量资产价格的标准。作为一种特殊商品，货币本身也存在定价的问题，这是本章的核心。如果从国际经济的角度看，货币有本币和外币之分，其价格也就有利率和汇率两个类型。基于这种思路，本章主要介绍了利率决定理论和汇率定价理论。由这些理论不难看出，作为金融资产的货币的定价是以市场均衡为前提的，利用无套利假设的“一价定律”来定价。正因为如此，以这种方法得到的货币价格只是市场处于均衡的理想状态下的价格，而不是实际价格。虽然如此，它提供了测量在非均衡条件下资产定价的标准。对于具体货币而言，本章也介绍了中国和美国货币的定价问题，以加深读者对货币价格复杂性的理解。

案例研究1

“利率拔河”：解释金价变化的新角度

一、案例描述

对于一只股票来说，我们有各种各样的数据和指标来计算合理股价，但是对于黄金，它既没有资产也没有负债，更没有盈利、市盈率、股息分红的概念，黄金价格的计算变得困难起来。

黄金由于其独特的货币属性、商品属性、金融属性等特征被广泛应用于各种领域，因为其属性的复杂性，黄金价格不仅受到供求关系的影响，对经济环境与地缘政治的变动也颇为敏感，股票市场、货币市场、石油市场的冲击都会引起黄金市场的剧烈波动。那么，有没有一种简单一些的模型来估算黄金的价格呢？

CNN最佳博主、资深市场人士Eddy Elfenbein指出，理解黄金市场的关键并不全是研究黄金本身，实际上我们应该研究的是货币，简单来说就是美元。

黄金是一种“反货币”资产，可以显示信用货币发行国的诚实度。每一种货币都有相对应的利率，而利率便是一种货币最重要的指标。

（一）吉普森悖论

在了解Elfenbein的模型之前，有必要了解长久以来困扰经济学界的“吉普森悖论”(Gibson’s Paradox)，简单地说，利率并不随着通货膨胀而是随着物价水平的变化而变化的现象称作吉普森悖论。

传统货币数量学说认为“货币数量增加则物价上涨”，而流动性偏好理论认为“货币供给增加促使利率下跌”。所以当政府采行扩张性货币政策时，理论上将观察到物价与利率呈反向变动。

可能令人感到奇怪的是，当通货膨胀率上升，利率理应紧随其后，同样，通货膨胀率回落，利率也应下降。但实际情况并非这么简单。相反，经常会出现名义利率上升，物价也跟着上升，直到出现通货紧缩时利率才下降的情况。

诺贝尔经济学奖得主弗里曼(Milton Friedman)与施瓦兹(Anna Schwartz)称“吉普森

悖论”仍然是一个无法用理论解释的经验现象。

一度身为本届美联储主席热门候选人而被大家熟悉的萨默斯(Larry Summers)曾在1988年与经济学教授Robert Barsky合著论文《吉普森悖论与金本位》(Gibson's Paradox and the Gold Standard)，其中承认吉普森悖论所述现象确实存在，但论文指出，这种现象与名义利率并无联系，真正有联系的是真实利率(剔除通货膨胀后的利率)，且吉普森悖论只在金本位环境下有效。

Elfenbein至此提出了自己的观点，他认为在当前背景下吉普森悖论也并未消失，只是很难观察到。他利用萨默斯和Barsky的理论建立起了自己的金价模型。核心点为，金价与真实利率走势相关，与上述论文的不同点在于Elfenbein使用短期真实利率，而论文里讨论的是长期利率。

(二) 维克赛尔自然利率

需要理解的一个概念是著名经学家克努特·维克塞尔(Knut Wicksell)提出的两种利率“互相拔河”的理论。一种是我们平时可以见到的利率，即货币利率。另外一种利率则是隐形的所谓“自然利率”(Natural Rate)。

自然利率的概念假设各种各样的价格可以反映供求关系而在瞬时被调整，所谓自然利率是指在这个假设中成立的实质利率。在这种假想经济中，由于各商品的供求一致，就实现了有效率的资源分配。这样，自然利率也就可以说是为实现理想的资源分配所要求的实质利率。

虽然我们看不到自然利率，但是它有着自己影响这个世界的方法。维克塞尔认为，当货币利率跌至自然利率以下时，经济和物价共同上涨；反之，则经济收缩，物价下跌。

Elfenbein将维克塞尔的自然利率观点和吉普森悖论结合起来，得到了黄金价格如何计算的模型。

(三) 金价模型

在Elfenbein的金价模型中，当美元的短期真实利率降至维克塞尔自然利率以下时，金价上涨。当短期真实利率升至自然利率之上时，金价下跌。就像维克塞尔所表述的那样，当金价保持完美静止的时候，你便可以知道现在正处于自然利率之下。

根据Elfenbein最初建立的模型，真实利率与自然利率每相差1个百分点，黄金的年化变动幅度将是8%。即如果真实利率是1%，而自然利率是2%，则黄金价格会年化上涨8%。如果真实利率低于自然利率2个百分点，则黄金将上涨16%(这正是我们在1999—2011年间看到的现象)。反之，如果真实利率较自然利率高1个百分点，则金价将下跌8%。

为何中间存在一个8倍的关系呢？Elfenbein表示，8是根据回溯测试找出来的最合适的倍数，这可能代表对持有黄金的风险因素的补偿。

图3-1显示了该模型回溯测试的结果(黑线)与真实金价走势(白线)之间的关系。

不过Elfenbein也发现了这个模型中存在的一些问题，即上文中所提到的，自然利率并不是固定的。但如果他不能在计算中使用固定的自然利率，那么他相当于使用一个变量来解释另外一个变量。这样的模型显然是不太合适的。他也考虑过用金价和对应的真实利率来倒推真实利率。

Elfenbein表示，金价在过去三年中一直在下跌，短期真实利率也相当低，事实上已经

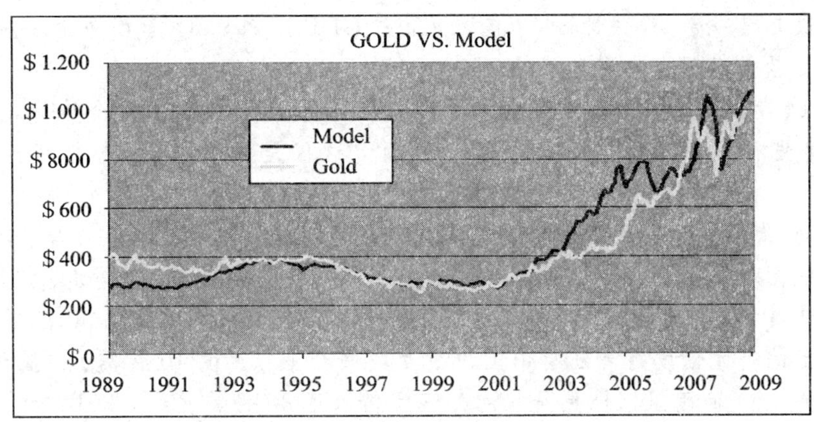

图 3-1　黄金真实价格及其模拟结果

进入负值。同期的自然利率可能也在下跌。

Elfenbein 总结道，黄金具有高度波动性和投机性，影响黄金价格的因素多种多样，他的模型并不是为了解释和预测的金价走势，而是为了找出有哪些潜在因素与金价紧密相连。

首先，也是最重要的一点便是，黄金并不与通货膨胀率直接关联，与通货膨胀率的副产品——真实利率的直接联系也较低。所以上涨的金价与低通货膨胀率一起出现货膨并不奇怪，这也是我们在前几年所能亲眼看到的现象。

其次，当真实利率处在低位时，金价可以以非常快的速度上涨。

第三，当真实利率处在高位时，金价也可以以非常快的速度下跌。

第四，没有理由存在一种所谓股市与金价之间的联系。

最后，金价的变化本质上来说是与政治有关的。当央行提高真实利率，就像前美联储主席沃克尔(Volcker)在 35 年前所做的那样，金价便遭受了毁灭性的打击。

资料来源：http://finance.sina.com.cn/360desktop/money/nmetal/20140725/221519823578.shtml

二、案例讨论

黄金的美元价格与通货膨胀率和利率有无关系？如果有，它们的关系是什么？

案例研究 2

中国企业正坠入"美元债"深渊

一、案例描述

中国某些骨干企业会跌入美元债的深渊吗？很可能！

在 2005 年人民币升值(美元贬值)之前，很少有中国企业发行美元债券，即借美元贷款。如果那时借钱，假设是每年 5%的利息，在 6 年后归还，由于人民币对美元升值了 36%，借款的中国企业实际几乎不用支付任何利息——因为人民币升值的汇率收益实际抵消了借贷利息。

而今，在国际投资主流普遍认为人民币对美元即将进入贬值周期前夜，中国企业却向外资银行和资本市场借入了巨量美元债。

据 Quartz 援引的数据，2012 年第四季度，中国企业在美日欧银行的外币贷款仅为 380 亿美元，但仅仅一年之后，2013 年第四季度这个数字就增长了 9 倍，累计到 3490 亿美元。与此相印证，中国外管局公布的数据则显示，截至 2013 年底，中国的外部债务存量(企业贷款和发债仅是其一部分)共计 8632 亿美元，占 GDP 比例 9.3%。而香港一些银行称，中国企业外币贷款金额现在肯定已经超过 1 万亿美元了。

进入 2014 年以来，中国企业海外发行美元债迅速飙升。据不完全统计，仅截至 5 月初，中企海外发行外币债券 170 亿～200 亿美元，这仅是发债，还不包括银行贷款和民间借款等。

与 2013 年海外发行美元债的主要是房地产企业不同，去年底今年初以来，更多的发行美元债的是中国骨干国企——这份名单包括并不限于：中冶集团5 亿美元、宝钢 5 亿美元、中船集团 8 亿美元、信达资产 15 亿美元、国家电网35 亿美元、中石化 50 亿美元等。

令人瞩目的美元债发行者还有中国顶级互联网企业：百度 10 亿美元、腾讯 25 亿美元(计划 50 亿美元)。而阿里巴巴更是从海外银团借入了 80 亿美元，在 2014 年上半年展开疯狂并购(见作者 2014 年 6 月 24 日文章《马云正面临商业生涯的最大危机》)，并已经花掉了绝大部分贷款。

中国的骨干国企和顶级互联网企业蜂拥发行美元债，并非偶然，原因至少有三：

(1) 美元借款利率低，实在诱人。中国优质企业发行的多年期美元债的利率大多为 3%～6%，最低的腾讯 3 年期美元债利息仅为 2%。

(2) 2014 年以来，央行采取的“稳健”或者说“新常态”的货币政策，使国内货币政策偏紧。加上效率最低的地方政府贷款能力最强，国企其次，民间最弱，从而使得国内贷款利率居高不下，能够贷到年利率 8%的贷款已经相当不错了，民间借款利率大多在 20%以上。

(3) 有关部委积极鼓励国内企业借美元债，并大开绿灯——“(2014 年)推动外债管理由金融危机时期防范风险为主，转向经济转型升级时期提高经济金融运行效率为主要目标”。

如今的美元债看起来很美，然而，借款者有没有考虑到人民币大幅贬值，中国遭遇金融危机而形成的巨大汇率隐患呢？对此，本文作者在 2014 年 2 月 12 日就撰文强烈警告《中国企业家小心踏入“美元债”陷阱》。不幸而言中的是，5 个月来，中国企业发行美元债果然急剧增长，而人民币升值也出现拐点，美元兑人民币由 6.09 一度上涨到 6.25。

中华元智库认为，自 2005 年 7 月开启的人民币对美元的升值周期已经结束，而正在展开的将是人民币对美元的贬值周期，为此，2013 年 11 月出版了《美元复兴十年 or 中国痛苦十年》做出了系统论证。

在这个未来大趋势下，中国企业借入大量美元债，短期将成为热钱外流的接盘者，将维持人民币相对高位，客观上使得国际热钱撤离时更从容、汇率收益最大化；长期来看，如果美元货币政策恢复常态乃至加息，再加上石油粮食危机和东亚地缘政治危机引爆，中国金融危机爆发，以万亿美元计的国际热钱外流，人民币大幅贬值。届时，以人民币计价的美元债，在未来几年内可能翻番，甚至更多。这正是中国企业借入美元债的最大错配风险——借的是美元，拿回国内要赚人民币来还。

未来除了汇率风险外，中企还可能遭遇金融经济危机下的经营风险，盈利大幅缩水，甚至出现亏损。届时要想还本付息将难上加难，恐怕不得不按照市场最低价，让外资财团或借款人债转股。外资可以极廉价地参股乃至控股这些中国最核心的国企。

阿里巴巴、腾讯、百度等企业如今在廉价美元的支持下，在国内疯狂并购高新科技、移动互联企业，几乎垄断中国未来高成长的潜力股。最后，借款者很可能成为最大赢家，以极优惠的价格债转股，经营层存在被洗牌的风险，令这些公司最后的中国色彩荡然无存。

鉴于债转股是国际通行惯例，加之债主遍布西方各国。一旦美元大幅升值，中国遭遇金融危机，中国最优质国企和创新企业可能被不可逆转地收购。如果中国国家出面拒绝履约，则可能成为西方对中国经济制裁，乃至开战的堂皇理由。

总之，为预防中国企业坠入美元债深渊的风险，建议中国决策层果断制止国企发行美元债。对于那些现金流良好，并无必要借美元贷款的企业，要求其尽快偿还美元债，以避免未来深陷沼泽而无法自拔。

资料来源：http：//business. sohu. com/20140701/n401593537. shtml

二、讨论题

如何选择美元的投融资时机?

思考与练习

1. 影响货币价格的因素有哪些？它们是如何影响货币价格的?
2. 黄金、美元和人民币都具有价值尺度功能，试分析它们价格之间的关系。
3. 在人民币利率市场化的背景下，试分析监管机构防范金融风险的措施。
4. 试分析美国、日本和欧洲共同体货币量化政策的影响。

第四章　债 券 定 价

债券是经济主体融资的工具，也是在信用货币制度下的重要金融资产。对债券定价，就应理解货币的时间价值。由于利率类型的多样性，对货币时间价值的计算也具有多样化特征。基于货币时间价值的概念，本章将主要介绍债券收益与风险、不同债券的定价、债券价格波动和债券价格波动率的度量。

4.1　货币的时间价值

在信用货币环境下，作为法定货币，货币自身没有价值，但它能够发挥交换媒介的作用，具有使用价值。在商品经济条件下，货币具有时间价值。如将资金存入银行可获得利息，将资金投入到企业可获得生产性收益，将资金投资到证券市场可能获得投资收益等，这种由于资金的运用所实现的利息、利润或者投资收益就表现为货币的时间价值。因此，货币的时间价值实质上是指货币经历一定时间的投资和再投资所增加的价值，或称为资金的时间价值。从消费的角度看，货币的时间价值就是对投资者延迟消费的报酬。

在实践中，信誉不同的债券发行机构在同一时间发行债券时，其发行利率不同：高信誉债券发行者的利率较低，而低信誉债券发行者的利率较高。因此，利率不仅包含了在市场均衡条件下反映货币时间价值的资本均衡价格，而且也包含了对债券持有人因承担一定风险而进行的风险补偿。基于这种观点，在讨论货币的时间价值时，虽然可以用利息率作为货币时间价值的表现形式，但不能据此认为货币的时间价值就是利息率。

4.1.1　货币的终值

在计算货币的终值时，首先要清楚现值和终值的概念。现值是指资金现在的价值，即本金。货币的终值又称为本利和，是指经历一定时间后，一定量货币所体现的未来价值。例如，投资者将本金 100 元存入银行，假设年利率为 10%，则一年后，投资者可获 10 元利息，即一年后，投资者的本金将变成 110 元，这就是其终值。

一般地，假设本金为 P，利率为 i，一年后的终值为 F_1，则有

$$F_1 = P(1+i)$$

在利息的计算过程中，通常有单利计息、复利计息和连续复利计息三种形式。

一、单利计息

如果利息不再计利息，则可称为单利。在单利的情况下，假设本金为 P，利率为 i，n 年后的终值为 F_n，则其终值为

$$F_n = P(1+ni) \tag{4.1.1}$$

二、复利计息

如果本金产生的利息也要产生利息，则称为复利。在复利情况下，假设本金为 P，利率为 i，n 年后的终值为 F_n，则其终值的计算如下：

一年后的终值

$$F_1 = P(1+i)$$

二年后的终值

$$F_2 = F_1(1+i) = P(1+i)(1+i) = P(1+i)^2$$

以此类推，n 年后的终值为

$$F_n = P(1+i)^n \tag{4.1.2}$$

在复利终值公式中，$(1+i)^n$ 称为复利终值系数，通常用符号$(F/P, i, n)$表示。例如，$(F/P, 6\%, 5)$表示利率为 6％、期限为 5 期的终值系数。为简化复利计算，可查阅“复利终值系数表”获得复利终值系数。不仅如此，通过“复利终值系数表”也可获得终值、利率和期限之间的关系。

三、连续复利计息

从理论上看，货币的存期可以不断缩小，从而使利息不断产生利息，这可称为连续复利计息。在实际计算过程中，假设本金为 P，利率为 i，可以通过以下步骤得到连续复利情况下的终值：

如果将本金存入银行半年(利息为 $i/2$)取出，然后再存半年，则一年后的终值为

$$F_1 = P\left(1+\frac{i}{2}\right)^2$$

如果每次将本金存入银行一个月后取出，再存入银行，此时的月利率为$i/12$，则一年后的终值为

$$F_1 = P\left(1+\frac{i}{12}\right)^{12}$$

依次类推，如果一年存 m 次，且每次存入的时间相同，则一年后的终值为

$$F_1 = P\left(1+\frac{i}{m}\right)^m \tag{4.1.3}$$

随着 m 趋于无穷，对(4.1.3)取极限可得

$$F_1 = Pe^i \tag{4.1.4}$$

利用极限的性质，n 年后的终值为

$$F_n = Pe^{ni} \tag{4.1.5}$$

在实际计算中，式(4.1.5)具有普遍性。例如，投资者将其资金存入银行 2 年零 3 个月，即 2.25 年，则按照连续复利计算的终值为

$$F_{2.25} = Pe^{2.25i}$$

4.1.2 贴现

如果已知现值和利率及期限，就可计算终值。与此相反，如果已知终值、利率和期限，则可以计算现值，这就是贴现。如一年后想得到 1000 元，利率为 10％，那么投资者现在需要存入多少货币就是贴现问题。对于这个问题，根据 4.1.1 的内容可知，它实际上是要计

算本金，即现值。

根据公式 $F_1=P(1+i)$ 可知，利率为 i，在一年后的终值为 F_1 情况下的现值为

$$P=\frac{F_1}{1+i}$$

在上式中，通常把$\frac{1}{1+i}$称为贴现因子。如利率为 6%，则一年期的贴现因子为

$$\frac{1}{1+i}=\frac{1}{1+6\%}=0.9434$$

上式的含义是：在利率为 6%的条件下，一年后的 1 元钱相当于现在的0.9434元，即现在的钱比一年后的钱更值钱，即更有价值，这就是货币时间价值的本质。

由上面讨论不难看出，贴现实际上是计算终值的反向操作。容易看出，如果利率为 i，n 年后想得到 1 元钱，而现在需要存入多少钱的贴现问题，可根据 4.1.1 中的三种计息方式，分别得到相应的现值。

一、单利贴现因子

如果按单利计算，则由式(4.1.1)可得，单利贴现因子为$\frac{1}{1+ni}$。

二、复利贴现因子

如果按照复利计算，由式(4.1.2)可得复利贴现因子为$\frac{1}{(1+i)^n}$，它是把终值折算成现值的系数，称为复利现值系数，或称为 1 元的复利现值，可用符号(P/F，i，n)表示。如(P/F，10%，6)表示利率为 10%时 6 期的复利现值系数。

三、连续复利贴现因子

如果按照连续复利计算，由式(4.1.5)可得复利贴现因子为 e^{-ni}。

例 4-1-1 小张 5 年后将确定性地得到 10 000 元，假设年利率为 6%，按照复利计算，这笔未来确定性收入相当于现在的多少元？

解 按照复利计算的贴现因子为

$$\frac{1}{(1+i)^n}=\frac{1}{(1+6\%)^5}=0.7473$$

它表明 5 年后的 1 元相当于现在的 0.7473 元。因此，对于 5 年后的 10 000 元而言，其现值为：10 000×0.7473=7473 元。

上述例子实际上是一个定价问题，等价的问题是：如果小张拥有 5 年后到期、未来价值为 10 000 元的国库券，因为急需现金要出售，那么在 6%的利率环境下，如果不考虑交易成本，你愿意出多少价格购买它？由上述分析可知，此国库券的目前价格为 7473 元。

4.1.3 年金

如果在一定的时期内，每期都发生相同金额的收付款项，则将它称为年金。按照付款时点的不同，年金分为普通年金(或后付年金)和预付年金(或先付年金)。普通年金指在每期期末等额收付的款项。预付年金指每期期初收付的等额款项。此外，还有递延年金、永续年金等。

一、普通年金(后付年金)的终值和现值

1. 普通年金的终值

如果投资者每年存款 1 元，年利率为 10%，存期为三年，则其普通年金的终值计算如下：

第一年末存入 1 元，实际存入银行 2 年，其终值为 $1\times(1+10\%)^2=1.21$(元)；

第二年末存入 1 元，实际存入银行 1 年，其终值为 $1\times(1+10\%)^1=1.10$(元)；

第三年末存入 1 元，实际存入银行 0 年，其终值为 $1\times(1+10\%)^0=1$(元)。

因此，这种普通年金的终值为

$$1\times(1+10\%)^0+1\times(1+10\%)^1+1\times(1+10\%)^2=3.31(\text{元})$$

一般情况而言，假设普通年金的利率为 i，期限为 n，年金为 A，终值为 F_n，则有公式

$$F_n = A\times\sum_{t=1}^{n}(1+i)^{t-1} \tag{4.1.6}$$

其中，$\sum_{t=1}^{n}(1+i)^{t-1}$ 称为年金终值系数。

例 4-1-2 一个投资者每年年末向银行存入 10 000 元，存期为 5 年，年利率为 5%，试问其到期时的本息总和是多少？

解 利用公式(4.1.6)可得终值为

$$\begin{aligned}F_5 &= A\times\sum_{t=1}^{n}(1+i)^{t-1} = 10\,000\times\sum_{t=1}^{5}(1+5\%)^{t-1}\\ &= 10\,000\times5.526 = 55\,260(\text{元})\end{aligned}$$

在公式(4.1.6)中，求和时的各项构成等比数列，因此，由公式(4.1.6)又可得到普通年金终值的进一步表达式

$$\begin{aligned}F_n &= A\times\sum_{t=1}^{n}(1+i)^{t-1} = A\times[(1+i)^{n-1}+(1+i)^{n-2}+\cdots+1]\\ &= A\times\frac{(1+i)^n-1}{i}\end{aligned} \tag{4.1.7}$$

在式(4.1.7)中，$\frac{(1+i)^n-1}{i}$是普通年金(后付年金)为 1 元、利率为 i、经过 n 期的年金终值，可记为$(F/A, i, n)$。

2. 普通年金的现值

如果投资者每年存款 1 元，年利率为 10%，存期为 3 年，则其普通年金的现值计算如下：

第一年末存入 1 元，与现在间距 1 年，其现值为$\frac{1}{1+10\%}=0.909$(元)；

第二年末存入 1 元，与现在间距 2 年，其现值为$\frac{1}{(1+10\%)^2}=0.826$(元)；

第三年末存入 1 元，与现在间距 3 年，其现值为$\frac{1}{(1+10\%)^3}=0.751$(元)。

因此，其普通年金的现值为

$$\frac{1}{1+10\%}+\frac{1}{(1+10\%)^2}+\frac{1}{(1+10\%)^3}=2.468(\text{元})$$

一般而言，普通年金的现值可表示为

$$P_0 = A \times \sum_{t=1}^{n} \frac{1}{(1+i)^t} \tag{4.1.8}$$

例 4-1-3　某企业为保证未来5年每年年初都能支付购货款，在每年年末就需要准备3000元。在利率为5%的情况下，它现在需在银行存入多少？

解　根据公式(4.1.8)可知它需向银行存款的数量为

$$P_0 = A \times \sum_{t=1}^{n} \frac{1}{(1+i)^t} = 3000 \times \sum_{t=1}^{5} \frac{1}{(1+5\%)^t} = 3000 \times 4.329 = 12\,987(\text{元})$$

根据式(4.1.7)，1元普通年金的终值为$\frac{(1+i)^n-1}{i}$，对其按复利进行贴现，再乘以折现因子$\frac{1}{(1+i)^n}$，就可得到年金为A时的现值为

$$P_0 = A \times \frac{1-(1+i)^{-n}}{i} \tag{4.1.9}$$

在式(4.1.9)中，$\frac{1-(1+i)^{-n}}{i}$是普通年金为1元、利率为i、经过n期的年金现值，可记为$(P/A, i, n)$。

例 4-1-4　我国已经进入老龄化社会，购买养老保险是一项重要活动。假设保险合约规定，对于65岁的人，如果一次性支付给保险公司10 000元，在其余生中，保险公司就每年支付给其1000元。假设市场利率为8%，此人可以活到80岁，试问其如何决策？

解　如果购买保险，则要一次性投入10 000元。作为回报，得到一份连续15年的年金收入，共得15 000元。但是否要购买保险则取决于其投入的资金与未来现金流的关系。如果未来现金流的现值大于所投入的资金，则购买保险合理，否则，不购买保险。

根据题意可知，市场利率$i=8\%$，期限为$n=15$，年金为$A=1000$，代入(4.1.9)，可得未来现金流的现值为

$$P_0 = A \times \frac{1-(1+i)^{-n}}{i} = \frac{1000 \times \left[1 - \frac{1}{(1+8\%)^{15}}\right]}{8\%} = 8559.4$$

由此可见，其决策为不购买保险。

二、预付年金的终值和现值

1. 预付年金的终值

由于预付年金与普通年金只差一个时期，因此，可以通过这种联系推导其终值和现值公式。

比较预付年金与普通年金可以发现，它们的付款期数相同，但预付年金比普通年金多一年计算期。据此，可先计算出普通年金终值，再乘以$(1+i)$，即可得到预付年金的终值公式为

$$F_n = A \times \left[\sum_{t=1}^{n} (1+i)^{t-1}\right] \times (1+i) \tag{4.1.10}$$

利用n期预付年金终值与$(n+1)$期普通年金终值的关系，也可推出n期预付年金的终值公式为

$$F_n = A \times \sum_{t=1}^{n} (1+i)^{t-1} - A \tag{4.1.11}$$

由于公式(4.1.11)中的首项为$A(1+i)$，公比为$(1+i)$，因此，利用等比数列的求和公式可得预付年金的终值公式为

$$F_n = A \times \left[\frac{(1+i)^{(n+1)}-1}{i}-1\right] \tag{4.1.12}$$

式中，$\left[\frac{(1+i)^{(n+1)}-1}{i}-1\right]$是预付年金终值系数，或称为1元预付年金终值，它和普通年金终值系数$\frac{(1+i)^n-1}{i}$相比，期数加1，而系数减1，可记为$[F/A, i, (n+1)-1]$。

2. 预付年金的现值

比较相同期限的预付年金与普通年金可以发现，它们的付款期数相同，但预付年金的现值比普通年金现值要少一个贴现期。据此，可先计算出普通年金的现值，再乘以$(1+i)$，即可得到预付年金的现值公式

$$P_0 = A \times \left[\sum_{t=1}^{n}\frac{1}{(1+i)^t}\right] \times (1+i) \tag{4.1.13}$$

根据预付年金的定义也可得到预付年金的现值公式

$$\begin{aligned} P_0 &= A + A(1+i)^{-1} + A(1+i)^{-2} + A(1+i)^{-3} + \cdots + A(1+i)^{-(n-1)} \\ &= A \times \frac{1-(1+i)^{-n}}{1-(1+i)^{-1}} = A \times \frac{[1-(1+i)^{-n}]\times(1+i)}{i} \\ &= A \times \left[\frac{1-(1+i)^{-(n-1)}}{i}+1\right] \end{aligned} \tag{4.1.14}$$

在式(4.1.14)中，$\left[\frac{1-(1+i)^{-(n-1)}}{i}+1\right]$是预付年金现值系数。与普通年金的现值系数$\frac{1-(1+i)^{-n}}{i}$相比，期数减1，而系数要加1，因此，可记为$[P/A, i, (n-1)+1]$。

例4-1-5　如果投资者每年年初向银行存款500元，连续存入5年，年利率为5%，则到期时投资者能得到多少？

解　利用公式(4.1.13)可得

$$\begin{aligned} P_0 &= A \times \left[\sum_{t=1}^{n}\frac{1}{(1+i)^t}\right] \times (1+i) = 500 \times \left[\sum_{t=1}^{5}(1+5\%)^{-t}\right] \times (1+5\%) \\ &= 500 \times 5.526 \times 1.05 = 2901.150 \end{aligned}$$

三、递延年金的现值

递延年金指间隔若干期后才发生系列等额的收付款项。假设某等额款项的收付款时间发生在m期以后，即在m期没有收付行为发生，但从$(m+1)$期开始到$(m+k)$期发生等额的系列收付款项。在计算时，可先计算出k期的年金现值，然后再计算m期的复利现值，就可得到递延年金的现值

$$P_0 = A \times \left[\sum_{t=1}^{k}\frac{1}{(1+i)^t}\right] \times \frac{1}{(1+i)^m} \tag{4.1.15}$$

如果先计算$(m+k)$期后付年金的现值，再减去没有付款的前m期的后付年金的现值，也可得到递延年金的现值

$$P_0 = A \times \sum_{t=1}^{m+k}\frac{1}{(1+i)^t} - A \times \sum_{t=1}^{m}\frac{1}{(1+i)^t} \tag{4.1.16}$$

四、永续年金

永续年金是指永远持续发生的等额收付款项，如每年按照面值支付利息的债券产生的付息款项。由于没有到期日，所以不能计算终值，但可以计算现值。

一般后付年金的现值为

$$P_0 = A \times \sum_{t=1}^{n} \frac{1}{(1+i)^t} = A \times \frac{1}{1+i} + A \times \frac{1}{(1+i)^2} + \cdots + A \times \frac{1}{(1+i)^n} \tag{4.1.17}$$

在式(4.1.17)的两边同时乘以(1+i)则有

$$\begin{aligned} P_0 \times (1+i) &= (1+i) \times A \times \sum_{t=1}^{n} \frac{1}{(1+i)^t} \\ &= A + A \times \frac{1}{1+i} + A \times \frac{1}{(1+i)^2} + \cdots + A \times \frac{1}{(1+i)^{n-1}} \end{aligned} \tag{4.1.18}$$

用式(4.1.18)减去式(4.1.17)可得

$$P_0 \times (1+i) - P_0 = A - A \times \frac{1}{(1+i)^n}$$

即

$$P_0 = A \times \frac{1 - \frac{1}{(1+i)^n}}{i}$$

当 n 趋于无穷时，可得

$$P_0 \approx A \times \frac{1}{i} \tag{4.1.19}$$

在现实生活中，虽然没有严格意义上的永续年金，但对于时期较长或无法确定期限的年金，可以近似地当作永续年金进行处理。如养老基金的支付、稳定的普通股利等。

4.2 债券风险与收益

4.2.1 债券特点及其风险

债券是指发行者为了筹集资金，按照法定程序，在某一时间内对其借款承担还本付息义务而开具的法律凭证。

债券的类型较多，如果按照是否付息来分，债券可分为零息债券和付息债券。零息债券指折扣发行的债券，其发行价格低于面值。因此，零息债券并不是没有利息，而是提前支付利息而已。付息债券是一定期限内要支付利息的债券。按照付息方式的不同，付息债券又可分为一次付息、分次付息等形式。

一、债券的基本特点

(1) 期限较长。一般而言，债券的偿还期限以中长期为主，一年之内的债券称为短期债券，1 年以上而 10 年以内的称为中期债券，而 10 年以上的为长期债券。

(2) 流动性较强。相对于固定资产如厂房和设备，债券以社会公众为发行对象，具有较好的流动性。在市场体系相对完善的经济环境中，债券能够在交易市场上进行流转，这不仅增加了投资者的选择范围，而且也有利于吸引投资者。

(3) 风险较小。如果公司破产，在公司资产清算过程中，债券的索偿权位于股票之前，因而债券的风险较小。由于有抵押品的担保，抵押债券的风险会更小。

二、债券的风险

为了筹集资金进行生产经营活动，债券发行者会通过发行债券筹集资金。因此，债券的发行是以还本付息为前提条件。对于投资者而言，购买债券会面临风险。

(1) 利率风险。利率风险是指由于市场利率变化而给债券持有人带来的收益减少的风险。债券的价格与市场利率反向变动，当市场利率上升时，债券价格下降；而当市场利率下降时，债券价格上升。

(2) 信用风险。信用风险又称为违约风险，是指债券发行人不能按时支付利息和偿还本金的风险。由于发行人信誉不同，信用风险也有所不同。一般而言，债券发行人的信誉越高，则其信用风险越低，反之则越高。如我国财政部发行的国库券是以国家信誉为保证，所以它没有信用风险。

(3) 流动性风险。流动性风险是指债券在到期前能否变现及卖出时因价格波动产生的风险。流动性风险的大小受到多种因素的影响，它不仅与债券发行者的信誉和资金实力有关，而且与市场体系的完善程度有关。

4.2.2 债券收益率

债券的收益率有多种类型，包括年收益率与期间收益率、当期收益率、到期收益率、持有期收益率等。

一、年收益率与期间收益率

根据持有债券期限的不同，其收益率也有所不同。年收益率(Annualizing Yield)指持有债券一年的收益率，而期间收益率指某一时期(如日、周、月、季度、半年)的收益率。由于不同时期可以换算，因此，年收益率与期间收益率也可以换算。假设年收益率为 r_{AY}，$1/m$ 年的期间收益率为 r_M，则它们有如下关系：

$$r_{AY}=(1+r_M)^m-1 \tag{4.2.1}$$

或者

$$r_M=(1+r_{AY})^{\frac{1}{m}}-1 \tag{4.2.2}$$

二、当期收益率

当期收益率 r_{CY}(Current Yield)指债券的年利息 c 与债券市场价格 MP 的比率。如果用 i 表示利息率，P 代表债券的面值，则有

$$r_{CY}=\frac{c}{\mathrm{MP}}=\frac{i\times P}{\mathrm{MP}} \tag{4.2.3}$$

三、到期收益率

到期收益率 r_{YM}(Yield to Maturity)指持有债券到期的收益率。在均衡市场条件下，它应等于债券产生的现金流等于债券价格时的贴现率。

假设债券的市场价格为 MP，债券距离到期的时间为 n(年)。债券的面值为 P，则到期

收益率由下式确定：

$$MP = \sum_{t=1}^{n} \frac{c}{(1+r_{YM})^t} + \frac{P}{(1+r_{YM})^n} \tag{4.2.4}$$

令 $x=\frac{1}{1+r_{YM}}$，则式(4.2.4)变为

$$cx + cx^2 + cx^3 + \cdots + (P+c)x^n - MP = 0 \tag{4.2.5}$$

为解上式，可用插值法计算其近似值。

一般而言，债券的市场价格 MP 是实数，因此，存在两个折现率 i_1 和 i_2，能使债券的市场价格 MP 介于按照这两个折现率所计算的两个债券现金流的折现值之间。

令

$$V_1 = \sum_{t=1}^{n} \frac{c}{(1+i_1)^t} + \frac{P}{(1+i_1)^n} \tag{4.2.6}$$

$$V_2 = \sum_{t=1}^{n} \frac{c}{(1+i_2)^t} + \frac{P}{(1+i_2)^n} \tag{4.2.7}$$

使 $V_2 \leqslant MP \leqslant V_1$，并且使 $V_1 - V_2$ 尽量小。利用插值方法可以得到

$$\frac{r_{YM} - i_1}{i_2 - i_1} = \frac{MP - V_1}{V_2 - V_1}$$

于是可以得到到期收益率的近似插值公式

$$r_{YM} = i_1 + (i_2 - i_1)\frac{MP - V_1}{V_2 - V_1} \tag{4.2.8}$$

例 4-2-1　某公司发行了 10 年期债券，面值为 1000 元，票面利率为 6%，3 年后派息的市场价格为 750 元，试计算到期收益率。

解　根据题意可知，债券每年的利息为 60 元，距离到期时间为 7 年，市场价格为 750 元，经试算后取两个折现率分别为 $i_1=11\%$，$i_2=11.2\%$。于是有

$$V_1 = \sum_{t=1}^{n} \frac{c}{(1+i_1)^t} + \frac{P}{(1+i_1)^n} = \sum_{t=1}^{7} \frac{60}{(1+0.11)^t} + \frac{1000}{(1+0.11)^7} = 805.28(\text{元})$$

$$V_2 = \sum_{t=1}^{n} \frac{c}{(1+i_2)^t} + \frac{P}{(1+i_2)^n} = \sum_{t=1}^{7} \frac{60}{(1+0.112)^t} + \frac{1000}{(1+0.112)^7} = 726.22(\text{元})$$

它满足条件 $V_2 \leqslant MP \leqslant V_1$，于是根据式(4.2.8)可得到期收益率的近似值为

$$r_{YM} = i_1 + (i_2 - i_1)\frac{MP - V_1}{V_2 - V_1} = 0.11 + 0.002 \times \frac{750 - 805.28}{726.22 - 805.28} = 11.14\%$$

四、持有期收益率

债券发行后，投资者可能在市场中购买或出售债券，从而产生持有期间的收益率。顾名思义，持有期收益率 r_H(Holding Period Yield Rate)就是债券持有期间的收益率。假设债券的购买价格为 BP，出售价格为 SP，债券的持有期为 T 年，则持有期收益率由式(4.2.9)确定：

$$BP = \sum_{t=1}^{T} \frac{c}{(1+r_H)^t} + \frac{SP}{(1+r_H)^T} \tag{4.2.9}$$

五、赎回收益率

赎回收益率 r_{RC} 是指持有债券到赎回为止的持有期收益率，因此，它实质上是持有期

收益率的特别情形。假设赎回价格为 CP，赎回前持有债券的期数为 T，则赎回收益率可由下式(4.2.10)决定：

$$\mathrm{BP}=\sum_{t=1}^{T}\frac{c}{(1+r_{\mathrm{YC}})^{t}}+\frac{\mathrm{CP}}{(1+r_{\mathrm{YC}})^{T}} \tag{4.2.10}$$

4.3 债券定价

4.3.1 债券定价原则及其影响因素

从市场供求的角度看，债券供应者和需求者的要求不同。对于发行者而言，发行债券的原则是以最小的成本(即利率)筹集到一定数量的资金；与此相反，对于投资者而言，投资债券的目的是取得最大的投资收益。对于债券的发行者和投资者，债券的定价都有重要意义。

一、债券定价原则

债券定价原则可以归纳为以下几点：

(1) 债券投资者希望在某个时点上通过投资债券取得最大的货币收入，因此，债券的价格实际上是投资者为取得债券的未来现金流而希望付出的最少或较少的资金成本。

(2) 债券的未来现金流是债券的票面利息和到期偿还本金之和。在均衡市场条件下，债券的定价原则是债券的内在价值或真实价值是债券未来现金流的现值。

(3) 债券净现值 NPV(Net Present Value)是投资者的决策依据。NPV 是债券的内在价值和债券市场价格之差。如果 NPV 大于零，表明债券价格被低估，即投资债券有利可图；反之，如果 NPV 小于零，表明债券的市场价格被高估，因此，投资债券会导致亏损。

二、影响债券定价的因素

债券定价的影响因素很多，既包括宏观经济环境方面的因素，如通货膨胀率、市场利率、货币政策、国际收支等，也包括微观经济方面的因素，如债券发行人的信誉水平、经营情况、财务情况等。通过考察证券收益率的计算公式可知，债券定价的影响因素也可分为内部因素与外部因素。影响债券的内部因素主要包括：

(1) 债券的面值；

(2) 债券的票面利息；

(3) 债券的有效期；

(4) 债券是否有可赎回条款；

(5) 债券是否可转换为股票；

(6) 债券的流动性；

(7) 债券风险。

影响债券的外部因素主要包括：

(1) 基准利率(即无风险利率)；

(2) 市场利率；

(3) 通货膨胀率。

基准利率由中央银行确定，通货膨胀率则是市场运行的结果。需要说明的是市场利率。在自由市场经济条件下，资本会不断寻找高收益率的机会，市场上获取高收益率的机会消失，则表明市场处于均衡状态，此时资本都取得了平均收益率。市场利率就是指投资机会的平均收益率。市场利率越高，投资者的机会成本也就越高，债券的价值就越低，债券价格也就越低。这对债券发行者的定价有重要作用。

假设市场利率为 i，债券的面值为 P，利息为 c，期限为 T，在债券的票面利率小于市场利率的情况下，即如果 $(c/P)\leqslant i$，则债券的内在价值 V 为

$$V=\sum_{t=1}^{T}\frac{c}{(1+i)^{t}}+\frac{P}{(1+i)^{T}}\leqslant\sum_{t=1}^{T}\frac{rP}{(1+i)^{t}}+\frac{P}{(1+i)^{T}}=P$$

它表明债券的内在价值小于债券的面值。为确保债券的发行，债券的发行价格要低于其面值时，债券需要采用折扣发行方式。

如果市场利率较低，则投资者的投资成本也较低，根据类似的推理可知，债券的发行价格高于面值时，债券可采用溢价发行方式。

如果市场利率与债券的票面利率相同，则可采用平价发行方式，即债券的发行价格等于其面值。

4.3.2 债券定价原理

对于债券的定价问题，早期已有研究。1962 年，麦尔齐通过对债券价格、债券收益率、到期年限和到期收益率关系的分析，提出了债券定价五原理。

一、债券定价原理一

债券的市场价格与到期收益率成反比。到期收益率上涨，则债券价格下跌；反之，如果到期收益率下降，则债券价格上涨。其实践意义在于，如果预期市场利率下降时，就要购买债券。

二、债券定价原理二

在债券收益率不变的条件下，即债券的息票率与收益率之间的差别不变时，债券的到期时间与债券价格的波动幅度成正比变化关系。债券的到期时间越长，则债券价格波动的幅度越大，反之会越小。对于投资者来说，如果预期市场利率会下降，则在其他条件相同的情况下，应投资到期日较远的债券。

三、债券定价原理三

债券到期日越近，债券价格波动的幅度减少，并且以递增的速度减少；反之，如果债券的到期日越长，则债券价格的波动幅度增加，而且以递减的速度增加。这说明，如果市场利率发生变化，长期债券价格的波动幅度较大，收益和风险也相应较大。

四、债券定价原理四

如果债券的期限既定，因市场利率下降导致的债券价格上涨幅度大于因同等幅度市场利率上涨引起的债券价格下降幅度。它表明债券价格对市场利率下降的敏感度大于对市场利率上涨的敏感度。或者说，对于同等幅度的市场利率变化，利率下降为投资者产生的利润大于市场利率上升投资者产生的损失。

五、债券定价原理五

当债券期限大于 1 年时，如果市场利率变动幅度既定，债券的息票率与债券价格的波

动成反比例关系。或者说，息票率越高，债券价格波动的幅度越小。其实践意义是：如果两个债券的到期日和到期收益率相同，如果预期市场利率将下降，则应购买票面利率较低的债券。

4.3.3　不同债券的定价

债券的类型很多，本小节主要介绍零息债券、付息债券的定价。为方便起见，与前文相同，假设市场利率为 i，债券的面值为 P，利息为 c，到期年限为 T，每年的利息 c 分 m 次支付，债券的价格为 V。

一、零息债券定价

零息债券是不用支付利息，但到期按照面值偿还的债券。因此，债券持有期只有一个现金流，即债券到期时的本金。据此，债券的价格按复利折现的现值为

$$V=\frac{P}{(1+i)^T} \tag{4.3.1}$$

二、每年派息一次的付息债券定价

通常情况下，债券每年付息一次。在债券持有过程中，现金流包括两类：一是每年的利息，二是期末得到的本金。对现金流按照复利进行折现，就可得到债券的价格为

$$V=\sum_{t=1}^{T}\frac{c}{(1+i)^t}+\frac{P}{(1+i)^T} \tag{4.3.2}$$

例 4-3-1　A 公司决定于 2014 年 2 月 1 日发行面值为 1000 元的债券，票面利率为 8%，每年 2 月 1 日支付一次利息，并于 5 年后的 2 月 1 日到期。假设同等风险投资的必要收益率为 10%，试计算其价值。

解　利用公式(4.3.2)可得

$$\begin{aligned}V&=\sum_{t=1}^{T}\frac{c}{(1+i)^t}+\frac{P}{(1+i)^T}=\sum_{t=1}^{5}\frac{80}{(1+10\%)^t}+\frac{1000}{(1+10\%)^5}\\&=80\times(P/A,10\%,5)+1000\times(P/F,10\%,5)\\&=80\times3.791+1000\times0.621\\&=924.28\ (\text{元})\end{aligned}$$

为考察折现率对债券价值的影响，在上例中如果到期时间缩短为 2 年，在折现率为 10%的情况下，可计算得债券的价值为 965.24 元；如果折现率降为 6%，到期时间仍为 2 年时，债券的价值为 1036.67 元；如果折现率为 8%，到期时间为 2 年，则债券价值为 1000 元。由此可见，在到期时间同为 2 年的情况下，如果折现率从 8%上升到 10%，则债券价值从 1000 元下降到 924.28 元，下降率为 7.572%；如果折现率从 8%下降到 6%，则债券价格从 1000 元上升到 1036.67 元，上升率为 3.667%。即虽然折现率的变化相同，但债券价值的变化率不同，或者说由于折现率的上升导致的债券价格的下降率大于因折现率的下降所导致的债券价格的上升率。

三、每年派息 m 次债券定价

如果每年的利息支付 m 次，在市场利率为 i 的情况下，每时期的利率就为 i/m，共支付 mT 期利息，债券的价格为

$$V=\sum_{t=1}^{mT}\frac{\frac{c}{m}}{\left(1+\frac{i}{m}\right)^{t}}+\frac{P}{\left(1+\frac{i}{m}\right)^{mT}} \tag{4.3.3}$$

例 4-3-2 假设市场利率为12%，债券面值为1000元，每年利息为90元，每半年支付一次利息，债券期限为20年。试问债券价格应为多少?

解 由题意可知，市场利率 $i=12\%$，债券的面值 $P=1000$，每年利息 $c=90$，每年利息分 $m=2$ 次支付，即每次支付利息45元，每半年的利息率为 $i/m=12\%/2=6\%$，期限 $T=20$。将以上数值代入公式(4.3.3)可得债券的价格为

$$V=\sum_{t=1}^{mT}\frac{\frac{c}{m}}{\left(1+\frac{i}{m}\right)^{t}}+\frac{P}{\left(1+\frac{i}{m}\right)^{mT}}=\sum_{t=1}^{40}\frac{45}{(1+6\%)^{t}}+\frac{1000}{(1+6\%)^{40}}$$

根据后付年金现值公式(4.1.9)，可得

$$\sum_{t=1}^{40}\frac{45}{(1+6\%)^{t}}=45\times\frac{1-\frac{1}{(1+6\%)^{40}}}{6\%}=677.08$$

而 $\frac{1000}{(1+6\%)^{40}}=97.22$，因此，有

$$V=677.08+97.22=774.30(\text{元})$$

例 4-3-3 假设市场利率为7%，债券面值为1000元，每年利息为90元，每半年支付一次利息，债券期限为20年。试问债券价格应为多少?

解 与上例相似。由题意可知，市场利率 $i=7\%$，债券的面值 $P=1000$，每年利息 $c=90$，每年利息分 $m=2$ 次支付，即每次支付利息45元，每半年的利息率为 $i/m=7\%/2=3.5\%$，期限 $T=20$。将以上数值代入公式(4.3.3)可得债券的价格为

$$V=\sum_{t=1}^{mT}\frac{\frac{c}{m}}{\left(1+\frac{i}{m}\right)^{t}}+\frac{P}{\left(1+\frac{i}{m}\right)^{mT}}\sum_{t=1}^{40}\frac{45}{(1+3.5\%)^{t}}+\frac{1000}{(1+3.5\%)^{40}}$$

根据后付年金现值公式(4.1.9)，可得

$$\sum_{t=1}^{40}\frac{45}{(1+3.5\%)^{t}}=45\times\frac{1-\frac{1}{(1+3.5\%)^{40}}}{3.5\%}=960.98$$

而 $\frac{1000}{(1+3.5\%)^{40}}=252.57$，有

$$V=960.98+252.57=1213.55(\text{元})$$

比较例4-3-2和例4-3-3可以发现，如果市场利率较高，则债券价格较低，但如果市场利率较低，则债券价格较高，即债券价格与市场利率成反比关系。

阅读专栏

96国债价格变动情况

中国人民银行1996年发行了面值为100元，期限为10年，票面利率为11.83%，

每年付息一次(计息期为每年的 6 月 14 日到次年的 6 月 13 日)的附息国债 250 亿元。交易代码为 000696。中国人民银行于 1996 年 5 月 1 日首次降息使得该国债于 1996 年 7 月 12 日(首次上市交易日)的开盘价格为 112.20 元，其后又 7 次下调了居民储蓄存款利率，导致该国债价格不断提高。

表 4－1　96 国债价格变动情况

降息期次	日期	1 年期人民币存款利率	当日国债收盘价格
1	1996.08.23	7.47%	122.00
2	1997.10.23	5.67%	121.09
3	1998.03.25	5.22%	142.89
4	1998.07.01	4.77%	139.89
5	1998.12.07	3.78%	147.66
6	1999.06.10	2.25%	164.65
7	2002.02.21	1.98%	145.12

从表 4－1 可以看出，债券的交易价格随着市场利率水平的波动而不断变化，市场利率水平越低，债券的价格越高；反之，市场利率越高，债券价格越低，这正说明债券的估价模型中债券价格同贴现率的反向变动关系。值得注意的是，债券理论价格的高低取决于理论上的贴现率，而这个理论贴现率理解为金融市场的均衡利率。实际生活中，对这种均衡利率的理解也是见仁见智。在我国目前资金市场尚未达到发达水平的条件下，选择何种金融品种的利率水平以及由于利率期限结构的存在选择何种期限的利率水平也是有争议的。

资料来源：陈雨露. 公司理财[M]. 北京：高等教育出版社，2006 年，第 63 页.

4.4　债券价格波动的测量

4.3 节的分析表明，在债券定价过程中，市场利率对债券价格有重要影响，为测定债券的价格波动，本节将引入麦考利久期。

4.4.1　麦考利久期

久期(Duration)最早是由麦考利(F. M. Macaulay)在 1938 年提出来的，所以又称麦考利久期(简记为 D)。麦考利久期是使用加权平均数的方式计算债券的平均到期时间。它是债券在未来产生现金流的时间的加权平均，其权重是各期现金值在债券价格中所占的比重。

在计算麦考利久期时，通常有如下假设：一是收益率曲线是平坦的，二是用于所有未来现金流的贴现率是固定的。

一、单一债券的久期

在上一节中已经看到，债券价格是未来现金流的折现值，如果用 c_t 表示第 t 期的现金流，则债券价格可表示如下：

$$V=\sum_{t=1}^{T}\frac{c_t}{(1+i)^t} \tag{4.4.1}$$

麦考利久期定义如下：

$$D=\frac{1}{V}\sum_{t=1}^{T}\frac{c_t}{(1+i)^t}\times t=\sum_{t=1}^{T}\left[\frac{c_t}{V(1+i)^t}\right]\times t \tag{4.4.2}$$

由式(4.4.2)容易看出

$$\sum_{t=1}^{T}\frac{c_t}{V(1+i)^t}=\frac{1}{V}\sum_{t=1}^{T}\frac{c_t}{(1+i)^t}=\frac{1}{V}\times V=1$$

对于零息债券而言，其麦考利久期为

$$\begin{aligned}D&=\frac{1}{V}\sum_{t=1}^{T}\frac{c_t}{(1+i)^t}\times t=\sum_{t=1}^{T}\left[\frac{c_t}{V(1+i)^t}\right]\times t\\&=\frac{1}{V}\times\frac{P}{(1+i)^T}\times T=\frac{1}{V}\times V\times T=T\end{aligned}$$

即，零息债券经过 T 期或持有债券到期时即可收回其面值。

基于以上概念，结合公式(4.4.1)和(4.4.2)就可计算麦考利久期。

例 4-4-1 假设有面值为 1000 元的 3 年期债券，每年支付一次利息，年利率为 10%，试计算在市场利率分别为 12%、5%和 20%的情况下的麦考利久期。

解 利用式(4.4.1)和式(4.4.2)，就可计算出在市场利率分别为 12%、5%或 20%的情况下的久期为

$$\begin{aligned}D&=\frac{1}{V}\sum_{t=1}^{T}\frac{c_t}{(1+i)^t}\times t=\frac{1}{\sum_{t=1}^{3}\frac{100}{(1+12\%)^t}+\frac{1000}{(1+12\%)^3}}\\&\times\left[\sum_{t=1}^{3}\frac{100}{(1+12\%)^t}\times t+\frac{1000}{(1+12\%)^3}\times 3\right]=2.73(\text{年})\end{aligned}$$

$$\begin{aligned}D&=\frac{1}{V}\sum_{t=1}^{T}\frac{c_t}{(1+i)^t}\times t=\frac{1}{\sum_{t=1}^{3}\frac{100}{(1+5\%)^t}+\frac{1000}{(1+5\%)^3}}\\&\times\left[\sum_{t=1}^{3}\frac{100}{(1+5\%)^t}\times t+\frac{1000}{(1+5\%)^3}\times 3\right]=2.75(\text{年})\end{aligned}$$

$$\begin{aligned}D&=\frac{1}{V}\sum_{t=1}^{T}\frac{c_t}{(1+i)^t}\times t=\frac{1}{\sum_{t=1}^{3}\frac{100}{(1+20\%)^t}+\frac{1000}{(1+20\%)^3}}\\&\times\left[\sum_{t=1}^{3}\frac{100}{(1+20\%)^t}\times t+\frac{1000}{(1+20\%)^3}\times 3\right]=2.68(\text{年})\end{aligned}$$

由上例可知，久期随着市场利率的下降而上升，随着市场利率的上升而下降，这说明两者存在反比关系。

例 4-4-2 某债券的面值为 1000 元，期限为 3 年，票面年利率为 8%，每年付息一次。如果该债券的市场价格为 950.25 元，到期收益率为 10.00%。试计算该债券的久期是多少？

解 该附息债券剩余期限内会收回 3 笔现金流，分别是第一年的利息 80 元，第二年的利息 80 元，第三年的本金和利息之和 1080 元。代入式(4.4.2)，其久期计算如下：

$$D=\frac{1}{V}\sum_{t=1}^{T}\frac{c_t}{(1+i)^t}\times t=\frac{1}{\sum_{t=1}^{3}\frac{80}{(1+10\%)^t}+\frac{1000}{(1+10\%)^3}}$$

$$\times\left[\sum_{t=1}^{3}\frac{80}{(1+10\%)^t}\times t+\frac{1000}{(1+10\%)^3}\times 3\right]=2.78(\text{年})$$

二、债券组合的久期

以上是单一债券的久期，事实上，对于债券组合也可定义其久期。

假设有一个包含 k 个债券的组合，其中的第 $j(j=1,2,3,\cdots,k)$ 个债券的价格 V_j 可根据式(4.4.1)进行计算：

$$V_j=\sum_{t=1}^{T}\frac{c_{jt}}{(1+i)^t} \tag{4.4.3}$$

第 $j(j=1,2,3,\cdots,k)$ 个债券的久期 D_j 为

$$D_j=\frac{1}{V}\sum_{t=1}^{T}\frac{c_{jt}}{(1+i)^t}\times t=\sum_{t=1}^{T}\left[\frac{c_{jt}}{V(1+i)^t}\right]\times t \tag{4.4.4}$$

则这 k 个债券组合的价格 V 为

$$V=V_1+V_2+\cdots+V_k=\sum_{j=1}^{k}\sum_{t=1}^{T}\frac{c_{jt}}{(1+i)^t} \tag{4.4.5}$$

据此可得组合债券的久期为

$$D=\frac{1}{V}\sum_{j=1}^{k}\sum_{t=1}^{T}\frac{c_{jt}}{(1+i)^t}\times t=\sum_{j=1}^{k}\frac{V_j}{V}\sum_{t=1}^{T}\frac{tc_{jt}}{V_j(1+i)^t}=\sum_{t=1}^{k}\frac{V_j}{V}D_j \tag{4.4.6}$$

如果令 $w_j=\frac{V_j}{V}$，则它表示第 $j(j=1,2,3,\cdots,k)$ 个债券的价格在组合价格中的比重，于是有

$$D=\sum_{j=1}^{k}w_jD_j \tag{4.4.7}$$

即组合债券的久期为组合所包含单一债券久期的加权平均值。

在债券分析中，应用久期的概念，投资者会较为精确地量化市场利率(即收益率)变动给债券价格造成的影响。久期越大，债券价格对收益率的变动就越敏感，收益率上升所引起的债券价格下降幅度就越大，而收益率下降所引起的债券价格上升幅度也越大。可见，在同等要素条件下，久期小的债券比久期大的债券抗利率上升风险的能力强，但抗利率下降风险的能力较弱。

麦考利久期有重要的应用价值。对于不可赎回的债券，麦考利久期实质是以年数表示的可用于弥补证券初始成本的加权平均时间；对于财务管理人员来说，麦考利久期的主要价值在于它是衡量利率风险的直接方法，久期越长，利率风险越大。

4.4.2　债券价格与市场利率的关系

在式(4.4.1)中，市场利率反映了在均衡市场条件下的市场收益率。容易看到，市场收益率越高，则债券价格越低。如果在式(4.4.1)中两边对市场收益率求导数可得

$$\frac{\mathrm{d}V}{\mathrm{d}i}=-\sum_{t=1}^{T}\frac{tc_t}{(1+i)^{t+1}}<0 \tag{4.4.8}$$

如果再计算二次导数可得

$$\frac{\mathrm{d}^2 V}{\mathrm{d}i^2} = \sum_{t=1}^{T} \frac{t(t+1)c_t}{(1+i)^{t+2}} > 0 \tag{4.4.9}$$

结合式(4.4.8)和式(4.4.9)可见，债券的价格是市场利率的减函数，而且是凸函数(见图4-4-1)。

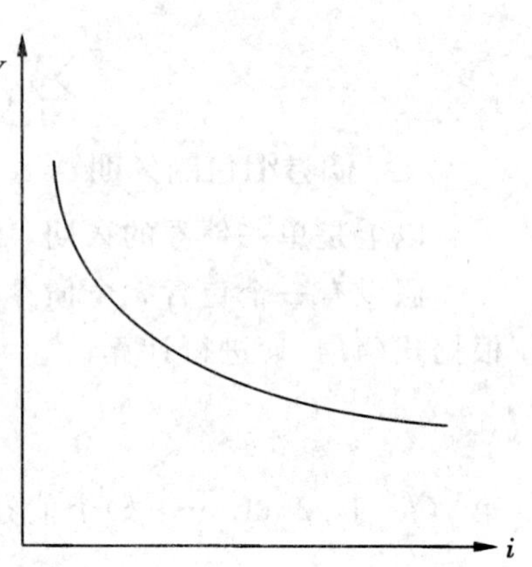

图4-4-1　债券价格与利率的关系

为测定这种债券价格与市场利率的关系，利用债券价格公式(4.4.1)调整式(4.4.8)：

$$\frac{\mathrm{d}V}{\mathrm{d}i} = -\sum_{t=1}^{T} \frac{tc_t}{(1+i)^{t+1}} = -\frac{DV}{1+i}$$

令修正的麦考利久期为：$D_{\mathrm{adj}} = \frac{V}{1+i}$，则

$$\frac{\mathrm{d}V}{\mathrm{d}i} = -D_{\mathrm{adj}} \times V \tag{4.4.10}$$

利用弹性的概念有

$$\frac{\frac{\mathrm{d}V}{V}}{\frac{\mathrm{d}i}{i}} = -\frac{i \times D}{1+i} = D_{\mathrm{adj}} i \tag{4.4.11}$$

式(4.4.11)表明，如果市场利率上涨的幅度为1%，则债券价格下降的幅度为$\left(\frac{i \times D}{1+i}\right)$%，它反映了债券价格与市场利率的一阶导数关系。

对式(4.4.11)变形可得

$$\frac{\mathrm{d}V}{V} = -\frac{i \times D}{1+i} \times \frac{\mathrm{d}i}{i} = -\frac{D}{1+i} \times \mathrm{d}i \tag{4.4.12}$$

如果市场利率的变化量较小，式(4.4.12)可进一步写为

$$\frac{\Delta V}{V} \approx -D \times \frac{\Delta i}{1+i} \tag{4.4.13}$$

这是考虑到市场收益率的一阶变化时的债券价格变化率的近似公式。

4.4.3　麦考利久期与免疫策略

作为重要应用之一，利用麦考利久期可以制定投资免疫策略，即避免因市场利率的变化对债券价格产生影响的策略。

在债券定价时，如果将定价公式中的复利计算方式调整为连续复利方式，则债券价格为

$$V(i) = \sum_{t=1}^{T} c_t \mathrm{e}^{-ti} \tag{4.4.14}$$

两边求导数可得

$$\frac{\mathrm{d}V}{\mathrm{d}i} = \sum_{t=1}^{T} (-tc_t \mathrm{e}^{-ti}) \tag{4.4.15}$$

利用久期的定义可得

$$D(i) = \sum_{t=1}^{T} \frac{tc_t \mathrm{e}^{-ti}}{V} \tag{4.4.16}$$

于是有

$$\frac{dV}{di}=-D(i)\cdot V \tag{4.4.17}$$

如果投资债券并且在时间 T 期终止，则终值为 $V(i)e^{iT}$。为研究利率变化对终值的影响，在上式中计算导数：

$$\frac{d}{di}[V(i)e^{iT}]=\frac{dV(i)}{di}e^{iT}+T[V(i)e^{iT}] \tag{4.4.18}$$

将(4.4.17)代入式(4.4.18)可得

$$\frac{d}{di}[V(i)e^{iT}]=\frac{dV(i)}{di}e^{iT}+T[V(i)e^{iT}]=-[D(i)-T]V(i)e^{iT} \tag{4.4.19}$$

如果$[D(i)-T]=0$，则$\frac{d}{di}[V(i)e^{iT}]=0$，表明债券的终值不受市场利率的影响。容易证明，这一结论也对债券组合成立。

由前面讨论可知，如果市场收益率提高，则投资收益(按复利计算)的收益就会增加。如果投资期限小于债券期限，则投资者出售债券就会有损失；而当市场利率下降时，情况相反。投资者出售债券时虽然会增值，但再投资收益减少。因此，无论市场收益率提高或下降，投资者都面临损失的风险。而利用式(4.4.19)的结论可以构造免疫策略。

例 4-4-3 假设基金经理必须偿还 5.5 年后 17 183 033 元的债务。如果当前债券收益率为 12.5%，这种债务的现值为 8 820 262 元。如果基金经理现在投资了以面值出售、5.5 年后到期、到期收益率为 12.5%的债券，其麦考利久期为 4.14 年，那么，他能够如期偿还债务吗？

解 基金经理需用其累积价值偿还债务。由于利息可以用于再投资，因此，基金经理能否按期偿还债务取决于其将投资利息进行再投资的利率。对于基金经理而言，他关心的是：如果投资了这种债券后，市场利率发生了变化，这种变化是否影响基金经理如期偿还债务？为此，查看表 4-4-1。

表 4-4-1 不同市场利率下的累积价值

市场利率/(%)	(1) 利息/元	(2) 利息再投资的收益/元	(3) 债券价格/元	(4) 累积价值=(1)+(2)+(3)/元	总收益率/(%)
15.5	6 063 930	2 990 716	8 820 262	17 874 908	13.26
14.5	6 063 930	2 753 177	8 820 262	17 637 369	13.00
14.0	6 063 930	2 637 038	8 820 262	17 521 230	12.88
13.5	6 063 930	2 522 618	8 820 262	17 406 810	12.57
13.0	6 063 930	2 409 894	8 820 262	17 294 086	12.62
12.5	6 063 930	2 298 841	8 820 262	17 183 033	12.5
12.0	6 063 930	2 189 433	8 820 262	17 073 625	12.38
11.5	6 063 930	2 081 648	8 820 262	16 965 840	12.25
11.0	6 063 930	1 795 462	8 820 262	16 859 654	12.13
10.5	6 063 930	1 870 882	8 820 262	16 755 044	12.01
10.0	6 063 930	1 767 794	8 820 262	16 651 986	11.89

资料来源：郭多祚. 数理金融——资产定价的原理与模型[M]. 北京：清华大学出版社，2012：44-45.

由表 4-4-1 可见，如果市场利率提高，则实现高于目标累积值的资金，但如果市场利率下降，则无法实现既定的累积值，从而无法到期偿还债务。这表明基金经理的这种投资会面临着到期无法偿还债务的风险。

但如果基金经理投资另一种债券则有可能确保到期收回预定的资金用于偿还债务。如基金经理投资了一种新债券，其面值为 10 000 000 元，出售价格为 8 820 262 元，息票率为 10.125%，期限为 5 年，麦考利久期为 5.5 年。如果市场利率发生变化，其收益见表4-4-2。

表 4-4-2　投资新债券时的不同市场利率下的累积价值

市场利率/(%)	(1) 利息/元	(2) 利息再投资的收益/元	(3) 债券价格/元	(4) 累积价值=(1)+(2)+(3)/元	总收益率/(%)
15.5	5 568 750	2 746 494	8 919 852	17 235 096	12.526
14.5	5 568 750	2 528 352	9 109 054	17 206 156	12.53
14.0	5 568 750	2 421 697	9 205 587	17 196 034	12.51
13.5	5 568 750	2 316 623	9 303 435	17 188 808	12.51
13.0	5 568 750	2 213 102	9 402 621	17 184 473	12.50
12.5	5 568 750	2 111 117	9 503 166	17 183 033	12.50
12.0	5 568 750	2 010 644	9 605 091	17 184 485	12.5
11.5	5 568 750	1 911 661	9 708 420	17 188 831	12.51
11.0	5 568 750	1 814 146	9 813 175	17 196 071	12.51
10.5	5 568 750	1 718 078	9 919 380	17 206 208	12.53
10.0	5 568 750	1 623 436	10 027 059	17 219 245	12.54

数据来源：郭多祚. 数理金融——资产定价的原理与模型[M]. 北京：清华大学出版社，2012：47.

由表 4-4-2 可见，无论市场利率如何变化，最终的累积值都能够偿还到期债务，因此，它对基金经理而言没有投资风险。

综上所述，为进行无风险投资，债券应具有两个特征：一是麦考利久期等于投资期；二是债券现金流的现值等于负债的现值。

4.5 债券价格波动率的测量

4.5.1 债券凸度及其应用

在上一节的分析中，根据式(4.4.8)和式(4.4.9)可知，债券价格的收益率曲线是凸函数，而利用久期估计债券价格的波动，实际上是用价格收益率曲线的切线作为债券价格的近似值，即考虑了债券价格与市场利率的一阶导数关系，但它没有考虑到市场收益率的二阶变化对债券价格变化率的影响。

如图 4-5-1 中所示，当市场利率在切点附近变动时，用切点对应的价格来代替曲线上的实际价格。

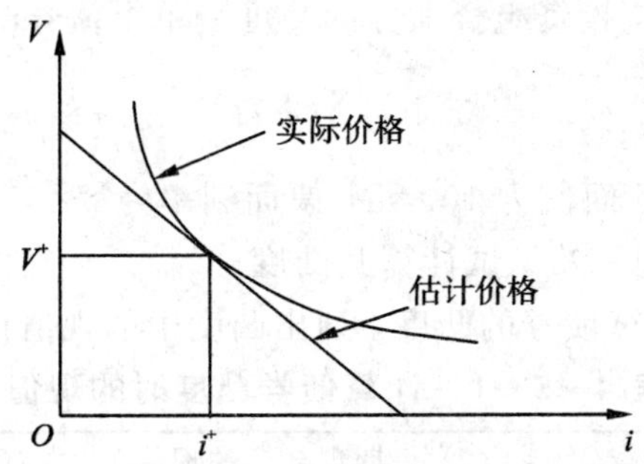

图 4-5-1　实际价格与用久期估计的价格

为进一步探讨债券价格的波动，考虑到债券价格是市场利率的函数，对其进行泰勒展开，可得

$$\frac{\mathrm{d}V}{V}=\frac{\mathrm{d}V}{\mathrm{d}i}\times\frac{1}{V}\times\mathrm{d}i+\frac{1}{2}\frac{\mathrm{d}^2V}{\mathrm{d}i^2}\times\frac{1}{V}\times\mathrm{d}i^2+\cdots+\frac{1}{n}\frac{\mathrm{d}^nV}{\mathrm{d}i^n}\times\frac{1}{V}\times\mathrm{d}i^n+o(\mathrm{d}i^n) \tag{4.5.1}$$

在市场利率变化很小时，只取其前两项可得

$$\frac{\mathrm{d}V}{V}=\frac{\mathrm{d}V}{\mathrm{d}i}\times\frac{1}{V}\times\mathrm{d}i+\frac{1}{2}\frac{\mathrm{d}^2V}{\mathrm{d}i^2}\times\frac{1}{V}\times\mathrm{d}i^2+o(\mathrm{d}i^2) \tag{4.5.2}$$

根据修正麦考利久期的概念和式(4.4.5)改造式(4.5.2)可得

$$\frac{\mathrm{d}V}{V}=-D_{\mathrm{adj}}\times\mathrm{d}i+\frac{1}{2}\frac{\mathrm{d}^2V}{\mathrm{d}i^2}\times\frac{1}{V}\times\mathrm{d}i^2+o(\mathrm{d}i^2) \tag{4.5.3}$$

由式(4.5.3)可见，式中的第一项实际上是用修正久期估计债券价格的变化率，对于第二项而言，定义为债券凸度：

$$T_{\mathrm{d}}=\frac{\mathrm{d}^2V}{\mathrm{d}i^2}\times\frac{1}{V} \tag{4.5.4}$$

将式(4.4.9)代入式(4.5.4)可得

$$T_{\mathrm{d}}=\frac{1}{V(1+i)^2}\sum_{t=1}^{T}\frac{t(t+1)c_t}{(1+i)^t} \tag{4.5.5}$$

为了说明债券的价格计算，考虑一个面值为100元、10年期、半年期息票率为6%的债券。债券价格的精确计算、利用久期的估算以及同时利用久期和凸度的估计值如下：

(1) 实际精确计算值

$$V=f(i+\Delta i)$$

(2) 利用久期的债券价格估算值

$$V=V_0-D_{\mathrm{adj}}\times V_0\times\Delta i$$

(3) 利用凸度估计的债券价格

$$V=V_0-D_{\mathrm{adj}}\times V_0\times\Delta i+\frac{1}{2}T_{\mathrm{d}}\times V_0\times(\Delta i)^2$$

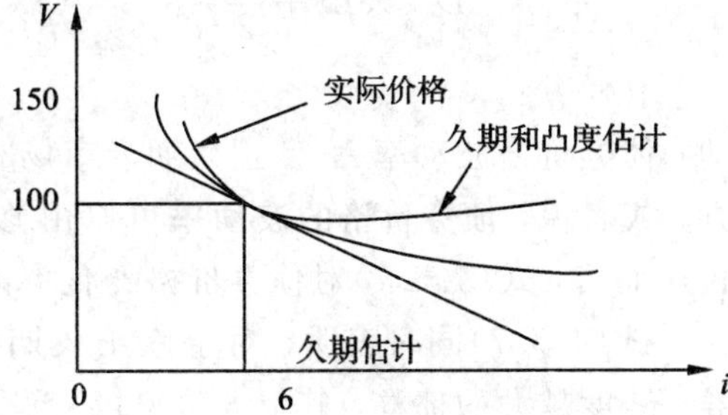

图 4-5-2　债券价格的估计

图 4-5-2 比较了用这三种方法所计算的债券价格。

如果每年的利息分为 m 次支付，则债券凸度的年度值为 T_{d}/m。

与投资组合的久期类似，投资组合债券的凸度是单个债券凸度的加权平均值。

$$T_{\mathrm{d}} = \sum_{j=1}^{k} w_j T_{\mathrm{d}j} \tag{4.5.6}$$

例 4-5-1　假设债券的面值为 100 元，票面利率为 8%，市场利率为 9%，债券价格为 96.043 64 元。每半年付息一次。试计算其凸度。

解　根据式(4.5.5) 计算债券的凸度，列出凸度中的现值计算表(见表 4-5-1)。

表 4-5-1　计算债券凸度时的现值

时期(t)	(1) 每期现金流(c_t)	(2) 每期现金流的现值	(3) $t(t+1)$	(4) ＝(2)×(3)
1	4	3.828	2	7.656
2	4	3.663	6	21.978
3	4	3.505	12	42.06
4	4	3.354	20	67.08
5	4	3.21	30	96.3
6	4	3.072	42	129.024
7	4	2.929	56	164.024
8	4	2.813	72	202.536
9	4	2.692	90	242.28
10	104	66.79	110	7346.9
总和				8319.838

资料来源：郭多祚. 数理金融——资产定价的原理与模型[M]. 北京：清华大学出版社，2012：49.

根据式(4.5.5)可得

$$T_{\mathrm{d}} = \frac{1}{V(1+i)^2}\sum_{t=1}^{T}\frac{t(t+1)c_t}{(1+i)^t} = \frac{8319.838}{(1+0.045)^2 \times 96.043\,64} = 79.3257$$

因此，半年的债券凸度为 79.3257，而年度的债券凸度为其四分之一，即 19.83。

根据债券凸度就可估计债券价格因市场利率变化的波动幅度，即债券价格波动率或债券价格的波动百分比。由式(4.5.3)可知

$$\frac{\mathrm{d}V}{V} = -D_{\mathrm{adj}} \times \mathrm{d}i + \frac{1}{2}\frac{\mathrm{d}^2 V}{\mathrm{d}i^2} \times \frac{1}{V} \times \mathrm{d}i^2 + o(\mathrm{d}i^2) \approx -D_{\mathrm{adj}} \times \mathrm{d}i + \frac{1}{2} \times T_{\mathrm{d}} \times \mathrm{d}i^2 \tag{4.5.7}$$

即：债券价格波动率＝-修正久期×市场利率变化＋0.5×债券凸度×市场收益率变化的平方。或者说，债券价格的波动率可以由修正久期和债券凸度两方面进行解释。由此可见，相对而言，式(4.5.7)对债券价格变化率的解释要比只用修正久期的解释更为准确。

式(4.5.7)同时表明，对于修正久期相同、市场利率变化相同，但凸度不同的两个债券，凸度越大的债券，其债券价格的变化率也越大，风险也越大。这对投资决策有重要实践意义。利用式(4.5.7)就可以估计债券价格变化的情况。

例 4-5-2　假设某债券的修正久期为 3.16，债券凸度为 18.9。试计算下列两种情况下的债券价格变化率：

(1) 如果市场收益率由 9%提高到 11%；

(2) 如果市场利率由 9%下降到 7%。

解　根据式(4.5.7)就可计算两种情况下的债券价格变化率。

（1）如果市场收益率由 9%提高到 11%，债券价格变化率为

$$\frac{\mathrm{d}V}{V} \approx -D_{\mathrm{adj}} \times \mathrm{d}i + \frac{1}{2} \times T_{\mathrm{d}} \times \mathrm{d}i^2$$

$$= -3.16 \times 2\% + 0.5 \times 18.9 \times (2\%)^2 = -0.059\,42 = -5.942\%$$

即债券价格因市场利率提高 2%而下降了 5.942%。

（2）如果市场收益率由 9%下降到 7%，则债券价格变化率为

$$\frac{\mathrm{d}V}{V} \approx -D_{\mathrm{adj}} \times \mathrm{d}i + \frac{1}{2} \times T_{\mathrm{d}} \times \mathrm{d}i^2$$

$$= -3.16 \times (-2\%) + 0.5 \times 18.9 \times (-2\%)^2 = 0.066\,98 = 6.698\%$$

即债券价格因市场利率下降 2%而提高了 6.698%。

由上例可以看出以下两点：第一，债券价格变化率的变动方向与市场利率变化方向相反，如果市场利率提高，则债券价格就会下降；反之则反是。第二，市场利率的同等变化并不引起债券价格的同比例变化，因市场利率下降引起的债券价格提高幅度大于因同样的市场利率提高而引起的债券价格下降幅度。

4.5.2　债券票面利率与凸度的关系

在以上分析中，式(4.5.7)表明，债券凸度是影响债券价格波动率的重要因素。为充分发挥债券凸度在投资决策中的作用，有必要探讨影响债券凸度的因素，特别是债券票面利率。

假设债券分期支付的利息相同，根据债券凸度的定义

$$T_{\mathrm{d}} = \frac{\mathrm{d}^2V}{\mathrm{d}i^2} \cdot \frac{1}{V} = \frac{1}{V(1+i)^2}\sum_{t=1}^{T}\frac{t(t+1)c_t}{(1+i)^t} = \frac{\displaystyle\sum_{t=1}^{T}\frac{t(t+1)c}{(1+i)^t} + \frac{T(T+1)P}{(1+i)^T}}{(1+i)^2\left[\displaystyle\sum_{t=1}^{T}\frac{c}{(1+i)^t} + \frac{P}{(1+i)^T}\right]}$$

$$= \frac{\displaystyle\sum_{t=1}^{T}\frac{t(t+1)}{(1+i)^t} + \frac{T(T+1)\dfrac{P}{c}}{(1+i)^T}}{(1+i)^2\left[\displaystyle\sum_{t=1}^{T}\frac{1}{(1+i)^t} + \frac{\dfrac{P}{c}}{(1+i)^T}\right]} \tag{4.5.8}$$

其中，P 为债券的面值，则其票面利率为$\frac{c}{P}$。在式(4.5.8)中令

$$\begin{cases} i_c = \dfrac{P}{c} \\ A = \displaystyle\sum_{t=1}^{T}\frac{t(t+1)}{(1+i)^t} + \frac{\dfrac{T(T+1)}{i_c}}{(1+i)^T} \\ B = \displaystyle\sum_{t=1}^{T}\frac{1}{(1+i)^t} + \frac{\dfrac{1}{i_c}}{(1+i)^T} \end{cases} \tag{4.5.9}$$

由于它们都是每期利息的函数，对它们求导数可得

$$\begin{cases} \dfrac{\mathrm{d}A}{\mathrm{d}i_c} = -\dfrac{T(T+1)}{(1+i)^T i_c^2} \\ \dfrac{\mathrm{d}B}{\mathrm{d}i_c} = -\dfrac{P}{(1+i)^T i_c^2} \end{cases} \tag{4.5.10}$$

于是有

$$\frac{\mathrm{d}T_{\mathrm{d}}}{\mathrm{d}i_c} = -\frac{\mathrm{d}}{\mathrm{d}i_c}\left[\frac{1}{(1+i)^2}\times\frac{A}{B}\right] = \frac{\dfrac{\mathrm{d}A}{\mathrm{d}i_c}\times B - \dfrac{\mathrm{d}B}{\mathrm{d}i_c}\times A}{(1+i)^2\times B^2} = \frac{\sum\limits_{t=1}^{T}\dfrac{t(t+1)-T(T+1)}{(1+i)^t}}{(1+i)^{T+2}\times B^2\times i_c^2} < 0 \tag{4.5.11}$$

式(4.5.11)表明，债券凸度是债券票面利率的减函数，即债券的票面利率越大，则债券的凸度越小。而由式(4.5.7)中可以看到，对于修正久期相同、市场利率变化相同，但凸度不同的两个债券，凸度越大的债券，其债券价格的变化率也越大，风险也越大。将这两者结合起来可见，对于修正久期相同、市场利率变化相同的两个债券，如果债券的票面利率越小，则债券的凸度越大，进而使债券价格随着市场利率变化的变化率也越大，投资债券的风险也就越大。

在计算债券凸度时，通常而言，它为正值。但对于债券组合而言，也可能出现负值的情况。为了说明债券凸度和修正久期在债券定价中的作用，给出例 4-5-3。

例 4-5-3　假设目前的市场利率为 6%，现有三只债券，债券 A 的期限为 10 年，息票率为 6%，价格为 100 元，修正久期为 7.44 年，凸度为 68.78；债券 B 的期限为 1 年，息票率为 0%，价格为 94.26 元，修正久期为 0.97 年，凸度为 1.41；债券 C 的期限为 30 年，息票率为 0%，价格为 16.97 元，修正久期为 29.13 年，凸度为 862.48。

(1) 试计算投资组合的凸度和久期；

(2) 如果组合经理被告要求以债券 A 为基准债券，试计算债券组合的凸度。

解　(1) 计算过程如表 4-5-2 所示。

表 4-5-2　投资组合的持久期和凸度

	债券 A	债券 B	债券 C	投资组合
期限	10	1	30	
息票率	6%	0%	0%	
市场利率	6%	6%	6%	
债券价格 V_j	100	94.25	16.97	
修正久期 D_{adj}^j	7.44	0.97	29.13	
凸度 T_{dj}	68.78	1.41	862.48	
债券数量 x_j	10 000	5000	−10 000	
债券总值 x_jV_j	1 000 000	471 300	−169 700	1 301 600
权重 w_j	76.83%	36.21%	−13.04%	100%
$D_{\mathrm{adj}}^j \times V_j$	744	91.43	494.34	
$x_j \times D_{\mathrm{adj}}^j \times V_j$	7 440 000	457 161	4 943 361	2 953 800
$x_j \times T_{\mathrm{dj}} \times V_j$	68 780 000	684 533	−146 362 856	−76 918 323

对于债券组合，其市场价值为 1 301 600 元，将三个债券的久期加权平均即可得到组合的久期为 2.27 年，组合凸度为(−76 918 323/1 301 600)＝−59.10。组合凸度为负值是由

于 30 年零息债券的空头具有较高的凸度。

(2) 组合经理被要求以债券 A 为基准，就要使债券 B 和 C 的组合与债券 A 相同，即要求其价格和久期相同。假设债券 B 和债券 C 的投资数量分别为 y_1 和 y_2，则有

$$\begin{cases} 100 = y_1 \times 94.26 + y_2 \times 16.97 \\ 7.44 \times 100 = 0.97 \times y_1 \times 94.26 + 29.13 \times y_2 \times 16.97 \end{cases}$$

解以上方程组可得 $y_1 = 0.817$，$y_2 = 1.354$。同时投资组合的凸度为 199.25。

本章小结

债券是重要的金融资产，也是资产定价的难点。基于货币在不同利率条件下的现值、终值以及收益率的计算，本章的主要内容是债券的定价，实际上是债券价格的估计。为此，涉及债券久期和凸度这两个重要概念。债券久期是债券现金流的加权平均期限，它是对债券价格的一阶估计，而债券凸度是对债券价格的二阶估计，同时利用债券久期和凸度就可对债券价格进行较为准确的估计。由于债券的价格只是在一定条件下的估计值，这种估计值与实际值的差别会给投资者造成投资风险。与此同时，市场利率的变化可能加大投资风险，因此，研究市场利率对债券价格估计值的影响对加强投资风险管理有重要意义。

案例研究

中国黄金美元债券成功发行

一、案例描述

2014 年 7 月 17 日，中国黄金集团公司(下称“中国黄金”)通过中国黄金国际资源有限公司发行的美元债券顺利完成交割，标志着本次债券发行取得圆满成功。据了解，本次发行规模为 5 亿美元，期限为 3 年，债券的最终定价为 T＋275 基点(收益率 3.63%)，息票率为 3.5%，融资成本显著低于国内水平。

此前的 7 月 4 日，全球最大的两家国际评级机构标准普尔公司(Standard&Poor)和穆迪公司(Moody)，分别宣布对中国黄金的信用评级结果为 BBB(Baa2)，评级展望稳定。这是我国黄金行业首次在国际上获得的投资级信用评级，更是目前全球黄金行业最高的信用评级。

中国黄金开启美元债券发行，是我国黄金行业首次以自身评级在境外发行的美元债券，对于其他大型公司美元债券发行，具有引领和示范作用。本次评级和债券发行创造了中国企业在国际债券资本市场的多项纪录，包括：成为除北美以外唯一一家获得 BBB 投资级信用评级的黄金矿业企业，更是中国唯一一家获此国际评级的黄金矿业企业；成为亚太地区第一家以自身信用评级发行美元债券的黄金企业，为亚太地区的黄金企业在国际债券市场建立了市场基准；此次发行认购倍数接近 15 倍，是近期国际债券市场认购倍数最高的发行；此次发行最终价格比初始价格指引低了 35 个基点，为近期国际市场债券价格收窄最高的发行；此次发行吸引了众多欧洲投资者的参与，是近期欧洲投资者认购比例最高的中

国企业债券；此次发行是近期亚洲地区同信用级别美元债券中融资成本最低的债券发行。

资料来源：李平．中国黄金美元债券成功发行[c]．中国矿业报，2014－07－21．

二、案例讨论

债券发行价格受到哪些因素的影响？这些因素是如何影响债券价格的？

思考与练习

1．某人现有资金 28 000 元，银行存款利率为 3%。如果按照复利计息，多少年后其资金才能达 560 000 元？

2．某企业为偿还 5 年后到期的 10 万元债务，需现在把资金存入银行。如果银行利率为 5%，按照复利计息，那么现在应存入多少？

3．小张为准备 5 年后留学的费用 20 万元，现需每个月从其收入中提取等量资金存入银行。如果现在银行利率为 4%，那么他应每年存入多少？

4．现有一个企业债券，其修正久期为 5.16，债券凸度为 26.9。试计算在以下两种情况下的债券价格变化率：

（1）如果市场利率由 6%提高到 9%；

（2）如果市场利率由 6%降低到 3%；

（3）如果市场利率由 6%降到 4%。

5．证明：如果债券组合在连续复利条件下的久期等于投资期，则债券组合的终值不受利率影响。

第五章　股票定价

发行股票是公司筹集资金的重要方式。公司通过股票的发行获得了资本金，作为公司所有权凭证的股票又可以在二级证券市场上进行交易，从而形成股票交易价格。但无论是股票发行时的初始定价还是股票发行后在二级市场上投资价值的确定，其基础都是公司的实际经营业绩。本章的股票定价只以二级市场上股票投资价值的确定为例进行说明。由于证券市场存在多种证券，因而也就有证券组合，单一股票的定价和组合证券的定价就成为本章的研究主题。

5.1　单一股票定价

股票是股份有限公司公开发行的用以证明投资者身份和权益并据以获得未来收益的有价证券。在正常情况下，股票只能在证券市场上通过交易完成所有权的转移，因此，对股票持有者而言，持有股票的目的是获取股利收益。关于股票的定价，可以通过股息贴现来估计，也可以通过公司的财务指标进行估计。

5.1.1　基于股息贴现的定价模型

一、股息贴现模型

对于股票所有者来说，未来可以取得股息和出售股票获得股票价格收入，但由于预期股票价格取决于未来的股息收入，因此，股票的价格由未来股息收入决定，或者说，股票价格就是其未来收益的贴现值。根据这种观点，产生了股票贴现模型，或称为收入资本化模型。

假设 D_t 表示第$(t-1)$期末预期的现金流，r_t 为第$(t-1)$期的投资收益率，则股票的目前价格或内在价值 V_0 为

$$V_0=\sum_{t=1}^{\infty}\frac{D_t}{(1+r_t)^t} \tag{5.1.1}$$

在以上股息贴现模型中，由于每期股息和投资收益率不同，使其难以操作，为此，在每期投资收益率都为 r 的条件下，可以对一些股息支付的特例情况股票进行估值。

1. 零增长贴现模型

如果每年的股息相同，则称股息贴现模型为零增长贴现模型。在式(5.1.1)中，令

$$D_1=D_2=\cdots=D_t=D$$

则有零增长贴现模型：

$$V_0=\sum_{t=1}^{\infty}\frac{D_t}{(1+r_t)^t}=\sum_{t=1}^{\infty}\frac{D}{(1+r)^t}=\frac{D}{r} \tag{5.1.2}$$

2. 稳定增长贴现模型

假设 D_0 为最初的股息，而且股息保持稳定的增长率 g，即

$$D_t=(1+g)D_{t-1}=\cdots=(1+g)^tD_0$$

因此，有稳定增长贴现模型：

$$\begin{aligned}V_0&=\sum_{t=1}^{\infty}\frac{D_t}{(1+r_t)^t}=\sum_{t=1}^{\infty}\frac{D_t}{(1+r)^t}=\sum_{t=1}^{\infty}\frac{(1+g)^tD_0}{(1+r)^t}\\&=D_0\sum_{t=1}^{\infty}\left(\frac{1+g}{1+r}\right)^t=D_0\frac{\dfrac{1+g}{1+r}}{1-\dfrac{1+g}{1+r}}\\&=D_0\frac{1+g}{(r-g)}=\frac{D_1}{r-g}\end{aligned}\tag{5.1.3}$$

这就是 Gordon 定价模型。

3. 两阶段增长贴现模型

如果公司在 T 期以前的红利增长速度为 g_1，在其后所有时期的增长速度为 g_2，则有两阶段增长模型：

$$\begin{aligned}V_0&=\sum_{t=1}^{\infty}\frac{D_t}{(1+r_t)^t}=\sum_{t=1}^{\infty}\frac{D_t}{(1+r)^t}\\&=\sum_{t=1}^{T}\frac{(1+g_1)^tD_0}{(1+r)^t}+\sum_{t=T+1}^{\infty}\frac{(1+g_2)^{t-T}D_T}{(1+r)^t}\\&=\sum_{t=1}^{T}\frac{(1+g_1)^tD_0}{(1+r)^t}+\sum_{t=T+1}^{\infty}\frac{(1+g_2)^{t-T}(1+g_1)^TD_0}{(1+r)^t}\end{aligned}\tag{5.1.4}$$

在实践中，公司的红利变化情况多样，如公司的红利支付可能经过了稳定、递减和稳定增长三个阶段，也可能经历了递减和稳定增长两个阶段等不同情况，但都可以按照贴现原理得到股票价格的贴现模型(读者可以自己推导)。

二、市盈率股票定价模型

市盈率是每股股票的价格与每股收益的比率，它反映了单位收益的股票价格，因此，便于对不同收益率水平股票价格的比较。在实际应用时，市盈率股票定价模型也取决于股息预期增长率、红利支付率和风险因素。

与股息贴现模型相似，市盈率股票定价模型也有不同的形式。

1. 稳定增长市盈率模型

假设 E 为每股收益，$(1-b)$为红利支付率，则支付的红利为 $D=E(1-b)$。根据(5.1.3)式的 Gordon 定价模型，有

$$V_0=\frac{D_1}{r-g}=\frac{E(1-b_1)}{r-g}\tag{5.1.5}$$

如果不考虑时期的区别，则有稳定增长市盈率模型：

$$\frac{V_0}{E}=\frac{1-b}{r-g}\tag{5.1.6}$$

在市场均衡的条件下，股票的市场价值 P 等于其内在价值 V，于是式(5.1.6)可写为

$$\frac{P}{E}=\frac{1-b}{r-g}\tag{5.1.7}$$

利用式(5.1.7)可得到股票的价格。如某股票上一年的每股红利为1元，预计红利增长率会保持在12%的水平，投资者要求的投资收益率为20%，则由式(5.1.7)获得股票价格为

$$P=\frac{(1-b)E}{r-g}=\frac{D_1}{r-g}=\frac{D_0(1+g)}{r-g}=\frac{1\times(1+0.12)}{0.2-0.12}=14(\text{元})$$

市盈率是体现公司盈利状况的重要指标。市盈率越高，表明公司单位收益表现的股票价格越高，吸引的投资也越多，这可能引发股票泡沫风险。但如果市盈率越低，说明单位收益体现的股票价格越低，吸引的投资也越少，或者说股票缺乏市场吸引力，公司有被市场忽视的风险，股票价值被低估。

2. *零增长和多元增长市盈率模型*

零增长市盈率模型假设每股收益为常数，且股息增长率为零，这就要求红利支付率$(1-b)=1$，即$b=0$。否则，如果红利支付率小于1，意味着公司会将每股收益中的一部分留在公司内部，这可能导致未来的每股收益发生变化，从而与每股收益为常数的假设不符。于是，稳定增长模型演化为零增长模型，有

$$\frac{P}{E}=\frac{1-b}{r-g}=\frac{1-0}{r-0}=\frac{1}{r} \tag{5.1.8}$$

式(5.1.8)表明，市盈率取决于投资收益率，且与其成反比关系，它实际上是稳定增长模型的特例。

进一步看，多元增长的市盈率模型假设在某一时点T之后的股息增长率和红利支付率分别为常数g_{T+1}和$(1-b_{T+1})$，但此点之前它们可变，于是有

$$\begin{aligned} V_0 &= \sum_{t=1}^{\infty}\frac{D_t}{(1+r_t)^t}=\sum_{t=1}^{\infty}\frac{D_t}{(1+r)^t} \\ &= \sum_{t=1}^{T}\frac{D_t}{(1+r)^t}+\sum_{t=T+1}^{\infty}\frac{D_t}{(1+r)^t} \\ &= \sum_{t=1}^{T}\frac{E_t(1-b_t)}{(1+r)^t}+\frac{D_{T+1}}{(r-g)(1+r)^T} \\ &= \sum_{t=1}^{T}\frac{E_0(1-b_t)(1+g_1)(1+g_2)\cdots(1+g_t)}{(1+r)^t}+\frac{(1-b_{T+1})E_0(1+g_1)\cdots(1+g_{T+1})}{(r-g)(1+r)^T} \end{aligned} \tag{5.1.9}$$

因此，在市场均衡条件下就有多元增长的市盈率模型：

$$\frac{P}{E}=\sum_{t=1}^{T}\frac{(1-b_t)(1+g_1)(1+g_2)\cdots(1+g_t)}{(1+r)^t}+\frac{(1-b_{T+1})(1+g_1)\cdots(1+g_{T+1})}{(r-g)(1+r)^T} \tag{5.1.10}$$

5.1.2　基于财务指标的股票定价模型

与前面主要根据股息贴现的股票定价模型不同，在实践中，还有主要根据公司财务指标估计的股票定价模型，如实物资产定价模型、财务比率预测定价模型、比较分析定价模型等。

一、实物资产定价模型

实物资产定价模型强调股票代表了对公司净资产的所有权，认为股票的价值主要取决

于净资产价值，并定义净资产倍率是股票价格与每股净资产的比率，由此给出股票定价模型：

$$股票价格=每股净资产\times净资产倍率 \tag{5.1.11}$$

由于公司通过负债经营可获取投资风险收益，因此，股价应高于每股净资产，即净资产倍率大于1，而实践认为净资产倍率为2比较合适。

二、比较分析定价模型

通过比较市场上同类股票而确定其他股票价格的方法就是比较分析定价模型。证券市场存在多种股票，依据市场上同类公司股票情况，通过计算它们重要的3项财务指标，即市盈率、股价与账面价值比率以及股价与现金流量比率，并以它们作为本公司相应财务指标的乘数，以估算本公司股票价格。

1. 按照市盈率定价(P/E)

市盈率是每股市价与每股净利润的比率：

$$\frac{P}{E}=\frac{每股市价}{每股净利润} \tag{5.1.12}$$

为计算某公司股票价格，先计算市场上类似公司的市盈率，取其一定范围内的市盈率作为本公司的市盈率，乘以本公司每股净利润预测值，即得本公司的股票价格。

2. 按照股价与账面价值比率(P/BV)定价

股价与账面价值比率反映了投资者对公司资产收入能力的评价，公式如下：

$$P/\mathrm{BV}=\frac{每股市价}{每股账面价值} \tag{5.1.13}$$

与上面方法类似，先计算市场上同类公司的股价与账面价值比率，将其一定范围的数值作为本公司的相应数据，乘以本公司每股账面价值，即得本公司股票价格。

3. 按照股价与现金流量比率(P/CF)定价

这种定价方法能够减少因会计准则不同而造成的股票定价差异，它剔除了非现金费用(如折旧和资产重估)对净利润的影响。计算公式为：

$$P/\mathrm{CF}=\frac{每股市价}{每股净利润+其他非现金项目} \tag{5.1.14}$$

在股票定价时，先计算同类股票的股价与现金流量比率，然后取一值作为本公司的相应比率，再根据上式即可得到本公司的股票价格。

三、关于股票价值的进一步认识

价值理论表明，价格是价值的外在表现形式。本节的股票定价模型讨论的是考虑了市场供求等因素环境下的股票定价问题。虽然如此，为进一步理解股票价格，有必要从理论上认识股票价值。

股票属于有价证券，它是投资者(股东)按其所持股份享有公司权利和承担义务的凭证。因此，投资者所持有股票的价值，应体现为股票所对应的净资产的所有权以及由此使投资者享有的权利两部分，前者本质是股票的净资产价值，而后者可称为股票的权利价值。于是，股票的价值由其净资产的价值和权利价值两部分构成。

股票的净资产价值就是每股股票对应的净资产价值，即每股净资产。股票的权利价值指由股票所对应的公司净资产带来的经济价值，即每股净收益。公司的净收益既可以来自公司的净资产经营活动，也可以来自于公司的负债经营活动。前者可称为纯净资产收益，后者可称为财务杠杆收益。综合两方面的内容可以看出：

每股的股票价值＝每股净资产价值＋每股权利价值

＝每股净资产＋每股净收益

＝每股净资产＋(每股纯净资产价值＋每股财务杠杆价值)　(5.1.15)

对于式(5.1.15)中的每股净收益，可以根据其不同的增长方式进行估计(读者可以自己练习)。

5.2　两种证券投资组合的均值与方差

如果按照是否有风险的标准进行分类，证券包括无风险证券(如国库券)和风险证券(如股票)。作为风险证券的典型代表，上节已经研究了单只股票的定价问题，本节继续以股票为例，分析两种证券投资组合的均值和方差。

5.2.1　投资组合

假设投资者要将一定量的自有资金投资到两种风险证券 A 和 B，投资于这两种证券的比重分别为 w_A 和 w_B：

$$w_A = \frac{\text{购买(或卖空)证券 A 的金额}}{\text{投资于两种证券的自有资金}}$$

$$w_B = \frac{\text{购买(或卖空)证券 B 的金额}}{\text{投资于两种证券的自有资金}}$$

显然，有如下关系：

$$w_A + w_B = 1 \tag{5.2.1}$$

假设证券 A 和 B 的收益率分别为 R_A 和 R_B，它们都是随机变量，且其期望值分别为 $E(R_A)$和$E(R_B)$，方差分别为 $\delta^2(R_A)$和 $\delta^2(R_B)$，则这个投资组合 X 的收益率为 $R_X = w_A R_A + w_B R_B$，投资组合的期望和方差如下：

$$E(R_X) = w_A E(R_A) + w_B E(R_B) \tag{5.2.2}$$

$$\begin{aligned}\delta^2(R_X) &= w_A^2 \delta^2(R_A) + w_B^2 \delta^2(R_B) + 2 w_A w_B \operatorname{cov}(R_A, R_B) \\ &= w_A^2 \delta^2(R_A) + w_B^2 \delta^2(R_B) + 2\rho_{AB} \delta(R_A) \delta(R_B)\end{aligned} \tag{5.2.3}$$

其中 ρ_{AB}是两个证券收益率的相关系数。

5.2.2　组合线

对于投资组合 X，当投资于两种证券的权重变动时，投资组合的预期收益率 $E(R_X)$和标准差 $\delta(R_X)$构成的点的轨迹称为证券的组合线。由式(5.2.2)和式(5.2.3)可以看出，证券组合线会因为相关系数的变化而变化。以下分为两种情况讨论。

一．两种风险资产的证券组合线

为得到不同情况下的组合线和方便讨论，令

$$\begin{cases} E(R_A) = \mu_A;\ E(R_B) = \mu_B;\ \delta^2(R_A) = \delta_A^2;\ \delta^2(R_B) = \delta_B^2 \\ E(R_X) = \mu_X;\ \delta^2(R_X) = \delta_X^2;\operatorname{cov}(R_A, R_B) = \delta_{AB} \end{cases} \tag{5.2.4}$$

则式(5.2.2)和式(5.2.3)变化为

$$\begin{cases}\mu_X=w_A\mu_A+w_B\mu_B\\ \sigma_X^2=w_A^2\delta_A^2+w_B^2\delta_B^2+2w_Aw_B\delta_{AB}\end{cases} \tag{5.2.5}$$

结合式(5.2.1)和式(5.2.5)可得投资于两种证券的权重:

$$w_A=\frac{\mu_X-\mu_B}{\mu_A-\mu_B};w_B=\frac{\mu_X-\mu_A}{\mu_B-\mu_A} \tag{5.2.6}$$

并得到投资组合的方差为

$$\sigma_X^2=\frac{[\delta_A^2(\mu_X-\mu_B)^2-\delta_{AB}(\mu_X-\mu_B)^2]^2+(\delta_A^2\delta_B^2-\delta_{AB}^2)(\mu_X-\mu_A)^2}{\delta_A^2(\mu_A-\mu_B)^2} \tag{5.2.7}$$

由于两种资产都为风险资产，因此，$\delta_A^2>0$，$\delta_B^2>0$。如果两种风险证券的投资收益率不完全相关，则 $\delta_A^2\delta_B^2-\delta_{AB}^2>0$。于是，式(5.2.7)中的右边作为 μ_X 的二次函数大于零，所以可将右边写为 $a(\mu_X-b)^2+c$，将其代入式(5.2.7)中可得

$$\delta_X^2-a(\mu_X-b)^2=c \tag{5.2.8}$$

其中，$a>0$，$c>0$。

由上式可见，方程(5.2.8)就是在(δ_X,μ_X)平面上的双曲线。由于 $\delta_X>0$，它实际上是双曲线中开口向右的一支。下面分别讨论在特殊情况下的组合曲线。

1. 两种证券的收益率完全正相关

在这种情况下，有 $\delta_A\delta_B=\delta_{AB}$，式(5.2.7)转变为

$$\sigma_X^2=\frac{[\delta_A(\mu_X-\mu_B)-\delta_B(\mu_X-\mu_A)]^2}{(\mu_A-\mu_B)^2} \tag{5.2.9}$$

式(5.2.9)是从点$\left(0,\dfrac{\delta_A\mu_B-\delta_B\mu_A}{\delta_A-\delta_B}\right)$出发的两条射线，其中一条方程为

$$\sigma_X=\frac{\delta_A(\mu_X-\mu_B)-\delta_B(\mu_X-\mu_A)}{(\mu_A-\mu_B)},\ \mu_X>0 \tag{5.2.10}$$

它通过两点(δ_A,μ_A)和(δ_B,μ_B)。

2. 两种证券的收益率完全负相关

当两种证券的收益率完全负相关时，有 $\delta_{AB}=-\delta_A\delta_B$，于是式(5.2.7)转变为

$$\sigma_X^2=(\delta_Aw_A-\delta_Bw_B)^2=\frac{[\delta_A(\mu_X-\mu_B)+\delta_B(\mu_X-\mu_A)]^2}{(\mu_A-\mu_B)^2} \tag{5.2.11}$$

式(5.2.11)同样是两条射线，它们从点$\left(0,\dfrac{\delta_A\mu_B+\delta_B\mu_A}{\delta_A+\delta_B}\right)$出发指向右方，并分别通过两点$(\delta_A,\mu_A)$和$(\delta_B,\mu_B)$。

3. 两种证券收益率完全无关

在这种情况下，有 $\delta_{AB}=0$，式(5.2.7)转变为

$$\sigma_X^2=(\delta_Aw_A)^2-(\delta_Bw_B)^2=\frac{[\delta_A^2(\mu_X-\mu_B)^2+\delta_B^2(\mu_X-\mu_A)]^2}{(\mu_A-\mu_B)^2} \tag{5.2.12}$$

式(5.2.12)是顶点为$\left(\dfrac{\delta_A^2\delta_B^2}{\delta_A^2+\delta_B^2},\dfrac{\mu_A\delta_B^2+\mu_B\delta_A^2}{\delta_A^2+\delta_B^2}\right)$，并通过两点$(\delta_A,\mu_A)$和$(\delta_B,\mu_B)$的双曲线，而且其顶点上的方差最小，期望收益介于两种证券的期望收益之间。

以上这几种关系表现为图 5-2-1。

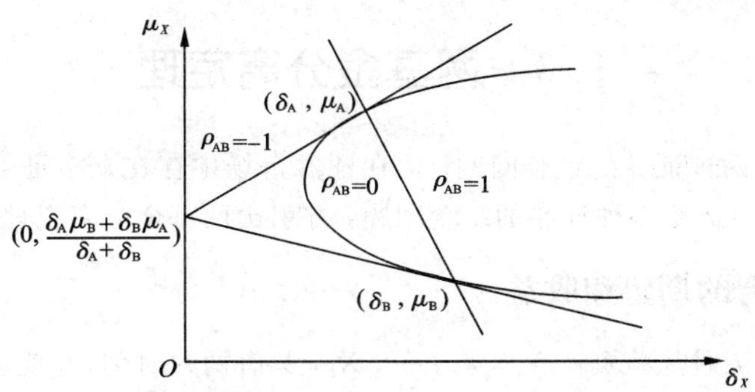

图 5-2-1　不同情况下的证券组合曲线

二、存在无风险证券时的证券组合线

假设两种证券中的证券 A 是无风险证券，而证券 B 仍是风险证券(如国库券，有稳定收益率)。此时，$\delta_A=0$。于是有：

$$\begin{cases}E(R_X)=\mu_X=(1-w_B)\mu_A+w_B\mu_B=\mu_A+w_B(\mu_B-\mu_A)\\ \delta(R_X)=\delta_X=|w_B|\delta_B\end{cases} \tag{5.2.13}$$

由式(5.2.13)可知：

$$E(R_X)=\mu_A\pm\frac{\mu_B-\mu_A}{\delta_B}\delta_X \tag{5.2.14}$$

式(5.2.14)是从 μ_A 出发的射线，斜率为$\pm\frac{\mu_B-\mu_A}{\delta_B}$。

现在对式(5.2.13)进行如下讨论：

(1) 如果 $w_B=1$，则 $E(R_X)=\mu_X=\mu_B$，即组合预期收益率就是风险证券的期望收益率。

(2) 如果 $0\leqslant w_B<1$，则 $E(R_X)=\mu_X<\mu_B$，即组合收益率小于风险证券的期望收益率。

(3) 如果 $w_B>1$，则 $E(R_X)=\mu_X>\mu_B$，即组合预期收益率大于风险证券的期望收益率。

以上这种关系反映在图 5-2-2 中。

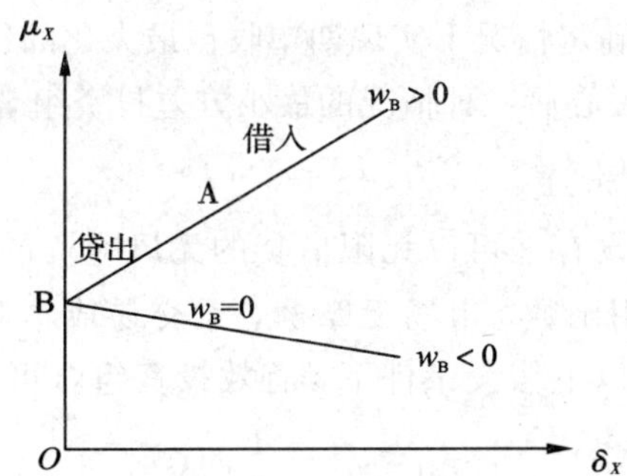

图 5-2-2　存在无风险证券的证券组合线

由图 5-2-2 可以看出，如果在 A 和 B 点之间进行投资，即 $0<w_B<1$，表明同时投资了风险证券和无风险证券，即投资者将资金供给了卖给他(她)无风险投资证券的人。如果投资者在 A 点右上方进行投资，表明投资者通过出售无风险证券而筹集资金，并将这些资金和投资者原有资金投入到风险证券，借入资金越多，则风险和收益也越大，越偏离 A 点。如果 $w_B<0$，表明投资者出售风险证券，并将全部资金投入无风险证券。

5.3 两基金分离定理

上一节讨论了两种证券的组合问题，但在证券市场中存在众多证券，因此，需再将两证券组合进行推广，分析多种证券的组合问题，并引出两基金分离定理。

5.3.1 投资组合的期望和收益

假设市场上有 n 种风险资产 X_1，X_2，…，X_n，只有两种时刻，0 代表目前，而 1 代表未来，这些风险资产的单期收益率 R_1，R_2，…，R_n 是随机变量。记$\boldsymbol{R}=(R_1, R_2, \cdots, R_n)^{\mathrm{T}}$ 为风险资产收益率的列向量，$\boldsymbol{w}=(w_1, w_2, \cdots, w_n)^{\mathrm{T}}$ 为各风险资产投资比重的向量，称为投资组合，它满足条件 $\sum\limits_{i=1}^{n} w_i=1$。由于没有 $w_i \geqslant 0$ 的限制，表明市场有做空机制。同时用 $E(R_i)$表示第 i 种风险资产的期望收益率，$E(\boldsymbol{R})=(E(R_1), E(R_2), \cdots, E(R_n))^{\mathrm{T}}$ 为期望收益率向量，则投资组合的期望收益率 $R_X=\sum\limits_{i=1}^{n} w_i R_i$ 是随机变量，投资组合的期望值为

$$E(R_X)=\sum_{i=1}^{n} w_i E(R_i)=\boldsymbol{w}^{\mathrm{T}} E(\boldsymbol{R}) \tag{5.3.1}$$

为简单起见，设 $\boldsymbol{l}=(1, 1, \cdots, 1)^{\mathrm{T}}$ 是 n 维向量，$\delta_{ij}=\operatorname{cov}(R_i, R_j)$，$(i, j=1, 2, \cdots, n)$；$n$ 维矩阵 $\boldsymbol{G}=(\delta_{ij})_{n\times n}$为收益率的方差-协方差矩阵，假设矩阵 $\boldsymbol{G}$ 可逆，则它是正定矩阵。投资组合收益率的方差为

$$\delta_X^2=E\Big[\sum_{i=1}^{n} w_i R_i-\sum_{i=1}^{n} w_i E(R_i)\Big]^2=\sum_{i=1}^{n}\sum_{j=1}^{n} w_i w_j \delta_{ij}=\boldsymbol{w}^{\mathrm{T}}\boldsymbol{G}\boldsymbol{w} \tag{5.3.2}$$

其中，最后的一项为矩阵表达式。

5.3.2 有效投资组合

有效投资组合指在方差确定情况下实现期望收益最大化的组合，或在期望收益一定情况下方差最小的组合。本节只关心后一种情况的最小方差投资组合。

一、有效投资组合的推导

为求有效投资组合，假设存在可以无限借贷的无风险资产，无风险利率为 R_f，投资者的效用函数为均值-方差效用函数，市场无摩擦，无交易成本和税收，资产可以无限细分，且投资者有相同的预期。在以上假设条件下，有效投资组合可归结为以下数学规划问题：

$$\begin{cases}\min \dfrac{1}{2}\delta_X^2=\dfrac{1}{2}\boldsymbol{w}^{\mathrm{T}}\boldsymbol{G}\boldsymbol{w}\\ \text{s. t. } \boldsymbol{l}^{\mathrm{T}}\boldsymbol{w}=1\\ E(R_X)=\boldsymbol{w}^{\mathrm{T}}E(\boldsymbol{R})=\mu\end{cases} \tag{5.3.3}$$

其中，在目标函数中加入 1/2 是为了讨论方便。

对以上问题可以用拉格朗日乘法求解。令

$$L=\frac{1}{2}\boldsymbol{w}^{\mathrm{T}}\boldsymbol{G}\boldsymbol{w}+\lambda_1(1-\boldsymbol{w}^{\mathrm{T}}\boldsymbol{l})+\lambda_2[\mu-\boldsymbol{w}^{\mathrm{T}}E(\boldsymbol{R})] \tag{5.3.4}$$

最优解的一阶条件为

$$\frac{\partial L}{\partial \boldsymbol{w}} = \left(\frac{\partial L}{\partial w_1}, \frac{\partial L}{\partial w_2}, \cdots, \frac{\partial L}{\partial w_n}\right)^T = \boldsymbol{G}\boldsymbol{w} - \lambda_2 E(\boldsymbol{R}) - \lambda_1 \boldsymbol{l} = 0 \tag{5.3.5a}$$

$$\frac{\partial L}{\partial \lambda_1} = 1 - \boldsymbol{l}^{\mathrm{T}} \boldsymbol{w} = 0 \tag{5.3.5b}$$

$$\frac{\partial L}{\partial \lambda_2} = \mu - E(\boldsymbol{R})^{\mathrm{T}} \boldsymbol{w} = \mu - E(R_X) = 0 \tag{5.3.5c}$$

由矩阵 $\boldsymbol{G}$ 可逆可知其逆矩阵 $\boldsymbol{G}^{-1}$ 存在，可由式(5.3.5a)得到最优组合 $\boldsymbol{w}_\mu$ 为：

$$\boldsymbol{w}_\mu = \boldsymbol{G}^{-1}[\lambda_1 \boldsymbol{l} + \lambda_2 E(\boldsymbol{R})] \tag{5.3.6}$$

将其代入式(5.3.5b)中可得

$$\lambda_1 \boldsymbol{l}^{\mathrm{T}} \boldsymbol{G}^{-1} \boldsymbol{l} + \lambda_2 \boldsymbol{l}^{\mathrm{T}} \boldsymbol{G}^{-1} E(\boldsymbol{R}) = \lambda_1 C + \lambda_2 A = 1 \tag{5.3.7}$$

将式(5.3.6)代入式(5.3.5*c*)中可得

$$\lambda_1 \mathrm{E}(\boldsymbol{R})^{\mathrm{T}} \boldsymbol{G}^{-1} \boldsymbol{l} + \lambda_2 E(\boldsymbol{R})^{\mathrm{T}} \boldsymbol{G}^{-1} E(\boldsymbol{R}) = \lambda_1 A + \lambda_2 B = \mu \tag{5.3.8}$$

其中，

$$C = \boldsymbol{l}^{\mathrm{T}} \boldsymbol{G}^{-1} \boldsymbol{l},\ A = \boldsymbol{l}^{\mathrm{T}} \boldsymbol{G}^{-1} E(\boldsymbol{R}),\ B = E(\boldsymbol{R})^{\mathrm{T}} \boldsymbol{G}^{-1} E(\boldsymbol{R}),\ D = BC - A^2 \tag{5.3.9}$$

由矩阵 $\boldsymbol{G}$ 可逆的假设，$B>\boldsymbol{0}$，$C>\boldsymbol{0}$，又因

$$0 < [AE(\boldsymbol{R}) - B\boldsymbol{l}]^{\mathrm{T}} \boldsymbol{G}^{-1} [AE(\boldsymbol{R}) - B\boldsymbol{l}] = B(BC - A^2)$$

所以，$D = BC - A^2 > 0$，由式(5.3.7)和式(5.3.8)可得

$$\lambda_1 = \frac{1}{D}(B - \mu A),\ \lambda_2 = \frac{1}{D}(\mu C - A) \tag{5.3.10}$$

将式(5.3.10)代入式(5.3.6)可得

$$\boldsymbol{w}_\mu = \boldsymbol{G}^{-1}\left[\frac{1}{D}(B - \mu A)\boldsymbol{l} + \frac{1}{D}(\mu C - A) E(\boldsymbol{R})\right] \tag{5.3.11}$$

二、有效投资组合的组合曲线

在上面的分析中得到 n 种风险资产的方差最小的最优组合 $\boldsymbol{w}_\mu$，根据式(5.3.6)，其最小方差为

$$\delta^2_{X_\mu} = \boldsymbol{w}_\mu^{\mathrm{T}} \boldsymbol{G} \boldsymbol{w}_\mu = \boldsymbol{w}_\mu^{\mathrm{T}} \boldsymbol{G}[\boldsymbol{G}^{-1}(\lambda_1 \boldsymbol{l} + \lambda_2 E(\boldsymbol{R}))] = \lambda_1 \boldsymbol{w}_\mu^{\mathrm{T}} \boldsymbol{l} + \lambda_2 \boldsymbol{w}_\mu^{\mathrm{T}} E(\boldsymbol{R}) = \lambda_1 + \mu\lambda_2$$

将 λ_1 和 λ_2 代入上式可得

$$\delta^2_{X_\mu} = \lambda_1 + \mu\lambda_2 = \frac{1}{D}(C\mu^2 - 2A\mu + B) = \frac{C}{D}\left(\mu - \frac{A}{C}\right)^2 + \frac{1}{C} \tag{5.3.12}$$

式(5.3.12)是最小方差投资组合的期望收益与相应最小方差的函数。因此，它在最小方差组合的方差-期望收益坐标系中的图形是抛物线，其顶点为 $\left(\frac{1}{C}, \frac{A}{C}\right)$，见图 5-3-1。

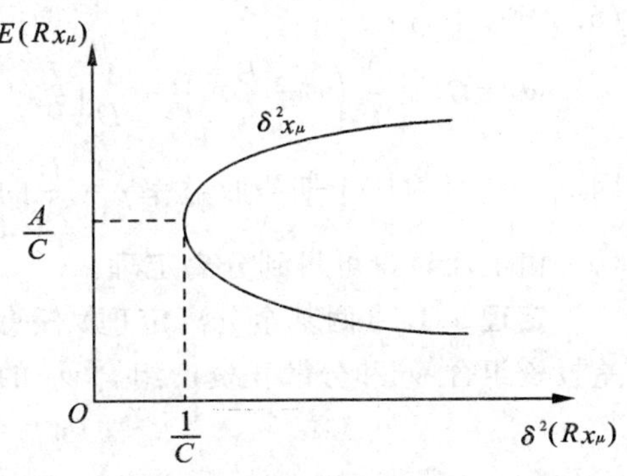

图 5-3-1　最小方差组合的收益与方差

5.3.3　两基金分离定理

在以上讨论中，式(5.3.6)给出了在期望收益为 μ 的条件下的最小方差投资组合。如果组合的期望收益 μ 不断变动，则会得到一系列最小方差

投资组合。

由式(5.3.6)可得

$$\boldsymbol{w}_\mu=\lambda_1\boldsymbol{G}^{-1}\boldsymbol{l}+\lambda_2\boldsymbol{G}^{-1}E(\boldsymbol{R})=\lambda_1 C\frac{\boldsymbol{G}^{-1}\boldsymbol{l}}{\boldsymbol{l}^{\mathrm{T}}\boldsymbol{G}^{-1}\boldsymbol{l}}+\lambda_2 A\frac{\boldsymbol{G}^{-1}E(\boldsymbol{R})}{\boldsymbol{l}^{\mathrm{T}}\boldsymbol{G}^{-1}E(\boldsymbol{R})}=\lambda_1 C\boldsymbol{w}_s+\lambda_2 A\boldsymbol{w}_d$$

其中，

$$\boldsymbol{w}_s=\frac{\boldsymbol{G}^{-1}\boldsymbol{l}}{\boldsymbol{l}^{\mathrm{T}}\boldsymbol{G}^{-1}\boldsymbol{l}}=\frac{\boldsymbol{G}^{-1}\boldsymbol{l}}{C} \tag{5.3.13}$$

假设，$A=\boldsymbol{l}^{\mathrm{T}}\boldsymbol{G}^{-1}E(\boldsymbol{R})\neq 0$ 则

$$\boldsymbol{w}_d=\frac{\boldsymbol{G}^{-1}E(\boldsymbol{R})}{\boldsymbol{l}^{\mathrm{T}}\boldsymbol{G}^{-1}E(\boldsymbol{R})}=\frac{\boldsymbol{G}^{-1}E(\boldsymbol{R})}{A} \tag{5.3.14}$$

容易看出 $\boldsymbol{l}^{\mathrm{T}}\boldsymbol{w}_s=1$，$\boldsymbol{l}^{\mathrm{T}}\boldsymbol{w}_d=1$，而且由式(5.3.10)可得

$$\lambda_1 C+\lambda_2 A=\frac{C}{D}(B-\mu A)+\frac{A}{D}(\mu C-A)=1 \tag{5.3.15}$$

令 $\alpha_\mu=\frac{C}{D}(B-\mu A)=\lambda_1 C$，则 $1-\alpha_\mu=\frac{A}{D}(\mu C-A)=\lambda_2 A$，所以，

$$\boldsymbol{w}_\mu=\alpha_\mu\boldsymbol{w}_s+(1-\alpha_\mu)\boldsymbol{w}_d \tag{5.3.16}$$

其中，把 $\boldsymbol{w}_s$ 称为全局最小方差投资组合，$\boldsymbol{w}_d$ 称为分散化资产组合。

由于 $E(\boldsymbol{R})^{\mathrm{T}}\boldsymbol{G}^{-1}\boldsymbol{l}=\boldsymbol{l}^{\mathrm{T}}\boldsymbol{G}^{-1}E(\boldsymbol{R})=A$，所以全局最小方差投资组合的期望收益率为

$$s=E(\boldsymbol{R})^{\mathrm{T}}\boldsymbol{w}_s=\frac{A}{C} \tag{5.3.17}$$

分散化资产组合的收益率为：

$$d=E(\boldsymbol{R}_{X_d})=E(\boldsymbol{R})^{\mathrm{T}}\boldsymbol{w}_d=E(\boldsymbol{R})^{\mathrm{T}}\frac{\boldsymbol{G}^{-1}E(\boldsymbol{R})}{A}=\frac{B}{A} \tag{5.3.18}$$

将 $\mu=\frac{A}{C}$ 代入式(5.3.11)中得

$$\boldsymbol{w}_\mu=\boldsymbol{G}^{-1}\left[\frac{1}{D}\left(B-\frac{A}{C}A\right)\boldsymbol{l}+\frac{1}{D}\left(\frac{A}{C}C-A\right)E(\boldsymbol{R})\right]=\frac{\boldsymbol{G}^{-1}\boldsymbol{l}}{C}=w_s \tag{5.3.19}$$

将式(5.3.19)和图 5-3-1 相结合可知，期望收益率为 $\mu=\frac{A}{C}$ 的最小方差投资组合是所有有效投资组合中方差最小的一个，因此，才将 $\boldsymbol{w}_s$ 称为全局最小方差投资组合。

对于分散投资组合而言，由式(5.3.17)可见其期望收益率为 $\mu=\frac{B}{A}$，将其代入式(5.3.11)中得：

$$\mathrm{w}_\mu=\boldsymbol{G}^{-1}\left[\frac{1}{D}\left(B-\frac{B}{A}A\right)\boldsymbol{l}+\frac{1}{D}\left(\frac{B}{A}C-A\right)E(\boldsymbol{R})\right]=\frac{\boldsymbol{G}^{-1}E(\boldsymbol{R})}{A}=w_d \tag{5.3.20}$$

因此，$\boldsymbol{w}_d$ 是对应于期望收益率 $\mu=\frac{B}{A}$ 的最小方差投资组合。

由上面讨论可得到分离定理。

定理 5.1 （两基金分离定理）任意最小方差投资组合都可以唯一地表示为全局最小方差投资组合 $\boldsymbol{w}_s$ 和分散化资产组合 $\boldsymbol{w}_d$ 的组合，即

$$\boldsymbol{w}_\mu=\alpha_\mu\boldsymbol{w}_s+(1-\alpha_\mu)\boldsymbol{w}_d \tag{5.3.21}$$

其中，$\alpha_\mu=\frac{C}{D}(B-\mu A)$。

由两基金分离定理可见，期望收益率为 μ 的任意最小方差资产组合都可以表示成期望收益率分别为 $s=\frac{A}{C}$ 和 $d=\frac{B}{A}$ 的最小方差投资组合 $\boldsymbol{w}_s$ 和 $\boldsymbol{w}_d$ 的组合，把最小方差投资组合 $\boldsymbol{w}_s$ 和 $\boldsymbol{w}_d$ 称为共同基金。

进一步看，共同基金的期望收益率之差为

$$E(R_{X_d})-E(R_{X_s})=d-s=\frac{B}{A}-\frac{A}{C}=\frac{BC-A^2}{AC}=\frac{D}{AC} \tag{5.3.22}$$

由于 $D>\mathbf{0}$，$C>\mathbf{0}$，所以共同基金的期望收益率之差取决于 A 的符号。如果 $A>\mathbf{0}$，$\boldsymbol{w}_d$ 在双曲线的上半叶；如果 $A<\mathbf{0}$，则相反。

作为两基金分离定理的应用，可得到如下两个推论：

推论 1 对于任意两个不同期望收益水平的最小方差资产组合 $\boldsymbol{w}_u$ 和 $\boldsymbol{w}_v$，它们与 $\boldsymbol{w}_s$ 和 $\boldsymbol{w}_d$ 有相同的分离作用，即 $\boldsymbol{w}_u$ 可表示为 $\boldsymbol{w}_u$ 和 $\boldsymbol{w}_v$ 的投资组合。

推论 2 对于任意的投资组合 $\boldsymbol{w}$，有：

$$\operatorname{cov}(R_X, R_{X_s})=\frac{1}{C} \tag{5.3.23}$$

根据以上两个推论，容易证明：如果 $\boldsymbol{w}_u$ 是一个最小方差投资组合，但其方差不是全局最小，则存在最小方差资产组合 $\boldsymbol{w}_v$，使 $\operatorname{cov}(R_{X_u}, R_{X_v})=0$。事实上，只要利用协方差和两个基金分离定理，就可得到最小方差资产组合。

5.4 包含无风险资产的投资组合的均值-方差分析

如果说上节介绍的是风险资产的组合，则本节要介绍包含无风险资产的投资组合问题，包括最优投资组合、均值-方差分析、两基金分离定理及超额收益率。

5.4.1 包含无风险资产的有效投资组合

与上节的假设相同，假设无风险资产为 X_0，其收益率为常数 R_f，以 $\boldsymbol{w}$ 表示资产组合系数向量，$w_0=1-\boldsymbol{l}^{\mathrm{T}}\boldsymbol{w}$ 是投资于无风险资产的权重，μ 是投资于这 n 种风险资产和无风险资产组合的期望收益，则 $\mu=E(\boldsymbol{R})^{\mathrm{T}}\boldsymbol{w}+(1-\boldsymbol{l}^{\mathrm{T}}\boldsymbol{w})R_f$，即 $[E(\boldsymbol{R})^{\mathrm{T}}-R_f\boldsymbol{l}]^{\mathrm{T}}\boldsymbol{w}=\mu-R_f$。

如果投资于无风险资产的系数为正，则表示储蓄；如果为负，则表示通过借贷为购买风险资产筹集资金。最小方差资产组合问题可表述如下：

$$\begin{cases}\min\left(\frac{1}{2}\delta^2\right)=\frac{1}{2}\boldsymbol{w}^{\mathrm{T}}\boldsymbol{G}^{-1}\boldsymbol{w}\\ \text{s. t. }(E(\boldsymbol{R})-R_f\boldsymbol{l})^{\mathrm{T}}\boldsymbol{w}=\mu-R_f\end{cases} \tag{5.4.1}$$

利用拉格朗日乘法求解，令

$$L=\frac{1}{2}\boldsymbol{w}^{\mathrm{T}}\boldsymbol{G}^{-1}\boldsymbol{w}+\lambda[\mu-R_f-(E(\boldsymbol{R})-R_f\boldsymbol{l})\boldsymbol{w}] \tag{5.4.2}$$

最优解的一阶条件为

$$\frac{\partial L}{\partial \boldsymbol{w}}=\left(\frac{\partial L}{\partial w_1},\frac{\partial L}{\partial w_2},\cdots,\frac{\partial L}{\partial w_n}\right)^{\mathrm{T}}=\boldsymbol{G}\boldsymbol{w}-\lambda[E(\boldsymbol{R})-R_f\boldsymbol{l}]=0 \tag{5.4.3}$$

两边同乘以 $\boldsymbol{G}^{-1}$，则得到最优解：

$$\begin{cases} \boldsymbol{w}_\mu = \lambda \boldsymbol{G}^{-1}[E(\boldsymbol{R}) - R_f \boldsymbol{l}] \\ w_0 = \boldsymbol{l} - \boldsymbol{l}^{\mathrm{T}} \boldsymbol{w}_\mu = 1 - \lambda(A - CR_f) \end{cases} \tag{5.4.4}$$

将式(5.4.4)的第一项代入式(5.4.1)的第二项，得

$$\mu - R_f = \lambda[E(\boldsymbol{R}) - R_f \boldsymbol{l}]^{\mathrm{T}} \boldsymbol{G}^{-1}[E(\boldsymbol{R}) - R_f \boldsymbol{l}] = \lambda(B - 2R_f A + R_f^2 C) \tag{5.4.5}$$

因为 $BC - A^2 > 0$，所以 $B - 2R_f A + R_f^2 C > 0$，令 $H = B - 2R_f A + R_f^2 C$，则

$$\lambda = \frac{\mu - R_f}{B - 2AR_f + CR_f^2} = \frac{\mu - R_f}{H} \tag{5.4.6}$$

5.4.2 包含无风险资产组合的均值-方差分析

基于以上的分析，就可以进行相关的均值-方差分析。由上面的式(5.4.4)和式(5.4.6)得

$$\begin{aligned} \delta_\mu^2 &= \boldsymbol{w}_\mu^{\mathrm{T}} \boldsymbol{G}^{-1} \boldsymbol{w}_\mu = \boldsymbol{w}_\mu^{\mathrm{T}}[E(\boldsymbol{R}) - R_f \boldsymbol{l}] = \lambda \boldsymbol{w}_\mu^{\mathrm{T}}[E(\boldsymbol{R}) - R_f \boldsymbol{l}] \\ &= \lambda(\mu - R_f) = (\mu - R_f)^2 (B - 2AR_f + CR_f^2)^{-1} \end{aligned} \tag{5.4.7}$$

$$\begin{cases} \delta_\mu = \dfrac{\mu - R_f}{\sqrt{H}}, \text{ 当 } \mu \geqslant R_f \\ \delta_\mu = \dfrac{-(\mu - R_f)}{\sqrt{H}}, \text{ 当 } \mu < R_f \end{cases} \tag{5.4.8}$$

由上式可见，在均值-方差坐标系内，最小方差资产组合的图形是抛物线，在均值-标准差坐标系内，图形是从$(0, R_f)$出发，斜率分别为$\pm\sqrt{H}$的射线。

5.4.3 包含无风险资产的投资组合的两基金分离定理

对于无风险资产的投资组合，也可以分析基金分离定理。由式(5.4.4)知，

$$\overline{\boldsymbol{w}}_\mu = (\boldsymbol{w}_{\mu_0}, \boldsymbol{w}_\mu^{\mathrm{T}})^{\mathrm{T}} = \left\{1 - \lambda(A - CR_f), \lambda(A - C\boldsymbol{R}_f)\left[\frac{\boldsymbol{G}^{-1}(E(\boldsymbol{R}) - R_f \boldsymbol{l})}{A - CR_f}\right]^{\mathrm{T}}\right\}^{\mathrm{T}}$$

与上一节的分析相同，两基金分离定理表明，所有最小方差资产组合可表示为两种不同资产的资产组合，即是无风险资产和不包含无风险资产组合的组合，亦即所谓切点组合，$\overline{\boldsymbol{w}}_t = (w_{t_0}, w_t)$，其中，

$$w_0 = 0, \ w_t = \frac{\boldsymbol{G}^{-1}(E(\boldsymbol{R}) - R_f \boldsymbol{l})}{A - CR_f} \tag{5.4.9}$$

5.4.4 切点组合

切点组合就是任何风险资产的有效投资组合构成的抛物线与由点$(0, R_f)$出发、斜率为$\sqrt{H}$的射线的切点。投资者在决策时，先根据自己的风险偏好确定风险资产和无风险资产的投资比例，然后按照切点组合的权重把风险资产的投资金额投入到各风险资产上。

假设有两种风险资产和一种无风险资产，其收益率分别为 R_f、R_1、R_2，两种风险资产的方差分别为 δ_1^2、δ_2^2，则切点组合 $\boldsymbol{w} = (w_1, w_2)^{\mathrm{T}}$ 可由下面公式计算：

$$\begin{cases} w_1 = \dfrac{[E(R_1) - R_f]\delta_2^2 - [E(R_2) - R_f]\rho_{12}\delta_1\delta_2}{[E(R_1) - R_f]\delta_2^2 + [E(R_2) - R_f]\delta_1^2 - [E(R_1) - R_f][E(R_2) - R_f]\rho_1 2\delta_1\delta_2} \\ w_2 = 1 - w_1 \end{cases} \tag{5.4.10}$$

例 5-4-1 假设证券市场上有一种无风险证券和两种风险证券 R_f、R_1、R_2，其期望收益率分别为 6%、14%和 8%，风险证券收益的标准差分别为 0.2 和 0.15，而且两种风险证券相互独立。同时假设投资者将资金的 50%投入到风险证券，将另一半投入到无风险证券上。试建立投资组合。

解 对于风险证券而言，首先要确定其投资组合。将本题中三种证券的收益率和标准差等代入式(5.4.10)中，可得：$w_1=69.23\%$，$w_2=30.77\%$。因此，有切点组合 $\boldsymbol{w}=(0.692, 0.308)^{\mathrm{T}}$。此时风险证券组合的期望收益率和标准差为

$$E(R_{X_t})=0.122, \delta(R_{X_t})=0.146$$

切线方程为

$$E(R)=0.06+0.42\delta(R)$$

由于投资者将其资金的 50%投入到风险证券上，因此，其最优投资组合是：投资无风险证券的比重为 50%，投资于第一种风险证券的比例为 50%×69.2%=34.6%，投资于第二种风险证券的比重为 50%×30.8%=15.4%。此时，三种证券投资组合的期望收益率和标准差为 0.091 和 0.073。

5.4.5 包含无风险资产的投资组合的超额收益

在以上分析的基础上，就可计算包含无风险资产情况下的超额收益。假设：

$$\begin{cases} R_{X_t} = \sum\limits_{t=1}^{\infty} w_{t_i} R_i \\ \mathrm{cov}(\boldsymbol{R}, R_{X_t}) = [\mathrm{cov}(R_1, R_{X_t}), \mathrm{cov}(R_2, R_{X_t})\cdots, \mathrm{cov}(R_n, R_{X_t})^{\mathrm{T}} \end{cases} \tag{5.4.11}$$

由式(5.4.9)可知

$$\boldsymbol{G}\boldsymbol{w}_t=\frac{E(\boldsymbol{R})-R_f\boldsymbol{l}}{A-CR_f}$$

于是有

$$\mathrm{cov}(\boldsymbol{R},R_{X_t})=\boldsymbol{G}\boldsymbol{w}_t=\frac{E(\boldsymbol{R})-R_f\boldsymbol{l}}{A-CR_f} \tag{5.4.12}$$

在式(5.4.12) 两边乘以 $\boldsymbol{w}_t^{\mathrm{T}}$ 得

$$\delta_{X_t}^2=\boldsymbol{w}_t^{\mathrm{T}}\mathrm{cov}(\boldsymbol{R}, R_{X_t})=\boldsymbol{w}_t^{\mathrm{T}}\boldsymbol{G}\boldsymbol{w}_t=\frac{E(\boldsymbol{R})-R_f}{A-CR_f} \tag{5.4.13}$$

由式(5.4.12)得

$$E(\boldsymbol{R})-R_f\boldsymbol{l}=(A-CR_f)\mathrm{cov}(\boldsymbol{R},R_{X_t}) \tag{5.4.14}$$

由式(5.4.13)得

$$A-CR_f=\frac{E(R_{X_t})-R_f}{\delta_{X_t}} \tag{5.4.15}$$

因此，

$$E(\boldsymbol{R})-R_f\boldsymbol{l}=\mathrm{cov}(\boldsymbol{R}, R_{X_t})\frac{E(R_{X_t})-R_f}{\delta_{X_t}^2}=\boldsymbol{\beta}_{X_t}[E(R_{X_t}-R_f)] \tag{5.4.16}$$

其中，$\boldsymbol{\beta}_{X_t}=\mathrm{cov}(\boldsymbol{R}, R_{X_t})/\delta_{X_t}^2$。

定义 5.1 资产收益率 R_i 的期望收益率 $E(R_i)$与无风险收益率 R_f 的差$E(R_i)-R_f$称为资产收益率 R_i 的超额收益率。相应地，$E(R_X)-R_f$ 称为资产组合的超额收益率。

如果将式(5.4.16)的矩阵形式改写为分量形式，则有：

定理 5.2 当市场上存在无风险资产时，任意资产收益率 R_i 的超额收益率可以表示如下：

$$E(R_i)-R_f=\beta_{X_t}i[E(R_{X_t}-R_f)] \tag{5.4.17}$$

其中，$\beta_{X_{ti}}=\text{cov}(R_i, R_{X_t})/\delta_{X_t}^2$。

可以证明，当市场上只存在风险资产时，则有如下定理：

定理 5.3 当市场只存在风险资产时，w_u 是任意的最小方差资产组合，w_z 是与之零 β 相关的资产组合，则任意风险资产的期望收益率 $E(R_i)$ 可表示为

$$E(R_i)=E(R_{X_z})+\beta_{X_{ui}}[E(R_{X_u})-E(R_{X_z})] \tag{5.4.18}$$

其中，$\beta_{X_{ui}}=\text{cov}(R_i, R_u)/\delta_{X_{ui}}^2$。

5.4.6 系统性和非系统性风险

对于任意的投资组合 $\boldsymbol{w}_p$，设其期望收益为 $E(R_{X_p})=\mu$，w_μ 是与 μ 相应的最小方差资产组合，则

$$\boldsymbol{w}_p=\boldsymbol{w}_s+(\boldsymbol{w}_\mu-\boldsymbol{w}_s)+(\boldsymbol{w}_p-\boldsymbol{w}_\mu)=\boldsymbol{w}_s+\boldsymbol{w}_m+\boldsymbol{w}_g \tag{5.4.19}$$

其中，$\boldsymbol{w}_m=\boldsymbol{w}_\mu-\boldsymbol{w}_s$，$\boldsymbol{w}_g=\boldsymbol{w}_p-\boldsymbol{w}_\mu$。

结合定理 5.2 和定理 5.3，有

$$\delta_{sm}=\boldsymbol{w}_s^{\mathrm{T}}\boldsymbol{G}\boldsymbol{w}_m=\boldsymbol{w}_s^{\mathrm{T}}\boldsymbol{G}(\boldsymbol{w}_\mu-\boldsymbol{w}_s)=\text{cov}(R_s, R_{X\mu})-\text{cov}(\boldsymbol{w}_s, \boldsymbol{w}_s)=0 \tag{5.4.20}$$

同理有 $\delta_{sg}=0$。

由于 $E(R_{X_p})=E(R_{X_\mu})$，结合式(5.3.5)，所以

$$\delta_{mg}=\boldsymbol{w}_m\boldsymbol{G}(\boldsymbol{w}_p-\boldsymbol{w}_m)=\boldsymbol{w}_\mu^{\mathrm{T}}\boldsymbol{G}(\boldsymbol{w}_p-\boldsymbol{w}_\mu)-\boldsymbol{w}_s\boldsymbol{G}(\boldsymbol{w}_p-\boldsymbol{w}_\mu)=0 \tag{5.4.21}$$

由于以上三个组合收益率的协方差均为零，因此，有

$$\delta_{X_p}^2=\delta_{X_s}^2+\delta_{X_m}^2+\delta_{X_g}^2 \tag{5.4.22}$$

在式(5.4.22)中，通常把 $\delta_{X_s}^2+\delta_{X_m}^2$ 称为系统性风险，其中，$\delta_{X_s}^2=\dfrac{1}{C}$是不可避免的风险，$\delta_{X_m}^2$ 是由收益水平 $E(R_{X_p})$确定的风险。但是，$\delta_{X_g}^2$ 与 $\boldsymbol{w}_p$ 的选择有关，只要 $\|\boldsymbol{w}_p-\boldsymbol{w}_\mu\|\to 0$，就能够使 $\delta_{X_g}^2$ 趋向于零，表明可通过投资组合的选择而分散风险，称为非系统性风险。

5.5 资本资产定价模型(CAPM)

基于均值-方差分析的资本资产定价模型(Capital Asset Pricing Model，CAPM)是投资学中的重要模型，它是由 Sharpe 和 Linter 分别于 1964 年和 1965 年在市场存在无风险资产的条件下推导出的，1972 年 Black 则将其推广到了存在无风险资产的资本资产定价模型。

5.5.1 基本假设

资本资产定价模型的假设可概括如下：

(1) 投资者具有均值-方差效用函数，依据资产收益率和方差进行投资决策，即在期望收益一定的条件下，选择风险(方差)较小的资产组合；或者在风险一定的条件下，选择期

望收益较大的资产组合。

在这里应注意的是，均值-方差效用函数体现为开口向下的二次函数，它能够满足投资者效用最大化的要求。另一个可替换的假设是要求证券组合的概率分布是正态分布，它由均值和方差共同决定，它也能使投资者实现收益最大化或风险最小化的目标。

(2) 投资者拥有的信息充分，信息会在市场上无限制地自由传播，对资产收益概率分布有一致认同，因此，市场有效前沿曲线只有一条。

(3) 所有投资者有相同的投资日期和固定的投资期限。

(4) 投资者可以任意金额投资于各种资产，市场上的资产数量是有限的。

(5) 市场上允许卖空资产。

(6) 市场上存在无风险资产，投资者能够以固定的无风险利率借入任意数量的无风险资产。

(7) 市场上不存在税收和交易成本，资产无红利分配。

(8) 市场上不存在通货膨胀和利率变化。

(9) 投资者没有能力通过投资行为影响资产价格。

5.5.2 市场投资组合

市场投资组合是把市场上所有资产考虑进去后的自然组合，或者说是自然形成的投资组合。市场投资组合可以从资产的有限性或者投资者的有限性两个方面分析。从市场上资产的有限性方面看，假设市场上有 n 种风险资产 X_1，X_2，…，X_n 和一种无风险资产 X_0，第 $i(i=0,1,2,\cdots,n)$种资产的价格为 P_i，可交易数量为 N_i，则它在整个市场中所占的份额 w_i 为

$$w_i = \frac{N_i P_i}{\sum_{t=0}^{n} N_i P_i}$$

从而有市场投资组合 $\boldsymbol{w}=(w_0, w_1, w_2, \cdots, w_n)^{\mathrm{T}}$。

与前面分析类似，由于市场上有有限个投资者，据此也可以写出市场投资组合。

可以证明，市场达到均衡的必要条件是市场投资组合等于切点组合。由切点组合与市场达到均衡的必要条件容易得出市场投资组合和切点组合的关系，因此，有如下定理：

定理 5.4 市场达到均衡时，如果市场不存在无风险资产，则市场组合与切点组合相同，在其他情况下，市场投资组合在$(0, R_f)$和切点连线的左下方。

5.5.3 两种情形下的资本资产定价模型

资本资产定价模型涉及无风险资产和包含风险资产两种情形。

一、无风险资产情况下的资本资产定价模型

定理 5.5 (Sharp-Lintner CAPM)当市场存在无风险资产时，任意风险资产的超额收益率可表示为

$$E(\boldsymbol{R})-R_f=\boldsymbol{\beta}_{Mi}[E(R_M)-R_f] \tag{5.5.1}$$

其中，$\mathrm{E(R_M)-R_f}$ 是市场风险资产组合的超额收益率，其向量表达式为

$$\mathrm{E}(\boldsymbol{R})-R_f\boldsymbol{l}=\boldsymbol{\beta}_M[E(R_M)-R_f] \tag{5.5.2}$$

其中，$\boldsymbol{\beta}_M=\mathrm{cov}(\boldsymbol{R},R_M)/\mathrm{var}(R_M)$。

证明：由定理 5.4 可知，在市场达到均衡的情况下，切点组合就是市场组合，即 $\boldsymbol{w}_t=\boldsymbol{w}_M$，将其代入式(5.4.16)中得到：

$$E(\boldsymbol{R})-R_f\boldsymbol{l}=\frac{\boldsymbol{G}\boldsymbol{w}_t}{\boldsymbol{w}_t^{\mathrm{T}}\boldsymbol{G}\boldsymbol{w}_t}-[E(R_{w_t})-R_f]=\frac{\boldsymbol{G}\boldsymbol{w}_M}{\boldsymbol{w}_M^{\mathrm{T}}\boldsymbol{G}\boldsymbol{w}_M}[E(R_{w_M})-R_f]$$
$$=\boldsymbol{\beta}_M[E(R_M)-R_f]$$

写成分量形式有

$$E(R_i)-R_f=\boldsymbol{\beta}_{M_i}[E(R_M)-R_f]$$

其中：$\beta_{M_i}=\mathrm{cov}(R_i,R_M)/\delta^2_{X_M}$。

二、不存在无风险资产情况下的资市资产定价模型

定理 5.6　(Black CAPM)假设市场上不存在无风险资产，则有

$$E(\boldsymbol{R})=E(R_{X_z})\boldsymbol{l}+\boldsymbol{\beta}_M[E(R_{X_M})-E(R_{X_z})] \tag{5.5.3}$$

其中，$\boldsymbol{w}_z$ 是 $\boldsymbol{w}_M$ 零 β 相关的投资组合，$\boldsymbol{\beta}_{M_i}=\mathrm{cov}(R_i,R_M)/\delta^2_{X_M}$。

证明：当市场不存在无风险证券时，投资者要求效用最大化，规划问题为

$$\begin{cases}\max U(\boldsymbol{w}^{\mathrm{T}}E(\boldsymbol{R}),\boldsymbol{w}^{\mathrm{T}}\boldsymbol{G}\boldsymbol{w})\\ \text{s. t. }\boldsymbol{l}^{\mathrm{T}}\boldsymbol{w}=1\end{cases}$$

其一阶必要条件为

$$\begin{cases}\dfrac{\partial L}{\partial \boldsymbol{w}}=U_1(.)E(\boldsymbol{R})+2U_2(.)\boldsymbol{G}\boldsymbol{w}-\lambda\boldsymbol{l}=0\\ 1-\boldsymbol{l}^{\mathrm{T}}\boldsymbol{w}=0\end{cases}$$

最优投资组合是

$$\boldsymbol{w}=\frac{-U_1(.)}{2U_2(.)}\boldsymbol{G}^{-1}E(\boldsymbol{R})+\frac{\lambda}{2U_2(.)}\boldsymbol{G}^{-1}\boldsymbol{l}=\frac{AU_1(.)}{2U_2(.)}\boldsymbol{w}_d+\left(1+\frac{AU_1(.)}{2U_2(.)}\right)\boldsymbol{w}_s=\alpha_1\boldsymbol{w}_d+\alpha_2\boldsymbol{w}_s$$

显然，$\alpha_1+\alpha_2=1$。当市场达到均衡时，$w_i=w_{M_i}$，$i=1,2,\cdots,n$。所以有

$$w_i=w_{M_i}=\frac{\sum_{k=1}^{K}[\alpha_1(k)w_{d_i}+\alpha_2(k)w_{s_1}]W^k}{\sum_{k=1}^{K}W^k}=\frac{\sum_{k=1}^{K}\alpha_1(k)W^k}{\sum_{k=1}^{K}W^k}+\frac{\sum_{k=1}^{K}\alpha_2(k)W^k}{\sum_{k=1}^{K}W^k}$$
$$=\alpha_1 w_{d_i}+\alpha_2 w_{s_i}$$

由于 $\boldsymbol{w}_M^{\mathrm{T}}\boldsymbol{l}=(w_1,w_2,\cdots,w_n)^{\mathrm{T}}\boldsymbol{l}=1$，由上式可得 $\alpha_1+\alpha_2=1$，于是 $\alpha_1\boldsymbol{w}_d+\alpha_1\boldsymbol{w}_s$ 是最小方差投资组合。记 $\boldsymbol{w}_z$ 是 $\boldsymbol{w}_M$ 零 β 相关的投资组合，其相应投资收益率为 R_{X_z}，则由式(5.4.17)有

$$E(\boldsymbol{R})=E(R_{X_z})\boldsymbol{l}+\boldsymbol{\beta}_M[E(R_{X_M})-E(R_{X_z})]$$

5.5.4　证券市场线与资本市场线

在市场有无风险资产的情况下，设 R_i 为第 i 种资产的收益率，任意组合 $\boldsymbol{w}=(w_1,w_2,\cdots,w_n)^{\mathrm{T}}$ 的收益率为 $R_X=\sum_{i=1}^{n}w_iR_i$。当市场均衡时，由式 (5.5.1)可得

$$E(R_X)=R_f+\beta_{M_X}[E(R_{X_M})-R_f] \tag{5.5.4}$$

其中，$\beta_{M_x}=\dfrac{\mathrm{cov}(R_X, R_{X_M})}{\delta_{X_M}^2}$称为投资组合 w 的市场 β 系数。在 β_{M_X} 和 $E(R_X)$ 的坐标系中，式(5.5.4)体现的是通过$(0, R_f)$、$(1, E(R_w))$的直线，称为证券市场线。

如果市场达到了均衡状态，此时，所有的最小方差资产组合可表示为

$$R_X=(1-\varphi)+\varphi R_{X_M} \tag{5.5.5}$$

最小方差资产组合的方差为

$$\delta_X^2=\mathrm{cov}(R_X, R_X)=\varphi^2\delta_{X_M}^2 \tag{5.5.6}$$

对式(5.5.5) 两边取期望值得

$$E(R_X)=R_f-\varphi R_f+\varphi_E(R_{X_M})=R_f+\varphi[E(R_{X_M})-R_f] \tag{5.5.7}$$

将式(5.5.6)中的标准差代入式(5.5.7)中，得

$$E(R_X)=R_f+\frac{\delta_X}{\delta_{X_M}}[E(R_{X_M})-R_f] \tag{5.5.8}$$

由方程(5.5.8)决定的线称为资本市场线，它是证券市场线的特例。

5.5.5 资本资产定价模型的应用

资本资产定价模型反映了任意组合的超额收益率和市场组合超额收益率之间的关系。因此，如果市场组合已知，就可计算风险资产的超额收益率。通过未来资产的价格，就可计算出现在资产的价格，即资本资产定价模型可以计算未来收益率概率分布已知情况下的风险资产的目前价格。

假设市场上第 i 种风险资产在期末的价格为 P_{i1}，期初价格为 P_{i0}，则期间收益率为 $R_i=(P_{i1}-P_{i0})/P_{i0}$，因此有：

$$P_{i0}=\frac{P_{i1}}{1+R_i}=\frac{E(P_{i1})}{1+E(R_i)} \tag{5.5.9}$$

由式(5.5.1)可得

$$E(R_i)=R_f+\beta_{M_i}[E(R_{X_M})-R_f] \tag{5.5.10}$$

将式(5.5.10)代入式(5.5.9)中，有

$$P_{i0}=\frac{P_{i1}}{1+R_i}=\frac{E(P_{i1})}{1+E(R_i)}=\frac{E(P_{i1})}{1+R_f+\beta_{M_i}[E(R_{X_M})-R_f]} \tag{5.5.11}$$

其中，

$$\beta_{M_i}=\frac{\mathrm{cov}(R_i, R_{X_M})}{\delta_{X_M}^2} \tag{5.5.12}$$

例 5-5-1 某位投资者计划购买股票 A，并估计其贝塔系数为 $\beta_i=0.8$，预测其期望收益率高于无风险利率 15%，而无风险利率只为 5%。因为市场行情很好，市场组合的超额收益率为 15%，股票 A 的当前价格为每股 50 元，试问是否值得投资？

解 决策原则是看目前的股票价格是否被高估。如果均衡价格高于目前的价格 50 元，意味着其价格被低估，因此值得投资；相反，如果均衡价格低于目前价格 50 元，表明现有价格被高估，投资股票有风险。因此，问题的关键是计算其均衡价格。

由题意可知，股票 A 的期望收益率为 15%+5%=20%，因此，股票 A 的期望价格为 $E(P_{i1})=1.2\times 50=60$(元)，$\beta_i=0.8$，$E(R_{X_M}-R_f)=15\%$，$R_f=50\%$。将这些数据代入式(5.5.11)中，可得股票的均衡市场价格为

$$P_{i0}=\frac{E(P_{i1})}{1+R_f+\beta_{M_i}[E(R_{X_M})-R_f]}=\frac{60}{1+0.5+0.8\times 0.15}=51.28(\text{元})$$

因为理论价格高于目前价格，因此，股票A值得投资。

例5-5-2 某位投资者计划购买股票A，并预测其在未来1年的价格可能上涨为1000元，概率为50%，也可能降为800元，概率为50%。经过研究发现，股票A的收益率与市场收益率的协方差为0.045，市场组合的标准差为0.3，无风险利率为10%，市场组合的期望收益率为20%。那么，股票A目前的理论价格是多少？

解 由题意知：$\text{cov}(R_A, R_{X_M})=0.045$，$\delta_{X_M}=0.3$，$R_f=10\%$，$E(R_{X_M})=20\%$，将这些数据代入资本资产定价模型式(5.5.1)中，得

$$\begin{aligned}E(R_A)&=R_f+\beta_{M_i}[E(R_M)-R_f]=R_f+\frac{E(R_{X_M})-R_f}{\delta^2_{X_M}}\text{cov}(R_A, R_{X_M})\\&=0.1+\frac{0.2-0.1}{0.3^2}\times 0.045=0.15\end{aligned}$$

这表明普通股的投资收益率应为15%，或者说，其未来价值需要以15%进行贴现。股票A的一年后的价格为

$$E(P_{i1})=\frac{1}{2}\times 1000+\frac{1}{2}\times 800=900(\text{元})$$

它以15%进行贴现的目前价格为

$$P_{i0}=\frac{900}{1+15\%}=783(\text{元})$$

5.6 单指数模型

资本资产定价模型依赖于协方差和市场组合。随着组合中证券数量的增多，要求计算的协方差数量就更多，从而给实际计算带来困难，而单指数模型能够简化这一问题。

5.6.1 单指数模型的假设

假设任意证券的收益率只受市场组合的影响，即对于任意证券i、$j(i\neq j)$，有

$$R_i=\alpha_i+\beta_i R_m+\varepsilon_i;\ R_j=\alpha_j+\beta_j R_m+\varepsilon_j \tag{5.6.1}$$

其中，R_m是市场组合收益率，α_i、α_j、β_i、β_j是常量，ε_i、ε_j是残差。

对于残差，假设如下：

(1) $\text{cov}(\varepsilon_i, \varepsilon_j)=0$，$i\neq j$，即不同证券的残差不相关； (5.6.2)

(2) $E(\varepsilon_i)=0$，即任意证券残差的期望值为零； (5.6.3)

(3) $\text{cov}(\varepsilon_i, R_m)=0$，即残差与市场组合收益率不相关。 (5.6.4)

5.6.2 单指数模型的推导

基于单指数模型讨论中的以上假设，任意两个证券i、j收益率R_i、R_j之间的协方差为

$$\begin{aligned}\delta_{ij}&=\text{cov}(R_i, R_j)\\&=\text{cov}(\alpha_i+\beta_i R_m+\varepsilon_i, \alpha_j+\beta_j R_m+\varepsilon_j)\end{aligned}$$

$$\begin{aligned}&= \mathrm{cov}(x_i,\ \alpha_j+\beta_jR_m+\varepsilon_j)+\mathrm{cov}(\beta_iR_m,\ \alpha_j+\beta_jR_m+\varepsilon_j)\\&\quad+\mathrm{cov}(\varepsilon_i,\ \alpha_j+\beta_jR_m+\varepsilon_j)\\&\quad+\mathrm{cov}(\alpha_i,\ \alpha_j+\beta_jR_m+\varepsilon_j)\\&\quad+\mathrm{cov}(\beta_iR_m,\ \alpha_j)+\mathrm{cov}(\beta_iR_m,\ \beta_jR_m)+\mathrm{cov}(\beta_iR_m,\ \varepsilon_j)\\&\quad+\mathrm{cov}(\varepsilon_i,\ \alpha_j+\beta_jR_m+\varepsilon_j)\end{aligned}\tag{5.6.5}$$

由于 α_i、α_j 都为常数，因此，有

$$\mathrm{cov}(\beta_iR_m,\ \alpha_j)=0,\ \mathrm{cov}(\beta_jR_m,\ \varepsilon_j)=0\tag{5.6.6}$$

所以

$$\mathrm{cov}(\beta_iR_m,\ \alpha_j+\beta_jR_m+\varepsilon_j)=\mathrm{cov}(\beta_iR_m,\ \beta_jR_m)=\beta_i\beta_j\delta_m^2\tag{5.6.7}$$

类似地，可以得到

$$\begin{cases}\mathrm{cov}(\alpha_i,\ \alpha_j+\beta_jR_m+\varepsilon_j)=0\\\mathrm{cov}(\varepsilon_i,\ \alpha_j+\beta_iR_m+\varepsilon_j)=0\end{cases}\tag{5.6.8}$$

将以上结果代入式(5.6.5)中可得

$$\delta_{ij}=\mathrm{cov}(R_i,\ R_j)=\beta_i\beta_j\delta_m^2\tag{5.6.9}$$

由关于残差的三个假设可知

$$\begin{cases}\delta^2(\alpha_i)=0\\\mathrm{cov}(\alpha_i,\ \beta_iR_m)=0\\\mathrm{cov}(\beta_iR_m,\ \varepsilon_i)=0\\\mathrm{cov}(\alpha_i,\ \varepsilon_i)=0\end{cases}$$

因此，利用以上结果和式(5.6.9)可计算任意证券 i 的期望方差：

$$\begin{aligned}\delta^2(R_i)&=\mathrm{cov}(R_i,\ R_i)=\mathrm{cov}(\alpha_i+\beta_iR_m+\varepsilon_i,\ \alpha_i+\beta_iR_m+\varepsilon_i)\\&=\delta^2(\alpha_i)+\delta^2(\beta_iR_m)+\delta^2(\varepsilon_i)+2\mathrm{cov}(\alpha_i,\ \beta_iR_m)+2\mathrm{cov}(\beta_iR_m,\ \varepsilon_i)\\&\quad+2\mathrm{cov}(\alpha_i,\ \varepsilon_i)\\&=\delta^2(\beta_iR_m)+\delta^2(\varepsilon_i)=\beta_1^2\delta_m^2+\delta^2(\varepsilon_i)\end{aligned}\tag{5.6.10}$$

由式(5.6.10)可见，任意证券的风险可以分散为市场组合的方差和残差的方差，即系统性风险和非系统性风险。

根据以上讨论，可以给出证券组合收益率方差的单指数模型。由以上结果可知，对于任意证券 i、j，其收益率 R_i、R_j 都有：

$$\begin{cases}\delta^2(R_i)=\beta_i^2\delta_m^2+\delta^2(\varepsilon_i)\\\delta^2(R_j)=\beta_j^2\delta_m^2+\delta^2(\varepsilon_j)\\\delta_{ij}=\beta_i\beta_j\delta_m^2\end{cases}\tag{5.6.11}$$

于是，任意 n 个证券投资组合收益率的方差为

$$\begin{aligned}\delta^2(R_X)&=\sum_{i=1}^{n}\sum_{j=1}^{n}w_iw_j\delta_{ij}\\&=\sum_{i=1}^{n}w_i^2\delta^2(R_i)+2\sum\sum_{i>j}w_iw_j\delta_{ij}\\&=\sum_{i=1}^{n}w_i^2[\beta_1^2\delta_m^2+\delta^2(\varepsilon_i)]+2\sum\sum_{i>j}w_iw_j\beta_i\beta_j\delta_m^2\end{aligned}$$

$$= \left[\sum_{i=1}^{n}(w_i\beta_i)^2 + 2\sum\sum_{i>j} w_i w_j \beta_i \beta_j\right]\delta_m^2 + \sum_{i=1}^{n} w_i^2 \delta^2(\varepsilon_i)$$
$$= \left(\sum_{i=1}^{n} w_i\beta_i\right)^2 + \sum_{i=1}^{n} w_i^2\delta^2(\varepsilon_i)$$
$$= \beta_X^2\delta_m^2 + \delta^2(\varepsilon_X) \tag{5.6.12}$$

其中，

$$\varepsilon_X = \sum_{i=1}^{n} w_i\varepsilon_i,\ \delta^2(\varepsilon_X) = \sum_{i=1}^{n} w_i^2\delta^2(\varepsilon_i),\ \beta_X = \sum_{i=1}^{n} w_i\beta_i \tag{5.6.13}$$

式(5.6.12)表明，任意证券组合的风险可以分为前部分的系统性风险和后部分的非系统性风险。

特别地，如果各证券的投资比重相同，即 $w_1 = w_2 = \cdots = 1/n$，则证券组合的非系统性风险为

$$\delta^2(\varepsilon_X) = \sum_{i=1}^{n} w_i^2\delta^2(\varepsilon_i) = \frac{1}{n^2}\sum_{i=1}^{n}\delta^2(\varepsilon_i) \tag{5.6.14}$$

式(5.6.14)表明，由于各证券残差方差有限，因此，当组合中的证券数量不断增大时，非系统性风险趋向于零，即非系统性风险可以通过增加组合中证券的数量得以消除。

5.7 多指数模型

单指数模型假设证券收益率只受到市场组合收益率这一指数的影响，但在实践中，证券收益率也会受到通货膨胀率、利率等其他市场因素的影响，因此产生了多指数模型。

5.7.1 多指数模型的假设

假设有 m 种因子(或指数)影响证券的收益率，它们的收益率分别为 I_1，I_2，…，I_m，此时，即对于任意证券 i，其收益率 R_i 为

$$R_i = \alpha_i + \sum_{k=1}^{m}\beta_{ik} I_k + \varepsilon_i \tag{5.7.1}$$

其中，β_{ik} 是第 k 个因子对证券 i 收益率的影响系数，ε_i 是残差项。

与单指数模型类似，在多指数模型中，关于残差项的假设如下：

(1) $\text{cov}(\varepsilon_i, \varepsilon_j)=0$，$i \neq j$，即不同证券的残差不相关；(5.7.2)

(2) $E(\varepsilon_i)=0$，即任意证券残差的期望值为零；(5.7.3)

(3) $\text{cov}(\varepsilon_i, I_i)=0$，即残差与影响因子的收益率不相关；(5.7.4)

(4) $\text{cov}(I_i, I_j)=0$，$i \neq j$，即各影响因子的收益率不相关。(5.7.5)

5.7.2 多指数模型的推导

在以上假设条件下，对于任意证券 i，有

$$E(R_i) = \alpha_i + \sum_{k=1}^{m}\beta_{ik} E(I_k) \tag{5.7.6}$$

$$\delta_{ij} = \text{cov}(R_i, R_j) = \sum_{k=1}^{m}\beta_{ik}\beta_{jk}\delta^2(I_k),\ i \neq j \tag{5.7.7}$$

$$\delta^2(R_i) = \sum_{k=1}^{m}\beta_{ik}^2\delta^2(I_k) + \delta^2(\varepsilon_i) \tag{5.7.8}$$

对于任意证券组合 $\boldsymbol{w}=(w_1, w_2, \cdots, w_n)^{\mathrm{T}}$，有

$$\begin{cases} R_X = \alpha_X + \sum_{k=1}^{m}\beta_{Xk}I_k + \varepsilon_X, \ E(R_X) = \alpha_X + \sum_{k=1}^{m}\beta_{Xk}E(I_k) \\ \delta^2(R_X) = \sum_{k=1}^{m}\beta_{Xk}^2\delta^2(I_k) + \delta^2(\varepsilon_X) \end{cases} \tag{5.7.9}$$

其中，

$$\alpha_X = \sum_{k=1}^{n}w_k\alpha_k, \ \beta_{Xk} = \sum_{j=1}^{n}w_j\beta_{jk}, \ k = 1, 2, \cdots, m$$

$$\varepsilon_X = \sum_{k=1}^{n}w_k\varepsilon_k, \ \delta^2(\varepsilon_X) = \sum_{k=1}^{n}w_k^2\delta^2(\varepsilon_k)$$

此时，证券投资组合的方差为

$$\delta^2(R_X) = \sum_{i=1}^{m}\Big(\sum_{j=1}^{n}w_j\beta_{ji}\Big)^2\delta^2(I_i) + \sum_{j=1}^{n}w_j^2\delta^2(\varepsilon_j) \tag{5.7.10}$$

综合以上讨论，证券投资组合的模型为

$$\begin{cases} \min\delta^2(R_X) = \sum_{i=1}^{m}\Big(\sum_{j=1}^{n}w_j\beta_{ji}\Big)^2\delta^2(I_i) + \sum_{j=1}^{n}w_j^2\delta^2(\varepsilon_j) \\ \text{s.t.} \sum_{j=1}^{n}w_j = 1 \\ \text{s.t.} \sum_{j=1}^{n}w_jE(R_j) = \sum_{j=1}^{n}w_j\alpha_j + \sum_{i=1}^{m}\Big(\sum_{j=1}^{n}w_j\beta_{ji}\Big)E(I_j) = R_{X_M} \end{cases} \tag{5.7.11}$$

其中，R_{X_M} 为市场均衡状态时的市场组合收益率。

5.8　套利定价模型

资本资产定价模型是基于一定假设条件而推导出来的，但由于证券市场的复杂性，这一模型需要检验。由于所有观测的市场投资组合理论上应包括所有各种资产，这使数据观测难以实现，从而使模型缺乏实证支持。为解决这一问题，放松资本资产定价模型的假设条件是一条重要路径。

套利定价模型由美国经济学家罗斯和罗尔于 1976 年建立，它放弃了证券组合分析的框架，强调了证券收益率的线性关系假设。一些研究认为，相比较于资本资产定价模型，套利定价模型不仅减少了对投资者的风险和收益偏好的限制，而且可以进行实证检验。

5.8.1　套利定价模型的假设

一、套利

套利是指利用一个或多个市场存在的价格差异，在无风险或较小风险的条件下获取较高收益率的交易活动。如果市场未达到均衡状态，则投资者可以通过低买高卖的方式获取利润，并使市场逐渐趋于均衡状态。随着套利活动的进行，市场之间的价格差异缩小，套

利机会消失，市场达到均衡。

套利定价理论的基本假设是证券的收益率主要受一个或多个市场因子的影响，且收益率与这些因子之间具有线性关系。

二、研究假设

对于理性投资者而言，如果市场上出现套利机会，就会构造投资组合以取得无风险收益。套利组合应满足的条件如下：

（1）进行套利不需要增加投资；

（2）套利组合无风险；

（3）套利组合的预期收益率非负。

如果由 n 种证券 $X_1, X_2, \cdots, X_n$ 构成的套利组合为 $\boldsymbol{w}=(w_1, w_2, \cdots, w_n)^{\mathrm{T}}$，证券的收益率分别为 $R_1, R_2, \cdots, R_n$，组合证券的收益率为 R_X，且每种证券的收益率只受单一因子的影响，且：

$$R_i = \alpha_i + \beta_i I + \varepsilon_i \tag{5.8.1}$$

其中，β_i 是因子 I 对证券 i 收益率的影响程度。与 5.6 节中的讨论相同，假设式(5.6.2)、式(5.6.3)和式(5.6.4)成立。此时，套利组合应满足的条件可以表达为

$$\begin{cases} \sum_{i=1}^{n} w_i = 0 & \text{（净投资为零）} \quad (5.8.2) \\ \beta_X = \sum_{i=1}^{n} w_i\beta_i = 0 & \text{（无风险）} \quad (5.8.3) \\ R_X = \sum_{i=1}^{n} w_i R_i \geqslant 0 & \text{（收益率非负）} \quad (5.8.4) \end{cases}$$

5.8.2　套利定价模型的推导

套利组合的目标为实现收益最大化，其规划问题如下：

$$\begin{cases} \max R_X = \sum_{i=1}^{n} w_i R_i \\ \text{s. t.} \sum_{i=1}^{n} w_i = 0 \\ \text{s. t.}\ \beta_X = \sum_{i=1}^{n} w_i\beta_i = 0 \end{cases} \tag{5.8.5}$$

对于这一规划问题，构建拉格朗日函数：

$$L = \sum_{i=1}^{n} w_i R_i - \lambda_0 \sum_{i=1}^{n} w_j - \lambda_1 \sum_{i=1}^{n} w_i\beta_i \tag{5.8.6}$$

其一阶条件为

$$\begin{cases} \dfrac{\partial L}{\partial w_i} = w_i - \lambda_0 - \lambda_1,\ \beta_i = 0,\ i = 1, 2, \cdots, n \\ \dfrac{\partial L}{\partial \lambda_0} = \sum_{i=1}^{n} w_i = 0 \\ \dfrac{\partial L}{\partial \lambda_1} = \sum_{i=1}^{n} w_i\beta_i = 0 \end{cases} \tag{5.8.7}$$

由上面方程组可计算出使套利组合实现收益率 $\overline{R}_i$ 最大化的条件：

$$\overline{R}_i = \lambda_0 + \lambda_1 \beta_i \text{，} i = 1, 2, \cdots, n \tag{5.8.8}$$

此时，满足方程组(5.8.7)的套利组合的最大收益率 $\overline{R}_X$ 为

$$\overline{R}_X = \sum_{i=1}^{n} w_i \overline{R}_i = \sum_{i=1}^{n} w_i (\lambda_0 + \lambda_1 \beta_i) = \left(\sum_{i=1}^{n} w_i\right)\lambda_0 + \lambda_1 \sum_{i=1}^{n} w_i \beta_i = 0 \tag{5.8.9}$$

由此可见，式(5.8.8)体现了无套利均衡条件下证券预测收益率 $\overline{R}_i$ 与因子影响程度 β_i 之间满足线性关系，这实际上就是单因子定价模型。实际上，式(5.8.8)不仅适合于单一证券，也适合于证券组合。

式(5.8.8)表明，如果某种证券不满足这一关系，则表明投资者可以构造套利组合，从而使一阶条件即式(5.8.7)不满足，此时组合证券的最大收益率不为零，而不断的套利活动会使市场趋于均衡状态。

为明确式(5.8.8)中的 λ_0 的含义，考虑无风险资产 X_0，其收益率为 R_f，且不受任何因子的影响，因此，$\beta_f=0$，代入式(5.8.8)可得

$$R_f = \lambda_0 + \lambda_1 \beta_f = \lambda_0$$

将此式又代入式(5.8.8)中可得

$$\overline{R}_i = R_f + \lambda_1 \beta_i$$

为理解 λ_1 的含义，构造一个纯因子组合 P，使其对资产收益率的影响程度为 1，即 $\beta_P=1$，将其代入上式有

$$\overline{R}_i = R_f + \lambda_1 (\text{即 } \lambda_1 = \overline{R}_P - R_f)$$

上式表明 λ_1 是因子相对于无风险收益的风险溢价。由于构造纯因子组合的方法有多种，但不管如何，其得到的 λ_1 应唯一，否则，市场上就会产生套利机会。为简化分析，以 I 代表纯因子组合的收益率，并记 $\lambda_1=I-R_f$，则式(5.8.8)变为

$$\overline{R}_i = R_f + \beta_i (I - R_f)$$

如果进一步把市场投资组合作为纯因子，则套利定价模型式(5.8.8)有如下形式：

$$\overline{R}_i = R_f + \beta_i (\overline{R}_M - R_f) \tag{5.8.10}$$

这正是资本资产定价模型。

以上讨论的是风险证券的收益率受单一因子影响的情况，如果风险证券的收益率受多种因子的影响，则可类似地得到套利定价模型：

$$\overline{R}_i = \lambda_0 + \sum_{j=1}^{m} \lambda_j \beta_{ji}$$

通过构造纯因子组合，上式也可以写为

$$\overline{R}_i = R_f + \sum_{j=1}^{m} \beta_{ji} (\overline{I}_i - R_f) \tag{5.8.11}$$

其中，$\lambda_j=\overline{I}_j-R_f$ 是第 j 个因子的风险报酬。

例 5-8-1 假设证券市场上有三种风险证券，其收益率分别为 r_1、r_2、r_3。经验表明，它们受到市场上两个因子 I_1 和 I_2 的影响，且这两因子的期望收益率分别为 20%和 8%，它们对三种证券收益率的影响程度及收益率的客观估计值如表 5-8-1 所示。

表 5－8－1　证券收益率

证券 i 的收益率	$E(r)$	I_1	I_2
r_1	11%	0.5	2.0
r_2	25%	1.0	1.5
r_3	23%	1.5	1.0

如果无风险收益率为 10%，试构建套利组合。

解　根据套利定价模型式(5.8.11)，三种证券的期望收益率分别为

$$E(r_1) = 0.10 + (0.20 - 0.10) \times 0.50 + (0.08 - 0.10) \times 2.0 = 11\%$$

$$E(r_2) = 0.10 + (0.20 - 0.10) \times 1.0 + (0.08 - 0.10) \times 1.5 = 17\%$$

$$E(r_3) = 0.10 + (0.20 - 0.10) \times 1.5 + (0.08 - 0.10) \times 1.0 = 23\%$$

比较计算出的收益率与客观收益率可以发现，证券 1 和证券 3 的两者收益相同，但第二个证券的客观值与计算的值不同，计算值比客观值高 25%，表明有套利机会。因此，对于投资者而言，可以卖出一定的证券 1 和证券 3，并将其投资到证券 2。

设三种证券在组合中的投资比重分别为 w_1、w_2、w_3，根据套利组合的条件可得

$$w_1 + w_2 + w_3 = 0$$

$$w_1\beta_{11} + w_2\beta_{21} + w_3\beta_{31} = 0$$

$$w_1\beta_{21} + w_2\beta_{22} + w_3\beta_{32} = 0$$

计算可得

$$w_1 = -\frac{1}{3},\ w_2 = \frac{2}{3},\ w_3 = -\frac{1}{3}$$

套利收益为

$$-\frac{1}{3} \times 11\% + \frac{2}{3} \times 25\% - \frac{1}{3} \times 23\% = 5.33\%$$

5.8.3　套利定价模型与资本资产定价模型的关系

在本章的最后，有必要说明资本资产定价模型与套利定价模型的联系与区别。从其联系看，在单因子套利定价模型中，如果取因子为市场投资组合，则其结果相同，即套利定价模型正好是资本资产定价模型中的证券市场线。虽然如此，资本资产定价模型与套利定价模型不同，其最大区别是建模思想不同。资本资产定价模型是建立在市场均衡的基础上，以市场投资组合存在为前提，且有关于投资者偏好的假设。套利定价模型是建立在无套利均衡分析的基础上，其出发点是通过少数投资者的套利行为使市场过渡到均衡，从而导出证券收益率与其影响因子的影响程度之间的线性关系，因此，它不需要资本资产定价模型中的关于市场假设、证券收益率分布的多种假设条件。与此同时，需要注意的是，套利定价模型中有关于证券收益率是线性的假设，这却是资本资产定价模型没有要求的条件。

本章小结

在所有有价证券中，股票的定价受到广泛的关注。在目前我国资本市场环境下，股票价格不仅受到上市公司自身经营情况的影响，也受到国家经济发展规划、货币政策、财政政策以及股票市场和投资者情绪等多方面的综合影响，这增加了股票定价的困难程度。因此，虽然有很多股票定价模型，但是在严格的假设条件下，由定价模型只能得到理论价格，而这与实际价格之间存在差异，期望准确预测股票的价格是不切实际的。虽然如此，股票定价模型能够为实践中的定价提供基准，从而对投资者有实际的指导意义。

案例研究

华友钴业上交所上市定位分析

一、案例描述

浙江华友钴业股份有限公司9100万股A股股票将于2015年1月29日在上交所上市，证券简称为“华友钴业”，证券代码为“603799”。该公司A股股本为53 519万股。

（一）上海证券：华友钴业——中国最大的钴化学品生产商之一

1. 投资要点

（1）公司为钴、铜有色金属采、选、冶及钴新材料产品的深加工企业，公司主导产品为四氧化三钴、氧化钴、硫酸钴和氢氧化钴等钴产品。

（2）公司是中国钴行业中产品系列最丰富的企业之一。

（3）公司是中国最大的钴化学品生产商之一，产量位居世界前列，2013年产量占中国产量的21.31%。公司是中国钴行业中产品系列最丰富的企业之一，可以生产多种钴产品。公司可以通过灵活调整产品结构，根据市场需求选择性生产畅销的钴产品，从而实现公司效益的最大化。

（4）募投项目增加优势钴产品的产能，优化产品结构。项目投产后，将新增钴产品产能10 000吨金属量/年，公司钴产品总产能将达到15 550吨金属量/年，钴产品生产规模将有大幅增长；同时，新增电积铜产量为10 000吨/年，电积铜及粗铜的总产能将达到75 000吨。

2. 盈利预测

预计募投项目的建设进度和目前的金属铜价格，初步预计2014—2015年归于母公司的净利润将实现11%和100%的变化，相应地，稀释后每股收益为0.25元和0.51元。

3. 定价结论

综合考虑可比同行业公司的估值情况，我们认为给予华友钴业合理的定价为17.85～21.42元，对应2014年每股收益的35--42倍市盈率。

（二）恒泰证券：华友钴业——预计公司上市10个交易日内股价核心波动区间为11～13元

1. 公司概况

公司是一家专注于钴、铜有色金属采、选、冶及钴新材料产品的深加工与销售的高新技术企业。公司主要生产四氧化三钴、氧化钴、碳酸钴、氢氧化钴、硫酸钴等钴产品及电积铜、粗铜等铜产品，钴产品主要用于锂离子电池正极材料、航空航天高温合金、硬质合金、色釉料、磁性材料、橡胶黏合剂和石化催化剂等领域。公司是中国最大的钴化学品生产商之一，钴化学品产量位居世界前列。

公司控股股东为大山公司，直接持有公司发行前 34.90%的股份；谢伟通、陈雪华为公司共同控制人，直接持有公司发行前 72%的股权。

2. 行业现状及前景

锂电池、高温合金等行业的快速发展将带动钴的消费。虽然各个国家乃至各个厂商对锂离子电池正极材料的选择不尽相同，但目前来看，以三元材料(镍钴锰或镍钴铝)为正极材料的方案在电动汽车应用中逐步成为主流，未来将推动钴需求大幅增长。再者，伴随全球航空航天工业发展、特别是我国航空航天工业装备水平、制造能力的快速提升，高温合金的需求量未来将呈现较大的增长。

我国的精炼钴产量迅速增长，对外依存度高。从 2001 年占全球钴产量比例约 4%增长至 2013 年占全球钴产量比例约 42%，集中趋势明显。由于国内企业在制造成本、下游产业链配套方面相比欧美及日韩企业仍具有一定的优势，因此未来一段时间，全球钴产品的产能仍将继续向我国集中。我国是钴矿资源贫乏国家，我国钴原料的对外依存度已经超过 90%。

3. 公司亮点

(1) 我国最大的钴化学品生产商之一。就产销规模而言，公司是我国最大的钴化学品生产商之一，钴化学品产量位居世界前列，2013 年公司产品在我国市场占有率为 21.31%。公司主要产品的生产技术工艺处于国内领先水平，在铜钴联合冶炼、高纯钴盐生产、钴新材料生产、研发等方面具有明显优势，目前，公司已获得的授权专利共 46 项。公司牵头或参与起草了多项产品行业标准以及多项产品化学分析方法的国家标准和行业标准，成为行业技术标准的重要制定者。

(2) 刚果(金)业务布局带来的低成本原料优势。国内钴行业企业的原料成本占生产成本的比重一般在 70%以上。公司是我国钴行业内较早在钴矿主产国刚果(金)建立矿料采购网点并建厂的企业之一；2011—2013 年公司直接从刚果(金)当地采购的钴矿原料保障了公司钴产品 51%以上的原料供应。

4. 募投项目

公司拟募集 3.7 亿元，用于年产 1 万吨(钴金属量)新材料项目。主要潜在风险有：

(1) 钴、铜金属价格大幅波动带来的业绩风险。公司主要从事钴、铜有色金属采、选、冶及钴新材料产品的深加工与销售。对于钴产品而言，由于公司钴产品大部分原料采购自刚果(金)等非洲地区并运回国内生产，原料在途运输周期较长，因此公司需要承担较长的原料采购以及生产销售周期中的钴市场基准价格(MB 钴价)的波动风险。对于铜产品而言，近三年公司约 88%的铜产品由非洲全资子公司 CDM 公司在当地采购铜矿原料并生产，该部分原料价格波动风险较小。

(2) 境外经营风险。刚果(金)为公司钴铜原料的主要来源地及钴铜矿业权等重要资产所在地。鉴于公司存在诸多境外经营风险，虽然公司对刚果(金)部分资产进行了保险，但保险金额仅约1.13亿美元，保险覆盖率相对较低。

5. 估值

发行人所在行业为有色金属冶炼及压延加工业，截止2015年1月13日，中证指数发布的最近一个月平均静态市盈率为38.67倍。预计公司2014、2015、2016年每股收益分别为0.24元、0.21元、0.23元。综合目前市场状况，结合公司股票发行价格4.77元(对应2013年摊薄市盈率22.94倍)，预计公司上市10个交易日内股价核心波动区间为11～13元。(恒泰证券)

(三) 华鑫证券：华友钴业合理估值区间为40～45倍PE

1. 公司简介

公司目前主营钴产品和铜产品的生产经营，是国内最大的钴生产企业。公司主营钴、铜金属采、选、冶及钴材料产品的深加工与销售，主要产品包括四氧化三钴、氧化钴、碳酸钴、氢氧化钴等钴产品及电积铜、粗铜等铜产品。2011—2013年公司钴化学品产品产量分别为5658、6106和7685吨，国内市场占有率分别为16.18%、20.5%和21.31%，是国内最大的钴产品生产商之一，钴产品产量位居世界前列。

积极实施"走出去"战略，提高钴、铜资源自给率。由于国内钴全球资源集中度较高，目前刚果(金)占全球钴资源的45%，为获得稳定且低成本的钴矿原料，公司自2006年即开始在刚果(金)布局原料采购网点，并择机向上游矿山领域扩展。公司目前实际控制钴资源储量约1.62万金属吨、铜资源储量约22万金属吨。

钴资源集中，下游需求仍然广阔。全球共探明的钴资源储量为720万吨金属量，集中分布在刚果(金)、澳大利亚、古巴、赞比亚等国，上述四国占资源总量的71.8%，其中刚果(金)钴资源最为丰富，拥有340万吨的资源储量，占全球资源总量的47.22%。国内钴资源储量占全球总量的比例仅为1.11%，相对较低，显示我国是钴资源贫乏的国家。随着未来锂电池的大量应用，预计钴在电池领域的需求仍将维持快速增长。

2. 募投项目

进入钴新材料领域，深入下游领域公司。公司拟发行不超过9100万股A股，募集资金扣除发行费用后，将全部投资于"年产1万吨(钴金属量)新材料项目"。项目建成后，将大幅增加现有产能，并且积极深入下游前驱体材料开发领域。

3. 盈利预测与估值

我们预计公司2014—2016年营业收入分别为35.16、40.65、44.20亿元，实现归属母公司净利润1.02、1.98和2.05亿元，EPS分别为0.19、0.37和0.38元(以IPO发行后股本为53 519万股计算)。由于可对比公司较少，选取了部分类似的上市企业作为可对比公司，选取的可比公司2014年平均PE为50倍，我们认为，公司作为国内最大的钴生产企业，行业地位显著，并且随着海外矿山的开发，预计未来资源自给率有望进一步提高，给予公司40～45倍估值较为合理，对应的公司股票每股价格为7.6～8.55元。

4. 风险提示

钴、铜金属价格波动风险；海外经营风险；上游矿山开发风险。

资料来源：根据报导《华友钴业29日上交所上市定位分析》(http://stock.sohu.com/20150129/n408158698.shtml)的内容删减而成。

二、讨论题

1. 根据你的估计，华友钴业股票价格应是多少？

2. 2015 年 1 月 29 日，华友钴业(603799)的开盘价为 5.72，收盘价为6.87元，上涨了 44.03%。根据这一信息，试对这只股票重新价格。

思考与练习

1. 试证明：对于任意两个不同期望收益水平的最小方差资产组合 $\boldsymbol{w}_u$ 和 $\boldsymbol{w}_v$，它们与 $\boldsymbol{w}_s$ 和 $\boldsymbol{w}_d$ 有相同的分离作用，即 $\boldsymbol{w}_u$ 可表示为 $\boldsymbol{w}_u$ 和 $\boldsymbol{w}_v$ 的投资组合。

2. 试证明：对于任意的投资组合 $\boldsymbol{w}$，有：

$$\operatorname{cov}(R_X, R_{X_s}) = \frac{1}{C}$$

3. 现有一利特定股票收益的多因素证券收益模型见表 5－1。

根据目前市场情况，国库券的收益率为 6%，如果市场认为这一股票是公平价格，那么试计算这一股票的期望收益率。

表 5－1　多因素收益模型

要　素	贝　塔	风险溢价
通货膨胀	1.2	6
行业生产	0.5	8
石油价格	0.3	3

4. 现有一个风险资产组合，其现金流可能是 7000 元或者 20 000 元，概率均为 50%。

(1) 如果投资者要求 8%的风险溢价，投资者愿意支付多少购买这一资产组合？组合收益率是多少？

(2) 如果投资者要求有 12%的风险溢价，则投资者愿意购买的价格是多少？

(3) 比较(1)和(2)的答案，分析风险溢价和价格之间的关系。

5. 假设有四种证券的资料如表 5－2 所示。投资者另有 50%的资产投资于无风险证券。

表 5－2　证券收益与风险

证券	期望收益率(%)	贝塔	投资(%)
1	7.6	0.2	10
2	12.4	0.8	10
3	15.6	1.2	10
4	18.8	1.6	20

(1) 计算市场证券组合期望收益率和无风险利率；

(2) 计算证券组合的贝塔系数；

(3) 如果投资者可以出售所持有的无风险资产而购买市场证券组合，当他希望期望收益率为 12%时，证券应如何组合？

第六章　金融衍生品定价

在金融实践的发展过程中，技术的进步和市场环境的变化促进了金融工具的不断创新，金融市场上产生了期货、远期、期权和互换四种主要的金融衍生品类型，并由此产生了衍生品市场。金融衍生品市场不仅具有价格发现、降低交易成本的功能，而且在风险管理中能够发挥重要作用，因而，金融衍生品成为金融机构和投资者关注的重要投资对象。本章较为系统地介绍了金融衍生品的特征、价格边界、定价模型以及影响因素，从而使读者对其有更深入的理解。

6.1　期权概述

期权以及期权交易是在股权交易基础上产生的，1973 年以前，在美国市场就已经出现了场外交易的期权市场。由于交易费用高，且没有二级市场，所以期权交易不活跃。1973 年 4 月 26 日，随着芝加哥期权交易所正式挂牌，期权交易快速增长，美国证券交易所、费城证券交易所、太平洋证券交易所也引进了期权交易。20 世纪 70 年代以后，金融市场和商品市场的剧烈波动促使人们利用期权交易进行战略保值，使其成为规避价格风险的重要工具。

6.1.1　期权的构成要素

一、期权内涵

期权(Option)是一种选择权，指期权合约允许合约的买方向卖方通过支付一笔费用以获得在未来某个时间以约定价格购买(或出售)一定量资产的权利。与其他衍生品合约不同，对于期权的买方而言，期权是一种权利而不是义务，因此，在合约到期日或其之前，他有选择执行或不执行合约的权利。对于期权的卖方而言，期权是一项义务而非权利，即他必须根据买方的愿意行动，如果买方要执行合约，则他就必须执行。

二、期权的构成要素

期权的构成要素包括：

(1) 期权买方或卖方(Buyer or Writer or Seller)：这是期权合约成立的基础。期权合约涉及期权买卖双方，它体现了交易双方的愿望和所达成的一致意见。期权的买方称为期权的多头或期权持有者，而期权卖方称为期权空头。

(2) 行权价(或执行价)(Exercise Price or Striking Price)：它是指期权合约中规定的购买(或出售)某种资产的价格。

(3) 行权日(Maturing Data)：指期权合约中规定的最后有效日期。

(4) 标的资产(Underlying Asset):指期权合约中规定的双方买入或出售的资产。

(5) 期权费(Option Premium):是指买卖双方购买或出售期权的价格。期权的购买方在购买期权时必须支付一笔费用给期权出售者,以获取买卖某项资产的权利,而期权的出售方则获得这笔费用。这笔费用就是期权价格或期权费用。

三、期权的类型

期权的类型较多。如果根据交易者的预期来分,期权包括看涨期权(Call Option)和看跌期权(Put Option)。看涨期权赋予期权买方购买一定资产的权利,而看跌期权使期权买方拥有出售一定资产的权利。根据行权日的不同,期权又可分为欧式期权(European Option)和美式期权(American Option)。欧式期权规定期权买方只能在期权到期日那天执行期权,而美式期权则允许期权买方在期权到期日前任何一天执行期权。

6.1.2 期权的损益分析

期权的内涵表明,期权是一种权利而非义务,因此,期权合约是否被执行取决于期权买方,这对期权买卖双方的作用完全不同。如在一份欧式看涨期权合约中,期权买方通过支付 5 美元的期权费,获取了一年以后以每股 48 美元的价格购买 IBM 公司股票的权利。如果一年后,IBM 股票的价格涨到 120 美元,则期权买方就有权要求期权卖方以每股 48 美元的价格出售给他 IBM 公司的股票,其差价在扣除期权费用后形成他的盈利;但如果一年后 IBM 股票的价格跌到了每股 36 元,则期权买方会放弃这种权利,因为从市场上购买 IBM 股票会更便宜。

假设 S_T 是到期日标的资产的现货价格,K 是合约的执行价格,C 表示看涨期权的期权费,P 表示看跌期权的期权费,则到期日期权买方的收益如表6-1-1 所示。

表 6-1-1 到期日期权损益

期权类型	价格区间	是否执行	期权买方损益	期权卖方损益
看涨期权	$S_T<K$	不执行	$-C$	$+C$
	$S_T=K$	不执行	$-C$	$+C$
	$K<S_T<K+C$	执行	$S_T-K-C<0$	$-(S_T-K-C)>0$
	$S_T=K+C$	执行	0	0
	$S_T>K+C$	执行	$S_T-K-C>0$	$-(S_T-K-C)<0$
看跌期权	$S_T<K-P$	执行	$K-S_T-P>0$	$-(K-S_T-P)<0$
	$S_T=K-P$	执行	0	0
	$K-P<S_T<K$	执行	$K-S_T-P<0$	$-(K-S_T-P)>0$
	$S_T=K$	不执行	$-P$	$+P$
	$S_T>K$	不执行	$-P$	$+P$

表 6-1-1 中的关系可以用图 6-1-1 表示。

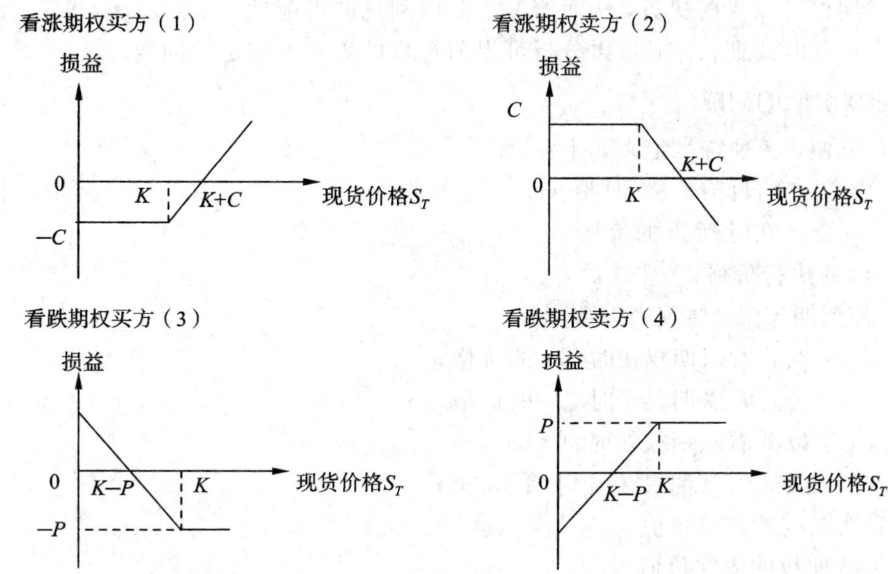

图 6-1-1 期权到期日损益图

在通常情况下，为描述期权所处的状态，对于看涨期权而言，如果标的资产的价格超过执行价格，则称期权为实值期权(In-the-Money)；如果标的资产的价格低于执行价格，则其为虚值期权(Out-of-the-Money)；如果标的资产的价格等于执行价格，则称其为平价期权(At-the-Money)。

6.2 期权价格

期权合约就是期权买卖双方关于某项资产交易所建立的契约，期权合约的价格就是任意时刻买卖期权合约所需支付或收到的金额，即期权合约中的期权费，所以，期权合约的价格就等于价值。作为一种金融产品，期权合约定价的基础仍然是无套利假设，即假设市场是充分竞争、有效的市场，交易者是理性投资者，且市场不存在套利机会。本节将基于这种无套利思想确定期权价格的边界，并推导出期权平价公式。但需要注意的是，这种定价方法是用一种资产价格表达另外一种资产的价格，因此，它只是相对估价，而二叉树模型和 Black-Scholes-Merton 模型则属于绝对定价。

6.2.1 期权价格的边界

期权定价遵循无套利定价思想，因此，需要确定期权定价的适应范围，即不存在套利机会的期权价格边界。下面的分析表明，期权价格存在边界，如果超出了这一边界，则存在着套利机会。看涨期权和看跌期权之间存在着平价关系，如果这种平价关系不成立，则也意味着存在套利空间。

由于持有资产的方式不同，看涨期权和看跌期权的价格边界也有所不同，主要体现在资金的时间价值方面。看涨期权的多头可以一直持有现金和期权，并可据此获取无风险收益；而看跌期权的买方持有标的资产和期权，卖出期权越早则得到的利息越多。与此同时，欧式期权和美式期权由于行权期的不同，其定价也因资金的时间价值而有所不同，由于某种原因美式期权可以提前执行，从而增加了获取利息的可能性。

本节先讨论欧式期权定价，再分析可提前行权的美式期权定价问题。

一、期权价值的构成

为讨论方便，各种符号定义如下：

S_0：标的资产的目前价格(时刻 0)；

S_T：标的资产在时刻 T 的价格；

K：合约的执行价格；

T：合约到期年限，体现为天数/365；

$C_e(K, t)$：欧式看涨期权在时刻 t 的价格；

$C_a(K, t)$：美式看涨期权在时刻 t 的价格；

$P_e(K, t)$：欧式看跌期权在时刻 t 的价格；

$P_a(K, t)$：美式看跌期权在时刻 t 的价格；

C_T：看涨期权的内在价值；

P_T：看跌期权的内在价值。

在以下的讨论中，如果没有特别提示，没有下标的符号表示对欧式和美式期权都成立。

基于以上符号和上一节对期权价值的讨论可以看出，期权的价格取决于期权到期日的价值(称为期权的内在价值)和资金的时间价值两部分。在期权到期日，期权的内在价值为标的资产的未来时刻的现价与执行价格的非负差额，对于看涨期权而言，$C_T=\max(0, S_T-K)$，对于看跌期权而言，有 $P_T=\max(0, K-S_T)$，即在到期日，期权的价格(价值)等于期权的内在价值。但在期权到期日之前，由于期权持有人有可能将购买标的资产的资金投入到无风险资产以获取投资收益，因而，期权的价格会高于内在价值。因此，期权的价值可表示为：期权价值＝期权的内在价值＋时间价值。

在以上分析基础上，下面以股票作为标的资产分别讨论不同期权的定价问题。

二、看涨期权的价格边界

考虑到不同期权的特征，以下分别介绍欧式和美式看涨期权的价格边界。

1. 欧式看涨期权的价格边界

根据期权的内涵，期权价格有其边界，即存在上下限。期权是基于标的资产价格变动的期权，因此，看涨期权价格不能高于标的资产自身的价格，否则，购买者到现货市场就可以以更低的价格购买到标的资产。因此，欧式看涨期权的最大价值就是标的资产的现货价格，即 $C_e(K, 0)\leqslant S_0$。与此同时，期权价格是多头为获取一定权利而支付的费用，因此它不可能为负，否则，期权买方就可以直接通过购买期权而获利。因此，欧式看涨期权的最小价值为零，即$C_e(K, 0)\geqslant 0$。由于欧式看涨期权的下限范围过于广泛，因此，需要进一步讨论。

假设有两组证券组合 A 和 B，其中组合 A 为一只股票，其现价为 S_0，未来的价格为 S_T；组合 B 包含一份欧式看涨期权和无风险债券，债券的现价为$K(1+r)^{-T}$，两组组合的损益情况如表 6-2-1 所示。

表 6－2－1　证券组合损益表

证券组合	现在价格($t=0$)	期权到期时组合的价值($t=T$)	
		$S_T<K$	$S_T>K$
A	S_0	S_T	S_T
B	$C_e(K,0)+K(1+r)^{-T}$	K	$(S_T-K)+K=S_T$

由表 6－2－1 可见，无论股票价格如何变化，组合 A 的价值不大于组合 B，那么，在期初，组合 A 的价值也应不大于组合 B，即

$$C_e(K,0)+K(1+r)^{-T}>S_0 \quad 或 \quad C_e(K,0)>S_0-K(1+r)^{-T}$$

欧式看涨期权的下限为

$$C_e(K,0)\geqslant \max(0,S_0-K(1+r)^{-T})$$

欧式看涨期权的上下限可写为

$$\max(0,S_0-K(1+r)^{-T})\leqslant C_e(K,0)\leqslant S_0 \tag{6.2.1}$$

例如，对于一个以不分红股票为标的资产的欧式看涨期权而言，假设目前的股价为每股 100 美元，执行价格为每股 102 美元，期权期限为 9 个月，无风险利率为 7.25%，则期权价格下限为

$$\begin{aligned}C_e(K,0)&\geqslant \max(0,S_0-K(1+r)^{-T})\\&=\max(0,100-102\times(1+7.25\%)^{-\frac{9}{12}})\\&=3.216(美元)\end{aligned}$$

2. 美式看涨期权的价格边界

美式看涨期权的上限与欧式看涨期权相同，即 $C_a(K,0)\leqslant S_0$，但其下限为 $C_a(K,t)\geqslant \max(0,S_0-K)$。如前所述，看涨期权价值不可能为负，这是基本要求。其次，如果在 $S_0>K$ 的情况下有 $C_a(K,0)<(S_0-K)$，则就存在套利机会：投资者以 $C_a(K,0)$ 的价格购买期权，并立即执行，则会产生正的现金流(S_0-K)，并产生正利润 $S_0-K-C_a(K,0)>0$，从而与无套利假设相矛盾。因此，有 $C_a(K,0)\geqslant(S_0-K)$。

由欧式看涨期权的下限，可以得到美式看涨期权的下限为

$$C_a(K,0)\geqslant \max(0,S_0-K(1+r)^{-T})>\max(0,S_0-K)$$

因此，美式看涨期权的上下限为

$$\max(0,S_0-K)<\max(0,S_0-K(1+r)^{-T})\leqslant C_a(K,0)\leqslant S_0 \tag{6.2.2}$$

以上关于美式看涨期权的边界，对投资者有重要的现实意义。

(1) 在不支付红利的情况下，如果投资者考虑要提前执行期权，则意味着期权在当时处于实值状态，即如果立即执行，则可得到现金(S_0-K)。

(2) 在不支付红利的情况下，如果投资者不执行期权而是在市场上将其卖出，则看涨期权的最小值为 $S_0-K(1+r)^{-T}$，因为 $S_0-K(1+r)^{-T}>(S_0-K)$，则投资者在市场上出售期权的收益会更大，因此，不应提前执行期权。

(3) 在支付红利的情况下下，如果红利较小，则应不提前执行期权；如果红利足够大(如红利贴现和大于 $K[S_0-(1+r)^{-T}]$，就可以考虑提前执行期权。

三、看跌期权的价格边界

1. 欧式看跌期权的价格边界

欧式看跌期权的最大值就是期权买方可以获得的最大收益。如果标的资产价格跌到

零，则期权买方可获得最大收益，即执行价格 K。由于欧式期权持有者需要等到期权到期日才能执行期权，所以，为得到期权的起初价格，需要将期权到期日（即时刻 T）的价格 K 贴现到时刻 $t=0$，从而得到 $P_e(K, 0)\leqslant K(1+r)^{-T}$。与看涨期权相同，欧式看跌期权价值非负。

为得到欧式看跌期权的更准确下限，与看涨期权相同，可以通过构造两个组合来得到。假设有两组证券组合 A 和 B，其中组合 A 为一只股票，其现价为 S_0，未来的价格为 S_T；组合 B 包含一份无风险债券，债券的现价为 $K(1+r)^{-T}$，同时卖空一份欧式看跌期权，两组组合的损益情况如表6-2-2 所示。

表 6-2-2 证券组合损益表

证券组合	现在价格（$t=0$）	期权到期时组合的价值（$t=T$）	
		$S_T<K$	$S_T>K$
A	S_0	S_T	S_T
B	$K(1+r)^{-T}-P_e(K, 0)$	$K-(K-S_T)=S_T$	K

由表 6-2-2 可以看出，期权到期时，对于任意的股票价格，组合 A 的价值都不小于组合B，因此，在起初时刻 $t=0$，组合 A 的价值也应不小于组合 B，即

$$S_0\geqslant K(1+r)^{-T}-P_e(K, 0)\text{或者 } P_e(K, 0)\geqslant K(1+r)^{-T}-S_0$$

考虑到期权价值的非负性，可得到欧式看跌期权的边界为

$$P_e(K, 0)\geqslant \max(0, K(1+r)^{-T}-S_0)$$

综上所述，欧式看跌期权的价格边界可表示为

$$\max(0, K(1+r)^{-T}-S_0)\leqslant P_e(K, 0)\leqslant K(1+r)^{-T} \qquad (6.2.3)$$

2. 美式看跌期权的价格边界

与欧式看跌期权相同，美式看跌期权的最大值也为执行价格，但它不需要贴现，因为期权可以在价格下降为零时即时执行，因此，有 $P_a(K, 0)\leqslant K$。美式看跌期权的下限可表示为 $P_a(K, 0)\geqslant\max(0, K-S_0)$，这可以从无套利原理得到。美式看跌期权也有提前执行的问题，如果股票价格已经下降到一个非常低的水平时，可提前执行期权。因此，对于美式看跌期权，其价格边界为

$$\max(0, K-S_0)\leqslant P_a(K, 0)\leqslant K \qquad (6.2.4)$$

对于以上四种期权的价格边界，可以总结为如表 6-2-3 所示，而其图形为图6-2-1。

表 6-2-3 四种期权的价格边界

期　权	最大值	最小值	下　限
欧式看涨期权	S_0	0	$\max(0, S_0-K(1+r)^{-T})$
美式看涨期权	S_0	$\max(0, S_0-K)$	$\max(0, S_0-K(1+r)^{-T})$
欧式看跌期权	$K(1+r)^{-T}$	0	$\max(0, K(1+r)^{-T}-S_0)$
美式看跌期权	K	$\max(0, K-S_0)$	$\max(0, K-S_0)$

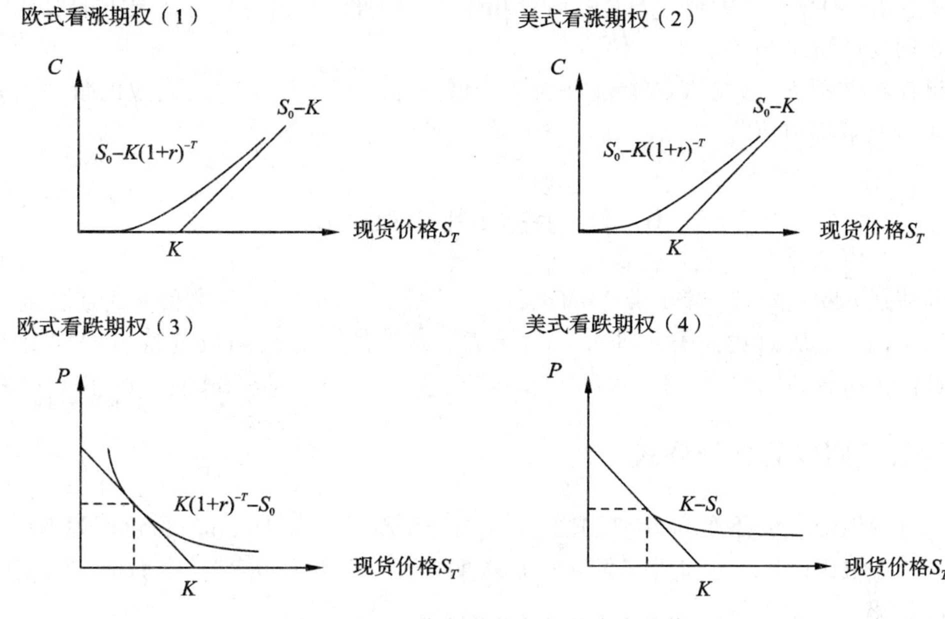

图 6-2-1　期权价格与标的资产价格

对于股票期权而言，以上的讨论没有考虑股票红利问题。由表 6-2-3 可知，对于欧式看涨和看跌期权，在不支付红利的情况下，其价格边界分别为式(6.2.1)和式(6.2.3)，即

$$\max(0,\ S_0-K(1+r)^{-T})\leqslant C_e(K,\ 0)\leqslant S_0$$

$$\max(0,\ K(1+r)^{-T}-S_0)\leqslant P_e(K,\ 0)\leqslant K(1+r)^{-T}$$

如果股票有红利支付 div_0，由于存在红利支付，所以看涨期权价格会下降所支付的红利金额。据此，可得到支付红利情况下欧式看涨和看跌期权的价格边界分别为

$$\max(0,\ S_0-\mathrm{div}_0-K(1+r)^{-T})\leqslant C_e(K,\ 0)\leqslant S_0-\mathrm{div}_0 \tag{6.2.5}$$

$$\max(0,\ K(1+r)^{-T}-S_0+\mathrm{div}_0)\leqslant P_e(K,\ 0)\leqslant K(1+r)^{-T} \tag{6.2.6}$$

6.2.2　欧式期权与美式期权价格的关系

根据欧式和美式期权的含义可知，对于具有相同执行价格和到期日的期权，美式期权至少包含和欧式期权相同的权利，因此，美式期权的价格不低于欧式期权，即有如下关系：

$$C_e(K,\ t)\leqslant C_a(K,\ t),\ P_e(K,\ t)\leqslant P_a(K,\ t) \tag{6.2.7}$$

如果美式期权不能在期权到期日前执行，则美式期权就是欧式期权，此时，它们的价格相同。

如果执行价格和到期日相同，在不支付红利情况下的股票欧式期权和美式期权的价格相等，即 $C_e(K,\ t)=C_a(K,\ t)$。如果 $C_e(K,\ t)<C_a(K,\ t)$，或在期初有 $C_e(K,\ 0)<C_a(K,\ 0)$，则存在套利机会，即出售美式看涨期权，购买欧式看涨期权，并以无风险利率 r 进行 $C_a(K,\ 0)-C_e(K,\ 0)$ 的投资。如果美式期权在 $t\leqslant T$ 时执行，则借入 1 股股票并以价格 K 出售，结清卖出看涨期权的义务，并以利率 r 投资 K，那么在期权到期时，就可以利用欧式期权以价格 K 购买1 股股票，以结清空头头寸。套利利润将为$[C_a(K,\ 0)-C_e(K,\ 0)]\cdot(1+r)^T+K(1+r)^T-K>0$。如果美式期权没有被执行，则套利利润为$[C_a(K,\ 0)-$

$C_e(K, 0)](1+r)^T>0$，从而与无套利假设相矛盾。因此，不支付红利情况下的股票欧式期权和美式期权的价格相等。

如果存在红利支付，在美式看涨期权的价值高于相同条件下欧式期权的价值时，期权会在某些情况下提前执行。

6.3　期权平价公式

如前所述，欧式期权与美式期权的执行时间不同，因而导致欧式和美式期权的价格边界也有所不同。但从欧式或美式期权自身来看，其看涨和看跌期权的执行时间具有同质性，表明看涨和看跌期权的价格之间存在必然联系，而期权平价公式就反映了这种关系。

6.3.1　欧式期权的平价公式

假设有两组证券组合 A 和 B，其中组合 A 为一份欧式看涨期权和一份价值为 $K(1+r)^{-T}$ 的无风险证券组成；组合 B 包含一份欧式看跌期权和一份标的资产组合而成，两组组合的损益情况如表 6-3-1 所示。

表 6-3-1　证券组合损益表

证券组合	组合构成	现在价格($t=0$)	期权到期时组合的价值($t=T$)	
			$S_T<K$	$S_T>K$
组合 A	欧式看涨期权	$C_e(K, 0)$	0	S_T-K
	无风险债券	$K(1+r)^{-T}$	K	K
	合计	$C_e(K, 0)+K(1+r)^{-T}$	K	S_T
组合 B	欧式看跌期权	$P_e(K, 0)$	$K-S_T$	0
	标的资产	S_0	S_T	S_T
	合计	$P_e(K, 0)+S_0$	K	S_T

由表 6-3-1 可以看出，组合 A 和 B 在期权到期日时的价值相等，因此，基于无套利假设，在均衡市场条件下，两种组合的本质相同，在起初的价值也应相等，即

$$C_e(K, 0)+K(1+r)^{-T}=P_e(K, 0)+S_0 \tag{6.3.1}$$

这就是欧式看涨期权和欧式看跌期权的平价关系。它反映了欧式看涨期权、欧式看跌期权和标的资产的现价与无风险利率和期权执行价格的关系。据此，可以计算资产的价格。

例 6-3-1　有一份 6 个月期、执行价格为 120 欧元的股票看涨期权，其价格为 30 欧元。如果标的股票的现在价格为 100 欧元，无风险利率为 5%，试问：相同期限、同一标的资产和执行价格的看跌期权的价格是多少？

解　根据欧式看涨期权和看跌期权平价公式可得

$$\begin{aligned}P_e(K, 0)&=C_e(K, 0)+K(1+r)^{-T}-S_0\\&=30+120\times(1+5\%)^{-0.5}-100=41.77\text{（欧元）}\end{aligned}$$

例 6-3-2　有一支不分红的股票现价为 20 元，其欧式看涨期权的执行价格为 18 元，期限为 6 个月，期权出售价格为 4 元，而相同条件的欧式看跌期权售价为 2 元，连续计息

的无风险利率为 6%。试问：投资者能否进行套利？

解　能否套利的关键是考察是否有套利机会，而这取决于期权平价关系是否被满足。为此，先计算欧式看跌期权的价格。由于无风险利率是连续计息，所以用 e^{-rT} 的形式进行贴现。根据期权平价公式，可以得到无套利时欧式看跌期权的理论价格为

$$P_e(K, 0) = C_e(K, 0) + Ke^{-rT} - S_0 = 4 + 18e^{-0.06\times 0.5} - 20 = 1.47$$

由于欧式看跌期权的理论价格低于实际价格，表明期权平价公式不成立，即存在套利机会。或者说，欧式看跌期权的价值被高估，于是，套利策略如下：购买一份欧式看涨期权和一份面值为 K 的无风险证券，卖出一份欧式看跌期权，套利可获得 0.53 元(2−1.47)的利润。

例 6-3-3　有一支不分红的股票现价为 39 美元，其欧式看涨期权的执行价格为 46 元，期限为 3 个月，期权出售价格为 3 元，而相同条件的欧式看跌期权售价为 2 元，连续计息的无风险利率为 5%。试问：投资者能否进行套利？

解　与上例相似，根据期权平价公式，先计算欧式看跌期权的理论价值

$$P_e(K, 0) = C_e(K, 0) + Ke^{-rT} - S_0 = 3 + 46e^{-0.05\times 0.25} - 39 = 3.5$$

由于欧式看跌期权的理论价格 3.5 元高于实际价格 2 元，表明期权平价公式不成立，即存在套利机会。或者说，欧式看跌期权的价值被低估。于是，套利组合可构造如下：出售一份看涨期权(+3 元)，购买一份看跌期权(−2 元)，购买一单位股票(−39 元)，按 5%借入现金(−39.5 元)，当前得现金收入 1.5 元(或者说，1.5=3.5−2)。

6.3.2　美式期权的平价公式

一、美式期权的平价公式推导

假设美式看涨期权和看跌期权具有相同的期限和执行价格，则期权价格满足不等式：

$$S_0 - K \leqslant C_a(K, 0) - P_a(K, 0) \leqslant S_0 - K(1+r)^{-T} \tag{6.3.2}$$

现证明如下：

(1) 如果右边的不等式不成立，即

$$C_a(K, 0) - P_a(K, 0) - S_0 + K(1+r)^{-T} > 0 \tag{6.3.3}$$

则可以构造套利组合：出售一份看涨期权，购买一份看跌期权和 1 单位标的资产股票，利用货币市场进行融资。如果美式看涨期权的持有者选择在 $t\leqslant T$ 执行期权，则收到并结清货币市场头寸，结束看跌期权得到正的金额：

$$\begin{aligned} & K + [C_a(K, 0) - P_a(K, 0) - S_0](1+r)^t \\ & = [K(1+r)^{-t} + C_a(K, 0) - P_a(K, 0) - S_0](1+r)^t \\ & \geqslant [K(1+r)^{-T} + C_a(K, 0) - P_a(K, 0) - S_0](1+r)^t \\ & > 0 \end{aligned} \tag{6.3.4}$$

如果看涨期权没有被执行，则可在期权到期时执行看跌期权，以价格 K 卖出股票，也可以得到正的金额：

$$K + [C_a(K, 0) - P_a(K, 0) - S_0](1+r)^t > 0 \tag{6.3.5}$$

这表明存在套利机会，从而与无套利假设矛盾。

(2) 如果不等式(6.3.2)中的左边不成立，即

$$C_a(K, 0) - P_a(K, 0) - S_0 + K < 0 \tag{6.3.6}$$

则可以构造套利组合：出售一份看跌期权，购买一份看涨期权，并卖空 1 单位股票，将剩余部分投入到货币市场。如果在时间 $t \leqslant T$ 执行美式看跌期权，则可以从货币市场提取 K 购买 1 股股票结清股票的空头头寸，这样将持有看涨期权和一个正的金额，即

$$[-C_a(K, 0) + P_a(K, 0) + S_0](1+r)^t - K > K(1+r)^T - K \geqslant 0 \tag{6.3.7}$$

如果看跌期权没有被执行，则在期权到期日执行看涨期权，购买 1 单位标的资产股票并结清股票空头头寸，结算货币市场头寸，最后得到正的金额：

$$[-C_a(K, 0) + P_a(K, 0) + S_0](1+r)^T - K > K(1+r)^T - K > 0 \tag{6.3.8}$$

这同样存在套利机会，与无套利假设矛盾。

综合以上两方面可知，不等式(6.3.2)成立，由此可推知，对于美式看涨期权和美式看跌期权，其期权平价公式(6.3.1)也成立，即有

$$C_a(K, 0) + K(1+r)^{-T} = P_a(K, 0) + S_0 \tag{6.3.9}$$

由此可见，无论是欧式期权还是美式期权，其看涨期权和看跌期权的价格都有如下关系：

$$C(K, 0) + K(1+r)^{-T} = P(K, 0) + S_0 \tag{6.3.10}$$

二、期权平价公式的意义

体现看涨期权和看跌期权价格关系的期权平价公式有重要实践意义。不难看出，期权平价公式可以重新写为如下形式：

$$C(K, 0) = S_0 + P(K, 0) - K(1+r)^{-T} \tag{6.3.11}$$

$$P(K, 0) = C(K, 0) + K(1+r)^{-T} - S_0 \tag{6.3.12}$$

$$S_0 = C(K, 0) + K(1+r)^{-T} - P(K, 0) \tag{6.3.13}$$

公式(6.3.11)表明，看涨期权是三个资产的组合：一份标的资产多头、一份看跌期权多头和一份无风险债券空头。每项资产前面的正号表示多头，而负号表示空头。同理，公式 (6.3.12)表明看跌期权是由三个资产构成：一份看涨期权多头、无风险债券多头和一份标的资产空头。公式(6.3.13)表明，一项资产也可以由三种不同金融资产构成：一份看涨期权多头、一份无风险债券多头和一份看跌期权空头。这种组合证券的方法是衍生证券定价的常用方法，它可以通过一些已知的或容易计算的证券价格推导出其他金融资产的价格。之前的例 6-3-1、例 6-3-2 和例 6-3-3 就是很好的说明。

6.4　期权定价的基本影响因素及其应用

根据前面讨论可知，影响期权价格的因素较多，既包括描述期权构成的变量，如执行价格、到期日，也包括描述标的资产的变量，如资产价格、红利因素引起的现金流，还包括反映市场因素的变量，如无风险利率等。本节只讨论执行价格、标的资产价格和到期日这三个基本因素的影响及其应用。

6.4.1　执行价格对期权价格的影响

为分析执行价格对期权价格的影响，考虑标的资产相同、期权执行时间相同，但执行

价格分别为 K_1 和 K_2 的两种期权，其中 $K_1<K_2$。

一、欧式期权

在以上假设下，欧式期权有如下性质：

(1) $$C_e(K_1, 0)\geqslant C_e(K_2, 0) \tag{6.4.1}$$

即看涨期权是执行价格的非增函数，或者可以说，执行价格越低，则欧式看涨期权的价格越高。这个性质是明显的，因为与较高价格的买权相比，较低价格的买权更有价值。

要证明此性质，在只有执行价格是自变量的情况下，构造一个组合：买入欧式看涨期权 $C_e(K_1, 0)$，卖出欧式看涨期权 $C_e(K_2, 0)$，其损益情况见表 6-4-1。

表 6-4-1　欧式看涨期权组合到期日损益

交　易	现在价值($t=0$)	期权到期时组合的价值($t=T$)		
		$S_T<K_1$	$K_1\leqslant S_T\leqslant K_2$	$S_T>K_2$
买入 $C_e(K_1, 0)$	$C_e(K_1, 0)$	0	S_T-K_1	S_T-K_1
卖出 $C_e(K_2, 0)$	$-C_e(K_2, 0)$	0	0	$-(S_T-K_2)$
合计	$C_e(K_1, 0)-C_e(K_2, 0)$	0	$(S_T-K_1)\geqslant 0$	K_2-K_1

由表 6-4-1 可以看出，期权到期日时的组合价值非负，因而在初始时其价值也应非负，得证。

(2) $$P_e(K_1, 0)\leqslant P_e(K_2, 0) \tag{6.4.2}$$

即看跌期权是执行价格的非减函数，表明执行价格越低，则欧式看跌期权的价格也越低。与性质 1 类似，对于欧式看跌期权，与以较低价格卖出资产相比，以较高的价格卖出资产更符合理性投资者的愿望。

对于这一性质的证明也可以利用上述方法。构造一个组合：买入欧式看跌期权 $P_e(K_2, 0)$，卖出欧式看跌期权 $P_e(K_1, 0)$，其损益情况见表 6-4-2。

表 6-4-2　欧式看跌期权组合到期日损益

交　易	现在价值($t=0$)	期权到期时组合的价值($t=T$)		
		$S_T<K_1$	$K_1\leqslant S_T\leqslant K_2$	$S_T>K_2$
买入 $P_e(K_2, 0)$	$P_e(K_2, 0)$	K_2-S_T	K_2-S_T	0
卖出 $P_e(K_1, 0)$	$-P_e(K_1, 0)$	$-(K_1-S_T)$	0	0
合计	$P_e(K_2, 0)-P_e(K_1, 0)$	$(K_2-K_1)>0$	$(K_2-S_T)\geqslant 0$	0

由表 6-4-2 可以看出，期权到期日时的组合价值非负，因而在初始时其价值也应非负，得证。

(3) 欧式看涨期权和看跌期权与执行价格有如下关系：

$$C_e(K_1, 0)-C_e(K_2, 0)\leqslant(1+r)^{-T}(K_2-K_1) \tag{6.4.3}$$

$$P_e(K_2, 0)-P_e(K_1, 0)\leqslant(1+r)^{-T}(K_2-K_1) \tag{6.4.4}$$

此性质可证明如下：根据看涨看跌期权平价公式，有

$$C_e(K_1, 0)-P_e(K_1, 0)=S_0-K_1(1+r)^{-T}$$

$$C_e(K_2, 0)-P_e(K_2, 0)=S_0-K_2(1+r)^{-T}$$

以上两式相减可得

$$[C_e(K_1, 0)-C_e(K_2, 0)]+[P_e(K_2, 0)-P_e(K_1, 0)]=(K_2-K_1)(1+r)^{-T}$$

根据上式可见，左边两项都非负，且它们都不可能单独大于右边，得证。

如果计息方式是连续计息，则性质(3)同样成立，即有

$$C_e(K_1, 0)-C_e(K_2, 0)\leqslant e^{-rT}(K_2-K_1) \tag{6.4.5}$$

$$P_e(K_2, 0)-P_e(K_1, 0)\leqslant e^{-rT}(K_2-K_1) \tag{6.4.6}$$

(4) 欧式看涨和看跌期权是执行价格的凸函数。由性质(3)可以看到，上述不等式的数学意义在于，作为期权价格的欧式看涨期权和看跌期权，满足具有常数 $e^{-rT}<1$ 的利普希茨条件(Lipschitz Condition)，即

$$\begin{aligned}|C_e(K_2, 0)-C_e(K_1, 0)|\leqslant e^{-rT}|K_2-K_1|\\ |P_e(K_2, 0)-P_e(K_1, 0)|\leqslant e^{-rT}|K_2-K_1|\end{aligned} \tag{6.4.7}$$

根据这一条件，对于任意的 $\alpha\in(0.1)$，有

$$\begin{cases}C_e(\alpha K_1+(1-\alpha)K_2, 0)\leqslant \alpha C_e(K_1, 0)+(1-\alpha)C_e(K_2, 0)\\ P_e(\alpha K_1+(1-\alpha)K_2, 0)\leqslant \alpha P_e(K_1, 0)+(1-\alpha)P_e(K_2, 0)\end{cases} \tag{6.4.8}$$

这表明，作为执行价格函数的欧式看涨和看跌期权是执行价格的凸函数。

二、美式期权

在其他条件相同的条件下，与欧式期权类似，执行价格对美式期权价格的影响有如下性质：

(1) $$C_a(K_1, 0)\geqslant C_a(K_2, 0) \tag{6.4.9}$$

即美式看涨期权是执行价格的非增函数。

(2) $$P_a(K_1, 0)\leqslant P_a(K_2, 0) \tag{6.4.10}$$

即美式看跌期权是执行价格的非减函数。

(3) 美式看涨和看跌期权与执行价格有如下关系：

$$C_a(K_1, 0)-C_a(K_2, 0)\leqslant(K_2-K_1) \tag{6.4.11}$$

$$P_a(K_2, 0)-P_a(K_1, 0)\leqslant(K_2-K_1) \tag{6.4.12}$$

这一性质可证明如下，只以看涨期权为例说明。如果不等式不成立，即

$$C_a(K_1, 0)-C_a(K_2, 0)>(K_2-K_1)$$

则可构造组合：卖出执行价格为 K_1 的看涨期权，买入执行价格为 K_2 的看涨期权，将剩余部分$[C_a(K_1, 0)-C_a(K_2, 0)]$进行无风险投资。如果卖出期权在时间$t\leqslant T$执行，将支付非负值$(S_t-K_1)$，另外的期权立刻执行，得到非负值$(S_t-K_2)$。

考虑到关系$(S_t-K_2)-(S_t-K_1)\geqslant(K_2-K_1)$，同时，由于无风险投资总量大于$(K_2-K_1)$，所以得到正的金额，表明存在套利机会，从而与套利假设矛盾，得证。

(4) 美式期权也是执行价格的凸函数，即对于任意的 $\alpha\in(0.1)$，有

$$\begin{cases}C_a(\alpha K_1+(1-\alpha)K_2, 0)\leqslant \alpha C_a(K_1, 0)+(1-\alpha)C_a(K_2, 0)\\ P_a(\alpha K_1+(1-\alpha)K_2, 0)\leqslant \alpha P_a(K_1, 0)+(1-\alpha)P_a(K_2, 0)\end{cases} \tag{6.4.13}$$

6.4.2 标的资产价格对期权价格的影响

标的资产的价格对期权价格也有影响，为研究这种关系，假设影响因素不变，期权价格只是标的资产的函数。标的资产的目前价格 S_0 由当前市场决定，因而不变。为此，考虑

x 股股票构成的资产组合，其价值为 $S=xS_0$，则期权价格可表示为 $C(S)$ 或 $P(S)$。期权的执行价为 K，在 $t\leqslant T$ 执行看涨期权的回报是非负值(xS_T-K)，而执行看跌期权的回报是非负值$(K-xS_T)$。

一、欧式期权

与关于执行价格对期权价格影响的分析方法类似，假设 $S_1<S_2$，可以得到类似的结论：

(1) 欧式看涨期权的价格 $C_e(S)$ 是 S 的非减函数，而看跌期权的价格 $P_e(S)$ 是 S 的非增函数，即

$$\begin{cases}C_e(S_1)\leqslant C_e(S_2)\\ P_e(S_1)\geqslant P_e(S_2)\end{cases}\tag{6.4.14}$$

(2) 欧式看涨期权和看跌期权与标的资产价格有如下关系：

$$\begin{cases}C_e(S_2)-C_e(S_1)\leqslant S_2-S_1\\ P_e(S_1)-P_e(S_2)\leqslant S_2-S_1\end{cases}\tag{6.4.15}$$

(3) 欧式看跌期权的价格是标的资产价格 S 的凸函数，即对于任意的 $\alpha\in(0.1)$，有

$$\begin{cases}C_e[\alpha S_1+(1-\alpha)S_2]\leqslant \alpha C_e(S_1)+(1-\alpha)S_2\\ P_e[\alpha S_1+(1-\alpha)S_2]\leqslant \alpha P_e(S_1)+(1-\alpha)S_2\end{cases}\tag{6.4.16}$$

二、美式期权

与欧式期权的分析类似，假设影响因素不变，期权价格只是标的资产的函数。考虑 x 股股票构成的资产组合，其价值为 $S=xS$。假设 $S_1<S_2$，则有如下结论：

(1) 美式看涨期权是标的资产价格的非增函数，而看跌期权是标的资产价格的非减函数，即

$$\begin{cases}C_a(S_1)\geqslant C_a(S_2)\\ P_a(S_1)\leqslant P_a(S_2)\end{cases}\tag{6.4.17}$$

(2) 美式看涨和看跌期权与标的资产价格有如下关系：

$$\begin{cases}C_a(S_1)-C_a(S_2)\leqslant S_2-S_1\\ P_a(S_2)-P_a(S_1)\leqslant S_2-S_1\end{cases}\tag{6.4.18}$$

(3) 美式期权的价格是标的资产价格 S 的凸函数，即对于任意的 $\alpha\in(0.1)$，有

$$\begin{cases}C_a[\alpha S_1+(1-\alpha)S_2]\leqslant \alpha C_a(S_1)+(1-\alpha)C_a(S_2)\\ P_a[\alpha S_1+(1-\alpha)S_2]\leqslant \alpha P_a(S_1)+(1-\alpha)P_a(S_2)\end{cases}\tag{6.4.19}$$

6.4.3　期权到期日对期权价格的影响

期权到期日对期权价格也有影响，主要体现为资金的时间价值。与前面分析相同，以下分别就看涨期权和看跌期权分别加以说明。

一、看涨期权

为分析到期日对期权价格的影响，假设两份不同的期权，除了到期日不同，其他条件都相同。

考虑美式看涨期权。假设有两份看涨期权 $C_a(K,T_1)$ 和 $C_a(K,T_2)$，其中 $T_2>T_1$。当第一份期权到期时，其价值为 $\max(0,S_{T_1}-K)$，而第二份期权还有时间(T_2-T_1)才到期，

因此，其期权的最小价值为第一份期权的价值，即$\max(0, S_{T_1}-K)$。因此，有

$$C_a(K, T_2) \geqslant C_a(K, T_1) \tag{6.4.20}$$

这表明，美式看涨期权的到期时间越长，则美式看涨期权的价格越高。由于期权价值由其内在价值和时间价值构成，因此，这两份只有到期日不同的看涨期权的区别只表现为时间价值的不同。由此可见，对于两份只有到期日不同的看涨期权，到期日越长，期权的时间价值越大。欧式看涨期权也有同样的特点，即到期日期越长，则期权的时间价值越大，期权价格也越高。

根据看涨期权的这个特点，就可以在图形上描述出其相应关系。如前所述，看涨期权的损益是一条折线(图 6-4-1 左)，而到期日之前，看涨期权的损益是一条曲线(图 6-4-1 右)，其中，曲线超过折线的部分代表时间价值。由于到期日越长，时间价值越大，因此，到期日长的期权损益曲线在到期日较短的期权损益曲线上方。

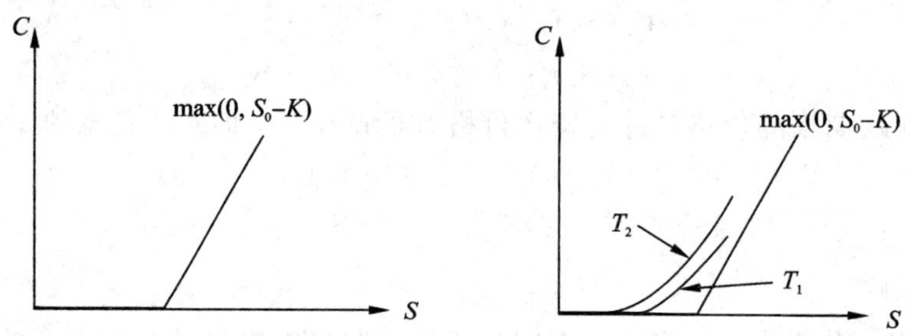

图 6-4-1 到期日与看涨期权损益

由于到期日的不同，看涨期权的时间价值随着到期日的不同和股价偏离执行价格的距离而变化，这种变化反映了未来不确定性程度的不同。如果标的资产价格使得看涨期权处于深度实值状态，则期权的不确定性就低，时间价值就小；同样，如果标的资产价格非常低使看涨期权处于深度虚值状态，不确定性程度的降低也会导致时间价值的减小。如果标的资产价格越接近执行价格，则未来期权是实权还是虚权的不确定性程度提高，时间价值也就提高，当标的资产价格等于执行价格时，这种不确定性程度最高，从而使时间价值也最高(见图 6-4-2)。

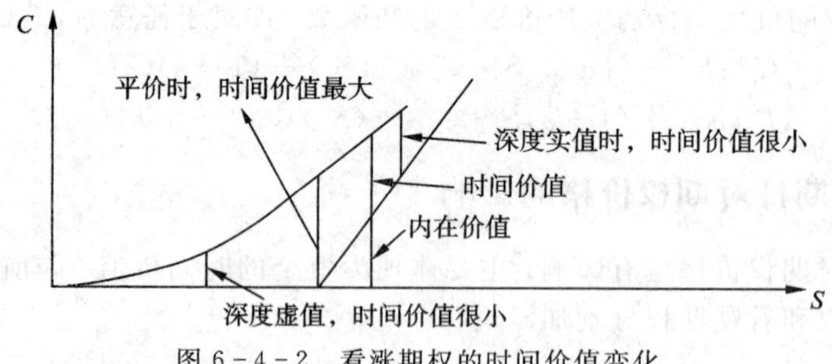

图 6-4-2 看涨期权的时间价值变化

二、看跌期权

对于看跌期权来说，到期日对期权价格的影响与看涨期权相似。以美式看跌期权为例，假设有两份看跌期权 $P_a(K, T_1)$和 $P_a(K, T_2)$，其中 $T_2>T_1$。当第一份期权到期时，其价值为 $\max(0, K-S_{T_1})$，而第二份期权还有时间(T_2-T_1)才到期，因此，其期权的最小价值为第

一份期权的价值，即 $\max(0, K-S_{T_1})$。因此，有

$$P_a(K, T_2) \geqslant P_a(K, T_1) \tag{6.4.21}$$

式(6.4.21)表示，到期日越长，则看跌期权的价格越高。在图 6-4-3 左边，当期权到期时，看跌期权的损益线是一条向右下方方向的折线，而在到期日之前，它是处于折线之上的曲线(图 6-4-3 右)。

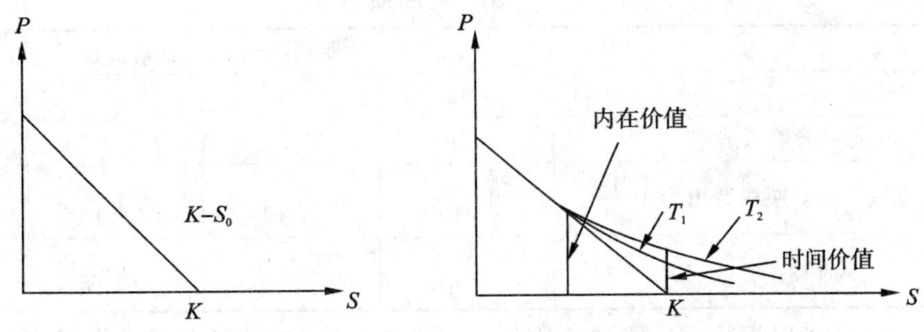

图 6-4-3　看跌期权的到期日与期权价格

对于欧式期权而言，由于期权不能提前执行，因而，到期日与期权价格没有这种关系，即到期日越长，期权价格越高。如果执行期权，则会收到 K 的金额，但也会损失一定的利息。因此，期权价格存在利息和时间价值两方面的影响。如果到期日越长，则时间价值会越高，但利息损失也会增加，所以，总体而言，到期对期权价值的影响是不确定的，如图 6-4-4所示。

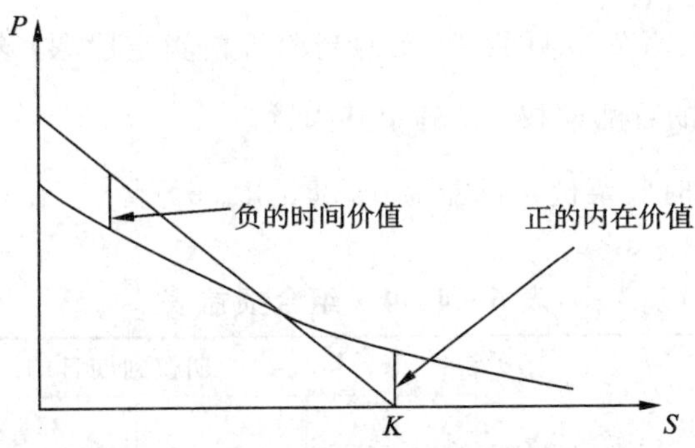

图 6-4-4　欧式看跌期权到期日与期权价值

6.4.4　期权的应用

作为一种金融衍生工具，期权在实际中有广泛的应用，主要体现在资产保值、资产增值和优化资产结构三个方面。

一、资产保值

为了使资产保值，投资者可以采用两种策略：一是购买看跌期权，二是卖空并购买看涨期权。如果投资者购买某公司股票的同时又购买其看跌期权，则无论股票价格如何变化，看跌期权都是一种保值的有效方法。在利用看涨期权时，投资者可以先购买某种期权，再出售标的资产，也可以用先卖空资产，再购买看涨期权的方法进行保值。

例 6-4-1　某投资者以每股 46 元的价格购买了一个公司股票 100 股，同时购买了以

这个股票为标的、执行价格为 45 元、期权费为 $1\frac{1}{16}$元的看跌期权一份。如果期权合约为 100 股股票，则当股票价格为多少时投资者可实现盈亏平衡？

解　如果期权到期时，股票价格可能为 0、25、45 或 65 元，则由题意知，投资组合的损益表如表 6－4－3 所示。

表 6－4－3　组合损益表

	期权到期日的股票价格			
	0	25	45	65
以 46 元每股购买股票	－46	－21	－1	19
购买看跌期权一份，期权费用为 $1\frac{1}{16}$	$43\frac{15}{16}$	$18\frac{15}{16}$	$-1\frac{1}{16}$	$-1\frac{1}{16}$
合计	$-2\frac{1}{16}$	$-2\frac{1}{16}$	$-2\frac{1}{16}$	$17\frac{15}{16}$

由表 6－4－3 可以看出，当股票价格等于或低于 45 元时，投资者会有损失，最大损失为每股 $2\frac{1}{16}$元。当期权到期时，只要股票价格在 45 和 65 元之间，投资者可实现盈亏平衡。利用看跌期权的损益表可以计算出平衡点为股票价格每股 $47\frac{1}{16}$元。

由于投资者购买股票的价格为每股 46 元，而在购买了看跌期权后，当股票价格为 $47\frac{1}{16}$时就可实现盈亏平衡，因此，投资者可以用很少的成本实现资产保值。

例 6－4－2　某投资者先以每股 46 元的当前价格卖空股票，然后再购买执行价格为 50 元、期权费用为$\frac{7}{16}$元的看涨期权，试确定其损益。

解　假设期权到期时股票价格可能为 0、25、35、50 或 65 元，可以得到其损益表，如表 6－4－4 所示。

表 6－4－4　组合损益表

	期权到期日的股票价格				
	0	25	35	50	65
空头出售股票 46 元/每股	46	21	11	－4	－19
购买看涨期权，执行价格为 50 元，期权费为$\frac{7}{16}$元	$-\frac{7}{16}$	$-\frac{7}{16}$	$-\frac{7}{16}$	$-\frac{7}{16}$	$14\frac{9}{16}$
合计	$45\frac{9}{16}$	$20\frac{9}{16}$	$10\frac{9}{16}$	$-4\frac{7}{16}$	$-4\frac{7}{16}$

由表 6－4－4 可以看到，无论到期时股票价格如何变化，其最大亏损为$-4\frac{7}{16}$元，相对于每股 46 元的股票价格，最大亏损幅度小于 10％。可见，购买看涨期权也是实现资产保值的重要方式。

二、资产增值

利用期权也可以实现资产增值，其方法是出售看涨期权或出售看跌期权来获取收益。

出售看涨期权是指在已经购买资产的情况下出售看涨期权。如果投资者已经持有某公司股票 300 股，持股成本为每股 46 元，在此情况下，投资者出售期限为 5 个月、执行价为 50 元、期权费为 $1\frac{1}{4}$元的看涨期权 3 份，则可得期权收入 1.25×300=375 元。期权到期时如果股票价格下跌为零，则每股亏损$\left(46-1\frac{1}{4}\right)=44\frac{3}{4}$元，这是盈亏平衡点。如果期权到期时股票价格超过 50 元，根据协议，期权购买者从投资者那以每股 50 元的价格购买股票，投资者的每股实际收益为$\left(50-46+1\frac{1}{4}\right)=5\frac{1}{4}$元。由此可见，利用期权可为投资者实现资产增值的机会。

投资者在持有股票的同时，也可以出售以这种股票为标的资产的看跌期权。投资者先以每股 46 元的价格购买股票，再出售执行价格为 50 元、期权费为 $4\frac{3}{4}$元的看跌期权，在上述情况下其损益情况如表 6-4-5 所示。

表 6-4-5　组合损益表

	期权到期日的股票价格				
	0	20	40	$45\frac{5}{8}$	60
以每股 46 元购买股票	−46	−26	−6	$-\frac{3}{8}$	14
出售看跌期权，执行价格为 50 元，期权费为 $4\frac{3}{4}$元	$-45\frac{1}{4}$	$-25\frac{1}{4}$	$-5\frac{1}{4}$	$\frac{3}{8}$	$4\frac{3}{4}$
合计	$-91\frac{1}{4}$	$-51\frac{1}{4}$	$-11\frac{1}{4}$	0	$18\frac{3}{4}$

由表 6-4-5 可以看到，如果股票价格上涨超过了执行价格，看跌期权到期没有价值，多头股票产生的利润将随着股票价格的上涨而不断提高；如果股票价格下降后低于执行价格，则有亏损。

三、优化资产结构

投资者的资产可能既包括证券资产，又包括现金，利用期权就可以优化这种资产结构。如果投资者想出售股票，但又不急需现金，则可以通过出售以这种股票为标的资产的看涨期权以增加现金收益。例如，投资者持有现价为每股 46 欧元的股票 10 000 股，同时又持有 100 份以其为标的资产的期限为 2 个月、执行价格为 40 欧元、期权费为 $6\frac{1}{4}$欧元的看涨期权。则投资者可考虑如下两种投资策略：

(1) 出售所有股票，获 460 000 欧元；

(2) 出售 100 份看涨期权，获得 62 500 欧元期权费。如果期权到期时股票价格高于 40 欧元，则以 40 欧元的价格将股票出售给期权购买方，获 400 000 欧元，此时的收益为 62 500+400 000=462 500 欧元。

比较以上两种策略可见，第二种策略可使投资者多获收益 2500 欧元。

如果投资者准备购买某种股票，可以先出售看跌期权以优化资产结构。如果投资者准备以每股 71 欧元的价格购买某股票 1000 股。为防止股票价格可能下跌的风险，投资者可以出售以这个股票为标的资产的为期 3 个月、执行价格为 80 欧元、每股期权费用为 10.5 欧元的看跌期权，则可获期权费用 10 500 欧元。如果期权到期时股票价格依然低于执行价格 80 欧元，则投资者就要以每股 80 欧元的价格购买股票 1000 股，支出 80 000 欧元，减去以前得到的期权费10 500欧元，投资者为获取 1000 股股票的总投资为 69 500 欧元，比计算投资额少 1500 欧元。

6.5 期权定价的二叉树模型

期权是一种资产的选择权，通过构造另一种资产来衡量期权以及其他衍生品的价值是经常运用的方法，但它只是对期权价格的一种估计。与此相似，期权定价的二叉树模型是通过标的资产价格的变化而分析期权价格。二叉树模型由 Cox、Ross 和 Rubinstein(1979)首先推导出来，它虽然简单，但隐含的经济含义较为重要。

期权定价的二叉树模型基于以下思想：第一，衍生证券的价值是基于标的资产的价值，因此，考虑标的资产价格的变动是理想的分析路径选择；第二，风险中性估值，即假设投资者风险中性，不要求对风险补偿，所有无风险证券的预期收益率都为无风险利率；第三，无套利假设成立，即市场不存在套利机会。

本节只以欧式股票期权的定价问题为例进行说明。

6.5.1 模型假设

在期权定价的二叉树模型中，假设如下：

(1) 资本市场完全竞争；

(2) 无交易成本和税收；

(3) 无卖空限制；

(4) 市场存在固定利率的无风险资产；

(5) 股票不支付红利；

(6) 投资者理性和风险中性。

6.5.2 单期二叉树模型

单期模型只有一个时期。假设存在两个时刻点 $t=0$ 和 $t=T$，其时间间隔为 $\Delta t=T$(应折算为与无风险利率相同的期限)。在 $t=0$ 时股票的价格为 S，而 $t=T$ 时的股票价格为随机变量，分别为股票价格上涨状态的价格 uS 和股票价格下降状态的价格 dS，其中，$u>1$，$d<1$，这分别表示股票价格会上涨到 uS 或下跌到 dS。无风险利率为 r_f，并令 $r=1+r_f\Delta t$。在不存在套利的情况下，$u>1+r_f>1+r_f\Delta t>d$，股票上涨的概率为 g。

假设股票看涨期权的执行价格为 K，当 $t=1$ 时，股票价格上涨时期权价格为 $C^+=\max(uS-K, 0)$，而股票价格下跌时的期权价格 $C^-=\max(dS-K, 0)$，期权在 $t=0$ 的价格为 C。股票价格及其期权价格变化见图 6-5-1。

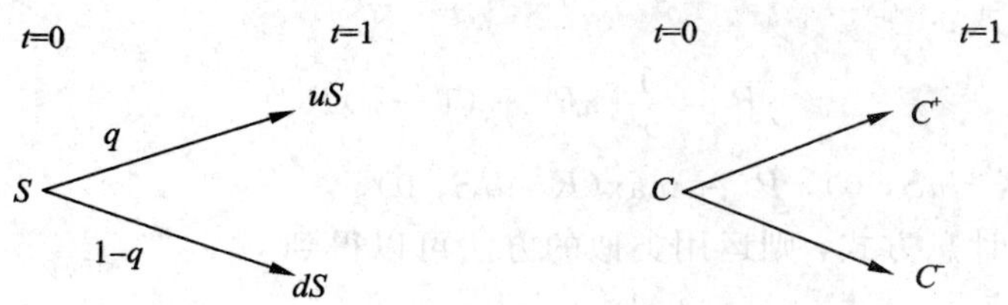

图 6-5-1 股票价格及股票期权价格的变化

为计算期权价格，现在假设投资者购买了 n 份股票和无风险资产 B，它们满足以下条件：

$$\begin{cases} C^{+}=nuS+rB \\ C^{-}=ndS+rB \end{cases} \tag{6.5.1}$$

式(6.5.1)分别表示这一组合的价值正好等于时刻 1 的期权价值。

解方程组(6.5.1)可得

$$\begin{cases} n=\dfrac{C^{+}-C^{-}}{S(u-d)} \\ B=\dfrac{uC^{-}\ dC^{+}}{(u-d)r} \end{cases} \tag{6.5.2}$$

在式(6.5.2)中，n 称为对冲率(Hedge Ratio)。根据无套利原则，因为资产组合的价值在时刻 1 与期权的价格相等，因此，在时刻 0 时资产组合的价值也应与期权价值 C 相等，因此，在时刻 0，应有

$$C=nS+B \tag{6.5.3}$$

将式(6.5.2)代入式(6.5.3)可得

$$C=\frac{1}{r}\left(\frac{r-d}{u-d}C^{+}+\frac{u-r}{u-d}C^{-}\right) \tag{6.5.4}$$

在式(6.5.4)中，容易看到

$$\frac{r-d}{u-d}+\frac{u-r}{u-d}=1 \tag{6.5.5}$$

令

$$\pi=\frac{r-d}{u-d}$$

于是式(6.5.4)变为

$$C=\frac{1}{r}\left(\frac{r-d}{u-d}C^{+}+\frac{u-r}{u-d}C^{-}\right)=\frac{1}{r}[\pi C^{+}+(1-\pi)C^{-}] \tag{6.5.6}$$

式(6.5.6)表明，时刻 0 的期权价格就是时刻 1 期权价格的期望值的折现值。它同时表明，期权价格与投资者的风险偏好无关。

如果股票上涨和下跌的概率满足以下条件：

$$\begin{cases} g(uS)+(1-g)dS=rS \\ g=\pi \end{cases} \tag{6.5.7}$$

则它表明，股票价格上涨和下跌的期望值等于风险资产的价值，此时称 π 为风险中性概率。

在上面的分析中，如果构建的组合为一份看跌期权多头和 n 份股票空头，则可以得到

看跌期权的定价公式：

$$P=\frac{1}{r}[\pi P^{+}+(1-\pi)P^{-}] \tag{6.5.8}$$

其中，$P^{+}=\max(K-uS,0)$，$P^{-}=\max(K-dS,0)$。

如果采用连续计息方式，则运用类似的方法可以得到

$$\begin{cases}C=\dfrac{1}{e^{r_f\Delta t}}[\pi C^{+}+(1-\pi)C^{-}]\\ P=\dfrac{1}{e^{r_f\Delta t}}[\pi P^{+}+(1-\pi)P^{-}]\end{cases} \tag{6.5.9}$$

其中，$\pi=\dfrac{e^{r_f\Delta t}-d}{u-d}$。如果用$\delta$表示资产价格的波动率，则有

$$u=e^{\delta\sqrt{\Delta t}},\ d=e^{-\delta\sqrt{\Delta t}} \tag{6.5.10}$$

例 6-5-1 有一份欧式股票看涨期权，其执行价格为 21 元，期限为 3 个月。目前股票价格为 20 元，未来 3 个月内股票可能上涨到 22 元或下跌到18 元，无风险利率为 12%。试分别计算间断计息和连续计息时看涨期权的价格和对冲率。

解 由题意可知，股票上涨倍数和下降倍数u和d分别为 1.1 与 0.9。两期的间隔为 3 个月或 0.25 年。

如果无风险利率间断计息，则

$$\pi=\frac{r-d}{u-d}=\frac{(1+r_f\Delta t)-d}{u-d}=\frac{1+12\%\times0.25-0.9}{1.1-0.9}=0.65$$

$$C^{+}=\max(uS-K,0)=(22-21,0)=1,\ C^{-}=\max(18-21,0)=0$$

$$C=\frac{1}{r}[\pi C^{+}+(1-\pi)C^{-}]=\frac{1}{1+12\%\times0.25}[0.65\times1+0.35\times0]=0.6311$$

如果无风险利率连续计息，则

$$\pi=\frac{e^{r_f\Delta t}-d}{u-d}=\frac{e^{12\%\times0.25}-0.9}{1.1-0.9}=0.6523$$

$$C=\frac{1}{e^{r_f\Delta t}}[\pi C^{+}+(1-\pi)C^{-}]=\frac{0.6523\times1+0.3477\times0}{e^{0.03}}=0.633\text{（元）}$$

两种情况下的对冲率均为

$$n=\frac{C^{+}-C^{-}}{S(u-d)}=\frac{1-0}{22-18}=0.25$$

例 6-5-2 在例 6-5-1 中，如果看涨期权是看跌期权，试计算看跌期权价格。

解 对于看跌期权，根据题意有

$$P^{+}=\max(K-uS,0)=(21-22,0)=0$$

$$P^{-}=\max(K-dS,0)=\max(21-18,0)=3$$

根据看跌期权的定价公式，可得

$$P=\frac{1}{r}[\pi P^{+}+(1-\pi)P^{-}]=\frac{1}{1+12\%\times0.25}(0.65\times0+0.35\times3)=1.0194\text{（元）}$$

或

$$P=\frac{\pi\times P^{+}+(1-\pi)P^{-}}{e^{r_f\Delta t}}=\frac{0.6523\times0+0.3477\times3}{e^{0.03}}=1.0123\text{（元）}$$

6.5.3 两期二叉树模型

单期二叉树模型只考虑了股票价格未来的两种情况。如果再扩展为未来股票价格的三

种情况，则是两期二叉树模型。从研究方法上看，单期模型利用的是倒推法，将其应用在两期模型的分析上，计算过程实际上是由 $t=T$ 时的股票价格和期权价格以无风险利率计算出 $t=T/2$ 时的期权价格，再由 $t=T/2$ 时的期权价格进一步计算出 $t=0$ 时的期权价格。为简单起见，只以股票欧式看涨期权为例进行说明。

两期二叉树模型可表示为如图 6-5-2 所示。

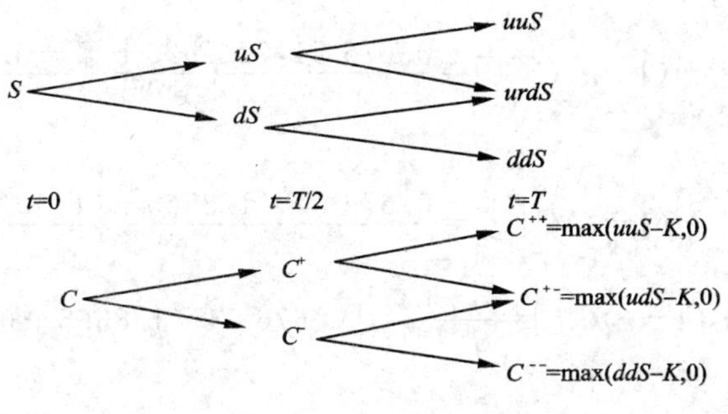

图 6-5-2　两期二叉树

由图 6-5-2 可见，两期实际上可以看成两个单期来分析。利用看涨期权的单期公式(6.5.6)可得

$$\begin{cases} C^{+}=\dfrac{1}{r}[\pi C^{++}+(1-\pi)C^{-+}] \\ C^{-}=\dfrac{1}{r}[\pi C^{+-}+(1-\pi)C^{+--}] \end{cases} \tag{6.5.11}$$

将式(6.5.11)再代入公式(6.5.6)中，可得

$$C=\frac{1}{r^{2}}[\pi^{2}C^{++}+2\pi(1-\pi)C^{-+}+(1-\pi)^{2}C^{--}] \tag{6.5.12}$$

如果无风险利率是连续计息，式中的 $r=1+r_f\Delta t$ 可修改为 $e^{r_f\Delta t}$。

对于欧式看跌期权，在三个时点上的期权价格计算公式依次如下：

$$P^{++}=\max(K-uuS,0),\ P^{+-}=\max(K-udS,0),\ P^{--}=\max(K-ddS,0) \tag{6.5.13}$$

$$P^{+}=\frac{1}{r}[\pi P^{++}+(1-\pi)P^{+-}],\ P^{-}=\frac{1}{r}[\pi P^{+-}+(1-\pi)P^{--}] \tag{6.5.14}$$

$$P=\frac{1}{r}[\pi P^{+}+(1-\pi)P^{-}]=\frac{1}{r^{2}}[\pi^{2}\times P^{++}+2\pi(1-\pi)P^{+-}+(1-\pi^{2}P^{--})] \tag{6.5.15}$$

例 6-5-3　现有不分红的股票，其现价为 37 欧元，在未来的 6 个月中，每 3 个月股票价格可能上涨或下跌 5%，连续复合收益率为 7%，试计算期限为 6 个月，执行价格为 38 欧元的欧式看涨期权的价值。

解　由题意知，$u=1.05$，$d=0.95$，$r=0.07$，$T=0.5$，$\Delta t=0.25$。由于数值接近 1，因此，为计算到期日期权价格方便，让 $u^2=d^2=ud=1$，有

$$C^{++}=\max(uuS-K,0)=\max[uuS_0(1+5\%)^2-K,0]\approx\max[S_0(1+5\%)^2-K,0]$$
$$=\max[37\times(1+5\%)^2-38,0]=2.7925$$

$$C^{+-}=\max(udS-K,0)=\max[udS_0(1+5\%)(1-5\%)-K,0]$$

$$\approx \max[37\times(1+5\%)(1-5\%)-38, 0]=0$$

$$C^{--}=\max(ddS-K, 0)=\max[ddS_0(1-5\%)^2-K, 0]$$

$$\approx \max[S_0(1-5\%)^2-K, 0]=0$$

由于无风险利率为连续收益率，因此，

$$\pi=\frac{e^{r_f\Delta t}-d}{u-d}=\frac{e^{0.07\times 0.25}-0.95}{1.05-0.95}=0.676\ 54$$

$$C^{+}=\frac{1}{e^{r_f\Delta t}}[\pi C^{++}+(1-\pi)C^{+-}]=\frac{0.676\ 54\times 2.7925+(1-0.676\ 54)\times 0}{e^{0.07\times 0.25}}$$

$$=1.8565$$

$$C^{-}=\frac{1}{e^{r_f\Delta t}}[\pi C^{+-}+(1-\pi)C^{--}]=\frac{0.676\ 54\times 1.8565+(1-0.676\ 54)\times 0}{e^{0.07\times 0.25}}=0$$

$$C=\frac{1}{e^{r_f\Delta t}}[\pi C^{+}+(1-\pi)C^{-}]=\frac{1}{e^{0.07\times 0.25}}[0.676\ 54\times 1.8565+(1-0.676\ 54)\times 0]$$

$$=1.2342$$

6.5.4　一般情况的二叉树模型

对于多期的情况，也可以利用单期和两期的思路进行处理。在 N 期的情形，假设股票有 n 次上涨，另外 $N-n$ 次下跌，期权的价值为 $\max(u^n d^{N-n}S-K, 0)$。可以通过归纳法证明：

$$C-\frac{1}{r^N}\sum_{i=0}^{N}B(i\mid N, p)\max(u^i d^{N-i}S-K, 0) \tag{6.5.16}$$

其中，

$$B(i|N, p)=\frac{N!}{i!(N-i)!}p^i(1-p)^{N-i}$$

由本节二叉树模型的分析可以看到，其基本思想是假设资产价格的变动是由大量的、小幅度地向两个方向变化的运动构成，用离散的随机游走模型模拟资产价格的连续运动。事实上，当二叉树模型中每期的时间趋近于零时，模型收敛于连续的对数正态分布模型，即 Black-Scholes 偏微分方程。二叉树模型和 Black-Scholes 的相同点还在于：它们都可以通过选择适当的对冲率 n，构造一个由 n 份标的资产多头和一份期权空头组成的套利组合，然后对期权定价。与此同时，二叉树模型与风险中性原理相同，即模型中的收益率和贴现率均为无风险利率，这些是学习时应思考的问题。

6.6　Black-Scholes 期权定价模型

期权是一种选择权，是一种可交易的金融资产，期权定价问题吸引了众多科学家展开研究。斯克尔斯与他的同事、已故数学家费雪·布莱克(Fischer Black)在 70 年代初合作研究出了一个期权定价公式。与此同时，默顿也发现了同样的公式及其相关结论。基于对期权定价的重要贡献，哈佛商学院教授罗伯特·默顿(RoBert Merton)和斯坦福大学教授迈伦·斯克尔斯(Myron Scholes)获得了 1997 年第二十九届诺贝尔经济学奖。他们创立和发展的布莱克-斯克尔斯期权定价模型(Black Scholes Option Pricing Model)为基于价格变动的衍生金融工具定价奠定了基础。

6.6.1 理论基础

由于期权价格与标的资产价格紧密相关，因而有必要考虑标的资产如股票价格的变动模式。为此，先要明确一些概念和引理。

一、随机过程与马尔可夫过程

如果变量以某种不确定的方式随时间而变化，就称该变量遵循某种随机过程。其中，如果变量只在某些确定的时间点上变动，即时间变量只能取某些离散值，则称为离散时间的随机过程；如果变量可以在任意时刻发生，即时间变量可以取某一范围内的任意值，则称为连续时间的随机过程。进一步看，如果变量未来的预测值只与当前价值有关，而与变量的历史数据及其从过去到现在的演变方式无关，则称这一随机过程为马尔可夫过程。显然，股票价格变动的马尔可夫性质与股票市场弱有效性的本质相同。

二、基本维纳过程

作为一种特殊的马尔可夫过程，物理学中的维纳过程用来描述某个粒子受到大量小分子碰撞的运动。假设有随机过程 $Z=Z(t)$，在一个很小的时间间隔 Δt 的变化用 Δz_t 表示。如果 Δz_t 满足：

(1)
$$\Delta z_t=\varepsilon\sqrt{\Delta t} \tag{6.6.1}$$

其中 ε 是服从标准正态分布的随机变量。

(2) 对于不同的时间间隔 Δt_1 和 Δt_2，如果 $\Delta t_1\neq\Delta t_2$，则，Δz_1 和 Δz_2 相互独立；则称 $Z=Z(t)$为维纳过程或布朗运动。

由上面定义可以看出，Δz_t 是服从期望值为零、方差为 Δt 的正态分布的随机变量。

如果令 $\Delta\to 0$，则条件(1)可写成微分方式：

$$\mathrm{d}z=\varepsilon\sqrt{\mathrm{d}t} \tag{6.6.2}$$

在上式中，ε 的期望值为零(即漂移率为零)、方差为 1，表明未来时刻的 Z 价值等于其当前值。

三、一般维纳过程

一般维纳过程可表述如下：

$$\mathrm{d}x=a\mathrm{d}t+b\mathrm{d}z \tag{6.6.3}$$

其中，a 和 b 为常数，漂移率(即单位时间内的平均漂移)的期望值为 a，方差率(即单位时间的方差)为 b^2。

四、伊藤过程

在一般维纳过程中，如果 a 和 b 不是常数，而是 x 和 t 的函数，则一般维纳过程称为伊藤过程，即

$$\mathrm{d}x=a(x,t)\mathrm{d}t+b(x,t)\mathrm{d}z \tag{6.6.4}$$

对于包括股票期权在内的金融衍生品而言，其价格是标的资产价格和时间的函数，因而，伊藤过程对于股票期权有重要意义。

五、伊藤引理

假设变量 x 遵循伊藤过程：

$$dx=a(x,t)dt+b(x,t)dz$$

其中，dz 是基本维纳过程，设 $G=G(x,t)$ 是 x 和 t 的函数，且二次连续可微，则 $G=G(x,t)$ 遵循如下过程：

$$dG=\left(a\frac{\partial G}{\partial x}+\frac{\partial G}{\partial t}+\frac{1}{2}b^2\frac{\partial^2 G}{\partial x^2}\right)dt+b\frac{\partial G}{\partial x}dz \tag{6.6.5}$$

6.6.2 假设条件

Black-Scholes 期权定价模型的假设条件如下：

(1) 标的资产为风险资产，且其价格 S 服从对数正态分布，即 $dS=S\mu dt+S\sigma dz$。

在这一假设中，标的资产价格的瞬时变动值为 dS，而时间的瞬时变动值为 dt。dz 为均值为零、方差为 dt 的无穷小的随机变化值，μ 为股票价格在单位时间内的期望收益率(以连续复利表示)，σ 是股票价格的波动率，即证券收益率在单位时间内的标准差，且 σ 和 μ 已知。其中，$dz=\varepsilon\sqrt{dt}$ 称为标准布朗运动，而 ε 是从标准正态分布(即均值为零、标准差为 1 的正态分布)中取出的一个随机值。

本假设又可以改写为：$\frac{dS}{S}=\mu dt+\sigma dz$，它表明 S 遵循几何布朗运动，股票价格的变动率(左方)来源于两方面：一是单位时间内已知的收益变化 μ(称为漂移率)，可以被看成是总体变化；二是随机波动变化 σdz，可理解为随机波动引起的股票价格偏离总体的部分。

(2) 在期权有效期内，标的资产没有现金收益支付。结合假设(1)可见，标的资产价格的变化均匀且连续，不存在跳跃的情况。

(3) 没有交易费用、税收和保证金。结合假设(2)可见，投资者的收益只来源于股票价格的变动，而与其他因素无关。

(4) 标的资产能够连续、自由地交易，无卖空限制，且资产完全可分。

(5) 在期权有效期内，无风险利率 r 为常数，投资者能够按照此无风险利率无限借贷。

(6) 期权为欧式看涨期权，执行价格为 K，当前时间为 t，期权到期时间为 T。

(7) 不存在无风险的套利机会，即所有无风险资产组合具有相同的无风险收益率 r。

6.6.3 Black-Scholes 欧式期权定价公式

一、期权定价公式

在以上假设条件下，以 $C(S,t)$ 表示欧式买入期权的价值，Black-Scholes 得到了无收益资产的欧式期权价格的偏微分方程：

$$\frac{\partial C}{\partial t}+\frac{1}{2}\sigma^2S^2\frac{\partial^2 C}{\partial S^2}+rS\frac{\partial C}{\partial S}=rC \tag{6.6.6}$$

对于上面的微分方程，可讨论如下：

(1)如果 $S=0$，则期权没有价值，即有初始条件

$$C(0,t)=0 \tag{6.6.7}$$

(2) 当 $S\to\infty$ 时，$C(S,t)\to\infty$，所以有

$$C(S,t)\approx S,\ S\to\infty \tag{6.6.8}$$

(3) 当期权到期时，即 $t=T$ 时，有期权价格的边界条件：

$$C(S,\ t)=\max(S-K,\ 0) \tag{6.6.9}$$

根据条件式(6.6.7)、式(6.6.8)和式(6.6.9)，求解方程(6.6.6)，就可得到 Black-Scholes 欧式期权定价公式：

$$C(S,\ t)=SN(d_1)-Ke^{-r(T-t)}N(d_2) \tag{6.6.10}$$

其中，

$$\begin{cases} d_1=\dfrac{\ln\left(\dfrac{S}{K}\right)+\left(r+\dfrac{1}{2}\sigma^2\right)(T-t)}{\sigma\sqrt{T-t}} \\ d_2=\dfrac{\ln\left(\dfrac{S}{K}\right)+\left(r-\dfrac{1}{2}\sigma^2\right)(T-t)}{\sigma\sqrt{T-t}}=d_1-\sigma\sqrt{T-t} \end{cases} \tag{6.6.11}$$

由期权平价公式和累积正态分布的性质，$N(d)+N(-d)=1$，可得欧式卖出期权的定价公式：

$$P(S,\ t)=Ke^{-r(T-t)}N(-d_2)-SN(-d_1) \tag{6.6.12}$$

在标的资产无收益的情况下，美式看涨期权等同于欧式看涨期权，因此，公式(6.6.10)也是无收益情况下美式看涨期权的定价公式。由于美式看涨和看跌期权之间不存在严格的平价关系，因此，无论标的资产有无收益，都无法得出美式看跌期权的定价公式，但可以通过数值方法计算出近似值。

二、几点说明

关于期权定价模型，需要说明以下几点：

(1) 期权价格与标的资产的预期收益率 μ 无关。标的资产的预期收益率反映了投资者的风险收益偏好，属于主观因素，表明期权价格不受这个主观因素的影响，从而简化了期权定价的难度。从期权定价公式中不难看到，期权价格只与标的资产的当前价格 S、执行价格 K、当前时间 t、证券价格的波动率 σ 和无风险利率 r 这些客观变量相关。因此，在对衍生品定价时，可以假设所有投资者都是风险中性。

(2) 在期权定价公式中，$N(d_2)$可以理解为风险中性条件下欧式看涨期权被执行的概率，或者说是 $S_T>K$ 的概率，$Ke^{r(T-t)}N(d_2)$则是期权可能产生的收入现值。$SN(d_1)=e^{-(T-t)}S_TN(d_1)$是 S_T 风险中性期望值的现值，可以认为是期权持有者未来可能支付价格的现值。因此，欧式看涨期权可以理解为期权未来期望回报的现值。

例 6-6-1　现有不分红的股票价格为 50 元，其年度波动率为 10%。如果以该股票为标的资产的期权执行价格为 50 元，市场无风险利率为 12%，试计算 1 年期的欧式看涨和看跌期权的价格。

解　由题意可知，$S=50$，$K=50$，$r=0.12$，$\sigma=0.1$，$T=1$。

将其代入式(6.6.11)得

$$d_1=\frac{\ln\left(\dfrac{S}{K}\right)+\left(r+\dfrac{1}{2}\sigma^2\right)(T-t)}{\sigma\sqrt{T-t}}=\frac{\ln\left(\dfrac{50}{50}\right)+\left(0.12+\dfrac{1}{2}\times 0.1^2\right)\times(1-0)}{0.1\times\sqrt{1-0}}=1.25$$

$$d_2=\frac{\ln\left(\dfrac{S}{K}\right)+\left(r-\dfrac{1}{2}\sigma^2\right)(T-t)}{\sigma\sqrt{T-t}}=d_1-\sigma\sqrt{T-t}=1.25-0.1\sqrt{1-0}=1.15$$

$$N(d_1)=N(1.25)=0.8944,\ N(d_2)=0.8749$$

将以上结果代入式(6.6.10)和式(6.6.12)可得欧式看涨和看跌期权的价格分别为

$$C(S,t)=SN(d_1)-Ke^{r(T-t)}N(d_2)=50\times0.8944-50\times0.8749e^{-0.12\times1}=5.92(\text{元})$$

$$P(S,t)=Ke^{-r(T-t)}N(-d_2)-SN(-d_1)=50\times(1-0.8749)e^{-0.12\times1}-50\times(1-0.8944)=0.27(\text{元})$$

6.6.4 Black-Scholes 期权定价公式的拓展

以上讨论的 Black-Scholes 期权定价公式需要一些假设条件，如在期权有效期内，标的股票无红利支付，但在现实生活中，存在股票支付红利的情况，此时，Black-Scholes 期权定价公式会发生一些变化。

一、连续支付红利

假设在期权有效期内公司连续支付股票红利 D，则持有标的资产的投资者在 $\mathrm{d}t$ 时间内的红利收入为 $DS\mathrm{d}t$。由于已经有红利支付，因此，在红利支付后，标的资产的价格也应相应下降 $DS\mathrm{d}t$，此时价格的随机过程为

$$\mathrm{d}S=\sigma S\mathrm{d}x+(\mu-D)S\mathrm{d}t \tag{6.6.13}$$

如果投资者持有价值为 D 的期权和数量为 δ 的标的资产，支付红利后标的资产的价值下降值为 $DS\delta\mathrm{d}t$，则该组合价值的变化 $\mathrm{d}\pi$ 为

$$\mathrm{d}\pi=\mathrm{d}V-DS\delta\mathrm{d}t \tag{6.6.14}$$

由此可以得到微分方程

$$\frac{\partial V}{\partial t}+\frac{1}{2}\sigma^2S^2\frac{\partial^2V}{\partial S^2}+(r-D)S\frac{\partial V}{\partial S}-rV=0 \tag{6.6.15}$$

解上面微分方程即得连续支付红利时的期权定价公式

$$C(S,t)=e^{D(T-t)}SN(d_1)-Ke^{-r(T-t)}N(d_2) \tag{6.6.16}$$

其中，

$$\begin{cases} d_1=\dfrac{\ln\left(\dfrac{S}{K}\right)+\left(r-D+\dfrac{1}{2}\sigma^2\right)(T-t)}{\sigma\sqrt{T-t}} \\ d_2=d_1-\sigma\sqrt{T-t} \end{cases} \tag{6.6.17}$$

二、离散支付红利

如果在时刻 $t=t_b$ 时公司支付一次红利，支付率为 d_b，资产持有者此时的收入为 d_bS，S 是支付红利时标的资产的价格。根据无套利假设，标的资产支付红利后的价值 $S(t_b^+)$ 应与支付前的价值 $S(t_b^-)$ 经调整后的价值相等，即

$$S(t_b^+)=S(t_b^-)(1-d_b) \tag{6.6.18}$$

相应地，根据无套利假设，基于时间变化的期权价值在支付红利前和支付红利后的价值也应相等，即

$$V[S(t_b^+),t_b^+]=V[S(t_b^-),t_b^-] \tag{6.6.19}$$

将式(6.6.18)代入式(6.6.19)中，可得

$$V(S,t_b^-)=V[S(1-d_b),t_b^+] \tag{6.6.20}$$

现考虑欧式买入期权。假设在期权有效期内只在 $t=t_b$ 时支付一次红利，则期权定价的思路如下：

(1) 求解 t_b^+ 到期权到期日的 Black-Scholes 微分方程；

(2) 应用式(6.6.19)和式(6.6.20)，从到期日向前推，计算时刻 t_b^- 的期权价值；

(3) 以 t_b^- 为终点，计算其以前的期权价值。

根据以上思路，如果 $C_b(S, t)$是包含红利的买入期权的价值，$C(S, t, K)$是执行价格为 K 时的欧式期权的价值。在支付红利以后，由于不再支付红利，所以期权就是不存在红利支付的期权，即有

$$C_b(S, t) = C(S, t, K),\ t_b^+ \leqslant t \leqslant T \tag{6.6.21}$$

利用式(6.6.19)可得

$$C_b(S, t_b^-) = C_b[S(1-d_b), t_b^+] = C_b[S(S-d_b), t_b^+; K] \tag{6.6.22}$$

在期权到期日，有

$$\begin{aligned} C_b[(S-d_b), T; K] &= \max[S_T(1-d_b)-K, 0] \\ &= (1-d_b)\max[S_T - K(1-d_b)^{-1}, 0] \end{aligned} \tag{6.6.23}$$

因此，在支付红利前，有

$$C_b(S, t) = (1-d_b)C[S, t, K(1-d_b)^{-1}],\ t \leqslant t_b \tag{6.6.24}$$

由此可见，红利的支付使期权的价值降低。

进一步看，如果期权定价公式中的参数随着时间的变化而变化，则微分方程仍然成立，由此可以推导出期权定价模型的拓展形式(读者自己可以练习)。

6.7 影响期权价格波动的因素分析

由上面的讨论可知，标的资产价格 S、执行价格 K、期权期限 T、无风险利率 r 以及股票价格波动率 σ 等都是期权价格的影响因素。在此基础上，本节要进一步分析影响期权价格波动的因素。为便于分析，以下以无收益资产欧式看涨期权为例说明这些因素对期权价格波动的影响。

6.7.1 期权 Delta(Δ)

如果期权价格为 C，期权的 Delta 值为 Δ，则定义如下：

$$\Delta = \frac{\partial C}{\partial S} \tag{6.7.1}$$

由式(6.7.1)可知，期权的 Delta 值反映了期权价格对标的资产价格的变化的敏感程度。由于期权价格与标的资产价格不是线性关系，因此，这种敏感性程度只是在标的资产价格的很小变化范围内有效。

将欧式看涨期权价格公式(6.6.10)代入式(6.7.1)可得

$$\Delta = \frac{\partial C}{\partial S} = N(d_1) + SN'(d_1)\frac{\partial d_1}{\partial S} - Ke^{-rT}N'(d_2)\frac{\partial d_2}{\partial S} \tag{6.7.2}$$

由式(6.6.11)得

$$\frac{\partial d_1}{\partial S} = \frac{\partial d_2}{\partial S} \tag{6.7.3}$$

将式(6.7.3)代入式(6.7.2)中

$$\Delta = \frac{\partial C}{\partial S} = N(d_1) + [SN'(d_1) - Ke^{-rT}N'(d_2)]\frac{\partial d_2}{\partial S} \tag{6.7.4}$$

考虑到 N 是累积正态分布，因此

$$N'(d_2) = \frac{1}{2\pi}e^{-\frac{d_2^2}{2}} = \frac{1}{2\sqrt{\pi}}e^{-(d_1-\sigma\sqrt{T}^2)}\frac{1}{2\sqrt{\pi}}e^{-\frac{d_1^2}{2}}e^{-2d_2\sqrt{\pi}-\sigma^2 T} = N'(d_1)\cdot\frac{S}{K}e^{-rT} \tag{6.7.5}$$

将式(6.7.5)代入式(6.7.2)中，则有欧式看涨期权的 Delta 值为

$$\Delta_C = N(d_1) \tag{6.7.6}$$

由欧式看涨与看跌期权的平价公式，可得欧式看跌期权的 Delta 值为

$$\Delta_P = -N(-d_1) = N(d_1) - 1 \tag{6.7.7}$$

根据累积标准正态分布函数的性质可知，$0<N(d_1)<1$，因此，无收益资产欧式看涨期权多头的 Delta 值介于 0 与 1 之间，而无收益资产欧式看跌期权多头的 Delta 值介于－1 和 0 之间。与此相反，无收益资产欧式看涨期权空头的 Delta 值介于－1 和 0 之间，而无收益资产欧式看跌期权空头的 Delta 值介于 0 和 1 之间(见图 6－7－1)。

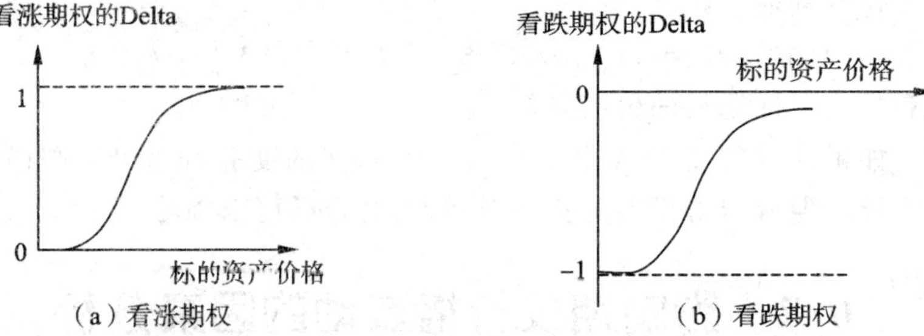

图 6－7－1　无收益资产看涨和看跌期权的 Delta 值与标的资产价格的关系

由累积正态分布函数的 $N(d_1)$的性质可知，无收益资产看涨期权和看跌期权在期权处于实值、平价和虚值状态时的 Delta 值与期权到期期限之间的关系(见图 6－7－2)。

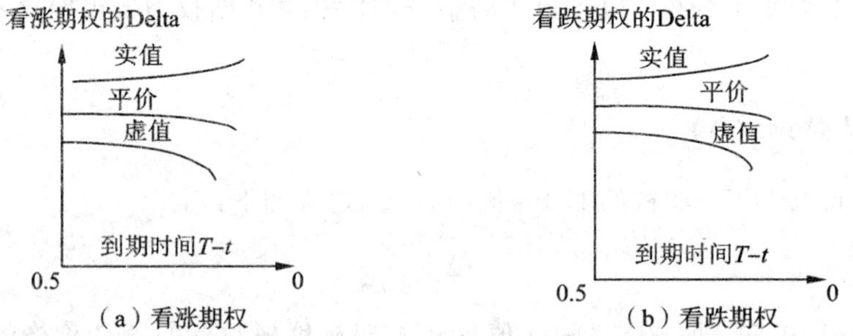

图 6－7－2　无收益资产看涨和看跌期权的 Delta 值与到期期限的关系

Delta 值的应用广泛，不仅期权有 Delta 值，而且金融现货资产、远期、期货以及证券组合也有相应的 Delta 值。根据定义，期权标的资产的 Delta 值为 1。如果标的资产相同，证券组合的 Δ 值是组合中各种资产 Δ 值的总和，即 $\Delta = \sum_{i=1}^{n} w_i\Delta_i$，其中，$w_i$ 是第 i 种证券的数量，Δ_i 是第 i 种证券的 Δ 值。

在实践中，如果能够适当配置标的资产和期权等衍生证券的数量，就可以使证券组合的 Delta 值为零，这意味着证券组合的价值不受标的资产价格波动的影响，此时称 Delta 值为零的证券组合处于 Delta 中性状态，这种套期保值方法称为 Delta 中性保值法或 Delta 对

冲。但应注意的是，根据定义，Delta 实质上是导数，它反映了短期内的变动关系，因此，这种套期保值法只能使组合价值在很短期时间内不受标的资产价格的影响，实现“瞬间”套期保值。

例 6-7-1 假设某美国公司通过国际贸易拥有 1000 万英镑的现货头寸。如果英镑兑换美元的即期汇率为 1 英镑兑换 1.62 美元，英国的无风险连续复利年利率为 13%，美国为 10%，英镑汇率的年度波动率为 15%。为防止英镑贬值，如果该公司计划利用执行价格为 1.6 美元的 6 个月英镑欧式看跌期权进行保值，那么该公司需要购买多少这种看跌期权？

解 英镑欧式看跌期权的 Delta 值为

$$\Delta=[N(d_1)-1]e^{-r_f(T-t)}=[N(0.0287)-1]e^{-0.13\times0.5}=-0.458$$

英镑现货的 Delta 值为 1，因此，1000 万英镑现货的 Delta 值为 1000 万。为使组合的 Delta 值为零，即为了抵消英镑现货的 Delta 值，美国公司需要购买的英镑欧式看跌期的数量为

$$\frac{1000}{0.458}=2183.4(\text{万})$$

6.7.2 Gamma(Γ)

根据定义，Delta 反映了当标的资产价格发生一个微小变化时，期权价格的变化幅度。据此，可以估计标的资产价格变化后的期权价格。但如果标的资产价格变化较大，则这种估计与根据 Black-Scholes 期权定价公式计算的期权价格产生较大偏离。

对于欧式看涨期权，如果 $S=45$，$K=40$，$r=0.1$，$\sigma=0.5$，$T=0.5$，根据 Black-Scholes 期权定价公式可知期权价格为 7.2878，Delta 值为 0.8956。如果标的资产价格上涨 0.1 单位，则利用 Delta 值可得标的资产价格变化后的期权价格为 $C_1=7.2878+0.1\times0.8956=7.3774$ 单位，利用 Black-Scholes 期权定价公式得到的新期权价格为 7.3775 单位，两者相差不大。但如果标的资产价格上涨 1 个单位，则利用 Delta 值得到的期权估计值为

$$C_2=7.2878+1\times0.8956=8.1834(\text{单位})$$

而用 Black-Scholes 期权定价公式得到的新精确期权价格为 8.1967 单位，两者相差较大。产生这种偏差原因是 Delta 值只能是线性估计，而没有考虑期权价格的非线性的变化量。为此，需要引入 Gamma 值。

Gamma 值反映了标的资产价格变动对期权 Delta 值的影响，或者说它体现了 Delta 值对标的资产价格变化的敏感程度。对于欧式看涨期权而言，有

$$\text{Gamma}=\frac{\partial \text{Delta}}{\partial S}=\frac{\partial \Delta}{\partial S}=\frac{\partial^2 C}{\partial S^2}=\frac{1}{\sigma S\sqrt{2\pi(T-t)}}e^{-\frac{d_1^2}{2}} \tag{6.7.8}$$

Gamma 值有如下性质：

(1) 标的资产、到期期限以及执行价格相同的看涨期权和看跌期权的 Gamma 值也相同；

(2) 看涨期权多头或看跌期权多头的 Gamma 值大于零；

(3) 如果期权处于平价状态，则 Gamma 值最大；当期权处于深度实值或虚值状态时，Gamma 值趋向于零。

图 6－7－3 反映了这种关系。值得注意的是，当到期日临近时，平价期权的 Gamma 值快速上涨，表明平价期权的 Delta 值对标的资产的价格越来越敏感；而实值和虚值期权的 Gamma 值先上涨后下降并趋近于零。

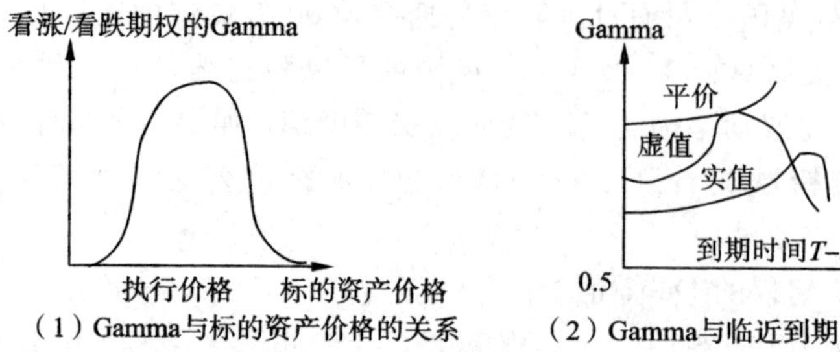

图 6－7－3　Gamma 值与标的资产及到期日的关系

对于标的资产而言，其 Gamma 值为零。与前面分析类似，证券组合也有 Gamma 值。如果证券组合包含标的资产和该标的资产的期权，则证券组合的 Gamma 值就是组合内各种期权的 Gamma 值与其数量乘积之和，即$\Gamma=\sum_{i=1}^{n}w_i\Gamma_i$，其中，$w_i$ 是第 i 种期权的数量，Γ_i 是第 i 种期权的 Gamma 值。

进一步看，由前面的讨论可知，如果标的资产价格变化大，用 Delta 估计期权价格偏差较大，此时需要用 Gamma 值。与 Delta 对冲类似，利用 Gamma 值也可以使资产组合不随标的资产价格的变化而变化，从而实现对冲目的。假设资产组合的 Gamma 值为 Γ_1，期权的 Gamma 值为 Γ_2，如果将 N_2 份期权加入到这一资产组合，则新组合的 Gamma 值为 $N_2\Gamma_2+\Gamma_1$。要使新组合的 Gamma 值保持中性，就要求 $N_2=-\frac{\Gamma_1}{\Gamma_2}$。

例 6－7－2　某投资者拥有 Delta 中性的组合的 Gamma 值为－6000，且这个组合中标的资产的看涨期权多头的 Delta 和 Gamma 值分别为 0.8 和 2.0。为了保证组合 Delta 中性和 Gamma 中性，实现对冲目的，该投资者应购买多少份期权，并如何行动？

解　为使组合保持 Gamma 中性，应购买看涨期权的数量为

$$\frac{6000}{2.0}=3000$$

由于购买了 3000 份看涨期权，因此，新组合的 Delta 值将由 0 增加到3000×0.80＝2400。因此，为保持新组合 Delta 中性，该投资者需要出售 2400 份标的资产。

6.7.3　Theta(θ)

期权的 Theta(θ)用来衡量期权价格对时间变化的敏感程度，定义为期权价格对时间的偏导数：

$$\theta=\frac{\partial C}{\partial t} \tag{6.7.9}$$

对于欧式和美式看涨期权而言，根据 Black-Scholes 期权定价公式，式(6.7.9)可进一步整理为

$$\theta_C=-\frac{SN'(d_1)\sigma}{2\sqrt{T-t}}-rK\mathrm{e}^{-r(T-t)}N(d_2) \tag{6.7.10}$$

考虑到累积标准正态分布函数的特性

$$N'(x) = \frac{1}{\sqrt{2\pi}} \mathrm{e}^{-0.5x^2} \tag{6.7.11}$$

欧式和美式看涨期权的 Theta(θ)为

$$\theta_C = -\frac{S\sigma \mathrm{e}^{-0.5d_1^2}}{2\sqrt{2\pi(T-t)}} - rK\mathrm{e}^{-r(T-t)}N(d_2) \tag{6.7.12}$$

欧式看跌期权的 Theta(θ)为

$$\theta_P = -\frac{S\sigma \mathrm{e}^{-0.5d_1^2}}{2\sqrt{2\pi(T-t)}} - rK\mathrm{e}^{-r(T-t)}[1-N(d_2)] \tag{6.7.13}$$

由此可见，期权的 Theta(θ)一般为负值。期权的 Theta 反映了期权价格随时间推移而逐渐衰减的程度。作为期权价格的构成部分，期权的时间价值与到期时间并不是线性关系。随着到期日的临近，期权的时间价值将以越来越快的速度衰减，由此可推知期权到期日越短，则 Theta 的绝对值越大。

进一步看，期权的 Theta 与前述的 Gamma 和 Delta 有密切关系。对于无收益资产的看涨期权的价格 C，它必须满足 Black-Scholes 微分方程式，即

$$\frac{\partial C}{\partial t} + \frac{1}{2}\sigma^2 S^2 \frac{\partial^2 C}{\partial S^2} + rS\frac{\partial C}{\partial S} = rC \tag{6.7.14}$$

根据前面的定义可知：

$$\theta = \frac{\partial C}{\partial t},\ \Delta = \frac{\partial C}{\partial S},\ \Gamma = \frac{\partial^2 C}{\partial S^2}$$

因此，有

$$\theta + \frac{1}{2}\sigma^2 S^2 \Gamma + rS\Delta = rC \tag{6.7.15}$$

式(6.7.15)普遍适用于无收益资产的单个期权和组合期权。

由式(6.7.15)容易看出：

(1) 如果组合保持 Delta 中性，则有

$$\theta + \frac{1}{2}\sigma^2 S^2 \Gamma = rC \tag{6.7.16}$$

(2) 如果组合同时保持 Delta 中性和 Gamma 中性，则有

$$\theta = rC \tag{6.7.17}$$

这表明 Delta 中性和 Gamma 中性的组合价值将随时间以无风险连续复利率的速度增长。

6.7.4　Vega(Λ)

Vega(Λ)是用于反映标的资产价格的波动对期权价格影响程度的指标，定义为期权价格对标的资产价格波动率的偏导数。对于看涨期权，有

$$\Lambda = \frac{\partial C}{\partial \sigma} \tag{6.7.18}$$

根据 Black-Scholes 期权定价公式，不难推出看涨期权的 Vega(Λ)为

$$\Lambda_C = \frac{\partial C}{\partial \sigma} = SN'(d_1)\sqrt{T} \tag{6.7.19}$$

根据欧式看涨期权和看跌期权的平价关系，容易得到看跌期权的 Vega(Λ)为

$$\Lambda_P = \frac{\partial P}{\partial \sigma} = SN'(d_1)\left[\left(-\frac{r}{\sigma^2\sqrt{T}}+\frac{1}{2}\sqrt{T}\right)\right]\left[\left(-\frac{r}{\sigma^2\sqrt{T}}-\frac{1}{2}\sqrt{T}\right)\right]$$
$$= SN'(d_1)\sqrt{T} \tag{6.7.20}$$

由此可见，单一欧式看涨和看跌期权的 Vega(Λ)相同，而且它们都为正值，表明标的资产价格的波动越大，则期权价格的变化程度也越大。需要注意的是，在 Black-Scholes 期权定价模型中，通常假设标的资产价格的波动为已知常数，实践中是用历史数据等方法对这一波动性进行估计，但这与实际不符。为降低标的资产价格波动性产生的风险，有必要最大程度地降低组合证券的 Vega(Λ)值，减少因标的资产价格波动而造成的损失。

由于标的资产、远期和期货的价格都与波动率无关，所以它们的 Vega(Λ)均为零，因此，证券组合的 Vega(Λ)值只取决于期权的 Vega(Λ)值，由此可以构造证券组合，使其 Vega(Λ)为零，此时称为组合处于 Vega(Λ)中性。

如果 Γ_w 和 Λ_w 分别表示原证券组合的 Gamma 和 Vega 值，Γ_1 和 Γ_2 分别表示期权 1 和期权 2 的 Gamma 值，w_1 和 w_2 分别表示为使新组合处于 Gamma 中性和 Vega 中性需要的期权 1 和期权 2 的数量，则 w_1 和 w_2 必须满足以下方程组：

$$\begin{cases}\Gamma_w + \Gamma_1 w_1 + \Gamma_2 w_2 = 0 \\ \Lambda_w + \Lambda_1 w_1 + \Lambda_2 w_2 = 0\end{cases} \tag{6.7.21}$$

根据上式就可以计算出两种期权的需要数量。

例 6-7-3　某投资者持有一证券组合，它处于 delta 中性状态，其Gamma值为 6000，Vega 值为 9000。现有两种期权，期权 1 的 Gamma 值为 0.8，Vega 值为 2.2，Delta 值为 0.9，而期权 2 的 Gamma 值为 1.0，Vega 值为 1.6，Delta 值为 0.6。试问：投资者需要持有多少期权 1 和期权 2 才能使新组合处于 Gamma 中性和 Vega 中性状态？

解　根据式(6.7.21)得

$$\begin{cases}6000+0.8w_1+1.0w_2=0 \\ 9000+2.2w_1+1.6w_2=0\end{cases}$$

解之得：$w_1 \approx -6522$，$w_2 \approx -653$。据此可知，投资者应加入 6522 份期权 1和 653 份期权 2 的空头，才能使新组合处于 Gamma 中性和 Vega 中性状态。

由于加入了两种期权，从而使新组合的 Delta 值由零变为$-6522\times0.9-653\times0.6=-6261.6$。因此，投资者需要购买 6262 份标的资产才能使新组合处于 Delta 中性状态。

6.7.5　Rho(ρ)

为测量期权价格对利率变化的敏感程度，引入指标 Rho(ρ)，定义为期权价格对利率的偏导数。对于无收益资产的欧式看涨期权，其 Rho(ρ)为

$$\rho_C = \frac{\partial C}{\partial r} = K(T-t)e^{-r(T-t)}N(d_2) \tag{6.7.22}$$

对于无收益资产的欧式看跌期权，其 Rho(ρ)为

$$\rho_P = \frac{\partial P}{\partial r} = K(T-t)e^{-r(T-t)}[N(d_2)-1] \tag{6.7.23}$$

标的资产的价格与利率无关，其 Rho(ρ)为零。与前述分析相同，为使证券组合不受利率变化的影响，可以使组合的 Rho(ρ)为零，处于 Rho 中性状态。

阅读专栏 1

CFA

CFA(Chartered Financial Analyst，注册金融分析师)是世界上各国通行的金融分析资格证书，它要求通过三级考试，而且持证人要遵守必需的职业伦理规范。作为 CFA 的认证机构，注册金融分析师协会(CFA Institute)严格遵守这一规则，使 CFA 证书在世界上的投资分析领域享有较高声誉。

CFA 三级考试要求：

(1) 解释 Black-Scholes 模型的假设条件以及它们的局限性；

(2) 根据 Black-Scholes 模型，解释影响期权价格的因素；

(3) 解释标的资产现金流对于期权价格的影响；

(4) 运用单步和双步二叉树模型计算并解释期权价格；

(5) 解释期权的 Delta 值，并证明它是如何被用于动态对冲的；

(6) 解释期权的 Gamma 效应，并根据 Gamma 值估计 Delta 对冲的有效性；

(7) 解释期权的 Theta，根据 Theta 进行套期保值；

(8) 解释期权的 Vega，根据 Vega 进行套期保值；

(9) 解释期权的 Rho，根据 Rho 进行套期保值。

资料来源：菲利普·乔瑞. 金融风险管理师考试手册[M]. 王博，刘伟琳，赵文荣，译. 北京：中国人民大学出版社，2011.

6.8　其他衍生产品定价

如前所述，衍生产品不仅包括期权，也包括期货、远期和互换。本节将简要介绍期货、远期和互换的定价问题。

在金融衍生产品的发展过程中，远期合约是最简单的金融衍生产品。远期合约(Forward Contract)是合约双方约定在未来某个确定时刻以确定的价格购买或出售一定数量资产的协议。由于资产数量、价格等在目前已经确定，因此，它有防范资产价格波动风险的功能。在一个远期合约中，交易资产称为标的资产(Underling Assets)，购买标的资产的一方称为多头(Long Position)，而出售资产的一方称为空头(Short Position)，且合约中约定的价格称为交割价格(Delivery Price)。

从交易对象看，标的资产既包括商品资产，如原油、农产品等，也包括金融资产，如股票、外汇、债券等。因此，根据资产类型的不同，远期合约就可分为以商品作为标的资产的商品远期和以金融资产为标的资产的金融资产远期，本节只介绍金融资产远期的定价问题。

6.8.1　远期合约定价

远期价格是合约双方在合约到期时交割标的资产的价格，通常情况下，远期价格是使合约价值为零时的资产价格，因此，远期合约价格和远期合约的价值都是根据无套利原则推导出来的。如前所述，无套利原则的基础是市场无交易成本、可以卖空并使用所得资金、市场参与者可以以相同的无风险利率无限借入和贷出资金，这隐含着市场价格就是无套利机会时的价格，或者说，投资者只能获得无风险收益。

一、变量含义

(1) t：合约时间(签约时 $t=0$，合约到期时 $t=T$)；

(2) F：远期合约价格；

(3) S_0：签约时标的资产的现货价格；

(4) r_f：无风险利率；

(5) T：合约期限；

(6) V_0：签约时远期合约对多头的价值；

(7) K：远期合约中的交割价格，即当 $t=0$ 时，$K=F$。

二、远期合约价格的一般公式

在以上规定下，对于到期前没有现金流的零息债券而言，其远期合约的价格可表示为

$$F = S_0(1+r_f)^T \tag{6.8.1}$$

根据式(6.8.1)容易看到，如果 $F>S_0(1+r_f)^T$，则投资者可以在 $t=0$ 时以无风险利率借入期限为 T 的 S_0 美元，用其购买标的资产，同时出售远期合约。当合约到期时，根据合约，将标的资产以价格 F 出售，用以偿还期初贷款和利息 $S_0(1+r_f)^T$，从而获得套利收益 $F-S_0(1+r_f)^T>0$，此种策略称为正向套利(Cash and Carry Arbitrage)。与此类似，如果 $F<S_0(1+r_f)^T$，投资者通过相反的操作能够获套利收益 $S_0(1+r_f)^T-F>0$，称为反向套利(Reverse Cash and Carry Arbitrage)。

例 6-8-1 现有一个零息债券的远期合约，其面值为 100 美元，期限为 90 天，现货报价为 50 美元。试问在无风险年度利率为 6%的条件下，这个远期合约的价格是多少?

解 根据题意有：$T=90/360=0.25$，$S_0=50$。代入式(6.8.1)中可得远期合约价格为

$$F=S_0(1+r_f)^T=50\times(1+6\%)^{0.25}=50.73(\text{美元})$$

6.8.2 远期股票合约定价

由于股票可能在合约期限内产生红利收入，因此，有必要对合约价格公式进行调整。在已知红利的情况下，远期合约价格的调整方法有两种：一是将所有期限内的红利贴现到期初时刻，并从现货价格中扣除；二是计算期限内所有红利在到期时刻的未来价值，并从远期价格中扣除。假设合约期限内分红 n 次，第 i 次的红利为 D_i，所有红利现值为 PVD，所有红利的未来值为 FVD，则根据以上两种调整方式可知股票远期合约的价格为

$$F = (S_0 - \text{PVD})(1+r_f)^T = \left(S_0 - \sum_{i=1}^{i=n}\frac{D_i}{(1+r_f)^{t_i}}\right)(1+r_f)^T \tag{6.8.2}$$

或者

$$F = S_0\times(1+r_f)^T - \text{FVD} = S_0\times(1+r_f)^T - \sum_{i=1}^{i=n} D_i(1+r_f)^{T-t_i} \tag{6.8.3}$$

例 6-8-2 有一只股票的现价为 110 英镑，在第 85 天将支付每股 2 英镑的红利，在第 176 天支付每股 2.2 英镑的红利。假设市场上无风险收益率为 8%，试计算期限为 182 天的股票远期价格。

解 根据式(6.8.2)和式(6.8.3)，可利用两种方法计算远期合约价格。

方法一：根据题意有

$$S_0=110,\ r_f=8\%,\ D_1=2,\ D_2=2.2,\ t_1=85,\ t_2=176,\ T=182$$

$$\begin{aligned}F&=\left(S_0-\sum_{i=1}^{i=n}\frac{D_i}{(1+r_f)^{t_i}}\right)(1+r_f)^T\\&=\left[110-\left(\frac{2}{(1+8\%)^{85/365}}+\frac{2.2}{(1+8\%)^{176/365}}\right)\right](1+8\%)^{182/365}\\&=110.06(\text{英镑})\end{aligned}$$

方法二：根据题意有

$$T-t_1=182-85=97;\ T-t_2=182-176=6$$

$$\begin{aligned}F&=S_0\times(1+r_f)^T-\sum_{i=1}^{i=n}D_i(1+r_f)^{T-t_i}\\&=110\times(1+8\%)^{182/365}-2\times(1+8\%)^{97/365}-2.2\times(1+8\%)^{6/365}\\&=110.06\end{aligned}$$

在股票远期合约定价中，如果股票红利是连续支付，利息也连续支付，则股票远期合约价格为

$$F=S_0e^{(r^e-r^\delta)T} \tag{6.8.4}$$

其中，$r^e=\ln(1+r_f)$，r^δ 为连续复利的红利收益率。注意，远期股票合约的年天数习惯上定为365天。

6.8.3 远期外汇合约定价

利用无套利原则，同样的1单位英镑在英国投资和在法国投资所得用同样货币计价的收益应当相同。假设 r_d 为英国的无风险利率，持有1英镑的英国投资者在 T 时间后可得 $(1+r_d)^T$。他也可以将这1英镑投资于法国，为规避风险，假设他建立了一份外汇远期合约，同意在 T 后以 F 英镑/欧元的价格将欧元兑换成英镑。假设 S_0 是期初两种货币的汇率(英镑/欧元)，在期初，他先将1英镑兑换成 $1/S_0$ 欧元。假设法国的无风险利率为 r_f，经过 T 期后的投资后可得 $\frac{1}{S_0}(1+r_f)^T$，将其兑换成英镑后可得 $\frac{1}{S_0}(1+r_f)^TF$。根据无套利原则，在两国投资的收益应相等，即 $(1+r_d)^T=\frac{1}{S_0}(1+r_f)^TF$，因此，有

$$F=S_0\times\left[\frac{(1+r_d)^T}{(1+r_f)^T}\right] \tag{6.8.5}$$

在式(6.8.5)中，如果将 r_f 理解为外国的无风险利率，r_d 为本国的无风险利率，d为本国货币，f为外国货币，则式(6.8.5)有普遍性意义。在应用时需注意，其中的汇率为直接标价法，即用每单位外币表示的本国货币数量。

例 6-8-3 美国公司A预计在6个月后收到欧元款项，并面临欧元贬值的风险。假设美国的无风险利率为3%，欧洲的无风险利率为4%，采用直接标价法的即期汇率为0.923，试计算60天期的欧元远期合约价格？

解 外汇合约以欧元标价，美国公司在60天后出售欧元，因此，应处于空头地位。

利用式(6.8.5)可得

$$F=S_0\times\left[\frac{(1+r_d)^T}{(1+r_f)^T}\right]=0.923\times\left[\frac{(1+3\%)^{60/360}}{(1+4\%)^{60/360}}\right]=0.9215$$

6.8.4 期货合约定价

期货(Futures)是衍生品市场中的重要产品。自从19世纪期货产生以来，期货市场就得到快速的发展。期货合约是双方达成的同意在未来某时刻以特定的价格购买或出售某项资产的标准化协议，或者说，期货合约是在交易所内交易、规范化的标准远期合约。根据标的资产的不同，期货也有商品期货和金融期货，本节只关注以金融资产为标的资产的金融期货。

与远期合约相似，期货价格是指使期货合约价格为零的合约。影响期货价格的最重要因素是现货价格，现货价格影响着期货价格的发展趋势，当合约到期时，现货价格和期货价格趋于相同，但这种趋同的方式不同，市场类型也不同。当期货的价格随着到期日的临近而增加时，这称为正常市场；而当期货的价格随着到期日的临近而下降时，称为逆转市场。

与远期合约相同，无收益证券的期货价格 F 为

$$F = S_0(1+r_f)^T \tag{6.8.6}$$

与远期合约相似，如果标的资产在合约期间有现金流 CF，现金流的期末价值为 FV(CF)，则期货价格为：

$$F = S_0(1+r_f)^T - \text{FV(CF)} \tag{6.8.7}$$

基于以上公式，对于股票指数期货而言，由于作为标的资产的股票在合约期内可能产生红利，从而导致现金流，因此，式(6.8.7)也是股指期货的定价公式。

如果 PV(CF)表示所有红利在期初的现值，则对式(6.8.7)变形可得股指期货价格的另一形式：

$$F = [S_0 - \text{PV(CF)}](1+r_f)^T \tag{6.8.8}$$

对于外汇期货而言，与远期合约相似，如果不考虑盯市(维持保证金的过程)的影响，在相似的符号约定下，外汇期货的价格为

$$F = S_0 \times \left[\frac{(1+r_d)^T}{(1+r_f)^T}\right] \tag{6.8.9}$$

6.8.5 互换合约定价

互换合约包括利率互换、股票互换和货币互换，以下分别说明其定价问题。

一、利率互换

利率互换是指交易双方交换以相同货币计量的现金流，例如，一方支付固定利率，而另一方支付浮动利率，就是简单利率互换。要给利率互换定价，就是要计算能够使固定利率支付的现金流的现值与按照浮动利率支付的现金流的现值相等的利率，从而使期初时互换的市场价值为零。

为探讨利率互换的价格，假设互换的名义本金为1美元，则以固定利率支付的现金流现值为

$$\mathrm{FS}(0, n, m)\sum_{i=1}^{n}B_0(h_j)+1\times B_0(h_n) \tag{6.8.10}$$

其中，FS(0, n, m)是从期初开始 n 段间隔每隔 m 天基于 1 美元本金的固定利率支付，$B_0(h_n)$表示 h_n 在 0 时点的现值系数。

为计算浮动利率支付的现金流的现值，假设使用的是浮息票据。由于浮息票据在每个利率的确定日其未来价值的现值等于其面值，因此，1 美元面值的浮息票据在期初的现值为 1 美元。

根据互换利率价格的含义，要求固定利率支付现金流的现值等于以浮动利率支付的现金流的现值，即

$$\mathrm{FS}(0, n, m)\sum_{i=1}^{n}B_0(h_j)+1\times B_0(h_n)=1 \tag{6.8.11}$$

因此有利率互换的价格为

$$\mathrm{FS}(0, n, m)=\frac{1-B_0(h_n)}{\sum_{i=1}^{n}B_0(h_i)} \tag{6.8.12}$$

例 6-8-4　现有一个一年期的按照季度支付的互换协议，支付日分别为第 90 天、第 180 天、第 270 天和第 360 天。如果按年计算的伦敦同业拆借市场利率 LIBOR 的即期利率分别为：

$$L_0(90)=0.0345，L_0(180)=0.0358，L_0(270)=0.037，L_0(360)=0.0375$$

试计算互换价格。

解　根据题意，现值系数分别为

$$B_0(90)=\frac{1}{1+0.0345\times(90/360)}=0.9914$$

$$B_0(180)=\frac{1}{1+0.0358\times(180/360)}=0.9824$$

$$B_0(270)=\frac{1}{1+0.037\times(270/360)}=0.9730$$

$$B_0(360)=\frac{1}{1+0.0375\times(360/360)}=0.9639$$

因此，固定利率支付的利率为

$$\begin{aligned}\mathrm{FS}(0, n, m)&=\mathrm{FS}(0, 4, 90)\\&=\frac{1-0.9639}{0.9914+0.9824+0.9730+0.9639}\\&=0.0092\end{aligned}$$

所以，对于 1 美元的名义本金，每个季度需支付固定利息 0.0092 美元，即年利率为 $0.0092\times(360/90)=0.0368$。

二、货币互换

货币互换是交易双方彼此支付以不同货币计算的利息。货币互换的形式较多，具体包括：

(1) 支付一种货币的固定利率，获取另一种货币的固定利率；

(2) 支付一种货币的固定利率，获取另一种货币的浮动利率；

(3) 支付一种货币的浮动利率，获取另一种货币的固定利率；

(4) 支付一种货币的浮动利率，获取另一种货币的浮动利率。

与前述思想相同，货币互换的价格就是决定一个固定利率，是在合约期初时使支付固定(浮动)现金流的现值等于与获取浮动(固定)利率现金流的现值相等的利率。当然，在第四种情况下的利率应是浮动利率。在货币互换中，为方便讨论，假设本国货币的名义本金为1单位。以下以第一种情况说明货币互换的固定利率。

例 6-8-5 假设国内货币为美元，国外货币为瑞士法郎，汇率为0.8美元/瑞士法郎，美元国债的期限结构为：

$$L_0(90)=0.0345,\ L_0(180)=0.0358,\ L_0(270)=0.037,\ L_0(360)=0.0375$$

瑞士法郎国债的期限结构为：

$$L_0^{SF}(90)=0.052 \qquad L_0^{SF}(180)=0.054$$

$$L_0^{SF}(270)=0.0555 \qquad L_0^{SF}(360)=0.057$$

试计算货币互换的价格。

解 根据题意有：

瑞士法郎贴现系数为

$$B_0^{SF}(90)=\frac{1}{1+0.0520\times(90/360)}=0.9872$$

$$B_0^{SF}(180)=\frac{1}{1+0.0540\times(180/360)}=0.9737$$

$$B_0^{SF}(270)=\frac{1}{1+0.0555\times(270/360)}=0.9600$$

$$B_0^{SF}(360)=\frac{1}{1+0.0570\times(360/360)}=0.9461$$

因此，固定支付的利率为

$$FS^{SF}(0,\ n,\ m)=FS^{SF}(0,\ 4,\ 90)=\frac{1-0.9461}{0.9872+0.9737+0.9600+0.9461}=0.0139$$

这就是1单位瑞士法郎为名义本金的每期利率。容易得知其固定的年利率为0.0139×(360/90)=0.056。结合前面例子可知，货币互换包括了以美元计价的固定利率3.68%和以瑞士法郎计价的5.56%。各自的名义本金分别为1美元和1/0.8=1.25瑞士法郎。

三、股票互换

股票互换包括不同的形式，如支付固定利息，收入股票收益；或者支付浮动利率，收入股票收益；或者支付一种股票收益，收入另一种股票收益。现在分以下情形分别讨论。

1. 支付固定利息，获取股票收益

在这种情况下，股票互换定价实际上就是确定固定利息支付或固定利率。

假设 $FS(0,\ n,\ m)$ 为每次固定利息的支付额，为计算固定利率，可将这种互换看到如下过程：

(1) 投资1美元在股票上；

(2) 借款需要在互换交易期末归还1美元的现值，期末的时点为 h_n，因此，这个现值为 $B_0(h_n)$；

(3) 在未来每个支付时刻，如 h_1、h_2、h_3，支付固定利息 FS(0, n, m)。这一过程类似于发行债券，然后再购买股票的过程。由于期初没有发生现金的流动，因此，互换的价格为零，从而这一过程必须满足如下条件：

$$1 - B_0(h_n) - \mathrm{FS}(0,\ n,\ m)\sum_{i=1}^{n} B_0(h_i) = 0 \tag{6.8.12}$$

据此可以得出固定利息支付的数值：

$$\mathrm{FS}(0,\ n,\ m) = \frac{1 - B_0(h_n)}{\sum_{i=1}^{n} B_0(h_i)} \tag{6.8.13}$$

2. 支付浮动利息，获取股票收益

由于互换没有涉及固定利息，因此，不需要计算。

3. 支付一种股票收益，获取另一种股票收益

在这种股票互换中，互换的实际上股票价格指数的回报。假设 $S_0(1)$ 和 $S_1(1)$ 分别为 0 时点和 1 时点的股票指数 1，用假设 $S_0(2)$ 和 $S_1(2)$ 分别为 0 时点和 1 时点的股票指数 2。假设投资者支付指数 1 的收益而获得指数 2 的收益，如在 0 时点卖空 1 美元的指数 1，然后用收到的资金购买 1 美元的指数 2，最后，在 1 时点结算指数 2，即收回投资，并把 1 美元投资指数 1，同样也以结算指数 1 的头寸。不断重复这一过程，即重复做多一只股票并做空另一只股票。因为没有固定利息支付，因此，不需要给互换定价。

阅读专栏 2

《期货公司金融期货结算业务试行办法》等三项规范性文件发布实施

中国证监会日前发布实施《期货公司金融期货结算业务试行办法》、《证券公司为期货公司提供中间介绍业务试行办法》及《期货公司风险监管指标管理试行办法》，对期货公司从事金融期货结算业务和证券公司从事期货中间介绍业务进行规范，并实施以净资本为核心的期货公司风险监管指标制度。

作为贯彻落实《期货交易管理条例》并配合金融期货推出修改制定的规章、规范性文件的一部分，证监会在上述三个办法制定过程中，以多种形式广泛征求行业和社会意见并做了采纳吸收。其中，《期货公司金融期货结算业务试行办法》明确了期货公司作为金融期货交易所全面结算会员和交易结算会员，从事金融期货结算的业务资格和业务规则；并对期货公司金融期货结算业务资格的取得与终止，全面结算会员期货公司对非结算会员进行金融期货结算的业务规则做了系统的规定。着重考虑使资金实力雄厚、风险管理经验丰富、运作规范的期货公司成为全面结算会员；使具有一定资金实力和风险管理经验、运作较为规范的期货公司成为交易结算会员，承担自身的结算风险；其余规模较小、管理水平和风险控制能力有限的期货公司取得金融期货经纪业务资格，只能代客交易，不具有与期货交易所进行结算的资格，通过多层次会员结构，分级承担和化解风险。

《证券公司为期货公司提供中间介绍业务试行办法》主要规范证券公司从事期货中间介绍业务的资格条件和业务规则。对证券公司申请中间介绍业务资格的条件和材料、业务范围和规则、监督管理和法律责任等做了基本规定。明确证券公司主要职能是为期货公司介绍客户并提供相关服务，不得代理客户进行期货交易、结算或交割，不得经手客户保证金。期货公司

负责股指期货代理交易及对客户进行风险控制。客户资金纳入统一的期货保证金安全存管监控体系。证券公司从事中间介绍业务制度打通了证券公司与期货公司的业务联系，可发挥证券公司在客户资源和经营网点方面优势，发挥期货公司在期货交易风险管理方面的专业经验，有利于实现期货现货市场间的有机结合和优势互补，隔离风险。

《期货公司风险监管指标管理试行办法》立足于投资者利益保护，以保障市场平稳运行、加强风险防范为指导思想，明确了期货公司各项风险监管指标要求，以及期货公司不符合指标要求的监管措施。办法在借鉴境外期货监管制度并参考国内其他金融监管机构资本充足监管标准的基础上，结合期货公司现状以及下一步发展需要，对建立以净资本为核心的期货公司风险监管指标体系做出具体安排：一是规定期货公司各类风险监管指标标准；二是强化净资本指标报送过程的责任追究，强调信息披露及时性；三是明确各项监管措施；四是明确期货公司资本补充机制，规定期货公司可借入次级债务补充净资本。

上述办法实施后，证监会将进一步加强对证券公司和期货公司相关业务监管，促进其加强内部控制和风险防范；对于不能持续符合条件要求或违规从事业务的，将采取必要的监管措施并追究责任。此外，考虑到期货公司金融期货结算业务及证券公司期货中间介绍业务都是新业务，期货公司风险监管指标管理也是一项监管创新，在“试行”过程中，证监会将根据实施情况及时总结、适时修改完善。

本章小结

金融衍生品是基于原始金融产品的创新型投资品种，它们的定价问题不仅涉及传统金融产品的特点，而且也涉及新的交易方式及规则，因此，金融衍生品的定价比股票、债券、利率、汇率等产品的定价更为复杂。然而，如果从方法论的角度看，金融衍生品的定价的一个重要思想是无套利假设，从而进一步地显示出其在资产定价理论中的重要性。资产定价虽然是金融领域的核心问题，但由于金融资产自身隐含大量风险，同时它也会把风险传染到整个经济体系，从而使风险管理也成为理论分析和金融实践的重要议题。值得注意的是，金融衍生产品不仅是创新型的投资产品，更为重要的是，它是防范经济活动风险的有力工具。

案例研究

市场行情极端　股指期货套利风险大增

一、案例描述

A股似乎已进入全民狂欢。不过，极端“大牛市”的背后，股指期货的投资者却并不乐见其成，而对于做股指期货套利的机构则更是“噩梦”。股指期货是一种期货，其价格是跟一篮子股票相关联的。这一篮子股票就是沪深300指数的300只股票，其中不同的股票会有不同的权重，比如最大的民生银行占比3%左右，其余的都各有各的权重。资料显示，截至2014年12月4日收盘，主力合约IF1412报收于3195.8点，上涨207.6点，涨幅为6.95%，成交196.64万手，持仓16.67万手。股票市场上涨幅度中位数约为0.7%，而股指期货当月合约上涨幅度接近7%，相差竟接近十倍。从而增加了股指期货投资者的风险。

根据我国股指期货交易的实际情况，股指期货的价格围绕沪深 300 波动，同时规定每个月的第三个礼拜五这一天为交割日，该日股指期货的价格和这沪深 300 指数价格是一定相等的。基于这个规则，那么当期货比现货(即股票)高的时候，就可以买入现货卖出期货，等到它们价格相等的时候赚取差价。正常情况下出现套利机会的时候就是基差 10 点、15 点，最高到 30 点，很少会超过 30 点，因为一般情况下价差在十几个点的时候大家都蜂拥而入抢掉了。

但 2014 年 12 月 3 日，基差被拉到了 30 点，在此后的走势中，基差并没有像往常一样回落，反而越拉越大，市场人士表示，2014 年 12 月 4 日下午 3 点钟的时候达到 90 点基差，沪深 300 指数当月合约在当天暴涨接近 7%，在第二天的周五曾经一度达到 100 多点基差。指数涨，空头就容易爆仓，由于空头的保证金就不够，期货交易所就会要求追加保证金或强行平仓。粗略测算，期指空头整体巨亏 139.9 亿元，其中，由于行情变动产生亏损为 125.1 亿元，仓位变动亏损 14.8 亿元。

资料来源：根据《市场行情极端　股指期货套利风险大增》(2014－12－10 9:37:41，时代周报。http://www.cngold.org/gzqh/taoli/c2925450.html)改编而成。

二、案例讨论

试根据上述资料讨论：我国投资股指期货投资的风险表现及其防范。

思考与练习

1. 单选题

(1) 假设某公司的股票价格为每股 100 元，其 4 个月期的看涨期权的执行价格为 100 元，期权费为 5 元，则在下列哪种情况下期权持有者将获利润?

A. 股票价格涨到每股 104 元　　B. 股票价格涨到每股 107 元

C. 股票价格下跌到每股 90 元　　D. 股票价格下跌到每股 96 元

(2) 有一种还有 6 个月到期的看涨期权，执行价格为 50 元，当期价格为 55 元，期权价值为 5 元，这意味着 6 个月期利率会如何变化?

A. 利率会在 6 个月内上涨　　B. 利率会在 6 个月内下跌

C. 利率会在 6 个月内为零　　D. 无法确定利率在 6 个月内的变化

(3) 某投资者购买了执行价格为 28 元的看跌期权，期权费为 3 元，如果当期股票价格为 22 元，则期权的内在价值为

A. 0 元　　B. 3 元　　C. 6 元　　D. 9 元

(4)一个基于某股票的欧式看涨期权的执行价格为 50 元，期限为 3 个月，交易价格为 2.25 元，无风险利率为 10%，连续计息，股票当前价格为 48 元，则具有相同执行价格和到期日的看跌期权的价值是多少?

A. 2 元　　B. 2.25 元　　C. 3.02 元　　D. 3.57 元

(5) 假设有严格正的利率，提前平仓的美式看涨期权多头(不支付红利)的最好策略是

A. 执行看涨期权　　B. 卖出看涨期权

C. 交割看涨期权　　D. 上述都不正确

(6) 下列表述错误的是

A. 具有相同到期日的美式看涨期权价格之间的差异不能超过它们执行价格的差

B. 具有相同到期日的美式看跌期权价格之差可以超过其执行价格之差

C. 在到期日之前，美式看跌期权的价值至少等于其执行价格减去股票价格

D. 距离到期日越远，美式看跌期权的价值越大

2. 现有不分红的股票，其现价为37欧元，在未来的6个月中，每3个月股票价格可能上涨或下跌5%，连续复合收益率为7%，试计算期限为6个月，执行价格为38欧元的欧式看跌期权的价值。

3. 假设某股票现价为100美元，在每一阶段，股票价格或者上涨1.25倍或者下跌0.8倍。市场上的无风险收益率为7%，期权执行价格为100美元。试计算一期二叉树模型中的对冲比率和欧式看涨期权的价格。(以单利计算)

4. 假设某股票现价为100美元，在每一阶段，股票价格或者上涨1.25倍或者下跌0.8倍。市场上的无风险收益率为7%，期权执行价格为100美元。试计算两期二叉树模型中的对冲比率和欧式看涨期权的价格。(以单利计算)

5. 假设某股票现价为100美元，在每一阶段，股票价格或者上涨1.25倍或者下跌0.8倍。市场上的无风险收益率为7%，期权执行价格为100美元。试计算两期二叉树模型中的对冲比率和欧式看跌期权的价格。(以单利计算)

6. 某股票不支付红利，其当前价格为75元，股票的年度波动率为18.25%，目前连续复利计息的无风险利率为5%。假设市场上有3年期的欧式看涨期权，其执行价格为90元，如果股票价格每年将按比例上涨或下降，且每年上涨的概率都是60%，那么这个欧式看涨期权的价值是多少?

7. 某投资者拥有Delta中性的组合的Gamma值为−5000，且这个组合中标的资产的看涨期权多头的Delta和Gamma值分别为0.6和2.0。为了保证组合Delta中性和Gamma中性，实现对冲目的，该投资者应购买多少份期权，并如何行动?

第七章　风险管理概论

价格理论是经济学的核心，价格不仅能够调节经济主体的经营决策，而且也能发挥优化社会资源的功能，从而提高资源配置效率。由于价格关系到交易各方的经济利益，因而，价格差异及其变动会导致风险，风险管理也就成为经营决策的重要议题。

在市场经济活动中，以法定货币衡量的价格具有多变性特点，从而导致风险存在的普遍性和社会性。基于价格波动的经济风险不仅会造成微观经济主体财富损失，也可能引起社会的系统性风险，而金融领域中风险的影响更为广泛和深入。由于定价的不同会引起成本和收益的差异，从而使资产定价和可能产生损失的风险具有内在的逻辑关联性。

在前六章资产定价的基础上，第七章到第十三章将涉及风险管理的内容。本章将对风险管理进行简要介绍，涉及对风险的认识、风险的类型、风险管理的程序以及金融风险的一般度量等内容。

7.1　对风险的认识

7.1.1　对风险的一般认识

在经济社会中，风险随处可见。人口的增长造成了社会不稳定的因素，增加了社会风险出现的概率；经济发展促进了社会福利的提高，但也可能加大贫富差距和投资损失。与此同时，信息技术的发展加速了全球化进程，因汇率、贸易等因素导致的矛盾使一个区域的风险迅速向其他区域传播。因此，有研究认为目前的社会已经处于风险社会，风险已经成为经常出现的名词。

从学术观点看，一般而言，风险是指未来结果的不确定性，而这种不确定性可能会造成损失。未来的不确定性可能产生的损失既可以表现为物质上的损失，如投资证券产生的资产损失，也可能表现为精神损失，如名誉受损等。因此，不确定性和损失是构成风险的两个重要因素。

从自然的角度看，未来事件的不确定性是客观存在的。这种不确定性既可能表现为未来事件是否发生和发生时间的不确定性，还可以表现为事件发生状态的不确定性，也会表现为未来事件发生概率以及相应结果的不确定性。由于不确定性程度的增加会加大研究的难度，因此，在风险管理中只考虑其中某些方面的不确定性问题。

未来事件的不确定性会带来损失。这种损失应是非故意的、非计划的和非预期的损失。但如果损失是因主观故意产生的，如因纵火导致的财产损失，则不是严格意义上的风险造成的损失。企业为进行设备更新的资产折旧、出于人道关怀的捐赠，虽然会导致经济主体的财产损失，但也不在风险内涵的讨论之内。

7.1.2 关于风险的进一步观点

从本质来看，风险具有双重性。一方面，风险具有主观性。既然风险是未来结果的不确定性，那么它就是个人主观意志的反映，体现为不同的人对同一问题有不同的看法。如对于未来经济发展趋势的认识和股票市场未来的走向，不同学者和投资者就有不同的判断。另一方面，风险又具有客观性特点，即它客观存在于社会经济活动中，且不会因为个人意志的转移而发生变化。与风险的这种双重性相对应，在人们对风险概念的讨论过程中，就产生了相应的强调客观存在的“客观说”和强调主观意志的“主观说”。“主观说”认为风险是损失的不确定性，由于不确定性的表现形式众多，不同人就有不同的估计，因此，在测量风险时就缺乏客观基础。“客观说”认为，风险是在特定的环境和时间内，未来事件结果发生的可能差异。由于风险强调的是损失部分，因此，“客观说”可能隐含着“风险是预期结果的不利偏差”。

进一步看，为了降低对风险估计的主观不确定性，强调风险存在的客观性，作为一种普遍性的观点，风险可认为是实际结果与预期结果的不利偏差。

(1)“实际结果”：它表现为未来事件发生的实际结果，如未来确定时间的股票价格、经济增长率、利率或汇率等。虽然从目前来看，这种未来的实际结果是未知的，但如果从未来确定时点的自然角度看，它不仅是客观存在的，而且是确定的，只是人们目前不知道而已。

(2)“预期结果”：它可以表现为人们对未来的预测结果，也可以是反映人们希望出现的结果，即反映人们良好愿望的结果(它当然是人们希望的最好结果)。由于人们的愿望不同，以人们希望的结果作为“预期结果”的主观性强，缺乏客观性。相对而言，以预测结果作为“预期结果”的客观性强，它受到人们主观愿望的影响较小。从研究的角度看，这种预测结果应是基于统计意义上的预期结果，如最可能出现的结果或平均意义上的结果(表现为期望值或均值)。由于期望值能够反映事件的总体趋势，因此，作为“预期结果”的可信度高，客观性强。

(3) 不利偏差：偏差包含有利偏差和不利偏差两方面，如投资可能取得超额收益就是有利偏差，而在错误时点上的投资可能会产生难以承受的损失，这就是不利偏差。从偏差产生的结果看，无论是有利偏差还是不利偏差都可能对经济主体产生不利影响，特别是大的有利偏差也可能产生严重的不良后果。例如，对于一个长期渴望中大奖的投机者来说，突然中了1000万元大奖可能会对其精神造成严重伤害。这意味着将偏差控制在一定的范围内是合理的选择。由于有利偏差在大多数情况下对经济主体是有益的，因此，在风险管理中只考虑不利偏差。

由此可见，对于风险可有不同的理解，即可以理解为未来的不确定性损失，也可以理解为实际结果与预期结果的不利偏差，也可以理解为最简单的未来的不确定性。

7.2 风险的类型

在经济社会中，风险的类型较多，按照不同标准来分，风险有不同的类型。

7.2.1　风险的基本类型

一、风险的一般分类

风险有不同的类型，可以分为经济风险与非经济风险、纯粹风险与投机风险、静态风险与动态风险等。

1. 经济风险和非经济风险

如果从事件产生的结果分，风险可分为经济风险和非经济风险。经济风险是指有经济损失后果的风险，主要指个人或组织财产出现了没有预期到的损失或损坏。它包括三个要素：作为后果承担者的个人或组织、财产或收入的损失以及引起损失的原因(即风险因素)。与此不同，非经济风险是指没有经济损失后果的风险，即虽然未来有不确定性，但并没有产生经济损失。

2. 纯粹风险和投机风险

美国学者 Mowbray(1969)将精算及统计方法应用于风险的分类上。他将风险分为纯粹风险(Pure Risk)和投机风险(Speculative Risk)两类。这种分类方法已成为目前研究风险的常用方法。

纯粹风险是指只有"无损失"和"只有损失"两个结果的风险，而且没有获利的可能性。从社会的角度看，由于个体面临纯粹风险的损失会导致社会福利受损，此时个人福利和社会福利的变动方向是一致的。

与纯粹风险不同，投机风险的结果有三个："没有损失"、"损失"和"获利"，如赌博、股票交易等。从社会的角度看，个人面临的投机风险不一定为社会造成损失，如股票交易中的零和博弈。

3. 静态风险和动态风险

美国保险学者 Willett(1951)将风险分为静态风险和动态风险。静态风险(Static Risk)是指由于自然力量的不规则变动或人为错误所导致的风险，如自然灾难。因为它只有损失而没有获利，所以是纯粹风险。

对于企业而言，静态风险包括：① 财产损失风险；② 员工伤亡损失风险；③ 所有权人或高层主管变动的损失风险；④ 法律责任或契约行为损失风险；⑤ 员工犯罪损失风险；⑥ 间接损失风险。

动态风险(Dynamic Risk)是指因社会各因素变动引起的风险，主要包括：① 生产风险；② 行销风险；③ 财务风险；④ 人事风险；⑤ 创新风险；⑥ 财经政策风险；⑦ 政治法律风险；⑧ 国际事态风险。

二、纯粹风险

从理论角度看，风险管理主要针对的是纯粹风险。这种风险主要体现为：

(1) 财产风险(Property Risk)：指财产发生损失的风险，包括直接损失和间接损失。

(2) 人身风险(Personal Risk)：对于企业而言，是指由于员工(特别是关键员工)死亡或不在位给企业产生的风险。

(3) 责任风险(Liability Risk)：指由于自己的过失(有意或无意)造成对他人所遭受的损失负法律赔偿责任、或因无法履行契约导致对方受损失的契约责任的风险。责任风险包括了现有资产或未来收入损失的可能性。

(4) 他人过失造成的风险：损失原因是他人有意或无意的行为对个人或企业造成的伤害或财产损害，而受损方是在没有任何过错的情况下受到了损失。

7.2.2 金融风险类型

金融风险是指金融机构在经营过程中，由于决策失误、客观情况变化或其他原因所导致的资金、财产、信誉等遭受损失的可能性。对于金融机构而言，其金融资产在未来时期内的现金流是不确定的，而这种不确定性可能会产生损失。如果损失发生，则会对金融机构、金融系统和整个社会经济活动产生威胁。在金融实践中，如果一家金融机构因经营不善而出现危机，这可能涉及其他相关联的金融机构，从而可能威胁到整个金融体系的安全；而如果发生系统风险，金融体系运转失灵，必然会导致全社会经济秩序的混乱，甚至引发严重的政治危机。正因为如此，金融风险是整个社会中影响最大的风险。

关于金融风险的类型，一般可分为以下几种：

1. 市场风险

它是指由于标的资产市场价格变化而产生的风险。标的资产包括债券、股票、基金、汇率、利率等。对于金融机构而言，市场风险主要集中在债券交易、股票交易、外汇交易、市场拆借、回购协议以及期货合约、远期合约、期权合约和互换合约的交易过程中。在衡量市场风险时，一般用在险价值(Value at Risk，VAR)进行测定。使用 VAR 模型测量风险不仅有利于金融机构控制风险，而且也有利于监管部门提高监管效率。VAR 模型在 1993 年提出，1995 年巴塞尔委员会规定将银行的内部模型计算出来的 VAR 值乘以 3，以防范极端情况下金融机构面临的损失。由于一种标的资产价格的波动不一定影响另一种资产价格的波动，因此，市场风险属于非系统性风险。

2. 汇率风险

汇率风险是持有的外币资产或负债的经济主体由于汇率变化而引起的损失。在国际贸易和国际投资活动中，汇率的变化直接影响着经济主体的贸易或投资收益。在经济全球化的环境中，汇率不仅受到一国的货币政策、外汇储备、经济环境、文化因素和综合国力的影响，而且国际政治环境、经济发展趋势等也会对其产生影响。因此，汇率波动会对宏观和微观经济都产生影响，汇率风险是系统性风险。

3. 利率风险

它是指因利率变动引起资产或负债的损失。作为资本的价格，利率不仅会调整社会资本的供求关系，而且会影响投资者的收益和筹资者的经营成本。利率的变动会影响债券的价格以及浮动利率贷款交易方的收益。利率变化不仅会影响债券、股票、货币等资产的价格，而且会影响通货膨胀率和经济发展趋势，因此，利率风险是系统性风险。

4. 信用风险

信用风险也称为违约风险，是指因不能按时偿还贷款和利息而产生的风险。为降低风险，商业银行发放贷款时，首先要对客户进行信用评级。不同的评级机构把客户的信用水平进行不同的分类，如可分为 AAA、AA、A、BBB、BB、B、CCC、CC 和 C 共 9 个级别。信用级别越低，违约概率越高，商业银行发放贷款时的利率也会越高。一般而言，BBB(含)以上的信用级别称为投资级，而 BBB 以下的信用级别称为投机级。在一些极端下，信用风险会转化为系统性风险，如发生于2007年的美国次贷危机以及欧元区发生的债务危机，就是由于国家政策发生变化引起了信用风险，并演变为系统性风险。2008年，美国次贷危机的直接后果是美国五大证券公司消失，而到2009年，美国则有180多家银行破产。

5. 流动性风险

流动性风险是指因流动性不足引起的风险，主要表现为两种形式：一是因为无法满足客户的资金需求而产生的损失，或因无法支付客户资金而导致的银行破产；二是投资者折价出售资产时产生的损失。由于自有资本有限，商业银行实行的是负债经营，面临的流动性风险大。由于资产的市场价格与变现时的价格往往不相同，因而，持有金融资产或实物资产的经济主体同样也面临着流动性风险。

金融风险不仅包括以上风险，也包含因结算时利率或汇率变化等因素引起的结算风险和因操作失误产生的操作风险。

为了说明金融风险，现举例如下。银行A的交易员从银行B购买价值150美元的英镑(BGP)现汇，两个交易日后进行结算。假设当前汇率为每英镑1.5美元，表明银行A需要在两天内支付150万美元来交换100万英镑，这个交易中涉及系列风险：

(1) 市场风险。当天的现货价格可能改变。假设当天几个小时后汇率变化为每英镑1.4美元，这个交易员为减少头寸，与另一家C银行签订现货交易协议。这100万英镑现在只值140万美元，两天之内发生损失10万美元，这是由于汇率价格变化引起的风险。

(2) 信用风险。第二天，假设银行C破产了，交易员就必须与另一家银行D重新签订协议。如果现货汇率从每英镑1.4美元下降到每英镑1.35美元，则与银行C进行现货销售的5万美元盈利处于风险之中。损失是这笔投资市场价值的变化。

(3) 结算风险。银行A在早晨9点向银行B电汇150万美元，但银行B到12点还没有交付承诺的100万英镑。现在损失的是全部的美元本金。

(4) 操作风险。假设银行A错误地将150万美元汇给无关系的银行汇E，两天后银行A才拿到返还的150万美元，然后再加上补偿利息汇给正确的银行B，银行A损失的是到期金额的利息。

对于固定收益证券而言，其收益来源和风险情况如表7-1-1所示。

表7-1-1　固定收益证券的风险

	收益来源	风险	流动性
无信用风险类债券（包括国债、央行票据、金融债和有担保的企业债）	持有期利息收入、市场利率的下行导致的价格上升和较强的变现能力蕴含的盈利机会	市场利率风险	总规模大，流动性最好
无担保企业债（包括短期融资券和普通无担保企业债）	持有期利息收入、市场利率的下行和信用利差的缩减导致的价格上升	市场利率风险和信用风险以及由信用风险导致的流动性缺乏风险	流动性随信用风险变化较大

续表

	收益来源	风险	流动性
混合融资证券（包括可转换债券、分离型可转换债券）	标的证券价格的变动导致的价格上升和派息	标的证券价格波动风险	交易所上市，流动性较好
结构化产品（包括信贷证券化（采用优先次级结构的内部增级方式）、专项资产管理计划（采用担保的外部增级方式）和不良贷款证券化（优先次级结构和超额抵押的增级方式））	持有期利息收入和市场利率的下行导致的价格上升	市场利率风险和信用风险	流动性最差，银行间产品几乎无流动性

7.3　风险管理的一般程序

由于风险反映的是未来不确定性条件下的可能损失，因而，在风险管理过程中，就必须遵循一般的规则。通常来说，风险管理的程序包括以下几个环节。

一、确定风险管理目标

确定风险管理目标是风险管理的第一步。风险管理的目标较多，对于不同的经济主体而言有不同的目标。通常而言，减缓风险和使风险管理成本最小化是基本目标。

确定风险管理目标时要明确：

(1) 风险管理目标是风险管理行动的纲领。

(2) 风险管理目标具有多样性。如保证企业生存、使纯粹风险最小化等。

(3) 风险管理目标应纳入风险管理政策。风险管理政策不仅描述风险管理的目标，而且要给出目标实现的政策措施。在理想情况下，目标及风险管理的政策应由董事会做出。

二、风险识别

在确定风险管理目标的前提下，就要识别不同经济活动的风险。风险识别能够为风险管理确定需要管理的对象，以进一步明确需要确定的风险管理方法，因而，它是风险管理实际操作过程的基础。

1. 风险经理应识别的风险

为了进行风险识别，风险识别的主体可以是经济主体外部的机构，如保险代理人、经纪人和咨询师，也可以是经济主体内部人员或机构，如风险经理或风险管理部门。对于风险经理来说，应能够识别的风险包括：

(1) 财产的物质性损失以及额外的费用损失；

(2) 因财产损失而引起的收入损失和其他营业中断及额外费用支出；

(3) 因损害他人利益引起的诉讼产生的损失；

(4) 因欺骗、犯罪和职工不忠诚行为对企业造成的损失；

(5) 因企业高级主管人员或关键人员的死亡和丧失工作能力给企业造成的损失。

为了识别风险，风险经理可利用的工具包括：内部记录，风险分析问题调查，流程图，财务报表分析，运营检查和面谈等。

2. 金融风险的识别

在金融风险识别时，应注意：

(1) 明确风险的业务类型；

(2) 识别关键风险诱因；

(3) 确定风险事件；

(4) 建立关键的风险指标体系；

(5) 确定风险敞口。

风险敞口是指金融活动中存在风险的部位以及受金融风险影响的程度。风险敞口的结果主要包括承担法律责任、资产损失、核销、监管和税务处罚以及偿还、赔偿等财务影响以及非财务方面的潜在影响。

三. 风险评价

在进行风险评价时，需要进行两方面工作：

(1) 衡量损失。它是指衡量潜在损失频率和损失程度。损失频率是指在一定时期内风险发生的可能次数，是用于测定某一风险单位因某种原因而受损的概率。显然，单一风险单位遭受几种损失的概率相对于受到一种损失的概率要低。损失程度是指每次损失可能的规模，即损失金额大小。

(2) 风险定级。根据对潜在损失频率和损失程度的测定可以用于对风险定级。定级的方法较多，如可以用损失频率对风险进行定级，分为几乎不可能发生、不大可能发生、频度适中和肯定发生几种情况。如果用损失程度进行定级，则可分为致命风险、严重风险和一般风险三类。致命风险是指巨大损失，可能引起破产的所有风险；严重风险是指不足以引起破产，但经济主体必须借贷才能维持经营的风险；一般风险是指损失可以由经济主体的现有资产或目前收益来补偿的风险。

四、风险管理决策

风险管理决策指确定选择什么方法来管理风险。按照风险发生的时间划分，应对风险的方法可分为以下两种情况：

(1) 风险发生前：风险发生前可通过改变风险的方式来防范风险，并降低损失，主要方式包括避免风险、转移风险、损失管理。

(2) 风险发生后：如果风险已经发生，为了维持经营活动，就需要采取风险补偿的筹资措施。

在以上两类风险管理策略中，制定相对完善的风险管理制度是防范性策略，制定损失后融资计划是风险发生后的补偿措施，而保险同时具有改变风险和补偿风险的两个特征。

五、风险管理计划的实施

在风险管理目标和风险管理决策的基础上，就可实施风险管理决策。如在保险中选择保险类别，在自担风险中建立专用基金等。

六、检查和评价

在风险管理计划实施后，为了提高风险管理的效率，就需要对风险管理工作进行检查和评价，其目的在于检查和评价风险管理过程的动态性以调整方案，或者是检查原有决策是否正确，以修改方案。

7.4 金融风险度量简介

在风险管理过程中，风险评价是其核心环节。对于金融风险而言，由于它有不同的类型，因而对其度量也就需要利用不同的方法。本节简要介绍金融风险的度量方法。

7.4.1 信用风险的度量

对于金融机构而言，信用不仅是其重要的无形资产，而且也是金融机构生存和发展的基石。信用风险是指因违约而可能产生的损失，对其度量可以分为定性方法和定量方法两类。

一、定性度量方法

定性度量方法可以说是对风险的性质、重要程度等的度量。常用的信用风险度量的定性方法包括三种。

1. 专家制度法

银行信贷的决策权由机构内部那些具有丰富经验的贷款人员所掌握，信用风险也就由他们决定。在专家制度法中，常用的是“5C”分析法，即分析贷款人的“5C”：品德与声望(Character)、资格与能力(Capacity)、资金实力(Capital or Cash)、担保(Collateral)、经营条件和商业周期(Cycle and Condition)。

2. 评级方法

目前，标准普尔、惠誉国际和穆迪投资这三大信用评级机构在评级中处于重要地位。标准普尔(Standard & Poors)是一家世界权威金融分析机构，总部位于美国纽约市。标准普尔为投资者提供信用评级和投资咨询等服务，其母公司为麦格罗·希尔(McGraw Hill)。惠誉国际(Fitch)(惠誉国际信用评级有限公司)是全球三大国际评级机构之一，是唯一的欧资国际评级机构，总部设在纽约和伦敦。穆迪投资者服务公司(Moody's Investors Service)由约翰·穆迪于1909年创立，最初对铁路债券进行信用评级。1913年，穆迪开始对公用事业和工业债券进行信用评级。穆迪公司的总部设在美国纽约，它不仅是国际权威投资信用评估机构，同时也是著名的金融信息出版公司。

3. 信用评分方法——Z评分模型

它是由著名财务专家奥特曼(Edward I Allman)于1968年设计的一种破产预测模型。Z评分模型是一种多变量的分辨模型，它根据数理统计中的辨别分析技术，对银行过去的贷款案例进行统计分析，选择一部分最能够反映借款人财务状况的指标，对贷款质量影响最大、最具预测或分析价值的比率，设计出一个能最大程度地区分贷款风险度的数学模型(也称之为判断函数)，以此对贷款申请人进行信贷风险及资信评估。

二、定量度量方法

与定性方法不同，定量方法强调度量的客观性和量化程度。在金融理论和金融实践的过程中，产生了大量的方法，主要包括：

1. 在险价值

在险价值(Value at Risk，VAR)是指在一定的置信水平下，经济主体可能面临的最大损失。VAR 方法是重要的风险度量方法，在后续章节要做更多介绍。

2. 信用度量制模型

信用度量制模型的基础是：在一个既定的期限内估计一项贷款或者资产组合未来价值变动的分布。它要回答的问题是："如果下一年度是坏年度的话，我们的贷款价值将会损失多少?"。这种模型主要适应于对于贷款和债券面临风险的处理。

3. 信用风险量化模型

信用风险量化模型假定任何时期的违约企业数量的概率服从泊松分布，以此为基础度量信用风险。

4. 信用监控模型

信用监控模型(Credit Moditor Model，KMV)也称违约预期模型，是 1977 年由美国摩根和美洲银行、瑞士联合银行等国际著名金融机构和 MMV 公司共同开发的信用风险度量模型，主要用于对上市公司和上市银行的信用风险(特别是违约)进行预测。KMV 模型基于资产组合、VAR 等理论，从而实现对贷款和非交易资产进行估价和风险计算。依据基本的数理统计公式，KMV 模型将借款者的信用等级和风险资产的预期价值联系起来，对资产组合的信用风险进行量化分析。其优点是不仅能够识别传统的信用风险，而且也能应用于互换等衍生工具的风险识别。

虽然信用风险能够进行管理，但这可能引起新的风险。如商业银行倾向于将贷款放给老客户，以减少风险，但同时也会引起风险集中等新的问题。

7.4.2　流动性风险的度量

任何经济主体都有流动性要求，即要求能够拥有资金或者变现能力强的资产，或者能够及时从外部获得资金，以应对资金的需要。因此，流动性要考虑资金数量、资金成本和时间这三个因素。流动性风险既可以表现为融资流动性风险，也可表现为市场流动性风险。融资流动性风险是指商业银行在不影响日常经营或财务状况的情况下，无法有效满足资金需求的风险；市场流动性风险是指由于市场深度不足等原因，商业银行无法以合理的价格获取资金的风险。流动性风险的形成既可以是资产和负债的期限不适应引起的，也可能是由于金融机构的信誉或其他外部原因引起的。

一、流动性风险的静态度量

对于流动性风险的度量，可分为静态和动态度量。在流动性风险的静态度量中，它主要利用以下两个比例测量风险。

1. 资产方流动性比例

资产方流动性比例具体包括三个指标：

(1) 流动比率 $=\dfrac{\text{流动性资产}}{\text{流动性负债}}\times 100\%$，其标准值要求不小于 25%；

(2) 流动性缺口率$=\frac{\text{流动性缺口}}{\text{90 天内到期的表内外资产}}\times 100\%$，要求不小于$-10\%$或不低于同质同类机构的平均值；

(3) 贷比率$=\frac{\text{贷款余额}}{\text{存款余额}}\times 100\%$，要求不大于 75%。

2. 负债方流动性比例

负债方流动性比例具体表现为两类指标：

(1) 核心负债比率$=\frac{\text{核心负债}}{\text{总负债}}\times 100\%$，要求不小于 60%或同质同类机构平均水平；

(2) 资金来源的集中度。它包含以下三种计量方法：

- 资金来源集中度$=\frac{\text{最大十家存款户存款余额}}{\text{总负债}}\times 100\%$；
- 资金来源集中度$=\frac{\text{最大十家银行同业往来轧差后负债方净额之和}}{\text{总负债}}\times 100\%$；
- 资金来源集中度$=\frac{\text{境外联行往来轧差后负债方净额}}{\text{总负债}}\times 100\%$。

在确定资金来源集中度时，其标准值可参考同质同类机构的平均值。

二、流动性风险动态度量

流动性风险动态度量方法，主要用以下三个指标测量：

(1) 流动性缺口＝资产－负债；

(2) 净流动性资产＝流动性资产－不稳定负债；

(3) 融资缺口＝资金总需求量－资金来源(稳定部分)。

三、资产流动性管理的指标

资产流动性管理的常用指标包括：

(1) 存贷比$=\frac{\text{贷款总额}}{\text{存款总额}}$；

(2) 流动比率$=\frac{\text{流动资产}}{\text{流动负债}}$；

(3) 超额储备比率$=\frac{\text{超额储备}}{\text{存款总额}}$，其中超额储备＝中央银行存款＋现金－法定准备金；

(4) 流动性资产－易变性负债。

7.4.3 利率风险的度量

如前所述，利率风险是指由于利率变动造成的资产损失和对银行收支的净差额产生影响的风险。利率风险产生的原因既可能是金融机构自身的原因，如资产与负债期限不对称等，也可能是外部的原因，如信贷定价中的利率预测的不准确等。

一、利率风险的表现及度量

利率风险是因利率变化引起的风险，其表现形式包括：

(1) 重新定价风险：指由于银行资产与负债的到期日不同(对固定利率而言)或者重定价的时间不同(对浮动利率而言)而产生的风险。

(2) 基准风险：指由于基准利率工具重新定价的变动和不完全相关性，使期限或重新定价区间较为接近的资产、负债和表外金融工具的现金流和盈利发生变动而引发的风险。

(3) 净利息头寸风险：它体现为反映生息资产与有息负债关系的风险。

(4) 收益率曲线风险(利率期限结构变化风险)：指由于收益率曲线形态发生变化，导致对银行整体收益和经济价值产生的不利影响。

(5) 期权性风险：指隐含在商业银行表内外业务中，由于不对称支付特征给商业银行整体收益和经济价值带来的不利影响。

利率风险产生的原因是利率的变化，而利率的变化会导致不同金融资产损益的变化，因而，对利率风险的度量要结合金融资产的特征来确定。

二、利率风险的管理

在对利率风险进行管理的过程中，既可以通过选择有利的利率形式防范风险，也可以通过订立特别条款，包括领子利率(下限)或帽子利率(上限)、将浮动利率贷款转换成固定利率贷款等方式管理风险。而利率敏感性缺口管理和有效持续期缺口管理也是经常利用的方法。

在利率敏感性缺口管理中，利率敏感性资产与利率敏感性负债之差定义为利率敏感性缺口。利率敏感性缺口可用利率敏感性系数进行测量，它定义为利率敏感性资产与利率敏感性负债之比。如果这个比率为正且大于1，利率增加会获利，相反会亏损。在实际应用中，利率风险是利率敏感性缺口和利率变动的函数，而商业银行可以控制的只是缺口，而利率的变化无法控制。

在有效持续期缺口管理中，"持续性久期"是一个债务支付量的加权平均寿命或加权有效期。从债权人的角度看它是资产持有期，从负债人的角度看则是负债的持续期。资产持续期是把一笔资产作为现金收回平均需要的时间，负债持续期是把一项负债还清所需要的时间，持续期到到期日之间所收到的现金流是金融机构的利润。持续性久期的计算如下：

$$\text{持续性久期}=(\text{资产的平均有效持续期}-\text{负债的平均有效持续期})\times\frac{\text{总负债}}{\text{总资产}}$$

其中，有效持续期是指当利率变化时，证券资产或负债价格变动的百分比。

7.4.4　汇率风险的度量

一、汇率风险的类型

汇率风险是指由于汇率波动，使一项以外币计值的资产、负债、盈利或预期未来现金流量以本币计量的价值发生变动，而给外汇交易主体造成的不确定性。汇率风险包括三种类型：

(1) 交易风险：指以外币计值的未来应收款、应付款以本币结算时，由于汇率波动，而使价值发生变化导致的损失可能性。具体包括交易结算风险、外汇买卖风险。

(2) 会计风险：又称折算风险或转换风险，指经济主体在对资产负债表和损益表进行会计处理时，在将功能货币(实际活动中使用的货币)转换成记账货币(编制会计报表时使用的货币)时，因汇率波动而出现账面损失的可能。

(3) 经济风险：又称经营风险，指由于预料外的汇率波动，通过影响企业的生产数量、价格、成本而使企业未来一定时期内的收益产生变化的一种风险。与前两种风险出现在特定时点不同，经济风险由于没有预测到，所以复杂得多。

二、汇率风险的度量

对于汇率风险的度量，通过计算净外汇风险敞口和损失得到。

(1) 计算净外汇风险敞口。计算公式如下：

净外汇风险敞口＝(外币资产－外币负债)＋(外币购入－外币售出)

＝净外币资产＋净外币购入

如果为正值，表示当外币对本币的比率下降时，银行将面临外汇亏损的风险。

(2) 计算盈亏。计算公式如下：

以本币计价的某项外币的盈亏＝以本币计价的净外币风险敞口×外币的汇率变动值

三、汇率风险中的会计风险度量

对于汇率风险中的会计风险，可采用以下两种方法进行度量。

(1) 单一汇率法(现行汇率法)。指除所有者权益项目以历史汇率进行折算外，外币会计表中的资产、负债、费用各项目均以现行汇率进行折算，这种方法实际是意味着它们同比例(即按照汇率)变化。

(2) 多种汇率法。具体措施包括：一是将项目分为流动性和非流动性项目，对于流动性项目，按照资产负债表的汇率进行折算，对于非流动性项目，以及所有者权益中的实收资本、资本公积等项目，按照历史汇率进行折算。二是将其分为货币件项目和非货币性项目，对于货币性项目按照现行汇率折算，而对非货币性项目按照历史汇率进行折算。三是时态法，即指对现金、应收和应付账款项目按照现行汇率计算，对其他的项目分别按照历史汇率法和现行汇率计算。

四、外汇风险的控制

对于交易风险控制，可以采取的措施包括：

(1) 选择计价货币法，如“收硬付软”；

(2) 提前或拖后收付法；

(3) 净额结算法；

(4) 配平法；

(5) 调整价格法；

(6) 订立保值条款；

(7) 通过金融交易方法控制，如期权等。对于会计风险的控制，可通过资产负债表中性化和风险对冲。对于经济风险的控制，可以通过调整生产战略、财务战略等措施。

7.4.5 操作风险的度量

操作风险是指由于不完善的内部程序、员工和信息系统以及外部事件所造成的损失。按照银监会的《操作风险管理指引》，其类型包括内部欺诈、外部欺诈、客户欺诈等事件。在度量操作风险时，我国银监会 2008 年 10 月颁发的《商业银行操作风险监管资本计量指引》规定了相应的方法。

(1) 标准法。在使用标准法时，商业银行应满足一定的条件。操作风险的度量也有相应规定，如操作风险监管资本为前三年的算术平均数，而前三年中每年的操作风险监管资本是当年 9 种业务线监管资本和，其中，每年各业务线的监管资本＝当年这业务线的总收入与这业务对应的 β 系数的乘积。

(2) 替代标准法。与标准法不同，替代标准法是对标准法进行了相应替代，显示了在监管过程中的一定的针对性和灵活性。

(3) 高级计量法。它是商业银行通过内部操作风险计量系统计量监管资本的方法。包括内部度量法、损失分布法、打分 KA 法和极值理论法。

关于操作风险的问题，在以后章节中要进行详细讨论。

7.5　在险价值(VAR)

VAR(Value at Risk，VAR)模型兴起于 1993 年，由私人部门和公共部门以及学术团体的代表构成的 30 国集团(G－30)将其作为处理衍生产品的典范方法进行推广。在险价值(VAR)定义为一个时期内的最大损失值，它使得实际损失超过这个值的概率小于事先设定的水平。

7.5.1　在险价值(VAR)的计算

一、VAR 系统的组成因素

为了说明问题，考虑一个问题：一个国际对冲基金拥有 40 亿美元的日元空头和美元多头头寸，对于基金经理而言，需要回答的问题是：一天内这个组合可能损失多少？

对于这个问题，基金经理需要进行分析。首先，基金经理要明确的是投资组合的头寸。显然，当前的头寸为价值 40 亿美元的日元空头寸。为了分析简便，假设投资组合头寸不会发生变化，虽然在一个交易活跃的市场中头寸会不断变化。其次，确定影响风险的因素，即能够反映市场中这个投资组合风险的变量，在此例中，主要风险因子是日元兑换美元汇率的变化。一般来说，对于一个单一的固定收益组合，一个债券市场的风险因子就足够了。但是，对于高度杠杆化的投资组合，则需要确定更多的风险因子。最后，选择计算 VAR 的方法，并且在此基础上建立投资组合收益率的分布。与风险因子的确定类似，对于简单的投资组合，可以选择简单的方法，如线性的方法(指风险的波动与风险因子是线性关系)；但对于包含期权的投资组合，就需要用一阶和二阶导数作为价格的近似值，这是非线性方法(参看衍生工具定价的相关章节)。本节只考虑线性方法。

二、VAR 的计算方法

在线性方法中，VAR 的计算可采用历史模拟法、参数模型法和蒙特卡罗模拟法。

1. 历史模拟法

在上例中，为了度量 40 亿美元的日元空头和美元多头头寸的风险，可以利用一个时期内(如从 2000 年到 2009 年共 10 年)的每日日元对美元汇率的历史数据模拟出每日的收益。

令 Q_0 为头寸的美元价值，S 为连续两天的日元对美元的即期汇率，则在第 t 天的美元收益为

$$R_t(\$)=\frac{Q_0(\$)(S_t-S_{t-1})}{S_{t-1}} \tag{7.5.1}$$

例如，假设连续两天的汇率分别为 $S_1=112$ 和 $S_2=111.8$，就可得出模拟收益值：

$$R_t(\$)=40\times\frac{111.8-112}{112}=-720\text{（万美元）}$$

在整个观察期，共有 2527 个交易日，对每一个交易日重复以上过程，就可得到收益的时间序列。据此，建立每天收益的频数分布图，并且可以按照从小到大的次序分别进行排序，得到每一个层级的天数出现的次数，如 2 亿美元以上的损失出现的天数为 1 次，1 亿美元到 1.5 亿美元之间的损失出现的天数为 9 次等等。在以上分析基础上，用分位数描述损失分布情况，分位数即为损失在某个置信水平下不会超过的数值。假设置信水平 c 为 95%，在频数分布图中找到一个点 R^*，使得损失大于这个点的概率为 $p=1-c=5\%$。在本例中，找到的点为 4200，因此，可以说，在 95% 的置信水平下，一天内的最大损失大约为 4200 万美元。

2. 参数模拟法

假设收益的分布服从某个特定的分布，如正态分布，则收益的分散程度可以用其标准差 SD 度量。显而易见，标准差考虑了所有的样本观察值，而在上面的历史模拟法中，只是考虑了分位数附近的几个观察值。从这个角度看，参数模拟法比历史模拟法更为客观。在本节的例子中，收益的标准差为 SD=2680 万美元。如果 δ 是收益的波动率，利用收益的标准差，就可以利用一个因子 $\alpha(c)$（它取决于收益的具体分布和置信水平 c）对 VAR 进行估计：

$$\mathrm{VAR}=\alpha(c)\delta Q_0 \tag{7.5.2}$$

容易知道，对于一个正态分布，置信水平 c 为 95% 时的 $\alpha(c)=1.645$，$\mathrm{SD}=\delta Q_0$。因此，VAR 的估计值为 $1.645\times2680=4400$ 万美元，这与由历史模拟法得到的 4400 万美元接近。

由于标准差是观察值偏离其均值的数值，因此，如果要度量相对初始价格的损失，用 μ 表示观察期内的期望收益，则 VAR 有如下变形：

$$\mathrm{VAR}=[\alpha(c)\delta-\mu]Q_0 \tag{7.5.3}$$

需要注意的是，由于参数法是以标准差为基础的，而标准差是对称的，所以无法区分损失与收益，并且它对收益分布也必须进行假设，这会限制它的使用范围。

3. 蒙特卡罗模拟法

与历史模拟法和参数模拟法相比，蒙特卡罗模拟法需要对风险因子的概率密度函数进行假设，并且从这些分布中产生随机样本以构建投资组合的收益，因而更为复杂，在此不做进一步说明。

7.5.2 置信水平和时间对 VAR 的影响

一、置信水平对 VAR 的影响

由 VAR 的计算可知，VAR 的值与置信水平和时间有关。关于置信水平对 VAR 的影响，一般而言，置信水平 c 越大，则 VAR 也越大，因此，确定置信水平时存在着不确定性。在大多数情况下，VAR 用于度量下行风险，保持各部门之间相同的置信水平就显得特别重要。如果计划通过计算 VAR 决定储备多少资本以防止破产风险，则用较高的置信水平较好，因为这样更为安全。

需要明确的是，对于1000个观察值，99%的置信水平下的VAR就是第10个最小的观察值，而99.9%置信水平下的VAR就是最小的观察值。

二、时间对VAR的影响

关于时间对VAR的影响，如果观察期越长，则VAR越大。特别地，在一些假设条件下，可以通过短期的VAR推出相对长期的VAR，这对金融部门是有利的。例如，假设收益率的分布在同一时期内不变，不同时期内的分布也是相同的，并且要求每天的波动率是相互独立的，如独立同分布的正态分布。此时，可以用一天的VAR推算出T天较长时期VAR：

$$\text{VAR}(T\text{天}) = \text{VAR}(1\text{天}) \times \sqrt{T} \tag{7.5.4}$$

与置信水平的选择类似，时间的选择既与投资组合的特性(如波动的速度)有关，也与使用VAR的目的有关。如果想计算较为准确的下行风险，就应选择较短的时期；如果要计算计提多少资本以防范破产风险，则选择较长时期较好。在实践中，由于VAR的计算是基于具体损失报告，因而，VAR的时期不会小于收益和损失的报告期限，如商业银行通常需要计算每天的损益值，而其他企业需要的时间会更长，如我国上市公司往往会在季度报告、半年报和年报中才披露损益信息。

三、使用VAR方法时应注意的问题

VAR在度量风险时虽然简单，但在应用时需要注意一些问题。如VAR并没有描述最坏情况下的损失，它只是描述了损失将会以概率p超过VAR，即当置信水平为95%时，100天中有5天的损失超过VAR。另一个问题是度量结果存在偏差，如VAR会受到样本期间、置信水平等因素的影响，这表明，VAR只有有限的精确程度，这是在实践中需要注意的。

四、VAR的补充——压力测试

用VAR度量风险存在不足，而压力测试能够对其进行补充。压力测试的目的在于确定可能造成灾难性损失的极端情况。如在40亿美元的日元空头和美元多头头寸的例子中，95%置信水平下的每天VAR为4200万美元，但1998年10月7日出现的汇率极端损失为-5.4%，这导致压力损失提高为2.15亿美元。

在风险管理过程中，压力测试是一个关键步骤。压力测试包括：情景分析、压力模型、波动率和相关性分析以及对策分析。在情景分析中，建立情景的方法较多，如一次只改变一个变量、使用历史情景、建立可预测的情景等。在情景分析的基础上，可通过波动率相关性来研究风险管理对策。

本章小结

本章在介绍风险的概念、类型以及风险管理程序的基础上，重点介绍了风险的度量。风险反映了未来收益的不确定性，特别是体现了人们的预期与实际结果的差异所表现的可能损失，人们对风险的关注实际上反映了人类所具有的风险厌恶特征。风险的度量是风险管理过程中的关键环节。由于风险类型多、差异大，因而，对不同风险的度量需要不同的方法。由于金融风险在国民经济发展中的重要性，因此，本章重点介绍了金融风险中的信用风险、流动性风险、利率风险、汇率风险和操作风险的度量。作为度量风险的重要方法，本章介绍了在险价值 VAR 的计算及其影响因素。在以后的章节中将可以看到，在险价值在风险管理过程中有广泛的应用。

案例研究

公募基金16年来首现清盘　汇添富迷你基金主动退市

一、案例描述

选择苟延残喘，还是直面投资者？汇添富理财28天的持有者们，昨天做出了理性选择——清盘。而2014年9月16日这一天，必将记入基金史册。因为从这一天开始，当汇添富理财28天召开了持有人大会之后，国内首只迷你基金正式拉开主动退市序幕……这是1998年中国公募基金诞生以来，首次出现的清盘案例。

（一）事实

2014年8月，汇添富基金发布的一则公告，曾惹得业内唏嘘一片。汇添富理财28天基金拟于2014年9月16日召开持有人大会，就基金终止合同事宜进行表决。而一旦表决通过，汇添富理财28天将成为中国基金业16年来首只清盘的基金。经过一番紧张而忙碌的准备之后，2014年9月16日上午，在汇添富公司总部的上海震旦大楼，汇添富理财28天基金的持有者，出席了这次专门为清盘而召开的持有人大会。

对于此次清盘，汇添富基金早做了充分准备。从2014年8月15日起，汇添富基金暂停理财28天基金的申购。为了保障持有人利益不因清算造成损失，汇添富基金主动承担了相关清算费用，这样即使在终止合同决议生效前发生大规模赎回，也不会让剩余持有人利益受损。

从暂停申购到表决一共有1个月时间，刚好超过基金运作28天周期。这样，在暂停申购前最后一天，即2014年8月14日申购的投资者，也可以在2014年9月10日赎回基金而不必等到清盘才兑现，这也使得在此次会议召开前，大部分资金已赎回退出。业内人士认为，汇添富主动清盘基金具有标志性意义，对解决日益严重的迷你基金问题具有极大地推动和示范作用。但也有声音认为，“清盘”实际上避重就轻，最终还是营销的一个噱头。

（二）分析

试错的短期理财基金。之所以有声音认为，清盘只是一个噱头，是因为短期理财基金本身可能就是基金们创新过程中的一次“试错”。在其率先清盘的背后，依稀可看当年基金公司“一窝蜂”式决策的荒谬。

时间倒回至2012年，那时的短期理财债基曾经风靡一时。2011年，银监会正式叫停30天以内的银行短期理财产品，庞大的理财需求处于服务的真空状态。瞅准空当，2012年5月9日，首批短期理财基金汇添富理财30天债券基金和华安月月鑫短期理财债基问世，前者募集244.42亿元，后者182.22亿元。

由于最早的两只短期理财基金发行规模亮眼，随即引发了行业热捧。基金公司纷纷进入这一领域，发行各自的短期理财基金。但随着货币基金在互联网金融推动下日益深入人心，短期理财债基在流动性方面的劣势越加明显，而且也没有表现出特别突出的收益优势，因此渐渐被边缘化，普遍遭遇大幅净赎回。

统计显示，短期理财基金在最辉煌时的发行份额一度逼近4000亿份，但到了2014年第二季度，56只短期理财基金的份额只有945亿份。与货币基金相比，短期理财基金丧失了流动性，又不能提供比货币基金更高的收益。如今，在机构眼里，短期理财债基市场已沦为鸡肋，正面临持有人大幅撤资。

资料来源：http://www.cs.com.cn/tzjj/jjdt/201409/t20140917_4515315.html

二、案例讨论

试讨论短期理财基金退市的影响。

思考与练习

1. 标准的VAR计算方法假定头寸是固定的，如果风险经理施加损失限制，那么真实的VAR应当

(1) 和计算值相同 (2) 大于计算值 (3) 小于计算值 (4) 无法确定

2. 一个关于ABC银行的10－Q报告称，ABC银行的每月VAR在95%的水平下为1000万美元，下列哪一项是关于这份报告最恰当的解释？

(1) 如果我们收集ABC银行的100个月的损益数据，那么我们总是看到有大约5个月的损失会超过1000万美元

(2) ABC银行有95%的概率在一个月内的损失值低于1000万美元

(3) ABC银行有5%的概率在一个月内的收益值低于1000万美元

(4) ABC银行有5%的概率在一个月内的损失值低于1000万美元

3. 给定一个资产的30个次序百分收益率如下：

－16，－14，－10，－7，－7，－5，－4，－4，－4，－3，－1，－1，0，0，0，1，2，2，4，6，7，8，9，11，12，12，14，18，21，23

则在90%置信水平下的VAR为

(1) 16　(2) 10　(3) 1　(4) 18

4. 假设投资组合的每日收益率都是相互独立且服从正态分布，萨姆尼尔(一个量化分析师)被投资组合经理要求计算投资组合10天、15天、20天和25天的VAR，投资组合经理发现萨姆尼尔提供的计算结果存在一些问题。试问下列哪一个投资组合的VAR和其他不一致？

(1) 10天VAR＝3.16亿美元　(2) 15天VAR＝4.65亿美元

(3) 20天VAR＝5.37亿美元　(4) 25天VAR＝6亿美元

第八章 期望效用理论与风险

在商品经济条件下，价格是调整市场供求关系的重要工具，因而，商品定价也成为经济活动的核心内容。前面的章节研究了金融资产的定价问题，如利率和汇率的确定、套利定价理论、证券定价等，这些定价是基于无风险套利等假设。进一步看，这些定价理论以获取最大经济收益为目标，但没有涉及经济活动主体的行为分析。事实上，在经济活动中，资产价格是随着风险因素而变化的随机变量，这就需要研究在不确定性情况下的决策问题。由于资产不是消费品，因此，人们获取资产的目的不是直接占有资产，而是获取资产所带来的收益，并利用这些收益进行最终消费。因而，资产反映了投资者对未来消费的要求权。在实现这种要求权时，需要将资产、特别是金融资产产生的收益转化为现实消费，以实现自身对需求的满足。由此可见，重视资产价格的实质是直接拥有更多资产，并最终满足消费需求。这表明对资产价格的进一步研究就需要明确其最终的目标函数是消费需求的满足，而消费需求的满足与经济活动主体的个人偏好密切相关。基于以上考虑，有必要引入体现投资者行为的投资者偏好以及消费感受。

效用理论是研究消费者需求及消费感受的理论，而期望效用理论是构建投资者风险资产选择的标准方法。本章将在分析投资者偏好的基础上，介绍期望效用函数、投资者的风险类型与风险度量，从而引入风险管理研究的主题。

8.1 不确定条件下的“圣彼得堡悖论”及其讨论

经济理论认为，在完全自由的市场经济条件下，生产者和消费者在价格这只“看不见的手”的引导下，从事自己的经济活动，形成商品的供给和需求，而供求关系最终决定市场的均衡价格。因此，价格理论是经济学的核心内容。与商品定价相同，资产定价也同样受到供求关系的影响。如前所述，与普通商品和服务不同，资产能够直接影响投资者以货币计量的财富，但并不能给投资者带来当期的消费福利。也就是说，投资者的目标函数包括直接目标和最终目标，直接目标为获取以货币计量的财富，而最终目标则是使其消费得到最大满足。目标函数的不同会导致投资者在未来不确定条件下的决策标准不同。

8.1.1 “圣彼得堡悖论”

对于投资者而言，可选择的一种投资决策方法是比较资产的未来支付的平均值或期望价值。假设一项资产在未来一段时间内会得到 n 次随机支付，每次支付的概率为 $p_i(i=1, 2, \cdots, n)$，且 $\sum_{i=1}^{n} p_i=1$，$p_i \geqslant 0$，每次支付值为 x_i，则支付的期望价值（或期望支付）为

$E(X)=\sum_{i=1}^{n} x_i p_i$。投资者在资产的未来收益不确定的条件下根据期望价值进行决策。1713年，Nicholas Bernoulli 发现期望支付不能作为投资者定价的唯一标准，因为存在“圣彼得堡悖论”。

“圣彼得堡悖论”可表述如下：彼特和保罗(参赌者)进行一个掷硬币游戏，假设掷出有头像的正面和无头像的反面的概率相同，都为 1/2，要求连续地掷硬币，直到硬币有头像一面朝上为止。游戏规则为：如果彼特第一次掷硬币时得到有头像的正面，则他就给保罗 1 美元，第二次掷硬币时得到有头像的正面时就给保罗 2 美元，第三次掷硬币时得到有头像的正面时就给保罗 4 美元，第四次掷硬币时得到有头像的正面时就给保罗 8 美元，依次类推。现在的问题是，如果保罗想得到游戏中的不确定收益，或者说，如果保罗想得到这种具有不确定收益的资产，那么，他愿意支付多大成本？为此，在期望价值理论下，可以先计算其期望价值。

假设彼特直到第 i 次才掷到有头像的正面时，那么就有 $p_i=(1/2)^i$，$x_i=2^{i-1}$，则期望支付为

$$
\begin{aligned}
E(X)=\sum_{i=1}^{\infty} x_i p_i &= \frac{1}{2}\times 1+\frac{1}{4}\times 2+\frac{1}{8}\times 4+\frac{1}{1}\times 8+\cdots \\
&=\frac{1}{2}\times\left(1+\frac{1}{2}\times 2+\frac{1}{4}\times 4+\frac{1}{8}+\cdots\right) \\
&=\frac{1}{2}\times(1+1+1+\cdots) \\
&=\infty
\end{aligned}
$$

由此可见，保罗能够得到的期望价值无限大，他愿意为此支付的成本也应很大，如 10 000 美元。但是，从直观上看，大多数人只愿意为此游戏支付有限的成本，即大多数人愿意为无限大的期望价值支付一个有限的成本。因此，存在的问题是：面对这种有无限大期望收益的游戏，为什么没有人愿意出高价参与？这就是“圣彼得堡悖论”。

8.1.2 “圣彼得堡悖论”的相关讨论

对于“圣彼得堡悖论”，学者进行了不断争论，D. 伯努利 1738 年就分析了这个问题。他认为，投资者不是根据其可得的期望收益来行动，而是根据其“道德期望”来行动。其想法接近边际学派的“边际效用递减规律”，即“道德期望”与利得多少无关，而与最初的财富多少有关。利得只是对最初财富的增加，但这种增加对于最初财富不同的人而言，其含义也不同。对于最初财富很少的投资者而言，通过投资增加的利得对其感觉影响很大，但对于最初财富较多的投资者而言，通过投资增加的利得对其消费的感觉影响不大。因此，“道德期望”应是利益导数递减的凹函数，D. 伯努利的“道德期望”凹函数是利得的对数函数。因此，计算期望时不应是支付 x_i 的期望值，而应是支付 x_i 对数的期望值。假设存在一个 a，$a>0$。则原来的期望值变为

$$
\begin{aligned}
&\frac{1}{2}a\ \log 2+\frac{1}{2^2}a\ \log 2^2+\frac{1}{2^3}a\ \log 2^3+\cdots+\frac{1}{2^n}a\ \log 2^n+\cdots \\
&=a\ \log\sum_{i=1}^{\infty}\frac{i}{2^i}=2a\ \log 2\approx 1.39a
\end{aligned}
$$

这是一个有限值，D. 伯努利认为它是投资者愿意支付的参与游戏的成本，其中的 a 可以通过调查得到，由此解释了“圣彼得堡悖论”。

在“圣彼得堡悖论”中，一个重要假设是游戏无限地进行下去。但在实践中，无限地重复这一过程是不可能的，即在实践中游戏只能进行有限次。这意味着“圣彼得堡悖论”中的假设不成立。如果前提不存在，“圣彼得堡悖论”是否存在呢？如果游戏只能进行 10 次，参赌者(保罗)看到硬币有头像的正面一次可能得到收益的期望值为：

$$2\times\frac{1}{2}+2^2\times\frac{1}{2^2}+\cdots+2^{10}\times\frac{1}{2^{10}}=10$$

这是一个有限值，参赌者愿意一试。因为，参赌者最多输 10 美元，但如果他非常幸运，则最多可得 $2^{10}=1024$ 美元。事实上，由于社会财富有限，开赌者(彼特)无力支付更大的金额，因此，这个游戏不可能无限进行下去。此时，就不存在“圣彼得堡悖论”。值得注意的是，这种解释有一定道理，但它并没有回答为什么参赌者愿意付出 1 美元来参加这个游戏的问题，而上述 D. 伯努利的解释更为深刻，虽然长期以来人们对“道德期望”不理解。直到期望效用概念的出现，人们才对“圣彼得堡悖论”有了更为深入的解释。

1738 年，Nicholas Bernoulli(1687—1759)的堂兄 Daniel Bernoulli(1700—1782)发表的论文用“期望效用”解释了“圣彼得堡悖论”，其英文文章发表在 1954 年的期刊“Econometrica”上。他认为，人们因收到支付而获得的效用或“幸福感”不同于得到的支付数量，投资者真正关心的是期望效用。如果用 U_i 表示支付 x_i 所产生的效用，则资产的价值应为

$$V=E[U(x)]=\sum_{i=1}^{n}p_iU_i(x_i)$$

并且，他假设“效用源自于财富的任何微小的增长，并且与之前所拥有的商品数量呈反比例关系”。或者说，个人拥有的财富越多，那么财富增加所产生的效用(边际效用)增加就越少。为了得到有限的资产，Daniel Bernoulli 允许$U_i(x_i)$的增长速度慢于其概率 p_i 的增长速度。

需要说明的是，即使有了期望效用等概念，因期望值为无限大的类似的“圣彼得堡悖论”还会出现，如杜兰的论文《成长型股票和圣彼得堡悖论》(1959) 指出成长型股票的股价也会出现类似“圣彼得堡悖论”的问题，因此，对成长型股票的估值需谨慎。

8.2 期望效用函数

8.2.1 期望效用函数的定义

一、期望效用函数的内涵

期望效用理论第一次完整的公理化发展来自于 John Von Neumann 和Oskar Morgenstern 的研究(1944)。他们认为，在一个存在概率不确定性的环境中，如果人们的目标函数为效用函数的期望值最大化，则在一定的合理假设下，偏好所决定的效用函数在可相差一个平移和相似(即相差一个仿射变换)的意义下是唯一的，即在有概率的不确定环境下，效用函数是可测量的，函数的零点和单位可任意确定。他们同时认为，D. 伯努利的“道德期望”其实就是效用函数的期望值。在确定性环境中，函数 x 和 $a\log x$ 所决定的偏好是相同

的。但是，在不确定性环境下，如果投资者的目标函数是最大化效用函数的期望值，则这两个函数就不能作为效用函数。具体可参见文献 Friedman and Savage(1952)。

在确定性环境下的一般均衡讨论中，经济主体的行为是通过使其效用函数最大化来实现的，消费者的效用函数是所消费商品数量的函数，而生产者的效用函数是其生产即销售量的函数。在不确定性环境下的一般均衡讨论中，分析方法是假定商品数量都是随机变量，并取决于随机状态。此时，如果仍然使用原来的效用函数，则效用值也是依赖于状态的随机变量，而无法直接据此进行决策。但如果计算效用函数的平均值(期望值)，则可进行直接比较，并做出决策，即在所涉及的商品量 x 集合上直接定义效用函数 u，它应满足：

$$E[u(x)] = u(x) \tag{8.2.1}$$

其中，u 是随机变量。对于随机变量，如果它以概率 p 取 a，以概率$(1-p)$取 b，这种效用函数应满足：

$$pu(a) + (1-p)u(b) = u(x) \tag{8.2.2}$$

它表明一种"未定商品"的效用就等于所涉及的"确定商品"的效用均值。满足这种条件的效用函数就称为期望效用函数或冯·诺依曼-摩根斯特恩效用函数。

二、相关概念

为了更好地表述期望效用函数，先介绍一些概念。

1. 未定商品

考虑实际消费情景。由于知识水平、收入、观念等不同，人们对于同一种商品的认识会因人而异，这就是消费者偏好。面对众多的商品，人们需根据其偏好选择商品组合，并对不同组合进行优劣评价。假设消费者只面对两类商品，$\boldsymbol{x}$ 和 $\boldsymbol{y}$ 是其消费向量，且消费以概率 p 取得消费向量 $\boldsymbol{x}$，以概率$(1-p)$取得消费向量 $\boldsymbol{y}$，这一组合可表示为 $L=(\boldsymbol{x}, \boldsymbol{y}, p)$。对于两个组合 $L_1=(x_1, y_1, p_1)$和 $L_2=(x_2, y_2, p_2)$，可构造复合组合 $L_3=(L_1, L_1, q)$，其含义与上述类似。以此为基础，可以构造更高级的复合组合，最终得到一个商品向量组合，且每个商品向量都被消费者以一定的概率得到。所有这样的组合可称为"彩票"(Lottery)或"未定商品"(Contingent Commodity)。

2. 未定商品空间

未定商品空间是指由"确定商品空间"中的向量 $\boldsymbol{x}$ 和 $\boldsymbol{y}$ 等形成形如 $L=(\boldsymbol{x}, \boldsymbol{y}, p)$的组合和更高层次的组合所形成的空间。为方便讨论，以后用 $\boldsymbol{x}$、$\boldsymbol{y}$ 等表示商品空间 Θ 中的元素，它们可能是确定商品，也可能是未定商品。在 Θ 中有偏好关系$\succ$、$\prec$等，如果 $\boldsymbol{x}\succ\boldsymbol{y}$，表示相对于 $\boldsymbol{y}$，经济主体更偏好 $\boldsymbol{x}$；如果$\boldsymbol{x}\prec\boldsymbol{y}$，表示相对于 $\boldsymbol{x}$，经济主体更偏好 $\boldsymbol{y}$；如果 $\boldsymbol{x}\sim\boldsymbol{y}$，则表示它们无差异。

8.2.2 偏好公理

效用反映了经济主体的主观感受，而这种主观感受是基于个人的偏好。在经济学理论中，关于偏好的公理如下：

公理 8-2-0：

(1)(自反性)：$\boldsymbol{x}\succ\boldsymbol{x}$ 或 $\boldsymbol{x}\sim\boldsymbol{x}$；

(2)(传递性)：如果 $\boldsymbol{x}\succ\boldsymbol{y}$，$\boldsymbol{y}\succ\boldsymbol{z}$，则 $\boldsymbol{x}\succ\boldsymbol{z}$；

(3)(完全性)：$\boldsymbol{x}\succ\boldsymbol{y}$，$\boldsymbol{x}\sim\boldsymbol{y}$ 或 $\boldsymbol{y}\succ\boldsymbol{x}$，$\boldsymbol{y}\sim\boldsymbol{x}$ 中至少有一组成立。

这种排序关系，称之为在空间 Θ 上定义了全序关系。但需注意的是，并非所有两个元素之间都有先后关系，即使(3)中有一组成立，但两者并不相同。

公理 8-2-1：

(1) $\boldsymbol{x}=(\boldsymbol{x},\ \boldsymbol{y},\ 1)$；

(2) $(\boldsymbol{x},\ \boldsymbol{y},\ p)=(\boldsymbol{y},\ \boldsymbol{x},\ 1-p)$；

(3) $[(\boldsymbol{x},\ \boldsymbol{y},\ p),\ \boldsymbol{y},\ q]=(\boldsymbol{x},\ \boldsymbol{y},\ pq)$。

在公理 8-2-1 中，公理(1)说明的是把确定商品向量看成是以概率 1 得到的商品向量，公理(2)说明两种商品向量没有次序方面的区别，而公理(3)则说明消费者关注的是得到商品向量的最终概率，而对其过程不关心。

公理 8-2-2(连续性公理)　对于任何 $\boldsymbol{x},\ \boldsymbol{y},\ \boldsymbol{z}\in\Theta$，$\{p\in[0,\ 1]\mid(\boldsymbol{x},\ \boldsymbol{y},\ p)\succ$ 或 $\sim\boldsymbol{z}\}$ 和 $\{p\in[0,\ 1]\mid z\succ$ 或 $\sim(\boldsymbol{x},\ \boldsymbol{y},\ p)\}$ 都是闭集。

连续性公理反映了事物没有剧烈变化的特征，显然，这为数学上的处理提供了很大方便。

基于以上公理，有命题 8-2-1。

命题 8-2-1　设 $\boldsymbol{x},\ \boldsymbol{y},\ \boldsymbol{z}\in\Theta$，满足 $\boldsymbol{x}\succ\boldsymbol{y}\succ\boldsymbol{z}$。如果公理 8-2-2 成立，则存在 $q\in(0,\ 1)$，使

$$(\boldsymbol{x},\ \boldsymbol{y},\ q)\sim\boldsymbol{z}$$

命题 8-2-1 的含义是，以 q 的概率取得 $\boldsymbol{x}$ 和以 $(1-q)$ 的概率取得 $\boldsymbol{y}$ 的组合，与取得 $\boldsymbol{z}$ 是无差异的，从而说明不确定状态之间具有内在关联性，从而使处理不确定性状态. 特别是比较不确定性状态的优劣变得相对容易。但在通常情况下，人们不会接受命题的结论。如考虑一个极端情况：假设 $\boldsymbol{x}$ 是指得到 101 元的状态，$\boldsymbol{z}$ 是破产的状态，而 $\boldsymbol{y}$ 是获利 100 元的状态。显然，有 $\boldsymbol{x}\succ\boldsymbol{y}\succ\boldsymbol{z}$。根据命题，得到 100 元与冒破产的风险去获得 101 元是无差别的，这是大多数人不愿意认同的结果。但从理论上看，它是正确的结论。

公理 8-2-3(独立性公理)　如果 $\boldsymbol{x}\sim\boldsymbol{y}$，那么对于任何的 $p\in[0,\ 1]$ 和 $\boldsymbol{z}\in\Theta$，$(\boldsymbol{x},\ \boldsymbol{z},\ p)\sim(\boldsymbol{y},\ \boldsymbol{z},\ p)$。

上述公理说明，如果 $\boldsymbol{x}$ 和 $\boldsymbol{y}$ 无差别，则这个结论不受其他因素的影响。虽然它以公理的形式出现，但却受到了 1988 年诺贝尔经济学奖获得者阿莱(M. Allais，1911—2010)的批评，表明其内容有待改进。

命题 8-2-2　设 $\boldsymbol{x},\ \boldsymbol{y}\in\Theta$，且。如果公理 8-2-3 成立，则对于任何的 $p,\ q\in(0,\ 1)$，当且仅当时 $p>q$ 时，有 $(\boldsymbol{x},\ \boldsymbol{z},\ p)\succ(\boldsymbol{x},\ \boldsymbol{y},\ q)$。

在以上公理和命题下，有如下定理：

定理 8-2-1 (冯·诺伊曼-摩根斯特恩定理)　如果空间 Θ 中的偏好关系满足上述四条公理，则在空间 Θ 上存在(在至多相差一个仿射变换意义下)唯一的期望效用函数 u，满足

$$\boldsymbol{x}\succ\boldsymbol{y}\text{ 或 }\boldsymbol{x}\sim\boldsymbol{y}\text{，当且仅当 }u(\boldsymbol{x})\geqslant u(\boldsymbol{y})$$

$$u(\boldsymbol{x},\ \boldsymbol{y},\ p)=pu(\boldsymbol{x})+(1-p)u(\boldsymbol{y}) \tag{8.2.3}$$

定理 8-2-1 的理论意义在于：它证明了效用函数的存在性，从而使人们在接受"期望效用函数假设"的前提下，能够以期望效用函数最大化作为决策目标，分析不确定性情况下的决策问题。然而，由于它以相应的假设为基础，因此，导致了学者的不断批评。弗里德

曼和萨维奇(1952)指出，对于这些假设的不同意见有两类：一是认为这不是对实际现象的一种有用的或合理的解释，只能用实际的研究结果证实；另一种观点则根本反对用一个函数来测量人们在不确定性环境下的选择行为。虽然如此，目前没有更好的理论分析不确定环境下的决策问题，从这方面看，它仍然是解释不确定性条件下决策问题的最好方法。

8.3　期望效用函数的讨论

自从期望效用函数理论出现以后，就引发了许多讨论，以下简要介绍阿莱悖论以及卡曼尼和特韦斯基的分析。

8.3.1　阿莱悖论

冯·诺伊曼-摩根斯特恩提出的效用函数公理体系，在逻辑上是完整的。因此，如果它有问题，只能体现在公理体系中。阿莱构造了一个例子来说明冯·诺伊曼-摩根斯特恩提出的效用函数公理体系中的独立性公理并不符合实际。对于所构造的例子，通过广泛征求专家的意见，结果表明绝大多数人作出了与独立性公理相反的判断，阿莱的例子就是著名的“阿莱悖论”。

假设有以下两组事件，需要人们做出判断。

$$\begin{cases} A_1 = \text{肯定得到 100 万英镑} \\ A_2 = \begin{cases} \text{以 10\% 的概率得到 500 万英镑} \\ \text{以 89\% 的概率得到 100 万英镑} \\ \text{以 1\% 的概率不得利} \end{cases} \end{cases}$$

$$\begin{cases} A_3 = \begin{cases} \text{以 10\% 的概率得到 500 万英镑} \\ \text{以 90\% 的概率不得利} \end{cases} \\ A_4 = \begin{cases} \text{以 11\% 的概率得到 100 万英镑} \\ \text{以 89\% 的概率不得利} \end{cases} \end{cases}$$

一般而言，人们会在 A_1 和 A_2 之间选择 A_1，在 A_3 和 A_4 之间选择 A_3。其理由是与其冒险，还不如不冒险就能获利。在阿莱的调查中，大多数人都作出了这样的选择，即它是符合人们习惯的行为。

然而，这种选择行为违背了独立性公理。在上例中，如果令

$$L_1=(1,\ 1,\ 0.01),\ L_2=(5,\ 0,\ \frac{10}{11})$$

其中的数字单位为百万。则显然有 $A_1=L_1=(1,\ 1,\ 0.01)$。进一步看，有

$$(L_2,\ 1,\ 0.11)=((5,\ 0,\ \frac{10}{11}),\ 1,\ 0.11)=A_2$$

另一方面，又有如下关系：

$$A_4=(1,\ 0,\ 0.11)$$

$$(L_2,\ 0,\ 0.11)=((5,\ 0,\frac{10}{11}),\ 0,\ 0.11)=A_3$$

因此，根据独立性公理，在 A_1 和 A_2、A_3 和 A_4 的选择中，取决于对 1 和 L_2 的选择。如果 $L_2\sim 1$，则由独立性公理有：$A_1\sim A_2$，$A_3\sim A_4$。而如果认为$A_1\succ A_2$，就应有 $L_2\prec 1$，

从而导致结果 $A_4 > A_3$。这说明 $A_1 > A_2$ 和 $A_4 > A_3$ 应同时成立。这就是阿莱悖论。

关于阿莱悖论，学者众说纷纭。有人认为例子过于特殊，独立性公理一般还是成立的；有人认为受访者无意中作出了错误的选择，而阿莱自己认为应放弃独立性公理，过去以追求期望效用最大化的研究都不切实际，因为它没有考虑人们心理因素对概率分布的影响。

8.3.2 卡曼尼和特韦斯基的分析

关于期望效用理论，人们进行了持续的研究，从而在阿莱悖论之后，又出现了各种各样的悖论，如埃尔斯伯格(Ellsberg)悖论。20 世纪 70 年代，心理学家卡曼尼和特韦斯基探讨了不确定环境下的决策问题。他们先接受雷法(1968)的观点，认为应区别不确定环境下的三种决策方法：一是规范分析(Normative Analysis)，它关注于决策问题的理性解答，如冯·诺伊曼-摩根斯特恩期望效用理论中所用的方法；二是描述性方法(Descriptive Analysis)，它关注现实生活中人们实际的决策方法；第三是惯例分析(Prescriptive Analysis)，它关注实践建议，以协助人们作出较为合理的决策，它没有系统的理论依据，可以认为主要是经验之谈。其后，他们构造了许多例子说明冯·诺伊曼-摩根斯特恩期望效用理论的不足，以下给出其中的一个例子(具体参见 Myerson(1991))。

假设 A 先生携夫人去看戏，但他们可能碰到了两种类似问题：他们到剧院门前时发现戏票丢失；或者将准备购买戏票的手上的钱丢失。在第一种情况下，其决策问题是购买新戏票看戏(假设他们有能力且确实能够购买到)还是回家？在第二种情况下，其决策问题为再从口袋中取钱(假设有足够的钱)购买戏票还是回家。卡曼尼和特韦斯基发现，大多数人会在第一种情况下选择回家，而在第二种情况是选择再购买戏票。这说明人们的选择行为受许多心理因素的影响，但很难用期望效用来描述，因为如果以钱来衡量得失，丢失戏票和丢失购买戏票的钱是相同的。

如果阿莱悖论中只涉及决策者的“利益”和不确定性，使决策者的社会人特征不明显，那么，卡曼尼和特韦斯基的例子就突出了决策者的“社会人”特征。他们认为人们在不确定环境下的决策，很大程度上取决于“决策的框架”，即决策时强调的因素。上述例子虽然用钱衡量的丢失戏票和丢失购买戏票的钱是相同的，但它们是两个概念，强调的分别是“戏票”和“钱”这两个不同的因素。或者可以说，人们的决策使用的是内涵逻辑(如强调的内部因素不同)，而不是外延逻辑(如用钱衡量的丢失戏票和丢失购买戏票的钱是相同的)，虽然它们的外延相同，但内涵却不同，从而导致有不同的决策结果。根据这种思想，冯·诺伊曼-摩根斯特恩的期望效用理论是基于若干公理的结论，它并没有考虑到决策者对体现决策者社会特征的内涵因素的差异，而这些差别是无法体现在公理体系之中的。

基于以上思想，卡曼尼和特韦斯基的“展望理论”(Prospect Theory)更多地被强调是一种描述分析，他们经常用一些实验案例提出一些与期望效用函数理论矛盾的“效应”，包括确定性效应(Certainty Effect，与肯定结果相比低估可能发现的结果)、反射效应(Reflection Effect，对增益与损失的效应犹如镜像，即低估增益、高估损失)、孤立效应(Isolation Effect，对同一事件不同方面的强调，会导致相反的偏好)等。

展望理论可认为是对期望效用理论的一种修正。假设有未定商品$(\boldsymbol{x}, \boldsymbol{y}, p)$，如果用期望效用理论，效用函数一般为凹函数，则期望效用 u 为

$$u(\boldsymbol{x}, \boldsymbol{y}, p) = pu(\boldsymbol{x}) + (1-p)u(\boldsymbol{y}) \tag{8.3.1}$$

而对于卡曼尼和特韦斯基的值函数 v 而言，有

$$v(\boldsymbol{x}, \boldsymbol{y}, p) = \pi(p)v(\boldsymbol{x}) + \pi(1-p)v(\boldsymbol{y}) \tag{8.3.2}$$

其中，作为单变量函数的值函数 v，是对自变量的正值(增益)的凹函数，对自变量的负值(损失)则是凸函数。这种界定与实际情况相符，即在面临损失时，人们有更大的动机进行冒险，以减少损失；而在盈利的情况下，则更偏好收益，厌恶风险。如果比较这两种函数，可发现它与期望效用理论中强调风险厌恶的函数明显不同。在式(8.3.2)中，π 是权重函数，这是对概率的一种估计，通常把低概率高估，而把高概率低估。

卡曼尼和特韦斯基的研究引起了金融经济界的极大重视，许多学者用这一理论解释金融市场的反常现象并获得部分成功，卡曼尼也因此与实验经济学的前驱者史密斯一起荣获2002年的诺贝尔经济学奖。

需要说明的是，尽管人们对冯·诺伊曼-摩根斯特恩效用函数理论提出了不少质疑(如阿莱悖论)，并且对其进行了不断探索(如在 Fishburn(1988)的专著中可以找到许多推广期望理论的公理体系的研究)，但它仍然是目前研究不确定环境下决策问题的主要理论，因为目前还没有一种理论能够对不确定环境下的决策给予更好地解释。

8.4 期望效用与风险态度

基于冯·诺伊曼-摩根斯特恩效用函数理论，本节考虑人们的风险态度问题。假设人们的期望效用函数为单变量函数 $u(x)$，不妨设自变量为收入。此时，效用就是用来衡量货币能够给人们带来满意程度的工具。基于这种观点，以下在对效用进行描述后，讨论基于效用理论的风险态度。

8.4.1 效用与风险

为描述效用，先给一些不影响实质性结果的假设。

假设 8-4-1 较多的财富好于较少的财富。

基于经济人的假设，这个假设是合理的。它表明人们拥有的财富越多，自我满足感越好，即效用是财富的增函数。它表明人们倾向于拥有更多的财富，使其效用最大化。

假设 8-4-2 单位财富的增加所带来的效用或满足程度的增加将随着财富的增加而减少。

这一假设表明财富(表现为货币)的消费也符合边际效用递减规律。在实践中，同样增加1000元，它对于无法保证基本生活的人和对于百万富翁的意义是不同的，前者多得到的满足感要好于后者。

以上假设可以用图形表示(见图 8-4-1)。

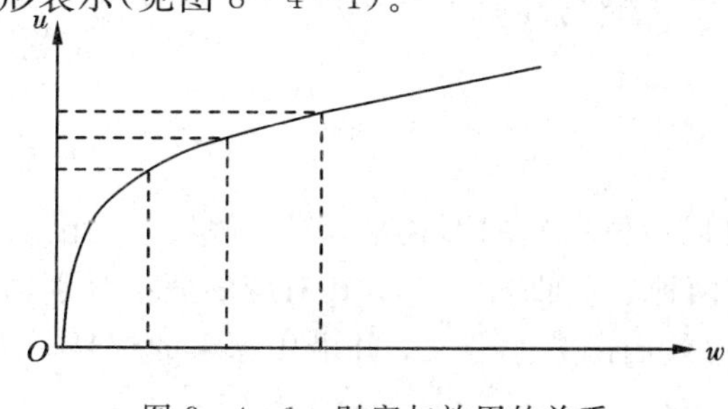

图 8-4-1 财富与效用的关系

以上两个假设体现在图形中表现为效用函数是随着财富值的增加而增加的，是向右上方倾斜的曲线。与此同时，随着财富的增加，等量增加的财富所产生的效用增加值越来越小，表现为效用曲线越来越平缓，这实际上是边际效用递减规律的表现。

在以上假设下，期望效用和风险之间有什么联系呢？以下用一个简单的例子说明。假设现有一个赌局，投资者的初始财富为 10 元，如果他的效用函数为 $u(x)$，他面临一个选择：要么持有初始财富 10 元，不参与赌局；或者参与赌局，其结果是可能会盈利 10 元或亏损 10 元，此时，其财富分别以 50％的概率变为零和 20 元。现在的问题是：他是否应参与这一赌局？

如果不参加赌局，则有财富 10 元，其效用为 $u(10)$。现在考虑较小的赌局，如果赢了，则财富增加到 11 元，如果说输了，则财富降到 9 元，其效用比 10 元时的低。此时注意效用的变化。随着财富的增加，效用曲线越来越平坦，因损失产生的效用损失超过了增加的等量财富所产生的效用增加值。这种差异使人们倾向于不参与这一赌局。如果有较大的赌局，在输的情况下财富降为零，这时边际财富有很高的效用价值，如像财富水平非常陡情况下的效用曲线一样。如果赢了，其财富变为 20 元，这时效用曲线相当平坦，边际财富的效用价值较低。如果效用曲线像图 8－4－2 那样，赌博便代表了一种交易，表现为人们通过牺牲具有较高效用价值的财富去交换可能得到的效用价值较低的财富(因为赢会增加人们的财富，但会降低财富的边际效用价值)。递减的边际效用规律产生了反对赌博的结果。

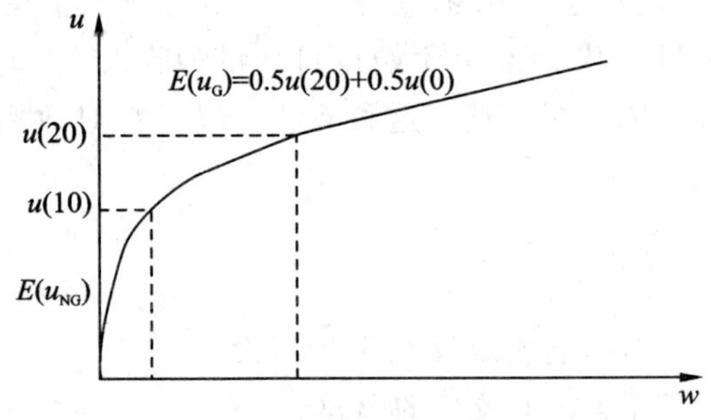

图 8－4－2　风险厌恶和赌局

在图 8－4－2 中，由于输或赢的概率相等，所以两者效用值的加权平均值正好是中点。如用 u_G 表示参与赌局的效用，则赌局的期望效用值为

$$E(u_G)=0.5u(20)+0.5u(0)$$

如用 u_{NG} 表示不参与赌局的效用，则不参与赌局的期望效用为

$$E(u_{NG})=1u(10)=u(10)$$

在图 8－4－2 中，不参与赌局的期望效用高于赌局的期望效用，经济主体不应参与赌局。

8.4.2　风险态度

效用与风险的关系可以用更精确的形式来表达。假设效用函数为 $u(x)$，不妨假设其中的自变量为收入。如果有两种非负收入 x、y，其对应的概率分别为 p 和$(1-p)$，那么，根据冯·诺伊曼-摩根斯特恩效用函数的定义，并沿用原来的记号，则这一事件的效用为

$$u((x, y, p)) = pu(x) + (1-p)u(y) \tag{8.4.1}$$

对于具有效用函数 $u(x)$ 的经济主体，可分别定义其风险偏好。

(1) 如果 $u(px+(1-p)y)=u((x, y, p))$，则称经济主体为风险中性者；

(2) 如果 $u(px+(1-p)y)>u((x, y, p))$，则称经济主体为风险厌恶者；

(3) 如果 $u(px+(1-p)y)<u((x, y, p))$，则称经济主体为风险爱好者。

对于这种定义，可以用图 8－4－3 表示。

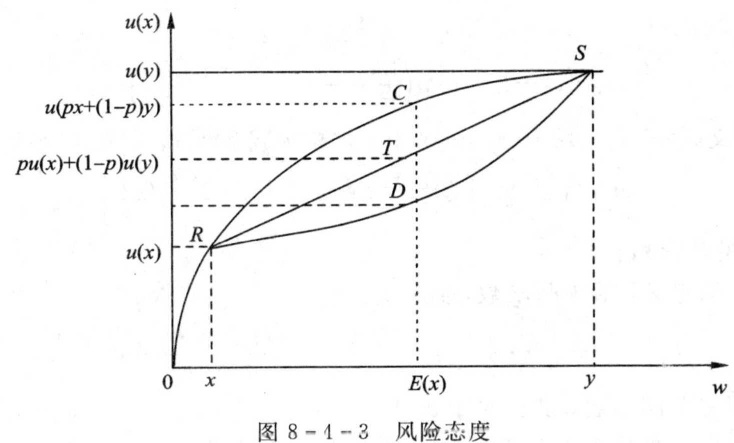

图 8－4－3　风险态度

容易看到，在经济主体是风险厌恶的情况下，其期望效用函数上凸；当经济主体是风险偏好者，其期望效用函数下凸；如果经济主体为风险中性者时，期望效用函数为线性函数。

8.5　风险厌恶程度的测量

在金融活动分析中，通常假设投资者是风险厌恶者，因而需要对投资者的风险厌恶程度进行测量。本节介绍两种风险厌恶函数。

8.5.1　阿罗-普拉特绝对风险厌恶函数

一、含义

根据投资者的风险态度定义可知，如果直接从期望效用函数曲线形状上看，曲线越向上弯曲，则对风险就越厌恶。曲线的弯曲程度可以用函数的二阶导数描述，但不同人之间的风险厌恶程度无法比较。为此，阿罗(1970)和普拉特(1964)建议用函数衡量风险厌恶程度。假设期望效用函数为 $u(x)$，则将

$$A(x)=-\frac{u''(x)}{u'(x)} \tag{8.5.1}$$

称为阿罗-普拉特(Arrow - Pratt)风险厌恶度量，或阿罗-普拉特绝对风险厌恶函数，$T(x)=1/A(x)$ 称为风险容忍函数，而 $R(x)=xA(x)$ 称为相对风险厌恶函数。

二、对风险厌恶函数的进一步分析

为进一步理解风险厌恶的度量，需引进函数平均的概念。假设有 n 个正数 c_1，c_2，…，c_n，其平均值通常定义为

(1) 算术平均值:

$$\frac{c_1+c_2+\cdots+c_n}{n} \tag{8.5.2}$$

(2) 平方平均值:

$$\left(\frac{c_1^2+c_2^2+\cdots+c_n^2}{n}\right)^{1/2} \tag{8.5.3}$$

(3) 几何平均值:

$$\sqrt[n]{c_1c_2\cdots c_n}=\exp\left(\frac{\ln c_1+\ln c_2+\cdots+\ln c_n}{n}\right) \tag{8.5.4}$$

基于以上定义,对于定义域为$(0, +\infty)$上的严格单调函数 f,定义 f^-平均为

$$M_f(c) = f^{-1}\left[\frac{f(c_1)+f(c_2)+\cdots+f(c_n)}{n}\right] \tag{8.5.5}$$

其中,f^{-1}为 f 的反函数。

根据凸函数的定义,对于凸函数,有

$$f\left(\frac{c_1+c_2+\cdots+c_n}{n}\right)\leqslant\frac{f(c_1)+f(c_2)+\cdots+f(c_n)}{n} \tag{8.5.6}$$

如果 f 是严格单调函数,那么对于式(8.5.6)两边作用 f^{-1}后,就可表达为:(严格单调)凸函数 f 就是 f^-平均不小于算术平均的函数。对于凹函数 u 而言,可以说,(严格单调)凹函数 u 就是 u^-平均不大于算术平均的函数。

如果对于任何正数向量 $\boldsymbol{C}=(c_1, c_2, \cdots, c_n)$,$\boldsymbol{C}$ 的 g^-平均总不小于 f^-平均,则当 f 的值域是$(0, +\infty)$时,可以验证,g 与 f^{-1}的复合函数 $h=gf^{-1}$的 h^-平均总不小于算术平均值。因此,$h=gf^{-1}$是凸函数。进一步看,如果它二阶可导,则 $h''\geqslant 0$。根据求导法则,可计算函数的导数如下:

$$h' = (g(f^{-1}(x)))' = g'(f^{-1}(x))(f^{-1}(x))' = \frac{g'(f^{-1}(x))}{f'(f^{-1}(x))} \tag{8.5.7}$$

$$h'' = \frac{g''(f^{-1}(x))(f'(f^{-1}(x)))^{-1}f'(f^{-1}(x))-g'(f^{-1}(x))f''(f^{-1}(x))(f'(f^{-1}(x)))^{-1}}{(f'(f^{-1}(x)))^2} \tag{8.5.8}$$

由此有

$$\frac{f''(f^{-1}(x))}{f'(f^{-1}(x))}\leqslant\frac{g''(f^{-1}(x))}{g'(f^{-1}(x))} \tag{8.5.9}$$

由 x 的任意性可得

$$\frac{f''}{f'}\leqslant\frac{g''}{g'} \tag{8.5.10}$$

在式(8.5.10)中,f''/f'可看成是函数 f 的凸程度,u''/u'可看成是函数 u 凹的程度。

由此有如下命题:

命题 8-5-1 设 f 和 g 是定义域和值域都为$(0, +\infty)$的光滑严格单调函数,那么,

$$\forall x,\ y\in(0, +\infty),\ p\in[0, 1]$$

$$f^{-1}(pf(x)+(1-p)f(y))\leqslant g^{-1}(pg(x)+(1-p)g(y)) \tag{8.5.11}$$

等价于

$$\forall x\in(0, +\infty),\ \frac{f''(x)}{f'(x)}\leqslant\frac{g''(x)}{g'(x)} \tag{8.5.12}$$

这一命题有重要意义。如果把资产的价格看成一个期望效用函数，那么，它说明了存在一个概率测度，使得这个期望效用函数是风险中性。因此，文献也经常把套利定价称为风险中性定价。

8.5.2　双曲绝对风险厌恶函数

在经济金融领域中，有一类重要的函数，即为双曲绝对风险厌恶函数(HARA)。

一般而言，形如

$$u(x) = \frac{1-r}{r}\left(\frac{ax}{1-r}+b\right)^r (b>0,\ r>0) \tag{8.5.13}$$

的效用函数就称为双曲绝对风险厌恶函数(HARA)，其特殊性体现在其导数关系上。

对于上述函数，可容易得到

$$u'(x) = a\left(\frac{ax}{1-r}+b\right)^{r-1} \tag{8.5.14}$$

$$u''(x) = -a^2\left(\frac{ax}{1-r}+b\right)^{r-2} \tag{8.5.15}$$

因此

$$A(x) = -\frac{u''(x)}{u'(x)} = a\left(\frac{ax}{1-r}+b\right)^{-1} = \left(\frac{x}{1-r}+\frac{b}{a}\right)^{-1} \tag{8.5.16}$$

是一条双曲线，因此此类函数称为双曲绝对风险厌恶函数，而相应的风险容忍函数

$$T(x) = \left(\frac{1}{1-r}\right)x + \frac{b}{a} \tag{8.5.17}$$

是一条直线。当参数 r 不同时，就可以得到不同的效用函数。

(1) 当 $r=1$ 时，则

$$u(x) = ax \tag{8.5.18}$$

是线性函数，也是风险中性的效用函数。

(2) 当 $r=2$ 时，则

$$u(x) = -\frac{1}{2}(b-ax)^2 \tag{8.5.19}$$

是二次效用函数。

(3) 当 $b=1$，$r\to\infty$时，则

$$u(x) = -\mathrm{e}^{-ax} \tag{8.5.20}$$

是指数效用函数。容易验证 $A(x)=a$ 具有绝对风险厌恶特征。

(4) 当 $r<1$，$b=0$ 时，为幂效用函数，可写成

$$u(x) = \frac{x^r}{r} \tag{8.5.21}$$

而风险容忍函数

$$T(x) = 1-r \tag{8.5.22}$$

具有相对风险厌恶和递减绝对风险厌恶特征。

(5) 当 $a=1$，$b=0$，$r\to 0$ 时

$$\frac{1-r}{r}\left[\left(\frac{x}{1-r}\right)^r\right] \to \ln x \tag{8.5.23}$$

这是对数效用函数，它是等弹性边际效用函数

$$R(x) = -\frac{u''(x)x}{u'(x)} = 1 \tag{8.5.24}$$

8.6 均值-方差效用函数

对效用函数的认识是效用理论应用的基础。在经济金融领域中，有一类特殊的效用函数，即均值-方差效用函数。为此，本节先讨论金融资产的各种收益率，再讨论均值-方差效用函数的表达式。

8.6.1 资产收益率

在金融市场中，可以直接观察到不同时点上资产的价格。假设有$(n+1)$个交易时点，分别记为 0，1，2，…，n。假设时点 t 时资产的价格为 P_t，表示时刻 t 到$(t+1)$期间资产的价格，也可称为资产的 t 期价格。

如果从时刻 t 到$(t+1)$没有红利支付，则此期间的绝对收益为$(P_{t+1}-P_t)$。绝对收益没有考虑投资额的影响，它并不能准确反映投资收益的实际情况。为此，引入相对收益或百分比收益的概念。如果从时刻 t 到$(t+1)$没有红利支付，则此期间资产的百分比收益(或单位净收益)R_t 为

$$R_t = \frac{P_{t+1}-P_t}{P_t} = \frac{P_{t+1}}{P_t} - 1 \tag{8.6.1}$$

基于以上定义，将$(1+R_t)$称为资产总收益。显然，百分比收益越大的资产总收益也越大。

考虑从时刻 t 到$(t+k)$共 k 个时期的情况。根据总收益定义，在此期间的总收益$(1+R_{t+k})$为

$$\begin{aligned} 1+R_{t+k} &= \frac{P_{t+k}}{P_t} = \frac{P_{t+1}}{P_t} \times \frac{P_{t+2}}{P_{t+1}} \times \cdots \times \frac{P_{t+k}}{P_{t+k-1}} \\ &= (1+R_t)(1+R_{t+1})\cdots(1+R_{t+k-1}) \end{aligned} \tag{8.6.2}$$

由上面定义可知，资产总收益是某一个时期从期初到期末的收益和时间跨度有关。时间跨度为年、月和周时的收益相应地可称为年收益、月收益和周收益。

假设从 t 期到$(t+k)$期共 k 年的总收益为 $1+R_{t+k}$，第 k 期(年)的收益为$R_t(k)$。如果年度平均收益为$\overline{R_t(k)}$，则

$$\overline{R_t(k)} = (1+R_{t+k})^{1/k} - 1 \tag{8.6.3}$$

如果每期的收益都很小，则容易看出

$$\overline{R_t(k)} = (1+R_{t+k})^{1/k} - 1 \approx \frac{1}{k}R_{t+k} \tag{8.6.4}$$

显然，按照式(8.6.4)计算不方便。为此，引入连续复合收益 r_t，并将其定义为

$$r_t = \ln(1+R_t) \tag{8.6.5}$$

令 $p_t = \ln P_t$，则由总收益的含义可知

$$r_t = \ln(1+R_t) = \ln\frac{P_{t+1}}{P_t} = \ln P_{t+1} - \ln P_t = p_{t+1} - p_t \tag{8.6.6}$$

考虑多期连续复合收益率 $r_{t+k}=\ln(1+R_{t+k})$，则有

$$r_{t+k} = \ln(1+R_{t+k}) = \ln\prod_{i=1}^{k}(1+R_{t+i-1}) = \prod_{i=1}^{k}\ln(1+R_{t+i-1})$$
$$= r_t + r_{t+1} + \cdots + r_{t+k-1} \tag{8.6.7}$$

式(8.6.7)表明，k 期连续复合收益等于每个时刻连续复合收益之和，这样计算多期收益率比较方便。

8.6.2　均值-方差效用函数的表达式

资产定价的重要目的是分析资产在未来时期的风险及收益，它具有未来时期的资产价格和收益不确定的特点。为研究方便，通常假设资产价格和收益是随机变量，资产的收益服从正态分布，其期望值称为金融资产的期望收益，而方差则描述了金融资产对期望收益的偏离程度，用于测量投资风险。

假设某项金融资产的收益率为 R，如果存在二元函数 $u(x, y)$，使其效用函数

$$E(U(R)) = u(E(R), \mathrm{var}(R)) \tag{8.6.8}$$

$$\partial_1 u(E(R), \mathrm{var}(R)) \geqslant 0,\ \partial_2 u(E(R), \mathrm{var}(R)) \leqslant 0 \tag{8.6.9}$$

则称 $E(U(R))$为均值-方差效用函数。其中，$\partial_1 u(E(R), \mathrm{var}(R))$为对第一变量的偏导数，$\partial_2 u(E(R), \mathrm{var}(R))$为对第二变量的偏导数。对于偏导数正负的要求表明，如果投资者具有均值-方差效用函数，则在某一收益率水平下，资产收益越大，则期望效用越大；资产的风险越小，则期望效用也越大。

如果 $U(R)$可按 $E(R)$展开为泰勒级数，则有：

$$U(R) = U(E(R)) + U'(E(R))(R-E(R)) + \frac{1}{2!}U''(E(R))(R-E(R))^2$$
$$+ \sum_{i=3}^{\infty}\frac{1}{i!}U^{(i)}(E(R))(R-E(R))^i \tag{8.6.10}$$

对式(8.6.10)两边取期望值可得

$$E(U(R)) = U(E(R)) + U'(E(R))E(R-E(R)) + \frac{1}{2!}U''(E(R))E(R-E(R))^2$$
$$+ \sum_{i=3}^{\infty}\frac{1}{i!}U^{(i)}(E(R)E(R-E(R))^i$$
$$= U(E(R)) + \frac{1}{2}U''(E(R))\mathrm{var}(R) + \sum_{i=3}^{\infty}\frac{1}{i!}U^{(i)}(E(R))E(R-E(R))^i \tag{8.6.11}$$

如果 R 服从正态分布，由正态分布的性质可知：

(1) 当 i 为奇数时，

$$E(R-E(R))^i = 0 \tag{8.6.12}$$

(2) 当 i 为偶数时，

$$E(R-E(R))^i = \left[\frac{i!}{\left(\frac{i}{2}\right)!}\right]\frac{(\mathrm{var}(R))^{\frac{i}{2}}}{2^{\frac{i}{2}}} \tag{8.6.13}$$

由此可见，$E(U(R))$可表示为 $E(R)$和 $\mathrm{var}(R)$的函数，于是得到如下结论：

如果 $U(R)$ 是二次函数或 R 服从正态分布，$U(R)$ 可按展开为泰勒级数，则 $E(U(R))$ 是均值-方差效用函数。

8.7　确定性等值和风险溢价

如前所述，效用是人们对消费满足程度的主观描述，而风险态度是人们对风险的主观认识。然而，这些对效用和风险的主观感受与客观结果有所不同。为揭示人们主观感受和客观结果的本质性差异，有必要引入确定性等值和风险升水的概念。

8.7.1　确定性等值和风险升水的含义

一、确定性等值

基于经济人假设，"趋利避害"是人们的普遍心理。因此，假设人们对风险的态度是风险规避的，效用函数 $u(x)$ 是凹函数，消费者面临的不确定性状态为：以概率 p_1 取得收入 w_1 或以概率 p_2 取得收入 w_2，且 $p_1+p_2=1$，$u(w_1)=R$，$u(w_2)=S$。如果 $p_1=p_2=\frac{1}{2}$，则 $u(x)=T$，这是期望的效用水平。如果事先知道必然有相当于 $\frac{1}{2}w_1+\frac{1}{2}w_2=E(x)$ 的收入，这个收入就无风险，则对应的效用水平 $u(E(x))=C>T$（见图 8-7-1）。

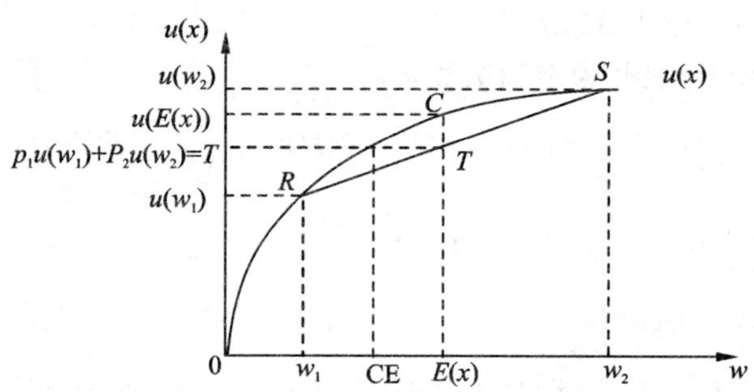

图 8-7-1　确定性等值与风险升水

从图 8-7-1 中可以看出，与同一效用水平 T 对应的收入水平有两个，分别为与效用曲线对应的财富 CE 和与直线 RS 对应的财富 $E(x)$，即有

$$u(\mathrm{CE}) = T = u(x) = p_1 u(w_1) + p_2 u(w_2) \tag{8.7.1}$$

CE 是一个确定的财富量，而式(8.7.1)表明在此财富水平上的效用水平等于不确定性条件下期望的效用水平，因此，将 CE 称为确定性等值(Certainty Equivalent)。

进一步看，对于拥有唯一效用曲线的消费者来说，虽然确定性收入水平 CE 和体现不确定性收入的期望值 $E(x)$ 所对应的效用水平相同，但其财富水平是不同的，且有 $\mathrm{CE}<E(x)$，这表明，相对于不确定性状态的收益水平 $E(x)$，消费者更偏好有确定性收入 CE 产生效用的状态，因此，消费者是风险规避型。

确定性等值的理论意义在于通过相同的效用水平，将确定性财富与不确定性财富水平联系在一起，从而使研究不确定性问题变得方便。

二、风险升水

基于确定性等值，风险升水(Risk Premium)是一个收入水平 P，其特点是当一个完全确定的收入 $E(x)$减去这个确定性收入 P 后所产生的效用水平仍然等于不确定性条件下期望的效用水平，即 $u(E(x)-P)=u(x)$。换言之，有不确定性收入 x 的彩票所包含的风险相当于使一个完全确定性的收入量 $E(x)$减少了确定性收入 P。从图 8－7－1 上看，有如下关系：

$$P = E(x) - \mathrm{CE} \tag{8.7.2}$$

在理解风险升水时，需注意的是，$E(x)$是不确定性状态下随机变量 x 的期望值，它相当于一个确定的量；风险升水实质上就相当于将确定性收入 $E(x)$转化为两个不确定性收入 w_1(概率为 p_1)和不确定性收入 w_2(概率为 p_2)时，消费者由于承担风险而得到的风险回报，它是两个确定性收入的差额，因此将其称为风险升水。

风险升水有重要理论和实践意义。从理论价值看，风险升水的含义是，一个有风险的彩票带给消费者的真实财富水平其实不是彩票的期望收益水平$E(x)$，而是与这个彩票给消费者带来的效用水平 $u(x)$所对应的确定性等值的收入水平 CE。因此，消费者对彩票的评价值不应是 $E(x)$，而应是 CE，即在不确定性条件下，彩票或赌局为消费者带来的真实收益水平是 CE。从实践意义方面看，风险升水对投资者的意义在于，在进行投资或规划消费计划时，应在结合投资者或消费者效用函数的基础上，利用 CE 来对项目进行评估，而不能用期望值来评估。其深层原因是，期望值只是根据客观概率进行的评估，而确定性等值是结合了客观概率和主观风险偏好后的综合性评估，具有更高的可靠性和准确性。

例 8－7－1 假设消费者的效用函数为 $u(x)=\ln x$，现有一个彩票，其盈亏的概率各为 50%，盈亏额分别为 h 和 $-h$，如果消费原来的财富水平为 w，试计算这个彩票的确定性等值和风险升水。

解 消费者原有的财富水平为 $w=E(x)$，它是一个确定性财富；如果不购买彩票，则财富水平不会发生变化。

如果消费者购买彩票，则其财富水平会出现两种结果：$(w+h)$和$(w-h)$，出现的概率各为 50%。

根据期望效用的定义有：

$$\begin{aligned}\ln(\mathrm{CE})=\ln(x)&=\frac{1}{2}\ln(w+h)+\frac{1}{2}\ln(w-h)\\&=\ln[(w+h)(w-h)]^{\frac{1}{2}}=\ln(w^2-h^2)^{\frac{1}{2}}\end{aligned}$$

因此，$\mathrm{CE}=(w^2-h^2)^{\frac{1}{2}}<w=E(x)$，而且，$P=E(x)-\mathrm{CE}=w-(w^2-h^2)^{\frac{1}{2}}>0$。

8.7.2 确定性等值和风险升水的应用

如前所述，确定性等值是结合了客观概率和主观风险偏好后的综合性评估，因而其应用范围较为广泛，特别是在保险行业中，它有重要的应用价值。

例 8－7－2 现有一个彩票，结果有两种状态。如果中奖，则获利 900 元，概率为 0.2；如果没有中奖，只能获得 100 元，概率为 0.8。假设消费者的效用函数为 $u(w)=\sqrt{w}$。那么，消费者愿意出多少购买这种彩票？风险升水是多少？

解　根据确定性等值的含义，消费者对彩票的出价应是确定性等值 CE。因此有：

$$u(\mathrm{CE})=0.2u(900)+0.8u(100)$$

即

$$\sqrt{CE}=0.2\sqrt{900}+0.8\sqrt{100}$$

因此，$CE=196$(元)，即他对彩票的最高出价是 196 元。

由于 $E(x)=0.2\times900+0.8\times100=260$，所以风险升水 $P=260-196=64$(元)。

在保险行业中，与风险升水 P 相关的概念是投保人愿意支付的保险金(假设为 R)，但它们之间既有区别又有联系。一方面，它们的含义不同。风险升水 P 一般不是投保者愿意支付的保险金总额，而是对期望收益的缩水。对于投保人而言，他们是基于初始财富水平 w_0 作出是否投保的决策，这就需要比较购买保险和不购买保险所产生的后果差异，并根据购买保险时的结果至少要与不购买保险一样好的标准做出购买保险的决策，临界点的要求是购买与不购买保险的结果无差异。如果购买保险，且保险公司对损失 h 会全额赔偿，则购买保险后的效用为 $u(w_0-R)$；如果不购买保险，则效用为 $u(x)$。因此，消费者会根据标准

$$u(w_0-R)=u(x) \tag{8.7.3}$$

来决定愿意支付总保险费 R 的最高金额。这对于不确定性状态是单边风险(例 8-7-3)、双边风险(例 8-7-1)或者风险均值是否为零的状态分析都是适应的。

另一方面，风险升水 P 和投保人愿意支付的保险金(假设为 P)也有联系。根据确定性等值的定义，有

$$u(\mathrm{CE})=u(x) \tag{8.7.4}$$

结合以上两式可得

$$u(E(x)-P)=u(w_0-R) \tag{8.7.5}$$

式(8.7.5)表明，保险金 R 与风险升水 P 有关系，保险金的确定只是确定性等值和风险升水的变形和应用。但需要注意的是，从式(8.7.5)的形式上看，好像有$R=P$，但事实上，只有当风险均值 $E(h)$为零时，才有关系 $R=P$ 和$w_0=E(x)$。

例 8-7-3　假设企业的财富为 w，企业的效用函数为 $u(w)=w^{0.5}$。如果企业的初始财富为 $w_0=90\ 000$，企业如果发生火灾，则会造成损失 $h=80\ 000$，火灾发生的概率为 $\alpha=0.05$。那么，企业支付多少保险费以规避风险？保险公司在这次业务中的利润是多少？

解
$$u(w_0-R)=0.95\times(90\ 000)^{0.5}+0.05\times(10\ 000)^{0.5}$$

由 $u(w_0-R)=u(x)$可得

$$(90\ 000-\mathrm{R})^{0.5}=0.95\times(90\ 000)^{0.5}+0.05\times(10\ 000)^{0.5}$$

因此，$R=5900$(元)。

企业发生火灾的概率为 $\alpha=0.05$，保险公司的支付额度为 $\alpha h=0.05\times80\ 000=4000$，因此，保险公司的利润为 1900 元。

8.8　保险定价

保险公司是通过承保风险而获取收益的金融机构，保险定价则是保险营销过程中的重要环节。基于期望效用理论，就可以讨论保险定价问题。

8.8.1　保险定价分析

为了对保险进行定价，考虑一个例子。假设风险规避的消费者的初始财富为 w_0，其效用函数具有冯·诺依曼效用函数性质，且购买了汽车保险。如果汽车遇到了交通事故，其财产损失为 L，交通事故发生的概率为 $\alpha \in (0, 1)$。试问：为防范风险，他愿意支付多少购买保险？

对这一问题的分析如下。对于消费者而言，购买多少数额的保险取决于保险公司对每一单位保险值收取的费用。一般而言，保险的公平价格或公平保费是指使保险公司的期望利润为零的保险价格，即保险公司会收取相当于损失期望值的费用。如果投保人要对 1 元价值的风险投保，保险公司会收取非负的、小于这一数值的费用，假设这一收费为 $\lambda(0<\lambda<1)$。如果损失发生了，则保险公司在赔付 1 元后的收益为 $\lambda-1$；但如果没有发生损失，则保险公司得到确定性收益 λ。由于交通事故发生的概率为 α，没有出现交通事故的概率为 $1-\alpha$，所以，保险公司从每一元保险额的服务上的期望收益为 $\alpha(\lambda-1)+(1-\alpha)\lambda$。

在不考虑保险公司正常经营费用的条件下，如果保险公司的期望利润为零，则 $\alpha(\lambda-1)+(1-\alpha)\lambda=0$，从而有 $\alpha=\lambda$，即保险公司的公平价格等于交通事故发生的概率。

现在考虑在公平的保险价格条件下，风险规避的消费者会购买多少保险。由于消费的效用函数有 VNM 性质，其目标函数是期望效用最大化。假设 x 是消费购买的保险额，则其决策目标是使下式最大化：

$$\alpha u(w_0-\alpha x-L+x)+(1-\alpha)u(w_0-\alpha x) \tag{8.8.1}$$

在式(8.8.1)中，消费者可选择的变量是其购买的保险额，对其求导，得到一阶条件为

$$(1-\alpha)\alpha u'(w_0-\alpha x-L+x)-(1-\alpha)\alpha u'(w_0-\alpha x)=0 \tag{8.8.2}$$

对于式(8.8.2)移项并除以 $\alpha(1-\alpha)$ 得

$$u'(w_0-\alpha x-L+x)=u'(w_0-\alpha x) \tag{8.8.3}$$

由于效用函数为严格凹函数，$u''<0$，从而 $u'()$是单调函数，边际效用相等意味着等式两边的财富相等，因此，有

$$x=L \tag{8.8.4}$$

式(8.8.4)表明，在公平的保险价格 $\alpha=\lambda$ 条件下，消费者会对其风险全部投保，即对全部的可能损失进行投保。

从结果看，在公平保费条件下，无论是否购买保险，消费者的最终财富是相同的。如果没有发生交通事故，则其购买的保险费 αL 没有发挥保险的功能，且其财富降低为 $(w_0-\alpha L)$；如果购买了保险，保费支出额为 αL，虽有损失 L，但保险公司进行了赔付，因此其最终财富为 $w_0-\alpha L-L+L=w_0-\alpha L$。由此可见，购买保险的唯一好处是消费者通过损失一个保险费 αL 而得到了确定性的结果$(w_0-\alpha L)$，保险的作用是将不确定性状态通过付费转换成了确定性的状态，虽然确定性状态的财富水平有所降低，但满足了风险规避的心理需要。

以上分析说明，在效用函数为严格凹函数的条件下，如果效用水平相同，与不确定性状态相比，消费者更偏好具有确定性收益的状态，因为这会增加其福利水平，而且保险公司并没有亏损。这种分析的理论意义是它为保险公司收取高于公平价格的保险费提供了两方面的理由。一方面，保险公司没有得到任何好处，而投保人得到了净福利。因此，为公平起

见，保险公司会通过收取高于公平价格的保险费而分享投保人的净福利。另一方面，以上分析并没有考虑保险公司的正常经营费用，保险公司付出了劳动，理应得到相应的回报，因而，为了补偿经营成本并取得正常回报，保险公司也会收取高于公平价格的保险费。

8.8.2 保险金额与风险规避度的关系

如前所述，保险金 R 是投保人对于消除风险可以承受的最高价格，是投保人为规避风险愿意付出的代价。为探讨保险金与风险规避度的关系，假设消费者的初始财富为 w_0，且参与了一个赌局，赌局的奖金或损失的绝对值为 h，则其期望效用函数可写为 $E[u(w_0+h)]$（如果 h 为负值，则为亏损；如果 h 为正值，则为盈利），同时假设 $E(h)=0$。

如果消费者为了消除风险，就会支付一个确定性金额 R 给保险公司，得到一个确定性效用水平 $u(w_0-R)$。根据确定性等值的含义有

$$E[u(w_0+h)]=u(w_0-R) \tag{8.8.5}$$

用泰勒级数展开右边可得

$$u(w_0-R)=u(w_0)-Ru'(w_0)+\text{高阶项} \tag{8.8.6}$$

用泰勒级数展开左边可得

$$\begin{aligned}E[u(w_0+h)]&=E\left[u(w_0)+hu'(w_0)+\frac{h^2}{2}u''(w_0)+\text{高阶项}\right]\\&=u(w_0)+E(h)u'(w_0)+\frac{E(h^2)}{2}u''(w_0)+\text{高阶项}\end{aligned} \tag{8.8.7}$$

令 $\frac{E(h^2)}{2}=k(k>0)$ 为常数，结合假设 $E(h)=0$ 和以上两式，并省略高阶项后可得

$$u(w_0)-Ru'(w_0)\approx u(w_0)+ku''(w_0) \tag{8.8.8}$$

从而有

$$R\approx-\frac{ku''(w_0)}{u'(w_0)} \tag{8.8.9}$$

一般地，假设消费者的初始财富 $w_0=w$，结合风险规避度 $A(x)$ 的定义，式(8.8.9)可写为

$$R\approx-k\frac{u''(w)}{u'(w)}=kA(w) \tag{8.8.10}$$

式(8.8.10)表明，消费者愿意付出的保险金与风险规避度大致呈现正比例关系：投保人风险厌恶的程度越大，则愿意支付更高的保险金；反之，则愿意支付更低的保险金。

8.8.3 财富与保险金的关系

在以上的分析中，如果 $E(h)=0$（此时 $P=R$，即风险升水等于保险金）的假设条件满足，则当一个人的财富增加时，是否愿意支付更高的保险金？换言之，财富水平是否与其愿意支付的保险金相关？下面的例子表明，财富与保险金的关系取决于消费者的效用函数。

例 8-8-1 如果消费者的效用函数为

$$u(w)=a+bw-cw^2\ (a>0,\ b>0,\ c>0)$$

试讨论其财富水平与愿意支付保险金的关系。

解　对于这个消费者，容易得知其风险规避度为

$$A(w)=-\frac{u''(w)}{u'(w)}=\frac{2c}{b-2cw}$$

上式表明，当财富增加时，消费者更害怕风险。结合风险规避度与保险金的关系式(8.8.10)知，消费者会在财富增加时愿意支付更高的保险金。

例 8-8-2　假设消费者的初始财富为 w_0，效用函数为

$$u(w)=-\mathrm{e}^{-Bw}=-\exp(-Bw)\ (B>0)$$

试讨论其财富与保险金的关系。

解　对于这个消费者，其风险规避度为

$$A(w)=-\frac{u''(w)}{u'(w)}=\frac{B^2\mathrm{e}^{-Bw}}{B\mathrm{e}^{-Bw}}=B$$

上式说明，消费者的风险规避度是常数，与财富水平无关。结合风险规避度与保险金的关系式(8.8.10)知，消费者愿意支付的保险金(即风险升水)完全取决于 B，而与其财富水平完全无关。

对于这一效用函数，可用具体数字来说明。假设拥有上述效用函数的消费者分别以50%的概率面对赢或输 1000 元的赌局，那么他愿意付多少给保险公司呢？由于(w_0-R)为确定性等值，根据其定义有

$$-\mathrm{e}^{B(w_0-R)}=\frac{1}{2}(-\mathrm{e}^{B(w_0+1000)})+\frac{1}{2}(-\mathrm{e}^{B(w_0-1000)})$$

在上式两边同时约去$-\mathrm{e}^{Bw_0}$，表明对于指数效用函数，消费者愿意支付的保险金(即风险升水)与财富水平无关。

进一步看，在上式中，如果约去公因子，并假设 $B=0.0001$，则 $R=49.9$；如果 $B=0.0003$，则 $R=147.8$。对于其中的参数 B，有时可以通过对历史数据的回归而得到。

8.9　保险与风险态度

如前所述，消费者可分为风险偏好者、风险中性者和风险厌恶者三种类型。消费者风险态度的不同，促使他们是否购买保险的决策也不同。本节将考虑基于期望效用理论的保险相关问题。

8.9.1　对保险的再认识

一、风险态度与保险决策

保险与消费者的风险态度有紧密联系。对于风险厌恶的消费者而言，假设他的效用函数为 $u(w)$，初始财富为 120 美元，其中 100 美元是其房屋的价值，当面临火灾时，假设房子可能被完全烧毁或完好无损，火灾发生的概率是0.25。因此，他的最终财产可能是120 美元或 20美元，概率分别为 75%和 25%。容易得知其损失的期望值为 25 美元。如果不考虑交易成本，这就是保险公司要收取的公平保费。

如果保险公司以公平保费为他提供保险，他会购买保险吗？如果购买保险，则其财富为支付公平保费后的剩余额 95 美元，它同时也是财富的期望值，即

$$120-25=95=E(w)=0.25\times 20+0.75\times 120$$

此时的期望效用为

$$E(u_{\mathrm{I}})=1\times u(95)=u(95)$$

如果他不购买保险，则其期望效用为

$$E(u_{\mathrm{NI}})=0.25u(20)+0.75u(120)$$

考虑到消费者具有风险厌恶型特征，可知

$$E(u_{\mathrm{I}})=u(0.25\times 20+0.75\times 120)>0.25u(20)+0.75u(120)=E(u_{\mathrm{NI}})$$

上式表明，如果保险费是公平保费，一个理智的、厌恶风险的消费者将会购买保险，这通常称为贝努利法则。进一步看，结合上一节的讨论可知：投保人风险厌恶的程度越大，则愿意支付更高的保险金；反之，则愿意支付更低的保险金。

对于风险偏好者而言，由于其效用函数为凸函数，表明当财富增加时的边际效用也在增加。由于当支付保险费时，财富的边际价值高；而当遭受损失时，财富的边际价值低，因此，保险没有吸引力，即与其购买保险，不购买保险更好。

对于风险中性的消费者而言，此时保险的期望效用正好等于不保险时的期望效用，因此，风险实质上没有价值。

二、对保险和赌博的解释

保险与赌博反映了确定性状态与不确定性状态的转换关系，并且具有相反的效果。赌博是通过支付确定性的财富而得到获取不确定性条件下的更多财富的机会，而保险的目的则是通过支付一定数量的费用将不确定性状态转换成能够避免损失的确定性状态。

在生活实践中，存在着较多的困惑，如同一个人为什么既参与赌博又购买保险？对于赌博的一种简单的解释是：参加赌博的人不厌恶风险，他们的效用曲线不是凹函数，对于这样的人，赌博是理性行为。与此同时，对于赌博也有其他不同的可能解释，包括：

(1) 赌博是按照主观概率而不是客观概率行事。参赌者经常认为他们掌握了某种绝技或方法，或者相信自己会有好运。

(2) 赌博有吸引力不仅仅是金钱方面的结果，更多的是它是一种消费方式，赌博的损失就是这种特殊消费的价格。

(3) 英国经济学家 G. L. S. Shackle(1938)认为，人们对于胜负的概率不会产生数学上的反应。相反，他们的注意力往往集中于具体的结果上，从而对其决策施加了不适当的影响。例如，在赌博时会赢的预期影响了其理性行为，而购买保险行为的出现是由于被可能出现的房子被损毁的想象吓倒了。

(4) 对于人们既赌博又保险的悖论，一种直接的解释是由 Friedman 和 Savage(1948)以及 Markowitz(1952)提出来的，他们认为效用函数可能不是一直凹的。

这些对于赌博的不同解释表明实际决策问题的复杂性，同时也说明可能存在一些没有被期望效用所提示的因素。

8.9.2 保单设计

由前面的讨论可知，由于经营成本的存在，保险公司不会按照公平保费对风险进行定价，从而存在风险溢价。为了得到最大的期望效用，理性消费者的风险管理策略是部分保险而不是全部保险，保险公司会利用各种合约设计保单。

保单的类型较多。一个有免赔额的保单只对超过约定金额以上的部分进行保险，而低于这一数额的损失不予保障；如果损失超过了免赔额，保险公司就要赔偿超过免赔额的部分。按比例共同保险单只赔偿所有损失中约定比例的部分，而有限额保险单赔偿一个最大金额。

假设某人初始有实物财产 200 元，现金 60 元。实物资产可能受损，其中，无损失的概率为 50%，损失 20 元的概率为 10%，损失 40 元的概率为 20%。如果全额保险，保险费为 60 元，在其他三种情况下，保险费为 45 元。相关信息如表 8－9－1 所示。

表 8－9－1　分担风险的不同形式

概率	损失	全额保险		免赔额为 20 元		75%的共同保险		100 元的限额	
		保险	财富	保险	财富	保险	财富	保险	财富
0.5	0	0	200	0	215	0	215	0	215
0.1	20	20	200	0	195	15	210	20	215
0.2	40	40	200	20	195	30	205	40	215
0.1	100	100	200	80	195	75	190	100	215
0.2	200	200	200	180	195	150	165	100	215
期望值	40	40	200	30	205	30	205	30	205

如果全额保险，由于保险费为 60 元，则其最终财富为表中第四列，计算方法为初始财富(260 元)减保险费(60 元)，再减损失，最后加上保险赔偿金额。对于全额保险的情况，最终财富者都是 200 元，对于其他类型的保险，最终财富的计算也采用相同方法。

在表 8－9－1 中，由于三种部分保险的最终财富相同，因此，现有的问题是，如何选择保险策略？为此，假设消费者的效用函数为 $u(w)=w^{0.5}$，据此，三种部分保险中的期望效用计算如下：

（1）有免赔额保险：

$$E(u_1)=0.25\times 215^{0.5}+0.1\times 195^{0.5}+0.2\times 195^{0.5}+0.1\times 195^{0.5}+0.1\times 195^{0.5}$$
$$=14.314$$

（2）共同保险：

$$E(u_2)=0.5\times 215^{0.5}+0.1\times 210^{0.5}+0.2\times 205^{0.5}+0.1\times 190^{0.5}+0.1\times 165^{0.5}$$
$$=14.307$$

（3）限额保险：

$$E(u_3)=0.5\times 215^{0.5}+0.1\times 215^{0.5}+0.2\times 215^{0.5}+0.1\times 215^{0.5}+0.1\times 215^{0.5}$$
$$=14.269$$

由此可得三个部分保险的排序：具有相同保险赔偿期望值的免赔保险优于共同保险，有相同保险赔偿期望值的共同保险优于有限额的保险。这一排序表明，当被保险人面临财产风险时，免赔保险能够使其期望效用最大。虽然有免赔额的保险仍然使被保险人面临风险，但其损失是投保人可以承受的最大值。与此不同，有限额保险会使被保险人面临的潜在风险有相当大的不确定性。由此可见，期望效用理论为决策排序提供了有效的方法。

容易看出，全额保险时的财富是确定的 200 元，因此其期望效用为$200^{0.5}=14.142$，这表明部分保险优于全额保险。由于四种保险中的保险费都是保险赔偿期望值的 150%，因此，每种保险中的附加保险费都是赔偿期望值的50%，这符合保费制定准则。

8.10 道德风险与逆向选择

保险对承保人和投保人而言有不同的意义。保险是将风险从一方转移给另一方，对转让方而言，风险成本较高，而接受方能较容易地承受风险，由此会导致经济主体行为的变化和问题。第一类问题是委托代理问题，更确切地说，就是道德风险问题。道德风险产生的原因是一方承担做出决策，而另一方承担后果。在保险领域中，道德风险体现为如果风险转移给了承保人，投保人就会缺乏足够的动机采取风险防范措施，从而给承保人造成损失。道德风险包括两种形式：第一是代理人如何行动，第二是委托人如何通过合同条款引导代理人做出有利于委托人的决策。

8.10.1 道德风险

在投保人和保险公司的关系中，道德风险存在两方面的决策问题，即投保人的最优安全水平的确定和保险人如何设计最优保险合同。

一、投保人的最优安全水平的确定

从社会实践看，保险提出了一个经典的委托代理问题：投保人选择安全水平，并由此确定了期望损失值，但由保险人承担损失，即投保人必须进行最优安全水平决策。例如，投保人必须决定最优的防火门或其他消防设施的投资水平。假设投保人安全投资成本为 $c(s)$，其中 s 是其要求的安全水平。显而易见的是，安全水平越高，则要求的投资也越大，即 $c(s)$是增函数。与此同时，投保人也可以获益，体现为安全水平的提高可以降低损失的期望值(降低损失发生的概率或损失程度)，火灾的期望成本就会降低。现以降低损失发生的概率为例进行说明。

假设规模为 l_i 的损失发生的概率取决于投保人所选择的安全水平 s，记为 $p_i(s)$，当 s 增加时会降低损失发生的概率 $p_i(s)$。假设他没有风险偏好，期望效用最大的安全水平将使安全的边际成本等于边际收益。

为了解后面如何行动，先考虑个人的财富期望值为 W，它等于财富的初始值 W_0，减去安全投资成本 $c(s)$和支付损失的期望成本，即

$$W = W_0 - c(s) - \sum p_i(s) l_i \tag{8.10.1}$$

在以上假设条件下，投保人的任务是选择最优安全水平 s 使期望财富值最大。对于式(8.10.1)关于 s 求导，则一阶条件为

$$\frac{\partial W}{\partial s} = -\frac{\partial c}{\partial s} - \sum \frac{\partial p_i}{\partial s} l_i = 0 \tag{8.10.2}$$

对于式(8.10.2)的解释是边际成本等于边际收益。

现在假设投保人购买了保险。如果他进行全额保险，则边际收益为零，保险人将承担所有损失。因此，无论安全水平如何，投保人的边际收益都为零，这表明投保人不会在安全水平上进行投资。现在考虑部分保险，比如损失的 α 比率部分是投保的，其余的部分 $(1-\alpha)$由投保人自己承担。如果全额保险金额为 P，则这种部分保险的保费为 αP，此时的

财富期望值为

$$W = W_0 - c(s) - (1-\alpha)\sum p_i(s)l_i - \alpha P \tag{8.10.3}$$

投保人仍然要选择最优安全水平 s，使其期望财富最大化。为此，一阶条件为

$$\frac{\partial W}{\partial s} = -\frac{\partial c}{\partial s} - (1-\alpha)\sum \frac{\partial p_i}{\partial s}l_i = 0 \tag{8.10.4}$$

此时的边际成本$\frac{\partial c}{\partial s}$等于$(1-\alpha)$乘以边际收益$\sum \frac{\partial p_i}{\partial s}l_i$。

二、保险人最优保险合同的设计

现在来看保险人无法了解安全水平 s 时的最优保险合同设计。保险人在设计和销售保单时，已经知道投保人在投保后才选择其安全水平 s（至少是改变安全水平 s），此时保险人可以采取的一种方法是减少保障程度，如让投保人承担一部分损失，以激发他防止或降低损失的内在动机。为说明这一问题，考虑没有道德风险和有道德风险两种情况。

1. 不存在道德风险

如果损失的期望值与保险保障无关，就不存在道德风险的问题。假设投保人选择了部分保险，只对损失的一部分 d 进行投保。在固定交易费用之外，保费将与 d 成比例关系。在图 8－10－1中，向右上方的直线就反映了这种保费的特征。考虑到投保人偏好以较低价格购买保险（纵轴），但希望得到较多的保障（横轴），因此，投保人的效用曲线沿东南方向递增，无差异曲线 $U(1)$上的效用比 $U(2)$上的效用更大，投保人的最优选择是 $U(1)$与无道德风险时保险价格的切点。

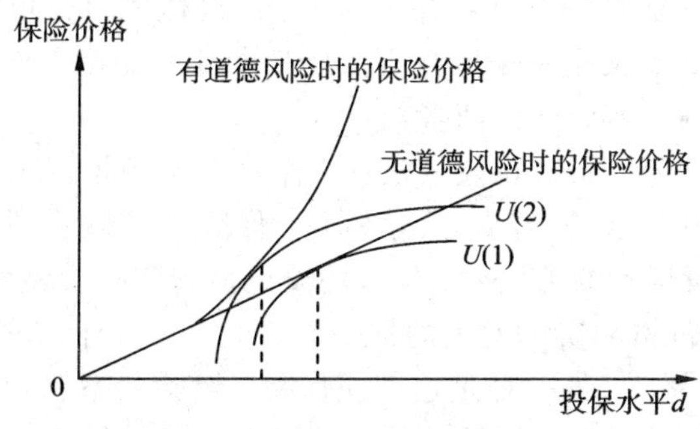

图 8－10－1　道德风险与最优保险的范围

2. 存在道德风险

当存在道德风险时，随着投保人要求得到保障程度的提高，投保人选择的安全水平可能会更低。因此，损失的期望值会增加，保险人就不会只收取正好使其盈亏平衡的与 d 成比例的保费，而会收取比 d 更大比例的保费。由于要求的保障程度的提高和损失期望的增加，会促使保费上升，以补偿道德风险的影响。此时，原来的效用水平 $U(1)$已经不能实现，投保人所能实现的最大效用为 $U(2)$，表明投保人购买的保险将减少。

以上的简要分析只是说明投保人和保险人针对保险合同的博弈关系，但它并不一定是双方实际达成的最优保险合同。由于保险合同结构的不同，最优合同所要解决的问题也有所不同。如果保险范围规定为保险人赔付实际损失的比例，最优合同就要确定这种比例关系；如果保单是有免赔额的，则要确定的只是免赔额是多少。

三、最优保险合同中参数的确定

为说明最优保险合同中参数的确定，考虑有类似结构的委托代理问题：公司董事会需要确定 CEO 的薪酬结构。从实践上看，CEO 的薪酬至少取决于风险如何分担和激励机制的设计两个因素。对于风险分担问题，股东能够以较低的成本构造其资产结构以防范风险，但经理人却无法分散其被解雇的风险，因为工作收入是其财富的主要来源。由于股东有相对优势，因而，公司的盈利或风险应由股东来承担。如果要让经理人承担一部分企业业绩风险，经理人就会要求得到相应的风险溢价。但如果公司向经理人支付的是与利润无关的固定薪酬，则可以避免这样的问题。

在考虑风险的同时，薪酬设计时还应考虑的另一问题是激励机制。为防止经理人受自身利益驱动的随意行动，就应考虑经理人为股东付出了多少努力，努力的效果如何。经理人努力的程度越高，其得到的报酬也应越高，从而可以促使经理人和股东的目标函数趋于一致，这就是合同中的激励机制。但现实的问题是，股东无法观察到经理人的努力程度，因此，股东也就无法制定一个基于努力程度的合同条款。

要解决薪酬设计问题，就应在经理人的努力和股东能够观察到的某些指标之间建立联系。虽然经理人的努力程度无法观察，但其努力的结果却是有目共睹的。股东既可以观察到公司的会计年度盈利状况，也可以观察到公司股票的价格。所以，可以将股价或公司盈利水平与经理人的薪酬联系起来。需要注意的是，这种薪酬设计能否有效增加股东的财富，在一定的经济和技术环境下，取决于经理人的努力是否与股票价格或公司盈利水平正相关。

由上面的分析可以看到薪酬设计中存在的矛盾：最优风险分担的观点倾向于固定的薪酬制度，而激励机制的观点又主张采取具有激励性的薪酬制度。与许多经济学中的两难问题一样，权衡这一矛盾的现实做法是两者兼顾。

基于以上思路，现在考虑最优保险的设计。保险人希望投保人采取行动，以降低损失的期望值，但又无法观察到这些行动。虽然如此，保险人可以看到实际的损失，并且必须赔付。在保险实践中，投保人的关注度、采取的安全措施和损失概率之间存在一定的关系，保险合同就可以把保险价格和实际发生的损失联系起来。具体的联系方式有两种：一种是根据经验费率计算保险费，另外一种是追溯式保费。经验费率保费是根据历史损失进行计算得出的，因此，如果投保人已知这种计算方式，为了降低保险费支出，他会更加小心行事。追溯式保费是根据每年损失情况确定当年的保费，流程表现为先预付一部分临时保费，到保险期末时，再根据当年实际损失情况，调整预付的保费。在多数情况下，调整的部分是预付保费和实际损失差额的一部分，因此是一个既有风险分担，又有激励机制的合同。

8.10.2　逆向选择

道德风险可以说是由于代理人隐藏自己的行为而造成的问题，而逆向选择则是隐藏信息造成的问题：一方拥有信息，而另一方没有这种信息，从而构成信息不对称问题。在二手车市场上，由于卖方拥有二手车的较多信息，而购买方掌握的信息相对较少，因而，购买方只能根据市场上二手车的平均质量和平均价格购买汽车。如果卖方知道自己的二手车质量高于平均水平，则不能接受市场的平均价格，就会从市场上取回自己的二手车；而对于质量低于市场平均质量的二手车卖方而言，则乐于接受市场的平均价格，从而造成“劣车驱逐好车”的现象，因此，逆向选择又被称为“柠檬”问题。

为了说明保险中的逆向选择问题，以下介绍保险与投保人类型的关系以及用于投保人分类的 Rothschild-Stiglitz 模型。

一、保费与投保人类型

在汽车保险市场上，为分析方便，假设司机可分为损失期望值很高和很低两类。如果保险人能够根据司机各自损失的特征对其进行区分，则保险人就能根据司机的损失期望值收取不同的保费。因此，保险人会利用一些可观察的特征，如车型、年龄等，将保单和司机分成不同的风险类型。由于司机的行为受到车型、年龄等众多因素的影响，即使保险人能够将司机分类，但同一类别的差异仍然存在，实际上存在着低风险的司机对高风险司机的补贴。

现在考虑按照某种特征分类后的同一类别的司机。同一类别的司机发生损失的可能性不会完全相同，一部分司机发生损失的概率会高于平均水平，而另一些司机发生损失的概率会低于平均水平。为讨论方便，将司机简单地分为“高”风险和“低”风险的司机。假设他们的初始财富都是 125 元，损失发生后的财富为 25 元。高风险司机发生损失的概率是 0.75，期望损失为 75 元；而低风险司机发生损失的概率为 0.25，期望损失为 25 元。如图8－10－2 所示。

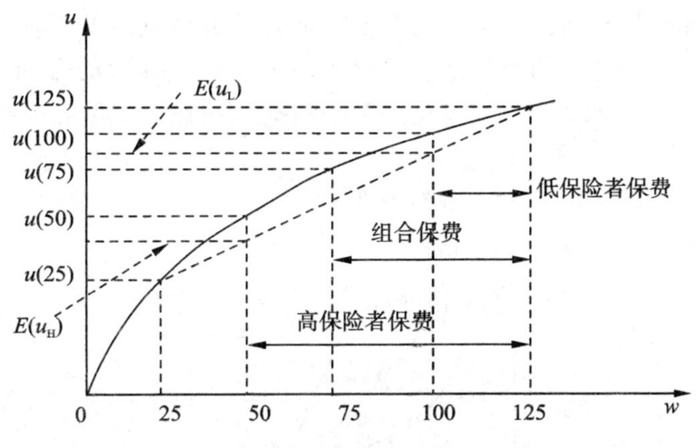

图 8－10－2　逆向选择与保费

在以上假设条件下，如果保险人能够将高风险和低风险的司机区分开，那么就会分别收取 75 元和 25 元的公平保费(不考虑交易成本和盈利)。按照贝努力法则，如果收取的保费与损失期望值相同，则作为风险厌恶者的两类司机都会购买保险。对于低风险司机而言，通过保险而确保财富为 100 元的效用$u(100)$肯定比不投保的效用期望值 $E(u_L)$大，即

$$u(100)>E(u_L)=0.75u(125)+0.25u(25)$$

对于高风险的司机而言，购买保险比不购买的效用大，即

$$u(50)>E(u_H)=0.75u(25)+0.25u(125)$$

现在假设保险人无法区分高风险和低风险的司机的情形。如果两类司机的数量相同，则保险人为保证收支平衡的保费应是 50 元。但如果对所有司机都收取 50 元的保费，低风险的司机就不会投保，因为投保后只能确保财富为 75 元，其效用比不投保时的效用低，即

$E(u_L) > u(75)$。对于高风险的司机来说，他们会投保，因为投保能够使其获利，投保时的期望效用大于不投保时的效用，即$u(75) > E(u_H)$。因此，与二手车市场相同，随着低风险司机取消保险，投保者只有高风险的司机，从而使保险人的保费无法足以支付损失。容易看出，导致这种结果的重要原因是保险人缺乏投保人的足够信息，使其无法对投保者进行分类，而某些法规的限制(如不允许保险人采用某些政治敏感性的指标如性别或种族对投保人分类)也可能造成这种现象。

在保险市场上，保险公司之间的竞争则有利于减少逆向选择问题。投保人损失期望值等信息对于保险人有经济价值，如果保险人拥有这些信息，则会通过降低保险价格的方法吸引其他保险公司的客户，从而获取更多收益。保险公司之间的激烈竞争会促使保险人收集和汇总信息，这些信息能够协助保险公司利用费率结构在一定程度上区分不同的风险主体。然而，保险公司之间的竞争只能发挥减缓逆向选择问题的效果，而无法根除这一问题，因为保险公司无法获取完全的和正确的信息。

二、Rothschild-Stiglitz 模型

既然区分投保人的类型对保险人有重要意义，那么如何区分投保人类型呢？上面的分析表明，由于缺乏足够的信息，保险人对投保人的分类存在一定困难。如果能够设计一个合理的机制让投保人自己披露自己的信息，则能更好地解决这一问题。

Rothschild-Stiglitz 模型的基本原理如下：假设保险人不知道投保人属于高风险还是低风险人群，于是向他们提供两份合同。一份合同是为吸引高风险的投保人，而另一份合同是为了吸引低风险的投保人。如果投保人选择了高风险(低风险)的合同，保险人就可以断定他属于高风险(低风险)的类型。通过这种“自我选择”机制，投保人就被分为不同的风险类型。

为了说明这一“自我选择”机制，考察图 8-10-3。

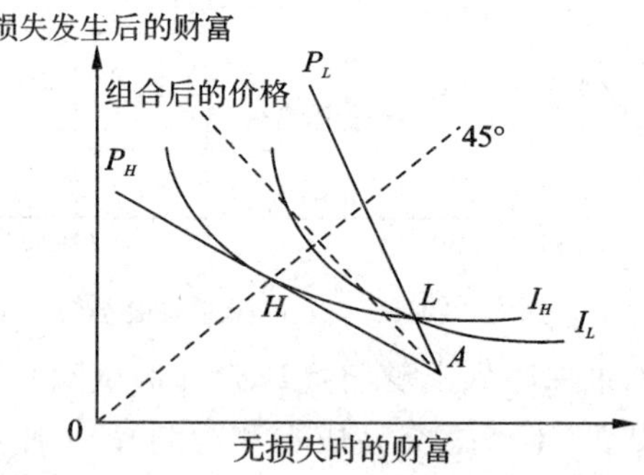

图 8-10-3　Rothschild-Stiglitz 独立均衡

在图 8-10-3 中，投保者有两种财富状态：有损失或无损失。“损失”指风险发生后对财富造成的影响。显然，向右上方的虚线表示投保者的财富不受损失的影响，或者说，虚线上的点表示了投保者购买了全额保险，这条虚线可称为“全额保险线”。A 点是初始点，投保者没有行动，因此，无损失时的财富大于有损失时的财富。AP_L 线表示以低保险费率购买了保险，保费为损失的期望值。在不考虑交易成本的情况下，这个价格就是保险人出售给投保人的能够实现收支平衡的价格。如果低风险投保者的损失概率为 P_L，损失额为 q，赔付比例为 d，则保费为 dP_Lq。AP_L 线就表示了不同保险水平下的财富组合。如果

$d=1$，则表示购买了全额保险，投保人的财富应在全额保险线上。在无损失情况下财富的减少额就是支付的保险费，而在有损失情况下的财富增加值就是赔付金额减去保险费后的净值。类似地，AP_H 线表示了高风险费率下的情况。由于它比较平坦，意味着投保者为达到全额保险的效果，就需要支付更多的保险费。

由贝努力法则可知，风险厌恶的投保人在保费等于损失期望值时就会购买全额保险。如果能够分辨出高风险投保者，并按照 AP_H 的费率收取保费，则投保者会全额投保，购买相应的保险合同 H，它是价格线与高风险群体无差异曲线 I_H 的切点。类似地，如果保险人能够区别出低风险投保者，并按照 AP_L 的费率收取保费，则投保者会全额投保，购买相应的保险合同 L。但由于无法做出这种区分，保险公司就无法提供相应的合同。

假设保险人能够提供这样的两类合同 H 和 L，以供投保人选择，那么投保人如何选择呢？考虑到 H 是高风险时的全额保险，而 L 是低风险时的部分保险，对于高风险投保者而言，这两种合同是无差异的，因为它们在相同的无差异曲线 I_H 上。但对于低风险的投保人而言，他们不会用无损失状态下的保费支出换取有损失状态下的补偿，在图 8－10－3 中的表现是投保者的无差异曲线更陡些，如在 L 点，低风险人群的无差异曲线 I_L 比 I_H 更陡。I_L 曲线在 H 点的右边，意味着低风险人群只会选择 L，而不会选择 H，从而实现了两种类型投保人的分离，即高风险投保者选择 H，而低风险者选择 L。这种机制的意义在于，投保者通过自己选择合同，从而为保险人显示了自己的风险类型，它是一种独立均衡。然而，必须注意的是，为了区别于高风险人群，低风险投保者必须选择低于全额保险的水平，而损失一部分期望的风险保障。由于低风险的投保人知道自己对保险保障的需求低于高风险者，因而他们放弃的那部分保障所需要的成本比高风险者低，从而实现这种分离。

本章小结

风险反映了主观上的期望值或预测值与客观上的实际值的偏差，而主观上的期望值体现了经济主体的感受，从而使基于一定的公理和假设的期望效用成为研究风险的重要工具。根据期望效用理论，能够分析风险溢价、确定性等值、风险态度、风险定价等问题。基于期望效用理论的风险态度包括风险偏好、风险中性和风险厌恶三类，它们的函数形态不同，对经济主体决策的影响也不同，从而使风险态度成为众多讨论的前提假设。关于期望效用理论虽然存在着例外的情况，但这并不影响其在风险管理中的重要地位。

案例研究

中国投机客大举作空致铁矿石价格崩跌

一、案例描述

（一）发展过程

据路透社报道，2014 年铁矿石价格横遭腰斩，中国投机客对大连商品交易所刚刚推出一年的铁矿石期货大举作空，在一定程度上刺激了跌势，也在这一过程中让中国得到了长期以来一直渴求的定价权。

从铁矿石到黄金等许多大宗商品，中国都称得上是最大消费国，并且花大力气谋求提高定价权。分析师表示，如果中国允许包括大型生产商在内的外资在大商所交易，其对铁矿石的影响力可能变得更加强大。

2013年10月推出的铁矿石期货合约让许多中国投资者第一次真正得到在铁矿石期货市场中交易的机会，特别是在当前情况下，中国政府严控国有企业从事海外衍生品交易，因为在始于2008年的全球金融危机期间，一些企业从事海外期货交易蒙受了数十亿美元的损失。

大连铁矿石期货是全球第一家以实货交割为支持的铁矿石期货合约，其放量暴跌帮助拉低了世界其他交易所的现货以及衍生品价格，因为在中国经济放缓之际，市场面临供应大量过剩，打击了投资者信心。

据路透社数据，大商所指标铁矿石期货DCIOcv1 11月的未平仓合约自2014年7月以来增加了近七倍，至100多万手，同期铁矿石期货价格挫跌了25%。

大商所的数据显示，截至2014年10月17日的一年间，铁矿石期货推出第一年的交易量就达到了6760万手。相比之下，新加坡交易所的铁矿石掉期和掉期期货同期交易量只有略多于200万手。

基金研究机构泽奔商务咨询公司的数据显示，中国约有700支私募基金，管理着约3000亿元人民币资产。

这其中有一部分基金投资商品期货和股市，他们所建立的规模庞大的空仓导致铜价在3月触及四年低点。上海期铜的最新空仓或许就为本周铜价跌至四年半低点推波助澜。

（二）巨大影响

大连铁矿石期货的推出，是近两年来中国为提高铁矿石定价话语权而进行的第三次努力，事实证明这次的努力比前两次都更成功，之前中国曾先后推出铁矿石价格指数和实货交易平台。

“中国的期货市场是体现市场人气的关键指标，所以每天这里的价格波动会对铁矿石购买行为形成很大影响。”钢铁指数公司(TSI)的一位代表说。TSI是全球三大铁矿石价格提供商之一。

大连铁矿石期货影响着中国现货的定价，TSI这样的价格提供商每天都会对数据进行汇编，产生现货市场参考价。另外两个价格提供商分别是普氏(Platts)和金属导报(Metal Bulletin)。

路透社数据显示，TSI. IO62－CNI＝SI和金属导报. IO62－CNO＝MB的指标铁矿石价格指数紧密跟随大连铁矿石期货的走势而动。

按TSI和金属导报的报价，铁矿石价格目前约为每吨70美元，今年迄今已经下跌了47%。而大连商交所的指标铁矿石期货价格已跌去43%。

这些价格指数每天都在期货交易收盘后很久才会发布。

澳新银行(澳盛银行，ANZ)的资深商品策略师Daniel Hynes说，由于铁矿石近几个月大幅挫跌，大连铁矿石期货“愈发得到实货买家的关注，因为它是市面上唯一看得到的日内报价”。

为了扩大大连商交所的影响力，中国当局或许会允许外国投资者参与进来。

“如果中国想掌握定价权，很明显需要有生产商来支持大连商交所的期货，还要有以美元计价的合约来吸引国际投资者。"Hynes 说。

大连商交所似乎对这点很清楚。

为了开发具有全球定价力的期货合约，大连商交所近期在声明中称，它将"通过探索开展铁矿石保税交割，引进境外合格投资者，提升市场国际影响力。"

资料来源：http://business.sohu.com/20141203/n406609478.shtml

二、案例讨论

试分析投资者情绪与效用和风险的关系。

思考与练习

1. 如果一个人的效用函数为 $u(w)=w-aw^2$，试证明其绝对风险规避度是财富的递增函数。

2. 证明：如果一个消费者的绝对风险规避度是常数 c，财富为 w，则其效用函数的形式必为 $u(w)=-\mathrm{e}^{-cw}$。

3. 假定消费者的财富为 10 万元，包含一辆价值 2 万元的摩托车，摩托车发生被盗的概率为 25%，其效用函数为 $u(w)=\ln(w)$，其中，w 是其财富价值。回答以下问题：

(1) 计算消费者的效用期望值；

(2) 消费者的风险态度是什么？

(3) 如果消费者支付一定的保险费后就可以在摩托车被盗后得到保险公司的与被盗摩托车价值相等的赔偿，那么，消费者愿意支付的最大保险费是多少？

(4) 在这种保险费中，公平保费是多少？保险公司的利润是多少？

4. 假设消费者的效用函数为 $u(w)=1/w$，其中，w 是其财富价值。他有机会参与一个赌局：如果赌赢，则财富增到 w_1，赌赢的概率为 p；如果赌输，则财富减少到 w_2，概率为 $1-p$。为了使其持有当前的财富与参与赌局无差异，那么，其当前的财富水平应是多少？

第九章　组合理论与风险管理

经济环境的变化会导致经济主体面临多种多样的风险，如何管理这些风险成为重要的问题。风险管理的方法很多，通常而言可分为风险规避、损失控制、风险转移和风险的财务安排。风险规避是指经济主体试图回避风险发生的可能性。损失控制注重对损失防范的分析，即任何只要能够有效降低或消除风险所导致的损失的规模或发生频率的方法和措施都可以归于损失控制的范围之内，可理解为是直接对风险加以改变以降低损失的方法。风险转移是将由自己承受的风险转移给其他机构的风险应对方法，包括保险和非保险转移，其中非保险转移的措施较多，如转移风险源(如对产生风险的资产进行出售、出租、分包)、签订免除责任协议(如病人通过协议免除了医院的责任)以及利用合同中的转移条款。如果损失已经发生，经济主体不试图改变风险，只是在风险中的损失发生时，保证有足够的财务资源来补偿损失，这就是风险的财务安排，或称为损失补偿的筹资措施。筹集资金的措施较多，如在财务预算中预留资金作为损失准备金、设立可跨年使用的专用基金、建立专业自保公司或者利用合同条款筹集资金(如购买保险)。如果损失控制是通过改变风险以降低损失的话，则风险规避、风险转移和风险的财务安排可理解为不改变风险的管理措施。本章主要介绍风险规避、基于组合理论的损失控制方法和风险对冲。

9.1　风险规避

9.1.1　风险规避的内涵

如前所述，不同经济主体的风险态度有所差异，因而，他们所采用的风险管理方法也会有所不同。对于风险中性者和风险偏好者而言，由于有意愿接受部分或全部风险，所以，他们通常不会回避风险。但对于风险厌恶者来说，他们有避免风险的内在动机。

一般而言，风险规避指经济主体有意识地回避风险，以避免财富产生损失的方法。在选择风险规避方式时，风险厌恶的经济主体既可以进行消极的规避，也可以进行积极的规避。消极的风险规避指通过消除特定的风险单位以消除风险的方式，即只要有风险，就放弃这些风险单位。显然，如果经济主体进行消极的风险规避行动，虽然会消除风险和损失的可能性，但也会丧失盈利机会，因此，它存在机会成本。正因为如此，消极的风险规避方法适用于风险造成的损失特别高或者使用其他风险管理方法时成本大于收益的情形。与此相反，积极的风险规避指面对未来可能出现的损失，经济主体积极准备，以消除非预期的意外因素导致的损失。

在采用风险规避方法、特别是积极规避方法时，需要注意的是，虽然经济主体采用了一些措施或技术规避了一种风险，但与此同时可能导致新风险的产生。例如，经济主体为了降低流动性风险，将长期投资转换成短期投资，但这又可能产生利率风险。在规避风险时，经济主体需要测量风险规避的程度。

9.1.2　风险规避的度量

假设一个经济主体通过技术手段规避了原有的风险损失 Y，但又产生了新的风险损失 X，则可定义风险规避率 k 为

$$k=\frac{Y}{X} \tag{9.1.1}$$

其中，$Y-kX=\varepsilon$，$k\geqslant 0$，$\varepsilon \sim N(0,\delta^2)$，$\varepsilon$ 代表残差。从经济主体的角度看，ε 的波动越小越好。

残差 ε 的方差为

$$\mathrm{Var}(\varepsilon)=\mathrm{Var}(Y-kX)=\mathrm{Var}(Y)+k^2\mathrm{Var}(X)-2k\mathrm{cov}(X,Y) \tag{9.1.2}$$

为了寻找最佳的规避率 k，其一阶条件为

$$\frac{\partial \mathrm{Var}(\varepsilon)}{\partial k}=2k\mathrm{Var}(X)-2\mathrm{cov}(X,Y)=0\Rightarrow \mathrm{cov}(X,Y)=k\mathrm{Var}(X) \tag{9.1.3}$$

$$\mathrm{cov}(X,Y)=\rho\sqrt{\mathrm{Var}(X)\mathrm{Var}(Y)}\rightarrow\rho=\frac{\mathrm{cov}(X,Y)}{\sqrt{\mathrm{Var}(X)\mathrm{Var}(Y)}}$$

由此可见

$$k=\frac{\mathrm{cov}(X,Y)}{\mathrm{Var}(X)}=\frac{\rho\sqrt{\mathrm{Var}(X)\mathrm{Var}(Y)}}{\mathrm{Var}(X)}=\rho\sqrt{\frac{\mathrm{Var}(Y)}{\mathrm{Var}(X)}}=\rho\frac{\delta_Y}{\delta_X} \tag{9.1.4}$$

因此，规避率 k 实际上就是方程

$$Y=\alpha+\beta X+\varepsilon,\ \varepsilon\sim N(0,\delta^2) \tag{9.1.5}$$

的回归系数 β。

在计算规避率时，如果原有风险的损失 Y 的方差完全由新风险的损失 X 解释，则残差趋向于 0，这是理想的风险规避。当然，规避率 k 为正值是规避有效的必要条件。

例 9-1-1　假设某投资者为了降低随机事件 Y 的投资风险而采取了风险规避措施，但此时又产生了新的随机事件 X 的风险。如果用随机事件 X 与 Y 分别代表这种风险投资的收益，其金额分布如下表：

Y	10	12	16	14	17	15
X	3	4	6	5	6	5

试计算投资者的风险规避率。

解　容易计算出，$\overline{X}=4.833$，$\delta_X^2=1.169$，$\overline{Y}=14$，$\delta_Y^2=2.608$，$\rho=0.984$。据此可知风险规避率为 $k=2.195$。

进一步，由 $\varepsilon=Y-kX$ 可知残差分别为 3.415、3.22、2.83、3.025、3.083、4.025。因此残差的方差为 $\varepsilon=0.403$。

由此可见，风险规避方法能够降低风险，风险规避至少在两种风险定义下是有效的。如果风险指投资收益的波动，则可用方差来测量风险；由于投资者采取了风险规避方法，从而将原有风险 2.608 降到了 1.169。如果将风险定义为预期以外的收益波动，则可用预期外的收益波动测量风险。由于原有风险2.608和新风险 1.169 都是预期到的收益波动值，

而其差额 1.469 是没有预测到的波动，它属于预期以外的范畴，因此，可以说，投资者由于采取了风险规避方法，从而使原有风险 2.608 降低了 1.469。

9.2 组合理论与风险控制方法

9.2.1 组合理论简述

组合理论是金融学中的重要理论，“不要把所有鸡蛋放在一个篮子中”就是对这一理论的最好表达。组合理论在统计学、证券分析和精算领域都得到了发展和应用。在统计学中，通过对样本的性质可以判定总体，并对判断的置信水平进行估计，而且研究表明：样本越大，出现错误的可能性越小。在证券市场，通过组合投资，一只股票价格下跌可以通过另一只股票价格的上涨进行补偿，从而降低总体风险。在精算学中，由一家人寿保险公司承保的包含大量人群的投保者组合，其实际死亡率通常与根据死亡率数据库计算出的期望值相差无几。这些都表明组合理念在风险管理中的重要作用。

组合理论广泛应用于风险控制中。与前面的风险规避不同，对于存在风险的投资机会，经济主体为了取得最大利润不是放弃或转移投资机会的风险，而是以降低损失频率、缩小损失幅度等措施以降低风险，这就是风险控制。从风险控制的时间看，在风险发生前，既可以采用技术、工程等方面的方法以预防风险的发生，也可以通过风险集中的方式降低风险；在风险发生后，可以采取风险对冲等方式降低风险。本节只简要介绍风险集中的作用。

风险可定义为实际结果与预测结果之间的偏差，偏差越小风险也就越小。根据统计中的大数法则，风险单位越多，每个风险单位的实际损失越接近预期损失。也就是说，只要风险单位足够多，风险损失也就越小。风险集中实质上就是通过把风险单位特别是同质的风险单位集合起来降低风险的方法。

现以掷硬币为例进行说明。现有 A 和 B 两人进行掷硬币游戏：如果硬币为正面，A 给 B 100 元；反之，则 B 给 A 100 元。对 A 而言，参加游戏的结果是盈利 100 元或者输 100 元，平均来说是不盈不输，对 B 来说也一样。

然而，参加游戏的次数对结果有重要影响。如果只参加一次游戏，其结果要么是盈 100 元，要么是输 100 元，而不可能不盈也不亏。此时，游戏参与者得到的实际结果与预期结果的差距很大，意味着风险很大。如果参加二次这种游戏，则实际结果有三种：盈两次(共 200 元)，输盈各一次(收益为 0)，输两次(收益为－200)。换言之，游戏结果是平均每次的输盈最多为 100 元，但也可能不输不盈，从而与预期结果相同。由于不输不盈情形的出现，游戏的实际结果与预期结果的差额较只参加一次赌局的情况更接近于 0。

随着参与这个游戏次数的增加，输盈的次数也越来越接近。如参加游戏10 000次，可能输 5010 次，盈 4990 次，参加者最多只输 10 次，共计 1000 元，但相对于每次游戏，只输 0.1 元，这与平均结果(即预期结果)0 非常接近，表明风险很小。如果进一步增加参与的次数，则几乎无风险可言。

在经济主体面临的风险问题中，一个风险单位(相互独立)相当于一次游戏。随着风险数量的增加，实际损失与预期损失也不断接近，风险不断降低，这是风险集中能够降低风险的内在原因。

9.2.2　事件组合的风险

为进一步理解风险集中，以下分析两个风险的组合对总体风险的分散作用。

假设随机事件 Y 和 X，它们对经济主体而言是有风险的，如投资风险、火灾风险等，对应的损失分别为 L_X 和 L_Y。如果用 P 代表其组合，风险组合的损失为 L_P，那么，它也是一个随机变量。假设两个随机事件的标准差分别为 δ_X 和 δ_Y，它们代表了随机事件的风险，则组合的损失为 $L_P=L_X+L_Y$，组合的方差可写为

$$\mathrm{Var}(L_P)=\mathrm{Var}(L_X+L_Y)=\mathrm{Var}(X)+\mathrm{Var}(Y)+2\mathrm{cov}(X,Y) \tag{9.2.1}$$

由于 $\mathrm{cov}(X,Y)=\rho_{XY}\delta_X\delta_Y$，其中 ρ_{XY} 是两者的相关系数，为绝对值不大于 1 的数值。因此有

$$\begin{aligned}\mathrm{Var}(L_P)&=\mathrm{Var}(L_X+L_Y)=\mathrm{Var}(X)+\mathrm{Var}(Y)+2\mathrm{cov}(X,Y)\\&=\mathrm{Var}(X)+\mathrm{Var}(Y)+2\rho_{XY}\delta_X\delta_Y\\&=\delta_X^2+\delta_Y^2+2\rho_{XY}\delta_X\delta_Y\\&\leqslant\delta_X^2+\delta_Y^2+2\delta_X\delta_Y=(\delta_X+\delta_Y)^2\end{aligned} \tag{9.2.2}$$

考虑到方差为正，组合的方差又可写成 $\mathrm{Var}(L_P)=\delta_{XY}^2$，因此有

$$\delta_{XY}<\delta_X+\delta_Y \tag{9.2.3}$$

如果将风险界定为随机事件的标准差，则式(9.2.3)表明，组合的风险小于各自风险之和，这是组合理论在风险管理中发挥作用的基础。

进一步看，组合的风险取决于随机事件的协方差。在两个随机事件确定的情况下，其方差也是确定的，因此，组合的风险实质上取决于两个随机变量的相关系数 ρ_{XY}。

(1) 如果 $\rho_{XY}=1$，则

$$\delta_{XY}=\delta_X+\delta_Y \tag{9.2.4}$$

这表明组合的风险是两个随机事件的标准差之和，组合并没有降低总体风险。

(2) 如果 $\rho_{XY}=-1$，则

$$\begin{aligned}\mathrm{Var}(L_P)&=\mathrm{Var}(L_X+L_Y)=\delta_X^2+\delta_Y^2+2\rho_{XY}\delta_X\delta_Y\\&=\delta_X^2+\delta_Y^2-2\delta_X\delta_Y=(\delta_X-\delta_Y)^2\end{aligned} \tag{9.2.5}$$

因此，有 $\delta_{XY}=|\delta_X-\delta_Y|$，表明组合的风险是两个随机事件的标准差之差，组合的风险小于单一事件的风险。

(3) 如果 $-1<\rho_{XY}<1$，则有

$$|\delta_X-\delta_Y|<\delta_{XY}<\delta_X+\delta_Y \tag{9.2.6}$$

这表明组合的风险处于两个随机变量标准差的和与差之间。

(4) 如果 $\rho_{XY}=0$，则有

$$\delta_{XY}^2=\delta_X^2+\delta_Y^2 \tag{9.2.7}$$

此时，组合并没有起到降低总体风险的作用。

以上分析表明，组合是否能够降低总体风险取决于不同随机事件的相关性。虽然组合并不能降低所有的风险，但它至少提供了组合能够降低风险的路径，即如果能够把负相关的随机事件组合起来，则组合的总体风险(用标准差表示)会小于单一随机事件的风险(用

标准差表示），风险集中具有降低总体风险的作用。

风险集中的重要意义在于它解释了保险公司的存在性和合理性。关于风险集中的应用会在保险组合中进一步阐述。

9.3 保险组合基础

9.3.1 保险组合的风险

一、风险单位

在保险领域，保险公司承保的基本单位可称为“风险单位”，如一辆汽车、一幢房子等。由于所有权不同，因此，不同风险单位的经济主体也不同，它可能是企业的集体财产，也可能是个人的私有财产。由于经济主体不同，所以风险单位所处环境和状态也有所不同，损失发生的时间、地点和概率也千差万别，此时将风险单位看成是彼此独立暴露于损毁可能性之中是合理的。由于距离较远，一幢房子火灾发生导致的其他幢房子受损的情况较少，因此，一个街区或两个街区的房子可被看成是不同的风险单位，但是对于同一街区相邻的中间不设防火墙的两幢房子而言，保险公司会把它们看成是一个风险单位。

保险公司从风险单位收取保险费，表明保险公司每承保一个风险单位就需要承担相应的赔偿责任。虽然在保险产品上市初期，保险公司不知道这个索赔责任为多大，但随着投保人的增加和时间的推移，保险公司的赔偿责任也就逐步明显。对于大多数保单来说，其最终的索赔额很小，因为大量的投保人分摊了单位保单的风险。在有损失发生的情况下，损失的金额和保险公司面对的索赔金额受到保险合约、投保人的态度、自然环境等多种因素的影响。

二、多个风险单位组合的风险

假设保险公司承保了 n 个风险单位。针对每个风险单位，保险公司面对的索赔责任分别为 L_1，L_2，L_i，…，L_n。其中 $L_i \geqslant 0$，$i=1, 2, 3, \cdots, n$。因此，保险公司的总索赔责任为

$$L = L_1 + L_2 + \cdots + L_n = \sum_{i=1}^{n} L_i \tag{9.3.1}$$

对于保险公司而言，它不仅要关心总索赔责任 L，更会关注每个风险单位的平均赔偿责任 L/n，因为它不仅反映了保险公司对每个风险单位的赔偿责任，而且是制定公平保费的基础，同时也是保险公司财务业绩的重要影响因素。由于 L_i 为随机变量，因而 L/n 也是随机变量，L_i 的概率分布决定了随机变量 L/n 的分布。根据中心极限定理，在风险单位相互独立的条件下，平均损失的分布就是一个正态分布。

如果 n 个风险单位的标准差分别为 δ_1，δ_2，δ_i，…，δ_n，L_i 与 $L_j(i\neq j)$的协方差为 δ_{ij}，则风险组合的期望和方差分别为

$$E(L) = E(L_1) + E(L_2) + E(L_3) + \cdots + E(L_n) = \sum E(L_i)$$

$$\delta^2(L) = \delta_1^2 + \delta_2^2 + \cdots + \delta_n^2 + 2\delta_{12} + 2\delta_{13} + \cdots = \sum \delta_i^2 + \sum_i \sum_{i\neq j} \delta_{ij} \tag{9.3.2}$$

在假设各风险单位独立的条件下，协方差为零，因此，风险单位的平均损失的方差为

$$\delta^2\left(\frac{L}{n}\right)=\mathrm{Var}\left(\frac{L_1+L_2+L_3+\cdots+L_n}{n}\right)$$
$$=\mathrm{Var}\left(\frac{L_1}{n}\right)+\mathrm{Var}\left(\frac{L_2}{n}\right)+\mathrm{Var}\left(\frac{L_3}{n}\right)+\cdots+\mathrm{Var}\left(\frac{L_n}{n}\right)$$
$$=\frac{1}{n^2}[\mathrm{Var}(L_1)+\mathrm{Var}(L_2)+\mathrm{Var}(L_3)+\cdots+\mathrm{Var}(L_n)]=\frac{1}{n^2}\sum\delta_i^2 \quad (9.3.3)$$

假设所有风险单位都具有相同的分布，则其方差相同，即

$$\delta_1^2=\delta_2^2=\delta_3^2=\cdots=\delta_n^2=\delta_0 \quad (9.3.4)$$

则式(9.3.3)变形为

$$\delta^2\left(\frac{L}{n}\right)=\frac{1}{n^2}n\delta_0^2=\frac{\delta_0^2}{n} \quad (9.3.5)$$

式(9.3.5)表明，随着风险单位数量 n 的不断增加，每个风险单位的平均方差(即风险)趋近于零，即对于保险公司而言，承保的风险单位越多，则对于每个风险单位的赔偿责任越小。依据这种分析，就容易理解保险公司的业务分布和核心业务。需要注意的是，风险的组合虽然能够降低每个风险单位的平均风险，但保险公司承担的总理赔金额的方差是增加的，不过，统计表明，保险公司总理赔额标准差增加的比例要远远小于组合规模增加的比例，这对于保险公司是有益的。

9.3.2　破产概率的估计

对于每个风险单位平均损失的估计有利于确定保险公司的破产概率，即风险单位的平均损失超过保险公司财务能力的概率。从业务流程上看，当保险公司收到保费时，即将其作为未赚保费(扣除费用后)划入准备金，用于履行合同期内的理赔责任。在履行完保险合同的责任后，剩余的部分是保险公司的盈余。由此可见，保险公司能够支付的总索赔额的上限为准备金和盈余之和，可用 L^* 表示。在这种情况下，保险公司为每个风险单位可支付的最大金额是 L^*/n，而每个风险单位的平均损失 L/n 大于 L^*/n 的概率就是保险公司的破产概率。

经验表明，当风险组合是由 30 个以上的相互独立的随机变量构成时，风险组合平均值的分布已经非常接近正态分布。根据正态分布的性质，如果已知随机变量的均值和方差，就容易知道其概率，如随机选择的一个数值大于平均值加上一个标准差的概率为 0.1587，大于平均值加上 2.33 个标准差的概率为0.01等。由此可见，如果能够计算出标准差的倍数，就可以知道一个数值大于一个平均值加上数倍标准差的概率。根据这种性质，就可以得出保险公司的平均理赔金额大于其最大承受金额 L^*/n 的概率。

如果用 z 表示标准差的倍数，组合的期望值和标准差分别用 μ_p 和 δ_p 表示，定义：

$$\frac{L^*}{n}=\mu_p+z\delta_p \quad (9.3.6)$$

则有

$$z=\frac{L^*}{n\delta_p}-\frac{\mu_p}{\delta_p} \quad (9.3.7)$$

例 9-3-1　在汽车保险市场中，假设一个保险公司承保了 9 辆相互独立汽车的保险，每一辆汽车的可能损失为了 500 元，标准差为 800 元，保险公司能够为每辆汽车提供的最大理赔金额为 660 元，试问保险公司的破产概率为多少？

解 平均每个风险单位(汽车)的期望损失为

$$\mu_p=E\left(\frac{L}{n}\right)=\frac{E(L_1)+E(L_2)+\cdots+E(L_9)}{n}=\frac{500n}{n}=500$$

平均每个风险单位的标准差为

$$\delta_p=\delta\left(\frac{L}{n}\right)=\frac{\delta_i}{\sqrt{n}}=\frac{800}{\sqrt{n}}$$

由此得

$$z=\frac{(L^*/n)-500}{800/\sqrt{n}}=\frac{660-500}{800/\sqrt{9}}=0.6$$

查标准的正态分布表(z 表)可知,L/n 大于 L^*/n 的概率为 0.2743。因此,可以说,保险公司破产的概率为 0.2743。

9.4 独立非同质风险单位的保险组合

上一节介绍了组合理论基础和在随机事件为独立且同质分布情况下的风险分散,本节则放松同质性假设,研究独立非同质风险单位的保险组合的作用。与前面类似,要回答的问题是:在这种假设条件下,保险组合能否降低风险以及如何测定保险公司的破产概率这两个问题。

通常而言,风险单位同质性的实质指各风险单位具有相同的分布。对于风险水平相近的同类保险(如风险单位都是养老保险),由于风险单位发生损失的情况类似,可视为同质风险。如果保险组合由不同类型的保险如汽车保险、火灾保险和养老保险构成,或者由相同类型风险中的不同风险水平的保单构成,则可称它们是非同质的风险单位。

在保险组合是由独立非同质风险单位构成的情况下,影响组合风险的因素有两个:一是风险单位的数量或规模,二是组合中风险单位的结构,或者说组合中包含的各类风险单位数量的比例关系。以下分别对这两个因素的影响进行分析。

9.4.1 风险单位规模对组合风险的影响

在保险实践中,保险公司要根据风险的内在特点将风险进行分类,如汽车保险、养老保险、海洋运输保险、火灾保险等。在此基础上,对每类保险再按照风险水平进行分类,如养老保险按照年龄和性别进行分类,汽车保险按照司机的性别、年龄或汽车的类型进行分类,其主要目的是针对不同类型的风险设计保险产品和定价。当然,从理论上讲,在二次分类的基础上仍然可以按照更细的标准进行分类。然而,由于受到市场规模的限制,细分层次越多,市场越小,无论是保险产品的开发还是营销策略的制定都存在着成本与收益的关系问题。在分类完成后,每一小类的风险单位就可以视为同质的风险单位,如 20 岁到 30 岁的男性驾驶的中档汽车,面临的风险相似,就可视为同质的风险单位。

假设有三种风险类型 A、B、C,各类的风险单位数量分别为 N_A、N_B、N_C,组合中的风险单位的总规模为 N,则 $N=N_A+N_B+N_C$。在同一类风险中,各风险单位有相同的概率分布,$L_i(i=1, 2, \cdots, n)$为各风险单位的损失,δ_A、δ_B、δ_C 分别为三类风险损失的标准差。风险组合损失的平均值(期望值)和标准差分别用 μ_p 和 δ_p 表示。

考虑到各类风险相互独立的条件，风险组合的平均损失期望值和方差为

$$\mu_p = E\left(\frac{L}{N}\right) = \frac{1}{N}\sum_{i=1}^{N} E(L_i) \tag{9.4.1}$$

$$\delta_p^2 = \delta^2\left(\frac{L}{N}\right) = \frac{1}{N^2}\sum_{i}\sum_{i\neq j}\delta_{ij} = \frac{1}{N^2}(\delta_A^2 + \delta_B^2 + \delta_C^2) \tag{9.4.2}$$

例 9－4－1　某保险公司承保了三类保险，分别为汽车保险、养老保险和火灾保险，每类保险的期望损失分别为 300 元、400 元和 200 元，标准差分别为 400 元、350 元和 300 元。这三类风险在组合中所占的比例分别为 50%、30%和 20%。

（1）试分析保险公司承保风险单位的规模对平均组合风险产生的影响；

（2）如果保险公司能够为每个风险单位赔付的最大金额为 400 元，试问保险公司的破产概率是多少？

解　（1）根据题意，风险组合损失的平均期望值和方差分别如下：

$$\mu_p = E\left(\frac{L}{N}\right) = \frac{1}{N}\sum_{i=1}^{N} E(L_i) = \frac{0.5\times N\times 300 + 0.3\times N\times 400 + 0.2\times N\times 200}{N} = 310$$

$$\delta_p^2 = \delta^2\left(\frac{L}{N}\right) = \frac{1}{N^2}(\delta_A^2 + \delta_B^2 + \delta_C^2)$$

$$= \frac{1}{N^2}(0.5\times N\times 400^2 + 0.3\times N\times 350^2 + 0.2\times N\times 300^2) = \frac{134\ 750}{N}$$

因此，风险组合的平均标准差为 $\delta_p = \sqrt{\dfrac{134\ 750}{N}} = \dfrac{367}{\sqrt{N}}$。

由此可见，当风险单位增加时，保险组合的平均标准差趋于零，这与独立同质风险组合时的情况相同。

（2）现在看破产概率。将数据代入公式可得

$$z = \frac{(L^*/N) - \mu_p}{\delta_p} = \frac{400-310}{367/\sqrt{N}} = 0.245\sqrt{N}$$

不同规模下的保险公司破产概率如表 9－4－1 所示。

表 9－4－1　不同规模下保险公司破产概率

x	z	$\left(\frac{L}{N}\right) > \left(\frac{L^*}{N}\right)$的概率
1	0.25	0.4013
9	0.74	0.2296
10	0.77	0.2206
100	2.45	0.0071
1000	7.75	<0.001
10 000	24.5	<0.001

由表 9－4－1 可以看出，当规模增加时，保险公司的破产概率越来越小，表明当规模扩大时有助于降低组合的风险，这与独立同分布情况下的结果一致。即只要风险单位相互独立，组合结构不变，则这种独立非同质分布风险单位的组合能够降低风险。

9.4.2　组合结构对组合风险的影响

如果组合的结构发生变化，这会对组合风险产生什么影响？为了说明这一问题，请看下例。

例 9－4－2　某保险公司承保了 10 000 份的汽车保险，每份保单的期望损失为 300 元，标准差为 300 元，保险公司为每份保单能够支付的最高赔付金额为 400 元。现在保险公司为了分散风险，又签订了 1000 份的火灾保险合同，每份合同的期望损失为 10 000 元，标准

差为 15 000 元，此时，保险公司估计其为每份保单可以支付的最高理赔金额为 1300 元。

(1) 试计算在第一种情况下保险公司的初始组合的平均期望损失、平均标准差和破产概率；

(2) 计算保险公司在加入汽车保险后的新组合的平均期望损失、平均标准差和破产概率；

(3) 比较以上两种结果，它说明了什么？

解　(1) 在汽车保险的组合中，其组合的平均期望损失和平均标准差分别为

$$\mu_p = E\left(\frac{L}{N}\right) = \sum_{i=1}^{N} \frac{E(L_i)}{N} = \frac{300N}{N} = 300$$

$$\delta_p = \sqrt{\delta^2\left(\frac{L}{N}\right)} = \left[\frac{1}{N^2}\left(\sum \delta_i^2 + \sum_i \sum_{j\neq i} \delta_{ij}\right)\right]^{1/2} = \left[\frac{1}{10\ 000^2}(10\ 000)(300)^2\right]^{1/2} = 3$$

为得到保险公司的破产概率，计算倍数

$$z = \frac{\left(\frac{L^*}{N}\right) - \mu_p}{\mu_p} = \frac{400 - 300}{300} = 0.33$$

查表 9-4-1 可知，保险公司的破产概率很小，可忽略不计。

(2) 保险公司在加入新的火灾保险后，其新组合的平均期望损失和平均标准差分别为

$$\mu_{N_p} = E\left(\frac{L}{N}\right) = \frac{10\ 000\times 300 + 1000\times 10\ 000}{11\ 000} = 1181.8$$

$$\delta_{N_p} = \sqrt{\delta^2\left(\frac{L}{N}\right)} = \left[\frac{1}{N^2}\left(\sum \delta_i^2 + \sum_i \sum_{j\neq i} \delta_{ij}\right)\right]^{1/2}$$

$$= \left(\frac{1}{11\ 000^2}\times 10\ 000\times 300^2 + 1000\times 15\ 000^2)\right)^{1/2} = 43.21$$

为得到破产概率，计算倍数

$$z = \frac{\left(\frac{L^*}{N}\right) - \mu_p}{\delta_p} = \frac{1300 - 1181.8}{43.21} = 2.74$$

查表 9-4-1 可知，保险公司的破产概率很小，为 0.0031。

(3) 比较以上结果可以发现，保险公司加入火灾保险后其新组合的风险提高了，体现为每份保单损失的标准差由原组合的 300 元提高到新组合的 1181.8 元，且保险公司的破产概率也提高了，其原因是保险公司加入新的火灾保险，而火灾保险组合的平均期望损失和平均标准差分别为 10 000 元和 474.3 元，这要远远高于初始保险组合。但不可否认的是，与火灾风险中每份保单的期望损失 10 000 元、标准差 15 000 元相比，保险公司将原汽车保险和新的火灾保险组合后，每份保单的平均期望损失和标准差分别下降到 1181.8 元和 43.21 元，下降幅度非常高，这表明组合能够降低风险的结论仍然成立。

9.5　非独立风险单位的保险组合

在保险组合中，风险单位之间可以是相互独立、同质的，也可能是非独立、非同质的，共有四种组合情况。前面讨论了风险单位相互独立且同质的组合以及独立非同质的组合。如果风险单位非独立且非同质，虽讨论更为复杂，但前面对非同质风险单位的保险组合的

研究提供了思路，在此不再讨论。本节只关注风险单位非独立但同质的保险组合的影响。

9.5.1　非独立风险单位保险组合的风险

与前面的分析类似，假设有 N 个非独立但同质的风险单位，这 N 个风险单位的损失为 $L_1=L_2=\cdots=L_N=L_0$，风险单位的标准差为 $\delta_1=\delta_2=\cdots=\delta_N=\delta_0$，$L_i$ 与 L_j 的相关系数为 ρ_{ij}，协方差为 $\delta_{ij}=\rho_{ij}\delta_i\delta_j$，则风险组合的平均期望损失和平均方差分别为

$$\mu_p=E\left(\frac{L}{N}\right)=\sum_{i=1}^{N}\frac{E(L_i)}{N}=E(L_i)=E(L_0)$$

$$\begin{aligned}\delta_p=\delta\left(\frac{L}{N}\right)&=\left[\frac{1}{N^2}\left(\sum_{i=1}^{N}\delta_i^2+\sum_{i}\sum_{i\neq j}\delta_{ij}\right)\right]^{1/2}=\left[\frac{1}{N^2}\left(N\delta_0^2+N(N-1)\delta_{ij}\right)\right]^{1/2}\\&=\left(\frac{\delta_0^2}{N}+\frac{N-1}{N}\delta_{ij}\right)^{1/2}\end{aligned}\tag{9.5.1}$$

如果风险单位不相互独立，即 L_i 与 L_j 的相关系数为 β_{ij} 不为 0，当组合的风险单位规模 N 趋于 0 时，式(9.5.1)中的第二项不会趋于零，这与前面的讨论不同。

9.5.2　破产概率

现在考察保险公司的破产概率。由前面的分析可以发现，如果风险单位相互独立，则随着风险单位规模的扩大，组合的分布趋向于正态分布；特别地，当风险单位的规模大于 30 时，组合的分布近似于正态分布。与此不同，如果风险单位不相互独立，组合的分布不会趋向于正态分布，因此也不适合利用正态分布估计保险公司的破产概率。比较这两种状态后可以发现，能否利用正态分布估计破产概率的关键是随机变量的相关系数。如果相关系数接近 0，则当风险单位的规模越来越大时，用正态分布估计是可行的；反之则可能产生严重估计误差。虽然如此，考虑到计算破产概率只是对它的一种估计，因此，可以用切比雪夫不等式(Chebyshev)估计破产概率的上限。

切比雪夫不等式(Chebyshev)表明，对于任何一个随机变量，观察值大于均值加上 k 倍标准差的概率至多是 $1/k^2$。这意味着可以为任意的数值 L^*/N 设定一个破产概率的上限，而实际的破产概率将会小于这个数值。由于切比雪夫不等式没有对随机变量的分布进行限定，因而，这种估计破产概率的方法适合于随机变量的任何分布。

为讨论方便，定义切比雪夫不等式(Chebyshev)为如下形式：

$$P\left(\left|\frac{L^*}{N}\right|>\mu_p+k\delta_p\right)\leqslant\frac{1}{k^2}\tag{9.5.2}$$

式(9.5.2)表明，L^*/N 的绝对值大于均值加上 k 倍标准差的概率至多是 $1/k^2$。对于保险组合而言，如果保险公司为每份保单的最高赔付金额为 L^*/N，则破产概率的上限 γ 可计算如下：

$$\frac{L^*}{N}=\mu_p+\delta_p\sqrt{\frac{1}{\gamma}}\tag{9.5.3}$$

变换式(9.5.3)，并定义：

$$\gamma=\frac{1}{\left[\dfrac{(L^*/N)-\mu_p}{\delta_p}\right]^2}=\frac{1}{z^2}\tag{9.5.4}$$

为了说明上述方法的应用，请看下面例子。

例 9-5-1　某保险公司拥有同质风险单位的 N 份保险合同的组合，风险单位的损失期望值为 500 元，标准差为 650 元，风险单位的相关系数为 0.1。

(1) 计算保险组合损失均值的期望值和方差，并考察随着风险单位规模增加时的组合风险发展趋势；

(2) 如果保险公司为每份保单能够支付的最大理赔金额为 800 元，试估计保险公司的破产概率。

解　(1) 根据题意可知，组合的平均损失的期望值和标准分别为

$$E\left(\frac{L}{N}\right)=500,\quad \delta_p=\left(\frac{650^2}{N}+\frac{N-1}{N}\times 0.1\times 650^2\right)^{1/2}$$

不同规模下的组合平均方差和标准差如表 9-5-1 所示。

由表 9-5-1 可以看出，随着风险单位规模的增加，组合风险趋于一个固定数值 205.5，这表明组合能够降低风险，虽然风险降低的程度有一个限度。

(2) 由于风险单位非独立，所以估计保险公司的破产概率要利用由切比雪夫不等式而来的上限法。不过，为了比较独立风险单位组合与非独立风险单位组合时的破产概率估计的不同，表 9-5-2 列出了这两种方法的概率估计。

表 9-5-1　不同规模的组合平均方差和标准差

N	$\delta^2(L/N)$	$\delta(L/N)$
1	422 500	650
10	80 275	283
100	46 052	214.6
1000	42 630	206.5
10000	42 288	205.6
∞	42 250	205.5

表 9-5-2　非独立风险单位组合的破产概率估计

N	Z	正态近似估计法	Chebyshev 上限法($1/z^2$)
1	0.462	0.3228	γ
10	1.059	0.1446	0.892
100	1.398	0.0808	0.512
1000	1.453	0.0735	0.474
10 000	1.458	0.0721	0.470
∞	1.460	0.0721	0.469

由表 9-5-2 可以看出，无论是用正态分布近似法还是上限法，随着风险单位规模的增加，破产概率都呈现出下降趋势。与独立风险单位组合下的情况不同，在这种非独立风险单位组合的情形下，组合的风险不是趋向于 0，而是趋向于一个固定值。虽然如此，组合在降低风险方面的作用是不容置疑的。

9.6　保险组合理论的应用

9.6.1　组合理论在保险中的应用

如前所述，组合理论在风险管理中有重要作用。为了进一步认识风险的分散化过程，本节列举三个例题以说明组合理论在兼并与收购、再保险和自保基金中的实际应用。

例 9-6-1　某保险公司承保了 80 000 份企业的火灾保险，现在又购买了一家承保了 20 000 份汽车保险的保险公司。假设火灾保险中每份保单的损失期望值为 1000 元，标准差为 1500 元，任意两保单之间的相关系数为 0.1。与此同时，汽车保险中每份保单的损失

期望值为500元，标准差为700元，任意两保单之间的相关系数为0.1。汽车保单和火灾保单之间没有相关性。试分析兼并后公司每份保单的风险。

解　收购前，火灾和汽车保险公司平均损失分布的标准差 δ_1 和 δ_2 分别为

$$\delta_1=\left[\frac{1}{N^2}\left(\sum_i \delta_i^2+\sum_{i\neq j}\rho_{ij}\delta_i\delta_j\right)\right]^{1/2}$$

$$=\left[\frac{1}{80\ 000^2}\times(80\ 000\times1500^2+80\ 000\times79\ 999\times0.1\times1500\times1500)\right]^{1/2}=474$$

收购后，组合的标准差为 δ_2 为

$$\delta_2=\left[\frac{1}{N^2}\left(\sum_i \delta_i^2+\sum_{i\neq j}\rho_{ij}\delta_i\delta_j\right)\right]^{1/2}$$

$$=\left[\frac{1}{20\ 000^2}\times(20\ 000\times700^2+20\ 000\times19\ 999\times0.1\times700\times700)\right]^{1/2}=221$$

由此可见，收购后公司的总体风险降低了，特别是每份火灾保险单的标准差由收购前的474元降为收购后的382元。虽然对于汽车保险单而言，其平均的标准差并没有降低，由于其保单只是火灾保单的1/4，所以总体而言，公司的风险降低了。不难验证，通过计算收购前后的总体风险(不用除以 $1/N^2$)，就可以发现合并后的总风险要小于合并前两部分保单风险的简单相加总额。

例9-6-2　有两个保险公司，它们都有10 000份同样的保险合同，任意两个保单的相关系数为0.1，且标准差为400元。现在两公司决定签署一份互惠的再保险合同：每个公司要将其保险收入的50%付给对方，以获得对方公司对自己理赔金额50%的补偿。试问：这种再保险是否降低了双方公司的风险？

解　在签署互惠合同前，每份保单的标准差为400元，每个公司平均损失分布的标准差 δ_1 和 δ_2 都为

$$\delta_1=\delta_2=\left[\frac{1}{N^2}\left(\sum_i\delta_i^2+\sum_i\sum_{i\neq j}\rho_{ij}\delta_i\delta_j\right)\right]^{1/2}$$

$$=\left[\frac{1}{10\ 000^2}\times(10\ 000\times400^2+10\ 000\times9999\times0.1\times400^2)\right]^{1/2}=126.5$$

再保险后，每份保单的标准差 δ_3 为

$$\delta_3=\left[\sum_i p_i\left(\frac{L_i}{2}-\frac{E(L_i)}{2}\right)^2\right]^{1/2}=\frac{1}{2}\left[\sum_i p_i(L_i-E(L_i)^2)\right]^{1/2}=200$$

因此，两公司签署再保险合同后，平均损失分布的标准差 δ_4 为

$$\delta_4=\left[\frac{1}{20\ 000}\times(20\ 000\times200^2+20\ 000\times19\ 999\times0.1\times200^2)\right]^{1/2}=63.26$$

由此可见，两个公司签署再保险合同后，风险降低了。通常来说，两公司保险单之间的相关系数越小，则这种互惠性的再保险所导致的风险降低的幅度就越大，即相关系数越小，则风险降低的程度也越大。

例9-6-3　一家连锁企业在不同地区共拥有100个分店，由于它们在地理位置上分离且规模和风险也相同，企业决定进行自我保险。为此，需建立一项基金，并存入资金以支付损失。如果每个分店的期望损失为1000元，标准差为1500元，风险相互独立，在不考虑管理费用的情况下，公司应为每个分店向基金投入多少时，才能使基金能够支付损失的概率大于90%？

解 由于100家分店相互独立，可认为其损失接近正态分布。根据前面对破产概率的分析，对于正态分布，其任意值大于平均值加上这一倍数标准差的概率与 z 相对应，当概率为10%时的 $z=1.28$。假设公司为每家分店准备的金额为 G，组合的期望值和标准差分别为 μ_p 和 δ_p，则有

$$z=\frac{G-\mu_p}{\delta_p}=1.28$$

在本题中，将数据代入有：$\frac{G-1000}{1500/\sqrt{100}}=1.28$，从而有 $G=1192$ 元。

应注意的是，上面的分析是基于独立同分布的组合情况，因此，计算结果相当准确。但如果风险单位之间具有相关性，则用这种方法进行计算的结果的可靠性就会降低。

9.6.2 保险组合理论的简要总结

保险是重要的风险管理工具，对保险相关问题的关注是必要的，分析保险公司的风险分散化过程有现实意义。保险组合是许多保险合同的集合，每份合同是否会发生索赔、索赔金额是多少都是随机的。因此，对于保险公司而言，它们关心的是整个组合需要的总支付金额是多少？这就需要分析每个保险合同的风险特征。当保险合同中每份合同相互独立且服从同一分布时，则随着保单数量不断增加，平均损失的标准差则越来越小，并趋近于0。根据中心极限定理，当保单数量增加时，平均损失的分布趋于正态分布。利用这一性质可以预测破产概率，并且，当保单数量增加时，破产概率也趋近于0。综合而言，无论是用标准差或破产概率来衡量风险，独立同分布保单的组合风险与保单规模成反比。对于独立非同质的保单组合而言，在组合结构保持不变时，保单规模的增加会使组合风险趋于0。对于有相关性保单的组合，虽然其组合风险受相关系数的影响，但以上分析和例子说明，组合能够降低风险。

如果将以前章节的分析结合起来，可以看到，无论是在保险领域还是在证券投资领域，组合理论都有广泛的实际应用。

9.7 风险对冲

如果说利用组合理论能够分散风险以降低损失，则对冲能够降低、消除风险并有可能盈利。顾名思义，对冲是通过进行两项价值相当、相互关联、方向相反、盈亏相抵的交易以管理风险的方法。具体而言，风险对冲是指通过投资或购买与标的资产收益波动负相关的某种资产或衍生产品，来冲销标的资产潜在风险损失的风险管理方法。例如，在同一时间买入一外币，同时又卖出另外一种价值相当的资产，以实现对冲的目的。体现在投资策略上，如果预测一种货币未来看涨，则要购入这种强势货币，但为了减低风险，就需要同时出售价值相当的一种看跌货币，

近年来，由于金融创新不断，金融衍生品市场发展迅速，风险对冲成为管理利率风险、汇率风险、股票风险和商品风险的有效的办法。与前述基于组合理论的风险分散方法不同，风险对冲不仅能够管理系统性风险和非系统性风险，而且也可以根据投资者的风险承受能力和偏好，通过对冲比率的调节将风险降低到预期水平。

风险对冲的类型很多，如在期货市场上的对冲就包括期货与现货的对冲、不同交割月份同一期货品种的对冲、不同期货市场同一期货品种的对冲、不同期货品种的对冲。如果卖出的交易量与标的资产相同，就称为单位对冲。本节介绍单位对冲和最优对冲。

9.7.1　单位对冲

为了说明单位对冲，考虑期货对冲。假设美国出口商与日本进口商商定了一宗交易后，美国出口商预计 7 个月后会收到 1.25 万亿日元。如果 7 个月后汇率发生了变化，美国出口商会面临资产贬值的风险。为降低风险，理想的方法是美国出口商在场外市场上出售一个 7 个月的期货合约。假设现在由于某种原因，美国出口商只能在芝加哥商品交易所(CME)出售期货合约。在这个市场中，有面值 1250 万日元、9 个月到期的期货品种，美国出口商卖出了 10 张该期货合约，预计 7 个月后平仓，距离到期日还有 2 个月。

由于期货的价格由利率平价决定，所以据此可以计算相应的损益。假设由于受到外部环境的冲击，日元即期汇率由 125 日元/美元上涨到 150 日元/美元，这会导致预期的现金头寸的美元损失为

$$125\ 000\ 000\times(0.006\ 667-0.008\ 00)=-166\ 625\ (\text{美元})$$

但在期货市场上，会产生美元收益：

$$125\ 000\ 000\times(-0.006\ 711+0.008\ 06)=168\ 625\ (\text{美元})$$

综合而言，投资者获得了一个净收益 2000 美元。由此可见，美国出口商利用期货工具，成功地消除了汇率波动对美国出口商造成的风险，实现了风险对冲。这些结果显示在表 9－7－1 中。

表 9－7－1　期货对冲

项　　目	初始条件	结束时间	损益
市场条件			
到期日	9	2	
美元汇率	6%	6%	
日元汇率	5%	2%	
即期汇率(日元/美元)	125.00	150.00	
远期汇率（日元/美元）	124.07	149.00	
合约数据			
即期汇率(美元/日元)	0.008 000	0.006 667	－166 625 美元
远期汇率(美元/日元)	0.008 060	0.006 711	168 625 美元
基差(美元/日元)	0.000 060	0.000 104	2000 美元

在表 9－7－1 中，美国出口商的损益取决于即期汇率与远期汇率的差价。如果令 Q 为交易日的日元数量，S 和 F 分别表示即期和远期汇率(美元/日元)，期初和期末的下标分别用 0 和 1 表示，则没有对冲的损益为

$$Q(S_1-S_0) \tag{9.7.1}$$

对冲后的损益为

$$Q[(S_1-S_0)-(F_1-F_0)]=Q[(S_1-F_1)-(S_0-F_0)]=Q(b_1-b_0) \tag{9.7.2}$$

在式(9.7.2)中，$b=S-F$ 是基差(Basis)。由此可见，对冲后的收益只取决于基差的

波动，汇率风险转换成为基差波动的风险。一个空头的对冲头寸被称为基差多头，由上例可见，当基差扩大时，它将获益。

基差风险产生于期货合约与标的资产的特征不相符。期货合约可以分为不同等级的标准化合约，如 West Texas Intermediate(WTI)就给出了按照合约进行交割的原油等级。如果投资者手中的石油头寸的等级不同，则其价格特征就不同。如果对冲时使用的资产或商品头寸与现货头寸的品种完全不同(称为交叉对冲)，此时的基差风险较高。如果标的资产与对冲时使用的期货品种完全相同时，则基差风险最小，但由于到期日的不同，基差风险仍然可能存在。

9.7.2 最优对冲

在实践中，现货市场与期货市场的交易数量通常不相同，此时就需要考虑对冲时使用的头寸数量，而确定最优对冲比率就是其关键问题。

一、最优对冲比率

如果投资组合有一个头寸，它会在未来获得有风险的现金流，此时投资者关心的是这些现金流的价值波动。为了管理这些风险，投资经理购买了 N 份期货合约，如果 ΔS 是投资组合中以美元计量的价值变化量，ΔF 是一份期货合约以美元表示的价值变化量，则投资组合整体的价值总变化量 ΔV 为

$$\Delta V = \Delta S + N\Delta F \tag{9.7.3}$$

为了确定最优的对冲数量 N，就要求净风险降到最低。因此，需要计算整个组合价值变动的方差为

$$\delta_{\Delta V}^2 = \delta_{\Delta S}^2 + N^2\delta_{\Delta F}^2 + 2N\delta_{\Delta S,\ \Delta F} \tag{9.7.4}$$

对 N 求导，得

$$\frac{\partial \delta_{\Delta V}^2}{\partial N} = 2N\delta_{\Delta F}^2 + 2\delta_{\Delta S,\ \Delta F} \tag{9.7.5}$$

为了方便讨论，省略下标 Δ，令式(9.7.5)为 0，得到最优对冲比率 N^* 为

$$N^* = -\frac{\delta_{\Delta S,\ \Delta F}}{\delta_{\Delta F}^2} = -\frac{\delta_{SF}}{\delta_F^2} = -\rho_{SF}\frac{\delta_S}{\delta_F} \tag{9.7.6}$$

如果令 Q 为现货数量，s 为单位价格，则现货价值为 $S=Qs$。与此同时，令期货合约中的数量为 Q_f，单位价格为 f，则一份期货合约的名义价值为 $F=Q_f f$。此时，现货价值变化的标准差 $\delta_{\Delta S}$、期货价值变化的标准差 $\delta_{\Delta F}$ 以及它们的协方差 $\delta_{\Delta S,\ \Delta F}$ 可以分别重新写为如下形式：

$$\delta_{\Delta S} = Qs\delta\left(\frac{\Delta s}{s}\right) \tag{9.7.7}$$

$$\delta_{\Delta F} = Q_f\delta(\Delta f) = Q_f f\delta\left(\frac{\Delta f}{f}\right) \tag{9.7.8}$$

$$\delta_{\Delta S,\ \Delta F} = \rho_{SF}\left[Qs\delta\left(\frac{\Delta s}{s}\right)\right]\left[Q_f f\delta\left(\frac{\Delta f}{f}\right)\right] \tag{9.7.9}$$

利用式(9.7.6)，得到最优对冲比率 N^* 为

$$N^* = -\rho_{SF}\frac{\delta_{\Delta S}}{\delta_{\Delta F}} = -\rho_{SF}\frac{Qs\delta(\Delta s/s)}{Q_f f\delta(\Delta f/f)} = -\rho_{SF}\frac{\delta(\Delta s/s)}{\delta(\Delta f/f)}\frac{Qs}{Q_f f} = \beta_{SF}\frac{Q\times s}{Q_f\times f} \tag{9.7.10}$$

在式(9.7.10)中，β_{SF} 是 $\Delta S/S$ 对于 $\Delta f/f$ 的回归系数，表示为 $\beta_{SF}=\rho_{SF}\frac{\delta_S}{\delta_F}$。后面的第二

项代表了现货头寸与期货头寸数量的调整因子。

二、对冲效果

为了衡量对冲的效果或者最优对冲比率的质量，根据以上的讨论可进一步分析如下。如果将以上的最优对冲比率代入整个投资组合价格波动的方差中，并为了方便讨论，省略下标 Δ，就可得到

$$\delta_V^{*2}=\delta_S^2+\left(-\frac{\delta_{SF}}{\delta_F^2}\right)^2\delta_F^2+2\left(-\frac{\delta_{SF}}{\delta_F^2}\right)\delta_{SF}=\delta_S^2+\frac{\delta_{SF}^2}{\delta_F^2}+2\left(-\frac{\delta_{SF}^2}{\delta_F^2}\right)=\delta_S^2-\frac{\delta_{SF}^2}{\delta_F^2} \qquad (9.7.11)$$

令 $R^2=\dfrac{\delta_S^2-\delta_V^{*2}}{\delta_S^2}$，并将以上关系代入可得

$$R^2=\frac{\delta_S^2-\left(\delta_S^2-\dfrac{\delta_{SF}^2}{\delta_F^2}\right)}{\delta_S^2}=\frac{\delta_{SF}^2}{\delta_S^2\delta_F^2}=\rho_{SF}^2 \qquad (9.7.12)$$

由于 ρ_{SF} 是现货与期货价值变动的相关系数，也是 $\Delta s/s$ 与 $\Delta f/f$ 的相关系数，亦是在对它们回归时 $\Delta f/f$ 能够解释 $\Delta s/s$ 的部分，因此，R^2 表示了方差减少的比例，反映了对冲的有效性。

如果将整体投资组合价值变动的方差和对冲有效性指标结合起来，容易得到如下关系：

$$\delta_V^*=\delta_S\sqrt{1-R^2} \qquad (9.7.13)$$

式(9.7.13)表明，如果 $R^2=1$，则表示投资组合整体的价值变动为 0，即经过对冲后的投资组合没有风险。与此相反，如果 R^2 很小，则表明投资组合整体的价值变动接近现货价值的变动，意味着通过期货市场的对冲并没有降低现货价值面临着的风险。

例 9-7-1　为了保证正常经营，某航空公司估计未来 3 个月内需要购买航空燃油 10 000 吨。为了降低燃油价格波动产生的风险，它使用纽约商品交易所的取暖用油期货合约进行对冲，一份合约的数量为 42 000 加仑，风险经理需检验取暖用油期货合约能否起到风险对冲的作用。假设当前航空燃油的价格为每吨 277 美元，取暖用油的价格为每加仑 0.6903 美元。如果 3 个月的航空燃油价格变动率的标准差为 21.17%，取暖用油的价格变动率的标准差为 18.59%，它们的相关系数为 0.8243。在以上市场环境下，风险经理需要回答以下问题：

(1) 在没有对冲条件下的航空燃油以美元表示的头寸价值及其标准差；

(2) 为了降低航空燃油价格波动的风险，需要购买多少份取暖用油期货合约？

(3) 确定对冲后航空燃油以美元计价的标准差。

解　(1) 航空燃油以美元表示的头寸价值为 $S=Qs=2\ 770\ 000$ 美元，以美元表示的标准差为

$$\delta_{\Delta s}=Q\delta(\Delta s)=\delta\left(\frac{\Delta s}{s}\right)sQ=0.2117\times277\times10\ 000=586\ 409(\text{美元})$$

一份期货合约的标准差为

$$\delta\left(\frac{\Delta f}{f}\right)fQ_f=0.1859\times0.6903\times42\ 000-5389.72(\text{美元})$$

期货合约的名义价值为

$$fQ_f=0.6903\times42\ 000=28\ 992.6\ (\text{美元})$$

(2) 为降低价格风险，公司需要购买期货合约来对冲。利用题中的数据，可以计算：

$$\beta_{SF}=\rho_{SF}\frac{\delta_S}{\delta_F}=0.8243\times\frac{0.2117}{0.1859}=0.9387$$

$$\delta_{SF}=0.8243\times0.2117\times0.1859=0.032\ 44$$

经过调整的名义值 $\delta_{SF}=0.032\ 44\times2\ 770\ 000\times28\ 993=2\ 605\ 268\ 452$，利用最优对冲比率公式可得

$$N^*=\beta_{SF}\frac{Q\times s}{Q_f\times f}=0.9387\times\frac{10\ 000\times277}{42\ 000\times0.6903}=89.7$$

取其整数可知，公司需购买的期货合约数量的近似值为 90 份。

(3) 由(1)可知，没有对冲时的以美元计价的价值波动(标准差)δ_V 为 586 409 美元，对冲后的方差为

$$\delta_V^{*2}=\delta_S^2-\frac{\delta_{SF}^2}{\delta_F^2}=586\ 406^2-\left(\frac{2\ 605\ 268\ 452}{5390}\right)^2=110\ 222\ 250\ 414$$

因此，对冲后的价值波动率为 $\delta_V^*=331\ 997$ 美元。由此可见，通过对冲，价格波动导致的风险(标准差)由对冲前的 586 409 美元降低为对冲后的331 997美元，体现对冲有效性的指标为 1 减对冲后的方差与未对冲方差之比，即 $R^2=1-\frac{\delta_V^{*2}}{\delta_V^2}=1-\frac{110\ 222\ 250\ 414}{343\ 875\ 515\ 281}=0.6795=67.95\%$。

9.8 久期对冲和 Beta 对冲

债券市场和股票市场是金融市场的重要构成部分。由于参与者众多，各种不同信息会对投资者的决策产生影响，并引发投资风险，因而，降低债券市场和股票市场中的风险是投资者面临的任务，而对冲就是管理风险的重要方法。本节简要介绍应用于债券市场的久期对冲和应用于股票市场的 Beta 对冲。

9.8.1 久期对冲

为研究债券价格的波动，以前内容介绍了修正久期。修正久期能够度量债券价格相对于收益率变化的风险暴露。如果用 P 表示资产价格，i 表示收益率，D^* 是修正久期，Δ 代表变化量，则根据定义可知

$$\Delta P=(-D^*P)(\Delta i) \tag{9.8.1}$$

其中，D^*P 被定义为美元久期。

将久期应用于现货和期货市场中，与前述相同，用 S 和 F 分别表示现货和期货资产，在不考虑误差项的情况下，其头寸变动值可表示为

$$\Delta S=(-D_S^*S)(\Delta i) \tag{9.8.2}$$

$$\Delta F=(-D_F^*F)(\Delta i) \tag{9.8.3}$$

其中，D_S^* 和 D_F^* 分别为 S 和 F 的修正久期。与此同时，它们的方差和协方差分别为

$$\delta_S^2=(D_S^*S)^2\delta^2(\Delta i) \tag{9.8.4}$$

$$\delta_F^2=(D_F^*F)^2\delta^2(\Delta i) \tag{9.8.5}$$

$$\delta_{SF}=(D_S^*S)(D^*F)\delta^2(\Delta i) \tag{9.8.6}$$

将其代入上节的最优对冲比率中可得

$$N^{*}=-\frac{\delta_{SF}}{\delta_F^2}=-\frac{D_S^{*}S(D_F^{*}F)}{(D_F^{*}F)^2}=-\frac{D_S^{*}S}{D_F^{*}F} \tag{9.8.7}$$

对于最优对冲比率的确定，也可以通过考虑投资组合的总收益的变动值来推导。利用上节的思想，在同时存在现货和期货的条件下，这种变动值可以写为

$$\begin{aligned}\Delta V&=\Delta S+N\Delta F=(-D_S^{*}S)(\Delta i)+N(-D_F^{*}F)(\Delta i)\\&=-[(D_S^{*}S)+N(D_F^{*}F)]\times(\Delta i)\end{aligned} \tag{9.8.8}$$

式(9.8.8)表明，如果括号中的数值为0，则意味着投资组合的价值波动为0，即此时经过对冲的投资组合没有风险，最优对冲比率就是负的现货的美元久期与期货的美元久期的比值。

更一般地，如果希望得到的美元久期为D_V^{*}，则可令$[(D_S^{*}S)+N(D_F^{*}F)]=D_V^{*}V$，从而有

$$N=\frac{D_V^{*}V-D_S^{*}S}{D_F^{*}F} \tag{9.8.9}$$

不难发现，式(9.8.9)是式(9.8.7)的推广形式。

例 9-8-1　假设某基金公司持有修正久期为6.8年的1000万美元的债券组合，它需要对冲3个月期的风险。如果目前国债期货合约的价格为(93＋2/32)美元，名义金额为100 000美元，修正久期为9.2年。试计算所需要的最优对冲合约数量。

解　期货合约的名义价值为$\left[\left(93+\frac{2}{32}\right)/100\right]\times 100\ 000=93\ 062.5$美元，代入式(9.8.7)可得最优对冲比率为

$$N^{*}=-\frac{D_S^{*}S}{D_F^{*}F}=-\frac{6.8\times 10\ 000\ 000}{9.2\times 93\ 062.5}=-79.4$$

这说明基金公司需要出售79份股指期货合约以对冲击风险。

9.8.2　Beta对冲

在股票市场中，存在着基于整个市场的系统性风险和单一股票的非系统性风险。非系统性风险无法通过投资组合消除，但是，对于系统性风险，可以通过投资组合来降低。对于系统性风险，即Beta，可以通过股指期货进行对冲。系统性风险可以被看成投资组合w的收益率与市场m收益率的相关部分。如果用R_{wt}表示第t期投资组合w的收益率，R_{mt}为同期市场的收益率，则有

$$R_{wt}=\alpha_w+\beta_w R_{mt}+\varepsilon_{wt} \tag{9.8.10}$$

其中的β代表系统性风险，α是截距项，不是风险源，ε是误差项，与市场无关。如果不考虑截距项和误差项，并分别用S和M分别表示组合价值和市场价值，则式(9.8.10)可简化为

$$\frac{\Delta S}{S}\approx\beta\left(\frac{\Delta M}{M}\right) \tag{9.8.11}$$

为了降低组合风险，现在考虑用股指期货进行对冲，它的系统性风险为1，即

$$\frac{\Delta F}{F}=1\times\frac{\Delta M}{M} \tag{9.8.12}$$

与前述分析类似，在进行对冲后整个投资组合价值的变化量为

$$\Delta V=\Delta S+N\Delta F=(\beta S)\left(\frac{\Delta M}{M}\right)+NF\left(\frac{\Delta M}{M}\right)=[(\beta S)+NF]\times\left(\frac{\Delta M}{M}\right) \tag{9.8.13}$$

在式(9.8.13)中，方括号的数值代表了净风险暴露，如果它为0，则表明对冲后的组合价

值变化量为 0，此时，组合没有风险，因此可得最优对冲比率为

$$N^* = -\frac{\beta S}{F} \tag{9.8.14}$$

例 9－8－2 一个投资公司持有价值为 1000 万美元的股票组合，相对于标准普尔 500 指数的 β 为 1.5。股指期货的当前价格为 1400，乘数为 250 美元。试问：投资公司的最优对冲比率是多少？

解 期货的名义价值为 250×1400＝350 000 美元，代入式(9.8.14)得

$$N^* = -\frac{\beta S}{F} = -\frac{1.5 \times 10\ 000\ 000}{1 \times 350\ 000} = -42.9$$

因此，投资公司应卖出 43 份股指期货合约。

本章小结

本章主要介绍了风险规避、基于组合理论的损失控制方法和风险对冲这三类风险管理的方法，其中，组合理论具有更为重要的作用。组合理论是金融学中的重要理论，它广泛应用于投资、保险和风险管理等方面。在风险管理中，组合理论的思想是：基于概率统计理论，多个单一风险事件组合的风险在一定假设前提下小于所有风险事件的损失之和，即无论是用标准差或破产概率测量风险，组合都具有降低风险的作用。因此，分析组合理论在风险管理中的应用有现实意义。

案例研究

央行“容忍”人民币贬值　利差套利空间收紧

一、案例描述

套利者是一群活跃在资本市场、顺势而为的人，在以往人民币汇率单边升值的预期下，做多人民币是最受他们青睐的投资方式之一。但现在情况变了，他们的日子也变得并不好过。

2014 年 2 月，让人记忆犹新的那波人民币意外暴跌行情，给套利者当头一棒；而 2014 年 3 月开始，人民币对美元交易价波动幅度的加大，也使得套利交易日渐冷清；2015 年以来，人民币在内外承压下，即期汇率一度逼近 2%跌停位，套利者收益空间再度被挤压；近期，中国央行表现出对于人民币贬值的“容忍”，更是引发了业内人士对于套利资金正在撤离人民币汇率市场的猜想。

(一) 汇差套利受阻

有外汇交易员认为，人民币的套利方式主要可以归结为两大类，利用在岸与离岸人民币市场的汇率差或利率差来套利，基本的套利模式不变，但套利空间则根据市场行情而变化。过去，在岸与离岸人民币市场，无论是在利差和汇差上，都给套利者提供了很大的空间，导致套利活动一度十分活跃。但现在，无论在汇差还是利差上，套利者很难有可乘之机。

长期以来，香港离岸人民币(CNH)汇率相比内地在岸人民币(CNY)要高 60～80 个基点，为大量的投机性套利交易提供了滋生的沃土。举例来说，当离岸人民币对美元汇率为

6.15，而在岸人民币汇率为6.20时，某制造商A可用以下操作进行套利。首先，在中国内地，A从银行借款100万美元，然后按照人民币对美元6.20的汇率将这笔借款兑换为人民币620万元；然后，A可以以最低的运输成本从香港进口某样商品，如黄金，并用借来的620万元人民币付款。通过这种方式，620万元在岸人民币就流入了香港，成为离岸人民币；随后，A在香港的“窗口公司”(窗口公司通常指境内企业在境外注册成立的公司，注册地通常为香港)，将620万元人民币就地兑换为美元，根据香港人民币对美元6.15的汇率，可换得100.8130万美元。最后，A将之前进口的黄金再次出口，并以美元结算，将这100.8130万美元送回内地。如果不计海关收费和运输等费用，整个套利过程A制造商可获利8130美元。

但自2014年中期以来，美国经济的持续复苏与欧元区、日本等主要经济体深陷通缩不能自拔形成鲜明对比，近日全球央行更是纷纷加入“抗通缩大军”，在这样背景下，美元强势地位日益凸显，使得在自由浮动情况下离岸市场人民币对美元汇率贬值幅度加大。

2015年1月30日，离岸人民币汇率大跌0.4%至6.2885一线，创下2012年10月以来最低位，较当日6.1370的中间价下跌2.5%。同时，离岸人民币相较于在岸人民币汇率更加坚挺的惯例也被打破，自2015年以来，离岸人民币(CNH)即期汇率平均汇率为6.2272，而在岸人民币(CNY)即期汇率为6.2186，离岸人民币对美元汇率比在岸人民币高出104个基点，也使得此前利用汇差套利的方法无用武之地。

那么，在当前离岸人民币汇率低于在岸的情况下，是否可以把香港借得的美元换成人民币，然后“搬回”内地再换成更多的美元而获利呢？

外汇市场交易人员表示，这样做可行性不大，因为境内实施资本管制，在资本项下不允许随便流动，资金必须通过贸易途径流入内地，官方途径为沪港通、QFⅡ、RQFⅡ等，但据了解，这些途径从清算角度来说，都是封闭运行的，资金不能随便流进流出。

（二）利差套利空间收紧

通常，离岸人民币与在岸人民币存贷款利率存在明显差别，这原本也为套利提供了空间。举例来说，假设当在岸人民币存款的利率和离岸人民币融资成本之差为70个基点时，制造商A可进行如下操作套利。

在中国内地，A借款人民币100万元，利率为6%，借款期限为两个星期。然后，A将100万元在岸人民币存在一家内地银行，存款利率是3%，并要求银行开具信用证。获得信用证后，A在香港的合作方就能在香港的银行得到一个月期限的贷款人民币100万元，然后A以最低的运输成本向香港合作方出口某样商品，从而使100万元的人民币回到内地，A可以偿还之前从内地银行获得的100万元借款。由于利差为70个基点，因此上述套利的收入是人民币7000元。此外，A要为100万元人民币的一个月贷款付出成本2500元(不考虑存款收益)，所以这次套利的无风险净回报是人民币4500元。

然而，随着沪港通的开通以及RQFⅡ等新的投资工具的兴起，香港人民币资金池变得越发紧张，香港银行业普遍提高了人民币贷款利率，有的甚至已经高于内地银行的贷款水平，从而使得原本通过两岸利差进行套利的方式难以实现。自2014年第四季度开始，“高息揽储”现象在香港银行业十分普遍，香港主要银行所给出的3个月定期存款报价普遍在3%以上，这一现象自去年四季度开始延续至今。此外，人民币负债成本的提高也使得在港银行的贷款利率不断攀升。2014年，香港离岸人民币银行间同业拆借波动性大增，利率上行甚至高达至6%～7%，离岸融资亦不再便宜，而点心债举债成本的上升令2014年表现不错的点心债市场下半年出现放缓。

在操作时，套利者首先需要能够锁定风险，当风险无法锁定并且成本很高时，套利者的动力就不足，就可能出现大量套利资金撤离人民币外汇市场的现象。但另有观点认为，“虽然利用人民币利率差套利空间不比从前，但仍有一些方法可以达到套利目的。例如境内企业为境外‘窗口公司’做抵押开立保函，从而‘窗口公司’可以在境外获得较低的融资成本。”

资料来源：根据《央行“容忍”人民币贬值　利差套利空间收紧》(第一财经日报，2015-02-02。http://money.sohu.com/20150202/n408323039.shtml)改编而成。

二、案例讨论

投资者如何利用组合理论防范人民币汇率风险？

思考与练习

1. 玛丽拥有IBM股票并将在两个月后固定的一天出售。玛丽想对冲IBM股票的价格风险。她如何最好地对冲并且避免基差风险的发生？

(1) 卖出IBM股票的2个月期远期期货合约

(2) 卖出IBM股票的3个月期期货合约

(3) 卖出标准普尔500股票指数的2个月期远期合约

(4) 选择(1)和(2)正确

2. 下列关于基差风险的说法哪些是正确的？

Ⅰ：基差风险产生于交叉对冲策略，但当标的资产和对冲资产相同时就没有基差风险

Ⅱ：对冲头寸空头的收益来自于基差的意外扩大

Ⅲ：对冲头寸多头的收益来自于基差的意外扩大

(1) Ⅰ和Ⅱ　(2) Ⅰ和Ⅲ　(3) 只有Ⅱ　(4) 只有Ⅲ

3. 下列哪些交易包含基差风险？

(1) 持有1000桶11月7日的伦敦北海布伦特原油期货合约多头头寸并持有1000桶11月7日的纽约商品交易所WTI原油期货合约空头头寸

(2) 持有1000桶11月7日的伦敦北海布伦特原油期货合约多头头寸并持有2000桶11月7日的伦敦北海布伦特原油期货合约多头头寸

(3) 持有1000桶11月7日的伦敦北海布伦特原油期货合约多头头寸并持有1000桶12月7日的伦敦北海布伦特原油期货合约空头头寸

(4) 持有1000桶11月7日的伦敦北海布伦特原油期货合约多头头寸并持有1000桶12月7日的纽约商品交易所WTI原油期货合约空头

4. 你拥有一个500万美元的股票投资组合需要使用股指期货进行对冲。投资组合与股指期货的相关系数为0.65。投资组合的标准差为7%，对冲工具的标准差为6%。股指期货合约的价格为1500美元，且一份合约的规模是100手股指期货。下列头寸中哪一个可以最大限度地降低风险？

(1) 购买33份期货合约　　(2) 出售33份期货合约

(3) 购买25份期货合约　　(4) 出售25份期货合约

第十章　信用风险管理

金融机构以货币为经营对象，因此，信用是金融机构开展经营活动的基石，信用风险管理也就成为金融机构经营管理的重要组成部分。与源自于价格波动的市场风险不同，信用风险可能来自于市场价格的波动引起的无法支付到期债务的问题，也可能产生于金融机构技术或管理等方面的原因，从而使对信用风险的管理更加困难。由于信用风险对金融机构、金融系统和经济体系安全的重要性，人们对信用风险进行了不断研究，积累了大量的理论和实践经验。本章主要介绍信用风险的评估方法，并在此基础上，介绍信用风险的相关内容。

10.1　信用风险基础

在经济金融活动中，信用风险比其他风险更为重要。因此，银行系统为信用风险而储备的风险资本的数量要远远大于为市场风险而储备的风险准备金。从其影响方面看，如果信用风险发生，可能会产生连锁反应，从而影响不同经济主体的经营活动，这促进了对信用风险研究的快速发展。在以前的章节中，将信用风险也称为违约风险，是指因不能按时偿还贷款和利息而产生的风险。本节将进一步考察信用风险。

在交易过程中，交易双方能否履行合同规定的义务是信用风险产生的根源。交易对手的信用风险包括结算前风险和结算风险。结算前风险是因交易对手在交易过程中不能履行合同义务而造成损失的风险，包括贷款的违约、债券的违约以及在衍生品交易中无法履行必要的支付。结算前风险产生于合约义务的有效期内，但会存在于从合同签订日到结算日之间的较长时期。与此不同，结算风险产生于现金流的兑换，因此具有短期性质。当支付发生在不同的时期内，如不同时期内的外汇兑换，则结算风险达到最大，而交易对手的违约、流动性限制或操作等方面的原因都可能导致支付无法履行。然而，从传统意义上看，信用风险被看做是结算前风险。本章的信用风险是指传统意义上的结算前风险。

10.1.1　信用风险的成因和度量工具

一、信用风险的成因

为度量信用风险，需要分析信用风险的成因。从过程上看，信用风险的产生是一个复合过程，并受下列变量的影响。

(1) 违约(Default)：它是一个离散型变量，且只有两种状况。交易对手表现为违约或者不违约，违约用违约概率(Probability of Default，PD)来度量。

(2) 信用暴露(Credit Exposure，CE)：指对手在违约时资产的经济价值或市场价值，又可称为违约暴露(Exposure at Default，EAD)。

(3) 违约损失（Loss Given Default，LGD）：指因违约造成的经济损失部分。例如，如果违约造成的资产价值回收率只有 20%，则违约损失为违约暴露的 80%。

由以上三个影响因素可知，违约是造成信用风险的直接原因。对于违约，可以借用衍生工具来表述。由于一个信用资产的多头包含着一个嵌入的期权空头头寸，因此，借款人事实上拥有违约的期权。如投资者购买了一个收益率高于无风险收益率的债券，虽然可能会取得超额收益，但其代价是投资者会面临发生违约时的资本损失，即投资者以收取一个风险溢价而换取了一个潜在的未来资本损失，这正是一个期权的空头头寸。

二、信用风险的度量工具

随着对信用风险成因的分析，信用风险的度量工具也得到了不断的发展，具体表现为：

(1) 名义数量：就是用风险暴露度量信用风险。如用名义数量的一个比例或乘数来度量，就可以得到针对信用风险的资本储备金额。

(2) 风险加权数量：就是对风险暴露通过加权处理进行度量。

(3) 信用评级数量：是对风险暴露根据违约概率进行调整后的数量度量信用风险。

(4) 内部组合信用模型：通过整合所有信用风险来度量信用风险。

在上述四种工具中，通过名义数量度量信用风险的不足是它没有考虑违约概率的影响。因此，1988 年，巴塞尔委员会通过信用分级制定了一个信用风险分类，提供了度量每一种名义数量的风险权重。然而，这种通过风险权重进行调整的做法促使商业银行有动机在满足巴塞尔资本金要求的条件下改变它们的资产组合以最大化股东回报，从而使商业银行的资产负债表中存在更大的风险。例如，面对 AAA 评级和 C 评级的客户，在相同的资本金要求下，对 C 评级公司的贷款比对 AAA 评级公司的贷款更有利可图，因此，商业银行必然会将其贷款组合转向低评级的贷款人，从而导致信用风险的增加。这促使了《巴塞尔协议Ⅱ》的产生。后面的章节会更加详细地讨论《巴塞尔协议》。

三、信用风险与市场风险的区别

如前所述，市场风险是指由于标的资产市场价格变化而产生的风险。标的资产包括债券、股票、基金、汇率、利率等。而信用风险是因交易对手在交易过程中不能履行合同义务而造成损失的风险。不仅如此，信用风险和市场风险有较大的区别(见表 10 - 1 - 1)。

表 10 - 1 - 1　信用风险与市场风险的比较

项目	市场风险	信用风险
风险来源	仅仅市场风险	违约风险、回收风险、市场风险
分布状态	基本对称，有肥尾的可能	左偏
时间范围	短期(几天)	长期(几年)
适用总体	商业/贸易单位	所有公司或子公司
发布的法律	没有可适用的	非常重要

资料来源：菲利普·乔瑞．金融风险管理师考试手册[M]．王博，刘伟琳，赵文荣，译．北京：中国人民大学出版社，2010：402.

由表 10 - 1 - 1 可以看出，由于市场风险和信用风险有不同的内涵，它们在风险来源、分布状态、时间范围、适用总体和发布的法律等方面都有所不同。如从时间范畴看，市场风险发生的速度较快，针对市场风险的管理也应快速调整，但对于信用风险而言，却需要较长的调整时间。从两者适用的水平看，市场风险适用于作为交易平台的商业、贸易单位以及公司各层面，但信用风险适用于存在对手的情况。了解信用风险与市场风险的不同，对于实际工作者而言显得特别重要。

10.1.2　信用损失度量

假设商业银行对 N 个不同债务人发放了贷款，b_i 为第 $i(i=1, 2, \cdots, N)$ 个人的违约概率为 p_i 的随机变量。如果第 $i(i=1, 2, \cdots, N)$ 个人违约，则 $b_i=1$，否则为 0。因此，其期望值 E 和方差 V 分别为 $E(b_i)=p_i$，$V(b_i)=p_i(1-p_i)$。记 CE_i 为第 $i(i=1, 2, \cdots, N)$ 个人违约发生时的信用暴露，f_i 为资产价值回收率，$\mathrm{LGD}_i=1-f_i$ 为违约时的损失率。以上变量理论上都是随机变量。在以上假设条件下，由这 N 种不同债务人贷款的信用风险引起的信用损失 CL 可表示为

$$\mathrm{CL} = \sum_{i}^{N} b_i \times \mathrm{CE}_i \times \mathrm{LGD}_i \tag{10.1.1}$$

如果随机变量相互独立，则信用损失的期望值为

$$E(\mathrm{CL}) = \sum_{i}^{N} E(b_i) \times E(\mathrm{CE}_i) \times E(\mathrm{LGD}_i) = \sum_{i}^{N} p_i \times E(\mathrm{CE}_i) \times E(\mathrm{LGD}_i) \tag{10.1.2}$$

为了讨论方便，进一步假设所有债务人都有相同的违约概率分布和违约损失分布，信用风险暴露都为 1 元，n 为损失事件发生的实际数量，它介于 0 和 N 之间。则实际发生的信用损失为

$$\mathrm{CL} = \sum_{i}^{N} \mathrm{LGD}_i \tag{10.1.3}$$

此时，信用损失的期望值为

$$E(\mathrm{CL}) = E(n) \times E(\mathrm{LGD}) = N \times p \times E(\mathrm{LGD}) \tag{10.1.4}$$

考虑到随机变量独立性的假设，信用损失的方差为

$$V(\mathrm{CL}) = N \times p \times V(\mathrm{LGD}) + N \times p \times (1-p) \times [E(\mathrm{LGD})]^2 \tag{10.1.5}$$

特别地，当 $N=1$ 时，信用损失的标准差 SD(CL)为

$$\begin{aligned}\mathrm{SD}(\mathrm{CL}) &= \sqrt{V(\mathrm{CL})} = \sqrt{pV(\mathrm{LGD}) + p(1-p)[E(\mathrm{LGD})]^2} \\ &= \sqrt{pV(\mathrm{LGD}) + V(b)[E(\mathrm{LGD})]^2}\end{aligned} \tag{10.1.6}$$

由此可见，信用损失的波动率是由违约时的损失率 LGD 的方差和违约概率 b 的方差共同决定的。由式(10.1.6)不难看出，信用损失的波动率与 p 之间不是线性关系，这与信用损失的期望值 $E(\mathrm{CL})$与 p 之间呈现线性关系不同。这种关系的不同意味着在 p 非常小的情况下，SD(CL)与$\sqrt{p}$呈现出近似的比例关系。因此，随着 p 的增加，SD(CL)要比 $E(\mathrm{CL})$增加得更快。

例 10-1-1　某商业银行已经同意向某公司一次性支付 5000 万元的贷款。该贷款人有 3%的可能性违约，贷款的最终回收率为 70%。如果商业银行准备为这笔贷款的期望损失计提信用准备金，应提多少？

解　应计提的准备金为期望信用损失，它为名义数量乘以违约概率再乘以违约损失

率，即

$$5000\times0.03\times(1-70\%)=45\ (万元)$$

例 10-1-2 一个商业银行账面有一笔总金额为 50 000 元的贷款，80%的贷款尚未偿还。贷款在下一年的违约概率为 2%，违约损失估计为 50%。假设损失的标准差为 40%，违约后的额外损失率(违约后未损失中的一部分)为 60%。那么银行的期望损失和非期望损失(标准差)是多少?（本题在 FRM2009-第 6～7 题的基础上修改而成）

解 这笔贷款的违约风险暴露，应包括违约损失部分和额外损失部分。其中，违约损失部分为 80%×50 0000=40 000 元，额外损失为 60%×10 000=6000 元。因此，违约风险暴露 CE=40 000+6000=46 000 元。信用损失的期望值为

$$E(\mathrm{CE})=p\times E(\mathrm{LGD})\times\mathrm{CE}=0.02\times50\%\times46\,000=460(元)$$

利用式(10.1.5)可计算信用损失的方差为

$$\begin{aligned}V(\mathrm{CL})&=p\times V(\mathrm{LGD})+p\times(1-p)\times[E(\mathrm{LGD})]^2\\&=0.02\times0.4^2+0.02\times(1-0.02)\times0.5^2=0.0081\end{aligned}$$

从而信用损失的标准差为 0.090，乘以违约风险暴露的 46 000 元，可得到标准差为 4140 元。

10.1.3 联合事件信用损失的分布

在经济活动中，存在着联合事件。为说明联合事件信用损失的分布，假设有三种证券 X、Y、Z 组成了一个投资组合，三种证券的违约暴露分别为 25 万元、30 万元和 45 万元，违约概率分别为 5%、10%和 20%。违约发生情况下的资产回收率为 0，且对于不同的债券发行方，违约事件相互独立。容易得知其期望损失为

$$E(\mathrm{CL})=\sum p_i\times\mathrm{CE}_i=5\%\times25+10\%\times30+20\%\times45=13.25(万元)$$

为了给出损失的完全分布以推断最大损失，需要计算其累积概率(见表 10-1-2)。

表 10-1-2 投资组合的完全分布信息

违约 i	损失 L_i	概率 $P(L_i)$	累积概率	期望损失 $L_iP(L_i)$	方差 $(L_iE(L_i))^2P(L_i)$
无违约	0	0.6840	0.6840	0.0000	120.08
X	25	0.0360	0.7200	0.9000	4.97
Y	30	0.0760	0.7960	2.2800	21.32
Z	45	0.1710	0.9670	7.6950	172.38
X, Y	55	0.0040	0.9710	0.2200	6.97
X, Y	70	0.0090	0.9800	0.6300	28.99
X, Y	75	0.0190	0.9990	1.4250	72.45
X, Y, Z	100	0.0010	1.0000	0.1000	7.53
总　和				13.25	434.7

在表(10－1－2)中，第一列表示三种证券发生违约的不同组合，如 X 表示的是只有证券 X 发生违约的情况，(X, Y) 表示的是证券 X 和 Y 同时违约的情况。概率 $P(L_i)$ 为联合事件的概率。如在三种证券都不违约的情况下，考虑到三种证券相互独立，因而概率为

$$\begin{aligned} P(L_i) &= (1-P_X)(1-P_Y)(1-P_z) \\ &= (1-50\%)\times(1-10\%)\times(1-20\%) \\ &= 0.684 \end{aligned}$$

其余类推。根据表 10－1－2 中投资组合的方差，易知其标准差为 20.9 万元。与此同时，如果用 95% 的分位数表示满足下式的最小损失值 CL_i：

$$P(\text{CL} \leqslant \text{CL}_i) \geqslant 95\%$$

由表 10－1－2 可以看出，第四行的累积概率正好大于 95%，于是得知对应 95% 分位数的最小损失值为 45 万元。

在以上信用风险损失值中，可以看到有信用风险的期望损失值为 13.25 万元，同时还得到了投资组合信用损失的标准差为 45 万元，它们的差额 32.8 万元就是非期望信用损失值，也就是信用风险价值。需要注意的是，有时会用整个损失 45 万元度量信用风险损失，而且期望信用损失依赖于违约概率但不依赖于违约事件之间的相关性。

例 10－1－3　假设投资者持有包括 4000 万元的 A 级债券和 6000 万元 BBB 级债券的组合，如果 A 和 BBB 级债券在一年内的违约概率分别为 3% 和 5%，违约回收率分别为 70% 和 45%，且它们相互独立。这个组合一年内的期望信用损失是多少?

解　期望信用损失为

$$\begin{aligned} \sum p_i \times \text{CE}_i \times (1-f_i) &= 3\% \times 40\,000 \times (1-70\%) + 5\% \times 60\,000 \times (1-45\%) \\ &= 2010(\text{万元}) \end{aligned}$$

10.1.4　信用风险的分散化

组合理论不仅在保险领域中有广泛的应用，对于商业银行的信用风险也有分散的作用，从而体现了现代商业银行是建立在“贷款组合的风险小于单个贷款的风险”理念基础之上的观点。

如果有 N 个事件，其发生的概率都为 p，可定义随机变量 $W = \sum_i^N b_i$ 为违约事件发生的数量。其中，当违约事件发生时，$b_i = 1$。假设商业银行贷款组合的总价值为 1 亿元，则商业银行贷款组合的期望信用损失为

$$E(\text{CL}) = E(W) \times \left(\frac{1}{N}\right) = p \times N \times \frac{1}{N} = p \times 1 \tag{10.1.7}$$

这个贷款组合的期望信用损失与 N 无关，但却依赖于违约的平均概率和总的违约暴露 1 亿元。当违约事件相互独立时，利用二项分布的特征，可得到变量的方差为

$$V(\text{CL}) = V(W) \times \left(\frac{1}{N}\right)^2 = p(1-p)N \times \left(\frac{1}{N}\right)^2 \tag{10.1.8}$$

因此，其标准差为

$$\text{SD}(\text{CL}) = \sqrt{p(1-p)} \times \frac{1}{\sqrt{N}} \tag{10.1.9}$$

由式(10.1.9)可见，随着组合中贷款数量 N 的增加，信用损失的标准差将趋于 0。这表明在贷款者相互独立的条件下，通过将贷款进行组合，能够起到降低信用风险的作用。

10.2　违约风险的统计度量

由于违约是信用风险的重要原因，因此有必要对违约风险进行度量。对于违约风险的度量，既可以利用基于历史数据的统计方法以提供违约概率的客观度量，也可以利用债务、股票的交易价格或信用衍生品的风险中性价格推断出市场对违约概率的估计。风险中性定价的主要优点体现为它是基于市场价格进行定价，根据最新的信息进行预测，但由于风险溢价的存在，它不能直接度量违约概率。与此不同，利用历史数据的统计度量方法则能够描述“自然的”或“客观的”违约可能性。本节在信用评级的基础上，主要介绍违约风险的统计度量。

10.2.1　信用评级

离散状态的信用事件与违约密切相关。信用事件表现为发生或不发生，这可能会引发违约行为。信用事件包括破产、无力偿还债务、拒付、债务重组等，这些会导致违约。违约简单而言，就是到期无法履行合同义务，如期偿还贷款本息。信用评级提供了违约的不同可能状态。

信用评级是由评级机构发布的对可信度的评估，美国的主要债券评级机构包括穆迪、标准普尔和惠普。表 10－2－1 列出了穆迪和标准普尔的信用评级分类。

表 10－2－1　信用评级的分类

<table>
<tr><th colspan="2">信用级别</th><th>标准普尔</th><th>穆迪</th></tr>
<tr><td rowspan="4">投资级别</td><td>最高级</td><td>AAA</td><td>Aaa</td></tr>
<tr><td>高级</td><td>AA</td><td>Aa</td></tr>
<tr><td>中上级</td><td>A</td><td>A</td></tr>
<tr><td>中级</td><td>BBB</td><td>Baa</td></tr>
<tr><td rowspan="6">投资级别</td><td>中下级</td><td>BB</td><td>Ba</td></tr>
<tr><td>投机级</td><td>B</td><td>B</td></tr>
<tr><td>差级</td><td>CCC</td><td>Caa</td></tr>
<tr><td>高度投机级</td><td>CC</td><td>Ca</td></tr>
<tr><td>最低质量级，没有利息</td><td>C</td><td>C</td></tr>
<tr><td>违约级</td><td>D</td><td></td></tr>
</table>

资料来源：菲利普·乔瑞．金融风险管理师考试手册[M]．王博，刘伟琳，赵文荣，译．北京：中国人民大学出版社，2010：419.

为了评级信用级别，评级机构会设立相应的评级标准。表 10－2－2 是美国工业类公司所选取的会计指标的中值。

表 10-2-2　标准普尔不同评级的财务指标
(2005—2007 年的平均水平)

级别	杠杆/(%)	现金流覆盖(乘数)	
	总负债/总资本	EBITDA/利息	EBIT/利息
AAA	12	32.0	26.2
AA	35	19.5	16.4
A	37	13.5	11.2
BBB	45	7.8	5.8
BB	53	4.8	3.4
B	73	2.3	1.4
CC	99	1.1	0.4

资料来源：菲利普·乔瑞．金融风险管理师考试手册[M]．王博，刘伟琳，赵文荣，译．北京：中国人民大学出版社，2010：420.

由表 10-2-2 可以看出，随着总负债与总资本的比率的提高，信用评级的级别越低。对于不同级别的公司，其总负债与总资本的差别较大，如 AAA 级公司这个比例的平均值为 12%，而低于投资级的 BB 级公司的比率为 53%。表中第三列指出了自由现金流与利息支付的比率，体现了现金流可以保障利息支付额的倍数，它随着评级级别的降低而降低。表中第四列则显示了息税前利润(BEIT)与利息的比率，它也反映了公司的利息保障倍数。

10.2.2　累积违约率和边际违约率

累积违约率是从初始日到以后某日的这一时期内发生违约的总频率。根据穆迪公司公布的 1920－2007 年不同级别公司的累积违约率数据，Baa 级公司的违约率从一年的 0.29%增长到十年的 7.06%，表明随着时间的增加，违约公司的数量也在增加。在分析违约概率时，边际违约率也很有用，它度量了在某年内发生的违约概率。图 10-2-1 展示了违约随着时间变化的过程。

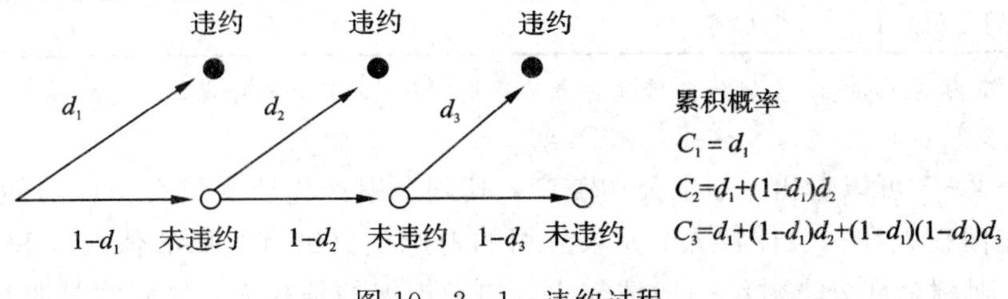

图 10-2-1　违约过程

由图 10-2-1 可以看出累积违约概率和边际违约率之间的关系。d_1 为第一年的边际违约率，也是第一年的边际违约率 C_1，而第一年不违约的概率为$(1-d_1)$。如果在第二年违约，则意味着公司必须在前一年能够生存到第二年，然后在第二年违约。因此，如果第二年的边际违约率为 d_2，则第二年违约的概率为$(1-d_1)d_2$，第二年的累积违约概率为 $C_2=d_1+(1-d_1)d_2$。如果把违约率和不违约率结合起来看，就可对第二年的累积违约率进行如下变形：

$$
\begin{aligned}
C_2 &= d_1+(1-d_1)d_2 = d_1+(1-d_1)d_2-1+1 = 1-[1-d_1-(1-d_1)d_2] \\
&= 1-(1-d_1)(1-d_2)
\end{aligned}
\tag{10.2.1}
$$

式(10.2.1)表明，第二年的累积违约率是1减去两年的生存率。

例 10-2-1　一个A级债券在第1、2、3年的边际违约率分别为0.3%、0.45%和0.55%，试计算未来3年的每年累积违约率。

解　第二年的累积违约率为

$$C_2=d_1+(1-d_1)d_2=0.3\%+(1-0.3\%)\times 0.45\%=0.749\%$$

第二年年末的违约率为

$$(1-d_1)(1-d_2)d_3=(1-0.3\%)(1-0.45\%)\times 0.55\%=0.546\%$$

因此，三年的累积违约率为

$$0.749\%+0.546\%=1.295\%$$

10.2.3　回收率

如果信用风险发生了，则投资者关心的问题是原来的投资能够回收多少，即回收率是多少。对于公司而言，这要考虑其破产程序中的债务清偿次序。通常而言，清算的收入要根据绝对优先原则，即首先要对拥有最高优先权的债务人进行偿付。表10-2-3列出了美国联邦破产法的清偿次序。

表 10-2-3　美国联邦破产法的清偿次序

优先规则	债权人类型
最高(首先要得到支付)	Ⅰ担保债权人(有担保抵押的债权人)
	Ⅱ优先债权人
	(1)在破产期间提供贷款的公司
	(2)在破产期间商品和劳务的供应商，如员工、律师、经销商等
	(3)税收
	Ⅲ一般债权人
	(1)破产前未担保的债权人
最低(最后得到支付)	(2)股东

资料来源：菲利普·乔瑞. 金融风险管理师考试手册[M]. 王博，刘伟琳，赵文荣，译. 北京：中国人民大学出版社，2010：431.

由表10-2-3可以看出，如果公司破产，其剩余财产先要支付有担保的债权人，然后才依次是优先债权人和一般债权人。如果公司的财产支付给有担保的债权人和优先债权人后还有剩余，则剩余部分支付给一般债权人，如未担保的债权人，最后才是股东。

如果发生了违约，就需要估计其资产回收率。信用评级机构通常利用刚违约后债务的价值来估计回收率。影响资产回收率的因素包括：

(1) 债权人得到偿付的优先权。债权人得到偿付的优先权级别越高，则其资产价值的回收率也越高。如表10-2-3所示的一样，由于偿付优先权的不同，有担保的债权人的回收率最高，而股东的回收率最低。

(2) 经济状况。当经济处于扩张期时，资产变现能力强，估值高，资产价值的回收率也就高。相反，当经济处于衰退状态时，资产估值低，回收率也就降低。

(3) 债务人的状况。通常而言，债务资产的评级越高，回收率也就越高。对于利润率高的公司，由于其拥有较高的信用评级，其回收率也就较高。

（4）违约原因。不同的违约原因对回收率的影响也不同。对于有些公司而言，违约是由于发生暂时性的或者较小的交易困境而的，此时回收率就较高。与此不同，如果公司发生了破产，则会引发所有债务违约，此时的回收率就较低。

在综合考虑以上因素的基础上，就可以估计回收率。由于债权人得到偿付的优先权不同，债务发生地法律环境的不同，也会导致回收率的差别。表10－2－4显示了穆迪公司的全球公司债务回收率，而表10－2－5则比较了欧洲和北美平均回收率。

表10－2－4　穆迪公司的全球公司债务回收率

优先权	次数	均值	标准差	最小值	第10分位数	中位数	第90分位数	最大值
所有银行贷款	310	61.6	23.4	5.0	25.0	67.0	90.0	98.0
权益信托	86	40.2	29.9	1.5	10.6	31.0	90.0	103.0
高级担保债券	238	53.1	26.9	2.5	10.0	34.0	82.0	125.0
高级未担保债券	1095	37.4	27.2	0.3	7.0	30.0	82.2	122.6
高级次级债券	450	32.0	24.0	0.5	5.0	27.0	66.5	123.0
次级债券	477	30.4	21.3	0.5	5.0	27.1	60.0	102.5
低级次级债券	22	23.6	19.0	1.5	3.8	16.4	48.5	74.0
所有债券	2368	36.8	26.3	0.3	7.5	30.0	80.0	125.0

注：穆迪公司，基于1982—2002年的违约债券价格。

资料来源：菲利普·乔瑞．金融风险管理师考试手册[M]．王博，刘伟琳，赵文荣，译．北京：中国人民大学出版社，2010：432.

表10－2－5　穆迪公司的平均回收率：欧洲和北美(%)

投资工具	欧洲	北美
银行贷款	47.6	61.7
债券		
高级担保债券	52.2	52.7
高级未担保债券	25.6	37.5
高级次级债券	24.3	32.1
次级债券	13.9	31.3
低级次级债券	NA	24.5
所有债券	28.4	35.3
优先股	3.4	10.9
所有投资工具	27.6	35.9

注：穆迪公司，基于1982—2002年的违约债券价格.

资料来源：菲利普·乔瑞．金融风险管理师考试手册[M]．王博，刘伟琳，赵文荣，译.北京：中国人民大学出版社，2010：433.

表10－2－4不仅显示全球公司债务回收率的平均值、标准差、最大和最小值，而且还

显示了10%和90%的分位数。由表中数据可以看出，随着债务信用级别的降低，其债务回收率也不断降低。对于银行贷款，其平均回收率最高，这通常是由银行贷款的担保所致；对于低次级债券，其回收率最低。通过表10-2-5对欧洲和北美回收率的比较可以看出，无论是对于信用级别高的银行贷款还是对于优先股，北美的回收率普遍高于欧洲，这体现了其法律经济环境的差异。

10.3 违约风险的市场度量

信用风险不仅可以利用基于信用评级的违约率和回收率来度量，也可以利用证券的市场价格进行评估。本节将根据市场价格分析公司债券和股票的违约风险。

10.3.1 债券违约率

如果存在违约风险，则公司债券的价格需要重新估值。假设一种债券只有一期，期内只一次性支付100元，债券的初始价格为 P_0，市场决定的收益率为 r_m，则它们存在如下关系：

$$P_0 = \frac{100}{1+r_m} \tag{10.3.1}$$

当债券到期时，债券可能违约，也可能不违约。如果回收率为 f，没有违约时的债券价值为100元，而违约时债券的价值为($f\times100$)元。假设违约率为 π，此时，在存在违约的情况下，需要重新对债券进行估值。

在风险中性条件下，债券的当前价格(即初始价格)等于未来违约和不违约状态下债券价值的期望值用无风险利率进行折现的数值。如果无风险利率为 r_0，则有

$$P_0=\frac{100}{1+r_m}=\frac{100}{1+r_0}\times(1-\pi)+\frac{f\times100}{1+r_0}\times\pi \tag{10.3.2}$$

整理式(10.3.2)可得

$$1+r_0=(1+r_m)[1-\pi(1-f)] \tag{10.3.3}$$

如果违约的概率和收益率都很小，忽略二次项，可简化为

$$r_m\approx r_0+\pi(1-f) \tag{10.3.4}$$

即得

$$r_m-r_0\approx\pi(1-f) \tag{10.3.5}$$

式(10.3.5)说明，信用价差(r_m-r_0)可以度量信用风险。

现在将一期的情况推广到 T 期，并在每一期中都用复利计算利率和违约率，假设 π_a 为年平均违约率，在一次性支付的情况下，债券现值为

$$P_0=\frac{100}{(1+r_m)^T}=\frac{100}{(1+r_0)^T}\times(1-\pi_a)^T+\frac{f\times100}{(1+r_0)^T}\times[1-(1-\pi_a)^T] \tag{10.3.6}$$

整理式(10.3.6)可得

$$(1+r_0)^T=(1+r_m)^T\{(1-\pi_a)^T+f[1-(1-\pi_a)^T]\} \tag{10.3.7}$$

应用累积违约概率：

$$\frac{1}{(1+r_m)^T}=\frac{1}{(1+r_0)^T}\times(1-\pi)^T+\frac{f\times1}{(1+r_0)^T}\times[1-(1-\pi)] \tag{10.3.8}$$

或者

$$\frac{1}{(1+r_m)^T}=\frac{1}{(1+r_0)^T}\times[1-\pi(1-f)] \tag{10.3.9}$$

在收益率和违约概率很小的情况下，忽略二次及以上的项目，可将式(10.3.7)简化为

$$r_m \approx r_0+\frac{\pi}{T}(1-f) \tag{10.3.10}$$

利用式(10.3.10)可以计算不同期限的违约概率。

需要注意的是，式(10.3.10)的成立是基于风险中性的假设条件。在资产定价中，由于假设了任意资产的价值都以无风险利率增长，并且以相同的无风险利率折现，因此，以上违约率是基于风险中性的度量，它不一定与客观的概率相符。此时，如果客观违约率为 π^*，客观折现率为 r^*，与上述分析方法相同，则债券的当前价格可以通过式(10.3.11)得到

$$P_0=\frac{100}{1+r_m}=\frac{100}{1+r^*}\times(1-\pi^*)+\frac{f\times 100}{1+r^*}\times\pi^* \tag{10.3.11}$$

进一步看，如果投资者要求对其承担的违约风险进行补偿，则债券的价格需要增加一个风险溢价 rp，则有

$$r_m \approx r_0+\pi^*(1-f)+rp \tag{10.3.12}$$

式(10.3.12)表明，公司债券和没有信用风险的相同债券之间的收益率之差反映了债券的预期损失，损失为年违约损失乘以违约损失，再加上风险溢价。关于将收益率分解为不同的风险溢价，可进一步参考文献：Eltion，E.，Gruber M.，Agrawal D.，Maan C.，(2001)，Journal of Finance，56(1)：247－277.

例 10－3－1　标准普尔和穆迪公司将 10 期的国库券和 IBM 公司发行的 10 期债券评级为 A 级，它们按照半年复利计算的收益率分别为 6%和 7%。如果 IBM 公司的债券的回收率为面值的 45%，那么信用价差反映的违约率是多少?

解　根据式(10.3.9)可以得到

$$\pi(1-f)=1-\frac{(1+r_0/2)^{20}}{(1+r_m/2)^{20}}=0.0923$$

因此，IMM 债券的违约率为 $\pi=\frac{9.23\%}{1-45\%}=16.8\%$，即在风险中性条件下，未来 10 年 IBM 债券的累积违约率为 16.8%。

10.3.2　股票价格及违约风险

分析债券的违约风险需要比较可靠的债券数据以及较为完善的债券市场，但不幸的是，许多国家的债券市场发展不完善，债券的交易也不够活跃，这就制约了依靠信用差价度量信用风险方法的应用。与债券比较，股票的交易活跃，且容易得到相应数据，因此，用市场价格信息能够较好地度量股票的信用风险。

对于股票的分析，默顿(1974)将股票视为公司资产的看涨期权，债券的面值作为执行价格。考虑一个总价值为 V 的公司发行了一期面值为 K 的债券。如果在债务到期时公司的价值超过了债券的偿还额，则债券将得到全额偿还，公司股东得到剩余部分；如果公司价值小于规定的偿还额，则会发生违约，债券持有人只能得到 V，股票的价值为 0。如果用 S_T 表示债券到期时股票的价值，B_T 表示债券到期时债券的价值，V_T 表示到期时公司的总

价值，忽略交易成本，并考虑债券和股票价值之和就是公司的总价值，则有

$$S_T = \max(V_T - K, 0) \tag{10.3.13}$$

$$B_T = V_T - S_T = V_T - \max(V_T - K, 0) = \min(V_T, K) \tag{10.3.14}$$

债券的价格也可以写成

$$B_T = K - \max(K - V_T, 0) \tag{10.3.15}$$

基于以上理解，可以把股票看成是执行价格为债券面值的看涨期权，同时将公司债券看做是无风险债券减去一个公司价值期权的看跌期权。

根据 Black - Scholes(BS)的期权定价公式，可以得到无红利支付的股票价格：

$$S = VN(d_1) - Ke^{-r(T-t)}N(d_2) \tag{10.3.16}$$

其中，

$$d_1 = \frac{\ln(V/ke^{-r(T-t)})}{\delta\sqrt{T-t}} + \frac{\delta\sqrt{T-t}}{2},\ d_2 = d_1 - \sigma\sqrt{T-t} \tag{10.3.17}$$

式中，$(T-t)$为距离到期日的时间，r为无风险利率，σ为资产价值的波动率。

由于公司价值是债券和股票价值之和，因此，公司的债券价格B为

$$\begin{aligned} B &= V - S = V - VN(d_1) + Ke^{-r(T-t)}N(d_2) \\ &= Ke^{-r(T-t)}N(d_2) + V[1 - N(d_1)] \end{aligned} \tag{10.3.18}$$

式(10.3.18)又可写成

$$\frac{B}{K}e^{r(T-t)} - N(d_2) + [\frac{V}{K}e^{r(T-t)}]N(-d_1) \tag{10.3.19}$$

对于公司而言，其信用损失 CL 为无风险债券的价值减去公司债券的价值。期望信用损失$E(\mathrm{CL})$为

$$\begin{aligned} E(\mathrm{CL}) &= Ke^{-r(T-t)} - B = Ke^{-r(T-t)} - \{Ke^{-r(T-t)}N(d_2) + V[1 - N(d_1)]\} \\ &= Ke^{-r(T-t)}[1 - N(d_2)] - V[1 - N(d_1)] \\ &= Ke^{-r(T-t)}N(d_2) - VN(-d_1) \\ &= N(-d_2)[Ke^{-r(T-t)} - \frac{VN(-d_1)}{N(-d_2)}] \end{aligned} \tag{10.3.20}$$

在到期日，对上式乘以终值因子 $e^{r(T-t)}$，则可得到期日的期望信用损失$E(\mathrm{CL})_T$为

$$\begin{aligned} E(\mathrm{CL})_T &= N(-d_2)[K - Ve^{r(T-t)}\frac{N(-d_1)}{N(-d_2)}] \\ &= p \times (\text{风险暴露} \times \text{违约时的损失率}) \end{aligned} \tag{10.3.21}$$

在式(10.3.21)中，第一项为风险中性时的违约概率 $N(-d_2)$，第二项则为发生违约时的损失，它为债券的面值减去发生违约时回收的价值。

例 10 - 3 - 2 High Gear 公司的资本结构由两部分构成：面值为 100 百万美元的 5 年期零息债券和股票。当前公司的资产价值为 130 百万美元，公司价值的期望变化率为 25%。公司资产的年波动率为 30%。假设公司价值服从对数正态分布，波动率为恒定，公司风险管理部门估计默顿模型的违约距离，即

$$\frac{\ln\frac{K}{V} - \delta\tau + 0.5\sigma^2\tau}{\sigma\sqrt{\tau}}$$

在给定违约距离的前提下，估计的违约概率是多少？$(\tau = T - t)$

(1) 2.74% (2) 12.78% (3) 12.79% (4) 30.56%

解

$$z=\frac{\ln\frac{K}{V}-\delta\tau+0.5\sigma^2\tau}{\sigma\sqrt{\tau}}=\frac{\ln\frac{100}{130}-25\%\times5+0.5\times(30\%)^2\times5}{30\%\times\sqrt{5}}=-1.919$$

违约概率为

$$N(z)=N(-1.919)=2.749\%$$

10.4 信用风险暴露

在金融市场中，金融资产会受到市场环境中不确定因素的影响，如利率的变化、政策的调整等。当金融资产受到不确定性因素影响时，其价值就会发生变化，从而使资产处于风险之中，即资产价值面临损失的可能。信用风险暴露就是金融工具在有效期内处于风险之中的金额，如果发生了违约，则将其称为违约暴露。由于受到利率变动的影响，商业银行的贷款就会处于风险暴露状态；由于汇率的变化，出口商的货款也会处于风险暴露之中。

经济活动有不同的金融工具发挥着投融资等作用，如贷款、债券、担保、承诺等，它们都存在信用风险暴露。作为资产负债表中的资产，贷款或债券会受到利率变化的影响，它们的风险暴露就是其名义金额。对于应收款和贸易信贷而言，由于未来可能的损失就是到期应收到的金额，因而其风险暴露也是其名义金额。如果商业银行承保或者同意承担第三方的责任，如果发生违约时，则会导致全部金额的损失，风险暴露就是名义金额的数量，如商业银行的担保或承兑的汇票就面临着这种风险暴露。相比之下，如果商业银行对某公司做出承诺，如果其发行的票据无法以最低的价格在市场上发行，则银行承诺会用固定的价格买回，此时也存在风险暴露，但银行面临的风险比担保要小。

10.4.1 信用风险暴露的类型及分布

根据违约发生时间的不同，信用风险暴露包括可以观察到的当前风险暴露和不可观察的未来随机会发生的潜在风险暴露。为方便讨论，用 x 表示某项资产在指定日期(目标日)的潜在价值，它是个随机变量，其概率密度函数为 $f(x)$。

一、期望信用风险暴露

期望信用风险暴露(Expected Credit Exposure，ECE)是指当 x 为正值时，资产重置价值 x 的期望价值。在目标日，期望信用风险暴露为

$$\text{ECE}=\int_{-\infty}^{+\infty}\max(x,0)f(x)\mathrm{d}x \tag{10.4.1}$$

在最简单的情况下，假设资产收益 x 服从均值为0、方差为 σ 的正态分布，考虑风险发生的概率为50%，风险暴露也为整体的一半，则期望信用风险为

$$\text{ECE}=\frac{1}{2}E(x|x>0)=\frac{1}{2}\sigma\sqrt{\frac{2}{\pi}}=\frac{\sigma}{\sqrt{2\pi}} \tag{10.4.2}$$

二、最差期望信用暴露

最差期望信用暴露(Worst Credit Exposure，WCE)是指当在某个置信水平下最大(最差)的信用风险暴露。在某一个置信水平 p 下不会超过的损失值为

$$1-p=\int_{\mathrm{WCE}}^{+\infty} f(x)\mathrm{d}x \tag{10.4.3}$$

在假设资产收益 x 服从均值为 0、方差为 σ 的正态分布的条件下，如果置信水平为95%，则最差信用风险暴露为

$$\mathrm{WCE}=1.645\sigma$$

三、平均期望信用风险暴露

平均期望信用风险暴露(Average Expected Credit Exposure，AECE)是指期望信用风险暴露从现在到到期日 T 这一时期内的平均值，即有

$$\mathrm{AECE}=\frac{1}{T}\int_{t=0}^{T}\mathrm{ECE}_t\mathrm{d}x \tag{10.4.4}$$

四、平均最差信用风险暴露

平均最差信用风险暴露(Average Worst Expected Credit Exposure，AWCE)定义为

$$\mathrm{AWCE}=\frac{1}{T}\int_{t=0}^{T}\mathrm{WCE}_t\mathrm{d}x \tag{10.4.5}$$

五、利率互换的风险暴露

利率互换实质上体现为浮动利率与固定利率的互换，因此，利率互换的价值来自于固定利率债券和浮动息票债券的现金流之差。对于一笔还剩余两次利息支付且名义金额为100元的互换，如果用 c 表示每次的固定利息支付，r 为浮动利率，则互换的价值为

$$\begin{aligned} V&=100\times\left[\frac{c}{(1+r)}+\frac{c}{(1+r)^2}+\frac{1}{(1+r)^2}\right]-100\times\left[\frac{r}{(1+r)}+\frac{r}{(1+r)^2}+\frac{1}{(1+r)^2}\right]\\ &=100\times\left[\frac{(c-r)}{(1+r)}+\frac{(c-r)}{(1+r)^2}\right] \end{aligned} \tag{10.4.6}$$

根据式(10.4.6)，在互换过程中，只需要支付固定利率与现行利率的差额$(c-r)$部分。利用这种关系，可以评估在到期日的期望风险暴露和最差风险暴露。最差风险暴露经常出现在互换的第2年，或者互换期间的1/4处。在那个时点，期望信用风险是名义金额的3%～4%，远小于期望信用风险暴露。最差信用风险暴露达到峰值时是名义金额的10%～15%。

六、外汇互换的风险暴露

外汇互换是对不同货币的互换，其风险暴露表现为本国和外国的利率风险。假设有一份1亿美元兑换5000万英镑的外汇互换，初始汇率为$S(\$/\mathrm{GBP})$，如果用 c_1 表示英国的每次利息支付，r_1 为英国利率，用 c_2 表示美国的每次利息支付，r_2 为美国利率，则外汇互换的价值为

$$\begin{aligned} V=&S\times 5000\text{ 万英镑}\times\left[\frac{c_1}{(1+r_1)}+\frac{c_1}{(1+r_1)^2}+\frac{1}{(1+r_1)^2}\right]\\ &-1\text{ 亿美元}\times\left[\frac{c_2}{(1+r_2)}+\frac{c_2}{(1+r_2)^2}+\frac{1}{(1+r_2)}\right] \end{aligned} \tag{10.4.7}$$

与利率互换不同的是，在外汇互换中，本金是不能相互抵消的，而是在到期日以不同的货币进行交换，这是主要的信用风险暴露。

10.4.2 信用风险暴露修正因子

为了降低信用风险暴露，金融业发展了多种方法对其进行限制。如盯市、保证金制度、抵押、头寸管理、息票调整、净额结算协议等。

一、盯市

盯市(Marking - to - Market)是降低信用风险的最基本形式，它要求定期(如每天)对合约价值的变化进行结算。对于OTC合约，交易双方可能约定以更长的周期进行结算。根据盯市条款的不同，盯市包括双向盯市和单向盯市。双向盯市是指盯市条款对交易双方是对称的，而单向盯市是指条款只设定单方损失。在交易所合约中，由于包括散户在内的不同投资者都可以在交易所进行交易，所以为了防范违约情况的发生，交易所用盯市制度应对信用风险。需要注意的是，盯市制度并不能解决所有的风险问题。在每日盯市制度下，虽然当前风险降为0，但由于合约价值可能在下一次交易前变化，就仍然存在潜在的风险；进一步看，盯市制度也会引起新的操作风险和流动性风险。

二、保证金制度

保证金是指为了建立头寸而需要提前预付的现金或者证券，其目的是减缓未来的风险。如交易所要求其客户在建立头寸时预先支付初始保证金。保证金受到标的资产价格波动和头寸类型(如是投机或对冲)的影响，合约价值越大，则保证金额也越大。某些交易所设置的保证金能够应对99%的每日价格波动风险，这就是信用风险的每日VAR系统。

三、抵押

抵押是常用的应对风险的方法，抵押品对违约损失起到了补偿作用。抵押的价值超过所欠资金的部分称为扣减(Haircut)，它反映了违约风险和市场风险。在通常情况下，安全的交易对手具有较低的扣减，而风险大的项目会面临较高的扣减。扣减会根据市场环境的不同而有所调整，如在市场的不稳定时期，价格波动增大，此时要求的扣减会提高。

三、头寸管理

在金融市场中，如果没有头寸，也就不会出现信用风险，这表明可以通过控制头寸的方法来限制风险暴露。如对于互换而言，风险暴露上限要求当合约价值超过某一事先设定的数值时，就要进行支付，从而起到了管理信用风险的作用。

四、息票调整

作为合约中的一项条款，息票调整也是控制风险暴露的一种方法，它要求合约在某些固定的日期盯市，如通过现金交易使盯市价值为0、重新设定利率或汇率等。

五、净额结算协议

为降低互换协议的非标准化所产生的高交易成本，金融业为互换开发标准化条款。1992年，国际互换与衍生品协会(International Swaps and Derivatives，ISDA)修正了主净额结算协议(Master Netting Agreement)。1999年，ISDA出版了一套对信用衍生品的修正性定义。2009年4月8日，ISDA引入了大变革协议(Big Bange Protocol)。净额结算协议是为一组合约的支付提供净额结算的协议，它要求在发生违约之前，交易一方不能在具有负价值合约停止支付的同时要求收取正价值合约的支付。在净额结算协议下，风险暴露会被限定在净额之内。

净额结算包括支付净额、合约替代净额和清算净额三种类型。支付净额涉及以同一种货币进行每日结算的支付净额。合约替代净额指交易双方取消一些合约，而用新的净额支付来代替合约。清算净额是指在发生破产或者特定违约事件时根据主协议退出所有的交易，这些交易根据市值进行净额结算。由此可见，违约事件发生时终止金融合约是信用风险管理的核心。由于净额体现了交易中剩余的部分，因此，对净额风险暴露的管理要比对交易总额风险暴露的管理更为经济。

10.5 信用衍生品

现代商业银行已经认识到贷款组合的风险要小于单一贷款的风险，但在实践中，银行业经常将其贷款集中于某些区域或部门，从而增加了它们剥离所承担信用风险的困难。信用衍生品就起源于商业银行希望调整其风险暴露的需要，从而使其成为投资组合信用风险管理的最新工具。

信用衍生品是能够将信用风险由一方转移到另一方的合约，它提供了一种有效的信用风险交易机制。事实上，信用衍生品并不是全新的产品，它隐含于现存的金融合约中。债券保险就是由债券发行者和担保者签订的合约，其核心是当债券发行者不能按期偿还债务时，由担保者为其偿还剩余的部分。信用凭证也有类似的功能，它是由银行提供的，并且约定在原始贷款者无法偿还债务时由银行向第三方进行偿付的担保。更为重要的是，许多金融工具内嵌了信用衍生品。例如，包含回购条款的公司债券事实上内嵌了一份对无风险利率和信用价差的期权，当债券的信用价差上涨时借款者可以将债券回购。投资于一种风险债券就相当于投资于一种无风险债券同时出售一份信用违约互换。如果风险债券的售价为 90 元且承诺在一年后支付 100 元，而无风险债券的售价为 95 元，此时，购买风险债券就相当于以 95 元的价格购买无风险债券并出售一份当前价值为 5 元的信用违约互换。

10.5.1 信用违约互换(CDS)

一、信用违约互换的支付金额

信用衍生品的类型包括普通信用违约互换、总收益互换、信用差价远期和期权等场外交易合约工具。在信用违约互换合约中，合约的购买者同意向合约的出售者支付一笔费用，从而得到在信用事件发生时获得偿付的权利。与普通期权不同，信用违约互换(Credit Default Swap，CDS)合约费用是分期支付而不是事先支付。在实践中，CDS 是以年度价差的形式进行报价，并完成支付。

在信用违约互换中，对违约的支付体现了信用事件发生时参考资产持有者的损失。在实际结算中，可以是现金结算、实物交割或总量的形式。现金结算中的支付额为执行价格减合约标的债券的当前市场价值，实物交割是指以违约债务换取固定支付，而总量(Lump Sum)是以事先确定的回收率为基础支付的固定金额。因此，信用违约互换的支付金额为

$$\text{支付金额}=\text{名义价值}\times\text{单位名义价值的支付额}\times I(CE) \tag{10.5.1}$$

其中，$I(CE)$为指标函数，其取值为 1 或 0，表现为违约或不违约。

二、信用违约互换定价

信用违约互换也涉及定价问题，这可以根据合约各方的现金流现值进行。假设 PV_t 为在时刻 t 支付的现值，d_i 是第 t 年的违约概率，S_t 是第 t 年的生存概率，违约发生在年末，则从现在到第 t 年的边际违约率为 $k_t=S_{t-1}d_t$。假设从现在到第 t 年的累积违约率为 C_t，则有如下关系：

$$C_t=k_1+k_2+\cdots+k_t=1-S_t \tag{10.5.2}$$

在信用违约互换合约中，合约购买者为了得到违约后的支付，就必须支付年度价差 s。如果回收率为 f，则价差的公平价值就是使 CDS 合约的初始价值为零的价值，即

$$\begin{aligned} V &= (\text{合约支付的现值})-s(\text{价差的现值}) \\ &= \left[\sum_{t=1}^{T}k_t(1-f)\mathrm{PV}_t\right]-s\left(\sum_{t=1}^{T}S_{t-1}\mathrm{PV}_t\right) \end{aligned} \tag{10.5.3}$$

对于没有结算的 CDS 合约，可以根据式(10.5.3)计算 CDS 合约的价值。如果考虑交易对手，CDS 价差应近似于公司债券的收益率与相同期限无风险收益率的差额。如果 CDS 的价差低于后者，则投资者可以通过购买公司债券并卖空国债对冲利率风险，再购买 CDS 合约进行套利。

例 10-5-1　银行 A 拥有一个 1000 万美元的 5 年期贷款并希望抵消暴露于债务人的信用风险。一个参考资产为这笔贷款的 5 年期 CDS 的市场交易价差为每季度支付 50 基点。为了对冲它的信用风险暴露，银行 A 应该：

(1) 出售 5 年期 CDS 并收取每季度 50 000 美元

(2) 购买 5 年期 CDS 并支付每季度 12 500 美元

(3) 购买 5 年期 CDS 并收取每季度 12 500 美元

(4) 出售 5 年期 CDS 并支付每季度 50 000 美元

解　(2)。银行应购买合约来对冲违约风险，每季度支付为 $1000\times\frac{0.5\%}{4}=1.25$ 万美元。

在应用 CDS 时，需要注意两点问题。首先，CDS 是无备资的金融工具，即交易各方只需对各自的支付负责，而不需要投资标的资产，这与期权相同。其次，签订 CDS 合约虽然降低了暴露于参考标的资产的信用风险，但增加了暴露于 CDS 出售者的信用风险。因此，CDS 并不能解决所有的信用风险问题。

10.5.2　结构化产品

信用衍生品市场的发展导致了结构化信用产品的出现，它们通过将投资组合的风险暴露重新打包以满足传统金融工具无法满足投资者的需要。信用连接票据(Credit - Linked Notes，NLN)就是将信用衍生品和普通债券结合起来的结构化产品，合约的购买者通过一个债券发行实体将信用风险转移给投资者，这个发行实体既可以是购买者自己，也可以是一个特殊目的机构。如商业银行拥有政治或经济环境不稳定地区经济主体的风险暴露，就可以发行内嵌了关于这个经济主体的信用违约互换空头头寸的票据，它是银行资产负债表中的负债，投资者会收到很高的利息但要承担经济主体债务违约时的本金损失，从而使银行降低经济主体违约时的风险暴露。与此类似，抵押担保债券将抵押债券的现金流重新打包进行分流，债务担保证券(Collateralized Debt Obligation，CDO)是由债务资产池支持的

证券，它们都具有转移风险的功能。

CDO 的类型较多。如果按照 CDO 交易目的来分类，包括资产负债表 CDO 和套利 CDO。资产负债表 CDO 的主要目的是将商业银行的贷款从表内转移到表外以降低资本监管的要求，而套利 CDO 是用于获取标的证券投资组合与高评级上层打包证券之间的价差。信用风险也可以通过现金流 CDO 或合成 CDO 来转移。在现金流 CDO 中，实物资产被出售给特殊机构(Special - Purpose Vehicle，SPV)，标的现金流被用来支付发行票据的债务。合成 CDO 通过投资于无风险债券或者国债同时出售一组 CDS 来复制 CDO 的现金流，以产生高收益。与现金流 CDO 相关的还有市场 CDO，与现金流 CDO 支付来自于标的现金流不同，市场 CDO 的支付来自于抵押物的现金流和抵押物出售的现金收入。

10.6　信用损失和信用风险度量模型

前面的章节介绍了单个信用事件的违约概率、信用风险暴露和回收率，本节主要介绍信用损失和信用风险度量模型。

10.6.1　信用损失分布的度量

为讨论方便，本节只考虑违约造成的信用损失，而不考虑由于市场价值的改变所产生的信用损失。如果用 b 代表是否违约的随机变量，违约时的概率 p 的取值为 1，否则为 0；信用风险暴露为 CE(也称为违约暴露 EAD)，违约损失率为 LGD，则对于单一的信用事件，其潜在信用损失 CL 为

$$\mathrm{CL}=b\times \mathrm{CE}\times \mathrm{LGD} \tag{10.6.1}$$

对于多个信用事件的组合，如果组合中包含 N 个交易对手，则信用损失为

$$\mathrm{CL}=\sum_{i=1}^{N} b_i\times \mathrm{CE}_i\times \mathrm{LGD}_i \tag{10.6.2}$$

其中，CE_i 为考虑到所有合约的净结算协议后对交易对手 i 的信用风险暴露。

为了分析信用风险，需要描述信用风险的净重置价值(Net Replacement Value，NRV)。NRV 被定义为

$$\mathrm{NRV}=\sum_{i=1}^{N}\mathrm{CE}_i \tag{10.6.3}$$

它是指所有交易对手都同时发生违约且回收率为零时的最大损失现值。容易看到，净重置价值没有考虑违约率及其相关性。

信用损失可分为期望信用损失(Expected Credit Lose，ECL)和非期望信用损失(Unexpected Credit Lose，UCL)两部分。期望信用损失反映了信用损失的平均水平，它只取决于违约概率。因此，组合的定价应至少能抵消期望信用损失。非期望信用损失体现了对期望信用损失的偏离，它取决于违约概率和违约事件之间的相关性。对于金融机构而言，为了保证正常经营活动，它应有足够的资本金来保证不受非期望信用损失的影响。

对于非期望信用损失的度量，涉及违约事件 b_i 之间的相关性、违约事件和信用风险暴露 CE_i 之间的相关性以及违约事件和损失率 LGD_i 之间的相关性。违约事件的高相关性会导致多个违约事件的同时发生，从而增加非期望信用损失。特别地，在违约事件完全相关

的极端情况下，在固定置信水平下的最大损失就是组合全部名义价值之和。所有这三种相关性都会对非期望信用损失产生影响。

10.6.2 期望信用损失的度量

与非期望信用损失相比，期望信用损失的度量更为重要，因为它与资产定价紧密相关。期望信用损失可通过以下公式度量：

$$期望信用损失=违约概率\times期望信用风险暴露\times期望违约的损失率 \tag{10.6.4}$$

式(10.6.4)虽然能够度量期望信用损失，但它没有考虑时间因素。为此，定义 PV_t 为第 t 时刻 1 美元的现值，基于式(10.6.4)，期望信用损失现值(Present Value of Expected Credit Losses，PVECL)可由每个时刻的期望信用损失的折现值加总得到：

$$\mathrm{PVECL}=\sum_i E(\mathrm{CL})\times \mathrm{PV}_t=\sum_i[k_t\times \mathrm{ECE}_i\times(1-f)\times \mathrm{PV}_t] \tag{10.6.5}$$

其中，$k_i=S_{t-1}d_t$ 是违约概率，与前述界定相同，d_t 是第 t 年的违约概率，S_t 是第 t 年的生存概率。由式(10.6.5)可见，期望信用损失的现值由违约概率、期望信用风险暴露、损失率和 1 美元的现值四部分构成。如果期望信用风险暴露 ECE 为常数，只考虑最终的到期日 T，利用累积违约概率 C_T 和折现因子 PV_T，则可得到期望信用损失现值的简化公式：

$$\mathrm{PVECL}=C_T\times \mathrm{ECE}\times(1-f)\times \mathrm{PV}_T \tag{10.6.6}$$

10.6.3 信用 VAR

在信用风险度量中，有必要介绍信用 VAR，它是指在一定置信水平下的非期望信用损失。通过对信用损失的度量，可以构造信用损失的分布函数 $f(\mathrm{CL})$。如果置信水平设定为 c，最差信用损失 WCL 可定义为

$$1-c=\int_{\mathrm{WCL}}^{\infty}f(x)\mathrm{d}x \tag{10.6.7}$$

基于式(10.6.7)，信用 VAR(Credit Var，CVAR)可以用对 $E(\mathrm{CL})$ 的偏离度进行度量，即

$$\mathrm{CVAR}=\mathrm{UCL}=\mathrm{WCL}-E(\mathrm{CL}) \tag{10.6.8}$$

对于金融机构而言，信用 VAR 应看成是为了防止非期望损失的不利影响而需要持有的经济资本数量，它对于防范或降低信用风险是必要的。

10.6.4 组合信用风险度量模型简介

组合信用风险度量的模型较多，主要包括 CreditMetrics 模型、CreditRisk＋模型、KMV 模型和 Credit Portfolio View 模型。

一、CreditMetrics 模型

它是 1997 年 4 月由 J. P. 摩根银行提出的第一个用于度量信用风险的模型。在这个模型中，信用质量用一个无法观察到的隐变量表示，可用债务人的资产价值进行解释。如果这个资产价值低于一定标准，就认为债务人处于违约状态。因此，模型中包括股票价格、资产价值和违约指标三个随机变量，并涉及金融工具风险暴露的度量、单一违约风险的分布、违约事件相关性分析和模型四个阶段。第一阶段的任务是按照风险暴露分解所有金融

工具，并评估在目标日期市场波动对期望风险的影响。第二阶段要对每一种金融工具指定某一信用级别，并根据信用级别的变动来定义信用事件；当信用事件发生后，依据金融工具信用级别之间的价差进行定价。在违约的情况下，根据历史数据得到回收率的分布。需要注意的是，资产价值的波动会导致信用级别的变化，并由此产生信用风险。以此为基础，第三阶段违约事件的相关性则由资产价值之间的相关性推出，这可转化为指数之间的相关性。在以上基础上，假设组合的资产价值服从多元正态分布，相关系数事先确定，就可对资产价格的联合分布进行模型，并通过计算最终得到信用损失风险。这种方法的不足是假设损失只由违约产生，而没有考虑市场因素引起的信用风险。

二、CreditRisk＋模型

1997 年 10 月由瑞士集团提出的 CreditRisk＋模型与前面的模型有很大不同，它依赖于纯粹的精算统计方法。该模型只考虑违约和不违约两种状态，假设各项贷款是独立同分布，总损失服从二项分布。模型将信用组合分为一些同质部分，且每一个同质部分的债务人都有相同的系统性风险，并将资产按照损失的严重程度进行分层处理，由此分析违约率的变动和违约损失的总体分布。

三、KMV 模型

KMV 模型的基本思想是默顿模型在信用风险上的应用，它将公司的股权价值看成是对公司资产价值的看涨期权，并定义模型中的参数 K 为公司短期负债价值加上所有长期债务账面价值的一半，资产价值为股票市值加上所有债务的价值。KMV 模型要计算一个标准正态分布的违约距离 DD，即当前价值与其边界点的差额，而违约距离受到股票价格、杠杆水平和资产价值波动率的影响。以此为基础，KMV 模型得出违约概率。KMV 模型通过债务人的股票价格生成违约相关性，因此，它特别适合于研究上市公司的信用风险。

四、Credit Portfolio View 模型

Credit Portfolio View 模型是由麦肯锡咨询公司 1997 年发布的信用组合模型，按照组合子集中所有信用资产的数量和规模将损失分布模型化，而组合子集通常由客户部门构成。它根据经济状态的不同计算违约概率，从而反映了宏观经济环境对信用风险的影响。由于它过多关注了宏观因素的影响，从而无法充分反映公司层面因素对违约概率和损失分布的影响。

为了对以上四种模型有更多理解，表 10－6－1 提供了它们的比较信息。

表 10－6－1　信用风险模型的比较

比较项目	CreditMetrics	CreditRisk＋	KMV	Credit Portfolio View
创始者	J. P. 摩根	瑞士信贷	KMV	麦肯锡
模型类型	从上至下	从下至上	从下至上	从上至下
风险定义	市场价值（MTM）	违约损失（DM）	违约损失（MTM/DM）	市场价值（MTM）
风险驱动因子	资产价值	违约率	资产价值	宏观因素
信用事件	信用级别变化/违约	违约	连续违约率	信用级别变化/违约

续表

比较项目	CreditMetrics	CreditRisk＋	KMV	Credit Portfolio View
概率	无条件概率	无条件概率	条件概率	条件概率
波动性	常量	变量	变量	变量
相关性	来自股权（结构的）	违约过程（简化的）	来自股权（结构的）	来自宏观因素
回收率	随机	层次内为常量	随机	随机
求解方法	模拟过程/分析	分析	分析	模拟过程

资料来源：菲利普·乔瑞. 金融风险管理师考试手册[M]. 王博，刘伟琳，赵文荣，译. 北京：中国人民大学出版社，2010：525.

本章小结

信用风险是金融机构面临的主要风险之一，由于其影响广泛而备受关注。与市场风险有较为明确的原因不同，信用风险的成因较为广泛，它可能来自于市场政策的变动、利率的波动或汇率的波动，从而使信用风险和市场风险、利率风险和汇率风险有部分重叠。对信用风险的研究也主要关注于信用风险的度量问题。本章主要介绍了信用风险的度量，涉及信用损失的度量、联合信用事件的分布、信用风险的分散化、基于信用评级和市场价格的违约风险度量、信用风险暴露、信用衍生品等内容，最后对信用风险管理的主要模型进行了简单介绍。

案例研究

佳兆业黑天鹅拖累　平安信托近29亿产品风险敞口

一、案例描述

2015年可能是房地产信托最难过的一年。受到佳兆业“黑天鹅”的冲击，平安信托近29亿元的信托产品风险敞口。其中，一款规模25.1亿元的“平安财富·翔园17号集合资金信托计划”将于1月21日到期，这一产品仅有佳兆业及其子公司提供担保，风险暴露的可能极高。另外一款规模3.43亿元的贷款类信托，其融资项目——大连佳兆业中心，除已经售出的67套房屋外，剩余661套房屋已被大连相关部门锁定。对于21日是否能够及时兑付，佳兆业有关负责人19日表示，现阶段不能给予答复。平安信托方面表示，正密切关注事态进展，积极履行受托人责任。

平安25亿信托即将到期。据不完全统计，目前佳兆业至少与华润深国投、平安信托、外贸信托、爱建信托和中融信托等5家信托公司有合作关系，至少8款产品处于存续期，其中4款产品即将于2015年上半年到期兑付。在这些信托公司中，以平安信托为佳兆业发行产品规模最大，存续产品合计规模高达28.53亿元。而且，其一款募集规模25.1亿元的信托计划，在风控方面仅有佳兆业及其子公司提供担保，这一产品即将于1月21日到期。其次是外经贸信托，为佳兆业发行总规模为20.8亿元的富祥25号。排名第三的华润深国投信，总盘子达 20 亿元，该公司就此已经向法院提出查封申请。

相对乐观的是，有投资者已经转让出外经贸信托为佳兆业发行的产品的收益权。兆驰股份 17 日公告称，公司于 2015 年 1 月 15 日决定授权对外经济贸易信托，全权代理外贸信托富祥 25 号(佳兆业长沙梅溪湖项目)集合资金信托计划资金信托(以下简称富祥 25 号)项下信托受益权转让事宜，包括寻找和确定受让人、与受让人签署信托受益权转让相关文件及代为收取转让价款等。2015 年 1 月 16 日，公司收到对外经济贸易信托代为收取的信托受益权转让价款2.01亿元。这说明，上述信托受益权已成功转让，但是否是外经贸信托刚兑还不得而知。

但是，平安信托产品的兑付就不这么乐观了。“佳兆业早前已经实质违约，而平安信托的这一产品纯粹是信用贷款，不仅没有抵质押，担保也是集团和子公司担保，违约风险较高。目前，在遭遇‘锁盘’之后，债权人不断加大债务索偿力度，不少债权人甚至提出提前还款的要求，佳兆业短期资金压力高度紧张，部分债务或将交叉违约。”一位分析师说。

记者查询的公开信息显示，2014 年 4 月 22 日，平安信托发行“平安财富·翔园 17 号集合资金信托计划”(以下简称“平安财富·翔园 17 号”)，募集规模 25.1 亿元，其中：A 类金额 25 亿元，期限 9 个月，预期年化收益 8.8%，将于 2015 年 1 月 21 日到期。融资方为佳兆业子公司佳兆业商业集团有限责任公司(以下简称“佳兆业商业集团”)；资金用途为补充日常运营支出；安全担保机制仅有佳兆业及佳兆业商业集团提供本息偿还连带责任担保。

此外，2014 年 10 月，平安信托还通过“平安财富·佳誉 23 号三期集合资金信托计划”(以下简称“平安财富·佳誉 23 号”)，向大连佳兆业中心项目发放 3.43 亿元信托贷款，期限 16 个月，预期年化收益 9.6%，用于项目后续开发。

就“平安财富·翔园 17 号”信托产品 1 月 21 日能否正常兑付一事，《经济参考报(微博)》记者 19 日采访佳兆业方面负责人。该负责人表示，现阶段不能给予答复，佳兆业会在第一时间对涉及的问题进行公告。

1 月 8 日，佳兆业债券利息支付违约。1 月 13 日，爱建股份公告称，子公司爱建信托要求杭溪隆业提前归还股东借款本息，杭溪隆业的实际控制人是佳兆业集团，债务的实际到期日远在 2016 年 3 月 14 日。

1 月 8 日，佳兆业一笔 2560 万美元的债券利率未能按期兑付，已经构成了实质性违约。这一次利息是由佳兆业 2013 年 1 月发行的一笔 7 年期、票面利率 10.25%、额度为 5 亿美元债券产生，根据合约规定佳兆业需每半年付息。业内人士认为，如果佳兆业在 30 日宽限期内还息便可暂时渡过危机，反之，佳兆业可能出现债务交叉违约的情况，届时债务重组的难度将进一步加大。

1 月 13 日，爱建股份公告称子公司爱建信托曾于 2014 年 3 月发行“爱建-佳兆业杭州项目投资集合资金信托计划”，累计规模为 6.51 亿元，到期日为 2016 年 3 月 14 日，因杭溪隆业实际控制人佳兆业集团面临重大不利情形，要求杭溪隆业提前归还股东借款本息。爱建股份相关负责人表示，公司关注到佳兆业的异常情况，认为存在重大不确定性，因此启动信托计划的前置条款，要求提前还款。

据悉，上海第一中级人民法院已受理爱建的诉讼请求，并定于 2015 年 3 月 11 日开庭。在此背景下，上海中院裁定查封杭溪隆业土地使用权及在建工程。

此前，华润深国投信托已向深圳市中级人民法院提出查封申请。华润深国投于2014年6月先后成立了“鼎新131号”、“鼎新130号”两个信托计划，分别投资于佳兆业苏州塔园路项目及佳兆业苏州黄桥项目。上述两只信托计划涉及资金20亿元，包括优先级资金共10亿元，其中“鼎新131号”募集资金总额12亿元，优先级资金6亿元，“鼎新130号”募集资金总额8亿元，优先级资金4亿元。这两款信托产品的资金用途均为对佳兆业集团旗下项目公司的增资，属于私募股权投资信托。“不少房地产股权信托项目属于‘明股实债’项目，名义上是增资扩股的股权投资，但私下都有股权回购协议，从而达到债券融资的目的。还好这个项目有土地抵押，相对风险可控。”上述分析师说。

在佳兆业风险不断暴露的情况下，有风险敞口的金融机构纷纷加大了资产保全的力度。据悉，迄今为止，已经有包括中信银行、中国银行等24家金融机构向法院申请对佳兆业的若干资产进行诉前财产保全，要求查封佳兆业相关资产以资产保全，涉及广东、珠海、湖南、苏州、上海、大连等项目。

资料来源：根据《佳兆业黑天鹅拖累　平安信托近29亿产品风险敞口》(经济参考报，2015－01－20：http://stock.sohu.com/20150120/n407927833.shtml)改编而成。

二、案例思考问题

1. 担保的理论作用和实际作用是什么？担保肯定能够起到降低信用风险的作用吗？

2. 在防范信用风险的过程中，如何处理担保人与被担保人的关系？

思考与练习

1. 投资者持有一个两个证券的组合，两个证券的联合违约概率为1.27%，违约事件的相关系数为0.3，在这个组合中，一种证券的价值、违约概率和回收率分别为100万元、3%和60%，而另一证券的分别为60万元、5%和40%，那么这个组合的期望信用损失为多少？

2. 如果一个公司连续三年的边际违约率分别为8%、12%和15%，那么三年后公司的生存率是多少？

3. 一个风险分析师希望找到一个跨国石油公司发行的评级为BB级的一年期限附息债券的信用价差。如果当前的年无风险利率为3%，BB级别的债券违约率为7%，违约损失率为60%，那么这个债券的到期收益率是多少？

(1) 2.57%　　(2) 5.9%　　(3) 7.45%　　(4) 7.52%

4. 一个6年期基于AA信用等级发行人的CDS为每半年支付150基点，该发行人发行的每年支付一次息票的6年期债券的收益率为8%，该公司没有交易对手风险。对于任何成熟期，每半年支付一次的LIBOR年利率为4.6%。哪一种策略将有套利机会？超过LIBOR的收益率是多少？

(1) 购买债券和CDS，无风险收益率为1.9%

(2) 购买债券和CDS，无风险收益率为0.32%

(3) 卖空债券和CDS，无风险收益率为4.97%

(4) 没有套利机会，任何风险收益率都是对暴露于发行人信用风险的补偿

第十一章 投资风险管理

投资是金融学的领域之一，对投资风险进行管理十分重要。投资者的目的在于通过承担一定风险而获取收益，因而，对风险和收益的权衡就成为关键问题，平衡交易也就成为投资组合管理的主题。

近年来，机构投资者得到快速发展，强化对投资组合的风险管理是其重要任务。从管理过程看，经过对风险和收益的权衡，机构投资者就要确定组合的资产类型，并将组合的总体风险分配给不同类型的投资经理，这就是风险预算。当投资完成后，就需要评估实现的收益是否与事先设定的风险匹配，并通过对投资业绩的分解，以考察投资经理是否实现了组合价值，因而，业绩评估也成为风险管理的构成部分。本章主要介绍风险与业绩的度量、风险预算和对冲基金的风险管理。

11.1 业绩评估

机构投资者是拥有信息优势、人才优势、资金优势和技术优势的投资机构，具体包括投资公司、养老基金、保险基金、公共投资基金、只对大型投资者开放的对冲基金和其他类型的机构。在风险管理过程中，机构投资者需要对业绩进行评估，即度量和评估投资管理者的绩效。

11.1.1 业绩评估基础

为了度量投资管理者的绩效，需要明确业绩评估的环节、业绩指标以及与业绩相关的风险测量问题。

一、业绩评估环节

业绩评估通常包括以下三个环节：

(1) 度量业绩。这是指通过对总收益率的计算，比较总风险和相对风险与基准收益率的平衡状态。

(2) 计算业绩贡献。业绩贡献需要将投资组合的业绩和基准业绩分解为不同投资品种的收益率和基准，它通常包括资产分配、货币选择、行业选择和证券选择等过程。

(3) 考核业绩。由于投资者要对收益与风险进行平衡，因此，考核业绩就需要对经过风险调整的业绩和投资绩效进行评估。

二、收益率度量

由于投资活动涉及投资期限，因而，度量业绩就要适当地度量期限收益率。在投资组合中，不同投资品种的现金流和投资期限通常会有所差异，从而增加了收益率度量的难度。基于这种原因，目前的行业标准是计算时间加权收益率(Time - Weighted Rate of Return，TWRR)，它是在现金流发生变化前对投资组合进行估值。如果每日收益率为 R_t，则包含 T 天的一个时期的收益率 R 可由下式得到：

$$1+R=(1+R_1)(1+R_2)\cdots(1+R_T) \tag{11.1.1}$$

三、投资风险的类型

1. 绝对风险与相对风险

如前所述，风险可以用标准差进行度量，而这又涉及绝对风险和相对风险。

(1) 绝对风险。

绝对风险是以与投资的初始价值相关的差额进行度量。如果 P 为投资组合的初始价值，R_P 为投资组合的收益率，δ 为投资组合的标准差，则绝对风险可表示为

$$\delta\times\Delta P=\delta\times\frac{\Delta P}{P}\times P=\delta\times R_P\times P \tag{11.1.2}$$

(2) 相对风险。

相对风险是以与基准指数相关的形式进行度量的。假设 R_B 为基准收益率，R_P 为投资组合的收益率，则收益率的偏差为 $e=R_P-R_B$，也称为追踪误差(Tracking Error)，则相对风险的定义为

$$\delta\times e\times P=[\delta\times(R_P-R_B)]\times P=\left[\delta\times\left(\frac{\Delta P}{P}-\frac{\Delta B}{B}\right)\right]\times P=\omega\times P \tag{11.1.3}$$

其中，ω 称为追踪误差波动率(Tracking Error Volatility，TEV)或主动型风险。进一步，如果 δ_P 和 δ_B 分别为投资组合收益率和基准收益率的标准差，ρ_{PB} 为它们的相关系数，则收益率偏差 e 的方差为

$$\omega^2=\delta_P^2-2\rho_{PB}\delta_P\delta_B+\delta_B^2 \tag{11.1.4}$$

例 11-1-1　一个证券投资基金拥有一个投资组合，组合收益率的标准差为 22%，基准收益率的标准差为 20%，它们的相关系数为 0.9864，试计算追踪误差波动率。

解　根据式(11.1.4)可知

$$\omega^2=22\%^2-2\times0.9864\times22\%\times20\%+20\%^2=0.0016$$

因此，追踪误差波动率为 $\omega=4\%$。

由于收益率的偏差(或追踪误差)$e=R_P-R_B$ 直接反映了组合收益率与基准收益率的偏差，因而，它是对投资业绩的较好度量；而追踪误差波动率是对收益率偏差的更深入度量。

2. 盈余风险

投资风险会存在于盈余中。盈余是资产与负债的差额。如果用 A 表示资产，L 表示负债，盈余为 S，则有 $S=A-L$，且盈余的变化可表示为 $\Delta S=\Delta A-\Delta L$。进一步，假设 R_A 是资产变化率(或收益率)，R_L 是负债的变化率(或收益率)，则盈余相对于资产的变化率可表示为

$$R_S=\frac{\Delta S}{A}=\frac{\Delta A}{A}-\frac{\Delta L}{L}\times\frac{L}{A}=R_A-R_L\times\frac{L}{A} \tag{11.1.5}$$

在式(11.1.5)中，负债的变化率或收益率可以通过负债久期和负债的变化得到近似值，而负债的变化可以通过资产组合或部分组合提供的保护性对冲进行防范。根据上式，盈余风险就可以用盈余在期限内的潜在损失来衡量。

例 11-1-2　AT 公司的养老报告称其拥有 196 亿元的资产和 174 亿元的负债。假设

其盈余服从正态分布且年波动率为 10%，那么下一年 95%置信水平下的盈余风险为多少？

(1) 3.6 亿元　　(2) 5.13 亿元

(3) 19.6 亿元　　(4) 17.4 亿元

解　(1)。AT 公司的盈余为(196－174)＝22 亿元。在正态分布条件下，一年 95%的置信水平下的盈余风险为 1.645×10%×22＝3.6 亿元。选项(2)不正确，因为它使用了 99%的置信水平。选项(3)和(4)也不正确，因为它们分别用负债和资产的风险代替了盈余风险。

四、基于收益率和头寸的风险度量比较

在度量风险时，常用的方法是基于收益率的信息(如投资组合收益率的历史数据)进行度量。然而需要注意的是，虽然基于收益率信息的度量简单且数据易于更新，但它对于缺乏历史数据的新的金融工具或组合风险的度量是不适合的，而且它无法度量因为投资风格的变化所导致的风险。由于头寸信息能够反映当前的信息以及隐含的投资风格的变化，因此基于头寸的风险度量能够解决基于收益率的风险度量的一些缺陷。但是，基于头寸的风险度量也面临现实困难，首先是对于拥有大量头寸的金融机构而言，加总风险就是一个主要挑战。其次，基于头寸的风险度量是以投资组合不随时间变化为前提条件的，它没有考虑主动型交易对风险的影响。第三，基于头寸的风险度量可能对数据和模型产生的误差非常敏感，这就要求更精确的建模。然而由于投资活动受到多种因素的综合影响，因此模型产生误差不可避免，这是风险管理者必须面对的问题。

11.1.2　业绩度量

在投资领域中，投资目的通常为通过承受一定的风险取得最大的投资收益，因此，对业绩的测量必须与风险相结合，即应度量经过风险调整的业绩，并讨论不同因素对业绩的贡献，以确认投资者自身的贡献。

一、风险调整的业绩度量

用绝对收益率和相对收益率度量业绩是基金业绩评估的常用方法。考虑风险因素的度量包括夏普比率、索提诺比率、信息比率和风险调整业绩。

1. 夏普比率

夏普比率(Sharp Ratio，SR)是用绝对形式度量总体风险的指标，定义为投资组合 P 的平均收益率 $\mu(R_P)$ 超过无风险收益率 R_F 的部分与投资组合绝对风险 $\delta(R_P)$ 的比率：

$$\mathrm{SR}=\frac{\mu(R_P)-R_F}{\delta(R_P)} \tag{11.1.6}$$

在式(11.1.6)中，总体风险既包括系统性风险，也包含非系统性的特殊风险，这种度量适合于投资组合不特别分散的情况下业绩的评估。

2. 索提诺比率

在研究投资绩效的情况下，由于既要考虑损失也要考虑收益，因而夏普比率的准确性不高。为此，产生了索提诺比率(Sortino Ratio，SOR)，它只是用半标准差 $\delta_L(R_P)$ 代替夏普比率中分母的标准差，即只考虑有损失的情况。定义如下：

$$\mathrm{SOR}=\frac{\mu(R_P)-R_F}{\delta_L(R_P)} \tag{11.1.7}$$

3. 信息比率

信息比率(Information Ratio, IR)定义为投资组合的平均收益率 $\mu(R_P)$ 超过基准收益率 $\mu(R_B)$ 的部分与追踪误差波动率 ω 的比率，即

$$\mathrm{IR}=\frac{\mu(R_P)-\mu(R_B)}{\omega} \tag{11.1.8}$$

4. 风险调整绩效

在度量业绩时，以上三个指标的含义比较抽象，而用风险调整绩效(Risk - Adjusted Performance, RAP)度量业绩则更为直观，它定义为

$$\mathrm{RAP}=R_F+\frac{\delta_B}{\delta_P}[\mu(R_P)-R_F] \tag{11.1.9}$$

二、基于收益率的业绩贡献度量

为了度量投资经理的业绩，就需要将投资组合的业绩分解为基于市场风险的部分和基于其他因素的部分。投资组合在股票市场上的收益率经常被认为是长期风险溢价，可称为股票溢价，它是期望收益率超过无风险收益率的部分。但这种计算方法只考虑了市场风险，没有考虑包含投资经理个人因素部分的贡献，为此，需要考虑资本资产定价模型。

假设 R_{Mt} 是 t 时期股票市场的收益率，R_{Ft} 为同期 t 时期的无风险收益率，R_{Pt} 为同期 t 时期投资组合的收益率，则经过风险调整的收益率可利用下式进行回归估计：

$$R_{Pt}-R_{Ft}=\alpha_P+\beta_P(R_{Mt}-R_{Pt})+\varepsilon_{P_t},\ t=1,2,3,\cdots,T \tag{11.1.10}$$

在式(11.1.10)中，β_P 是投资组合暴露于市场的风险，即系统性风险，而 α_P 反映了市场风险之外风险的超常收益，也称为詹森阿尔法值(Jensen's Alpha)，它可以通过公式(11.1.10)进行估计。

例 11－1－3　假设投资者拥有一个投资组合，其贝塔值为 0.7，期望收益率为 12.8%，股票风险溢价为 5.25%，无风险收益率为 4.85%，试计算投资组合的詹森阿尔法值。

解　根据式(11.1.10)，詹森阿尔法值为

$$(12.8\%-4.85\%)-0.7\times5.25\%=4.27\%$$

由于詹森阿尔法值隐含市场之外的风险因素，因而需要估计。除了用式(11.1.10)进行估计外，也可以通过样本期间内的平均收益率进行估计。为此，引入样本期间范围内的平均收益率：

$$\overline{R}=\frac{1}{T}\sum_{t=1}^{T}(R_t-R_{Ft}) \tag{11.1.11}$$

令 $\overline{R_M}$ 为市场平均收益率，则詹森阿尔法值由下式估计：

$$\overline{\alpha}_P=\overline{R}-\beta_P\overline{R_M} \tag{11.1.12}$$

以上讨论说明，评估投资经理业绩时，需要同时考虑市场风险(系统性风险)对投资收益的贡献和其他风险的贡献，当剩余收益率的詹森阿尔法值为正值时，才表明投资经理的活动增加了投资组合的价值。

进一步看，在投资实践中，影响投资收益的市场之外的因素很多，如公司的价值、规模、治理水平等。因此，在评价投资经理业绩时，就需要考虑这些因素，否则投资经理的业绩可能来自于这些风险因素，这样，就可以精确测定投资经理自身的努力对投资业绩的贡献。

一般而言，如果有 K 个影响投资业绩的因素 $x_1, x_2, \cdots, x_K$，则式(11.1.10)可以

扩展为

$$R_i=\alpha_i+\beta_{i1}x_1+\beta_{i2}x_2+\cdots+\beta_{iK}x_K+\varepsilon_i \tag{11.1.13}$$

通过这种对投资业绩的分解，可以更清晰地估计投资经理自身对业绩的贡献。

11.2　风险预算和风险贡献

投资要求在承担一定风险基础上获取最大的收益，因而就需要在收益与风险之间进行权衡。本节主要关注风险的分配问题，涉及风险预算和风险贡献。

11.2.1　风险预算

资产分配是投资者决定最优风险收益配置的过程，它确定了投资组合的总体风险，而风险预算就是将总体风险分配到各种资产和投资经理的过程，这是一种在度量总体风险过程中产生的由上至下的风险分配方法。

为了说明风险预算过程，假设投资者计划将原始资本(W)1 亿元投资于本国股票、本国债券和外国股票上，但需要决定各项投资的比重。假设组合投资收益率服从联合正态分布，资产分配取决于每种资产类别的期望收益率、波动率以及各种资产收益率的相关性。如果投资者希望的最优风险收益配置是期望收益率为 12%，组合收益的标准差(δ)为 10.3%，总体风险预算用 95%置信水平的 VAR 衡量，则总体风险预算为

$$\text{VAR}=\alpha\delta W=1.645\times 10.3\%\times 1=1690(\text{万元})$$

风险预算就是要将 1690 万元的总体风险分配到不同的资产中。

如果三种资产的收益率相互独立，且分配到本国股票、本国债券和外国股票上的资产比重 w 分别为 60%、7.7%和 32.3%，就可以分解总体风险。例如，本国股票的期望收益率为 13.8%，收益率的标准差为 15.5%，则本国股票的 VAR 分配额为

$$\text{VAR}=w\alpha\delta W=60\%\times 1.645\times 15.5\%\times 1=1530(\text{万元})$$

进一步看，如果本国股票的投资由两位投资经理负责，假设他们能力相同，收益率之间的相关性为 0.5，则分配给每位经理的最优风险预算就是 883 万元，可验证如下：

$$\sqrt{883^2+2\times 0.5\times 883\times 883+883^2}=1530(\text{万元})$$

容易看到，本国股票的风险预算之和(883+883)万元要大于总体风险预算 1530 万元，这是由于组合分散了风险。如果本国股票的两位投资经理的收益率完全相关，则两位投资经理平分总的风险预算 1530 万元，各得 765 万元，这比相关性为 0.5 时的 VAR 更低。由此可见，投资经理之间的相关性对风险预算有重要影响。因此，为了更好地管理投资经理，机构投资者(如基金公司)会选择不同行业领域或交易策略的投资经理，如一个经理投资于大盘股票，而另一位经理投资于小盘股票；或者一位经理坚持机会投资策略，而另一位经理坚持价值投资原则。这种管理方法的好处是能够降低投资经理之间的相关性。从风险预算的角度看，在总体风险预算一定的条件下，低相关性意味着每位投资经理可以得到更高的风险预算，这可以使组合投资增值得更快，并降低机构投资者的整体风险。

风险预算方法提供了对所有子投资组合的风险度量，因此，它被广泛应用于投资管理领域中。由于风险预算以事先设定的风险为前提条件，因而对于控制风险有很好的效果。

11.2.2　风险贡献

在度量风险时，不仅要度量绝对和相对风险总量，而且也需要考虑风险的边际变化量以及影响因素对风险的贡献。在投资组合中，由于各项资产的权重对组合收益和风险都有重要影响，因而，就有必要研究资产权重的变化对风险的贡献。

在一个包含 N 项资产的组合中，假设 w_i 是第 i 项资产在组合中的权重，δ_P 为组合收益率的标准差，则资产权重的边际风险定义为

$$\text{MRISK}=\frac{\partial\delta_P}{\partial w_i}=\frac{\text{cov}(R_i, R_P)}{\delta_P}=\beta_{iP}\delta_p \tag{11.2.1}$$

在式(11.2.1)中，β_{iP} 就代表了第 i 项资产在组合中的权重对总体风险的边际贡献。边际风险表明，β_{iP} 越大，则头寸的小量增加会引起投资组合的较大风险，因此，要降低组合整体风险，就要降低较大 β_{iP} 资产的头寸。

根据边际风险，就可以得到第 i 项资产对投资组合整体风险的贡献 CRISK，定义为

$$\text{CRISK}=w_i\times\text{MRISK}=w_i\times\beta_{iP}\times\delta_p \tag{11.2.2}$$

由于投资组合本身的贝塔值为 1，因此，$\sum w_i\beta_{iP}=1$，由此可知风险贡献之和应等于投资组合的风险 δ_P。

根据以上分析，可以对投资组合的风险进行分解和分析。表 11－2－1 提供了一个例子。

表 11－2－1　风险分析

资　产	资产标准差 δ /(%)	资产分配比例 w /(%)	资产边际风险 MRISK	风险贡献 $w\times$MRISK /(%)
本国股票	15.5	60.0	0.1438	8.63
本国债券	7.4	7.7	0.0278	0.21
外国股票	11.1	32.3	0.0451	1.46
投资组合目标	10.3	100.0		10.3

在表 11－2－1 中，本国股票对投资组合的边际风险贡献最大，如果将其权重由 60%提高到 61%，则会使组合的整体风险由事先设定的 10.3%提高到 10.44%，组合风险增加的部分 0.14%正好是边际风险与本国股票所占权重增量 1%的乘积。在组合总体风险 10.3%中，本国股票的贡献为 8.63%，其次为外国股票，最后才是本国债券。由此可见，这种风险分析不仅明确了传统投资组合中的资产权重，而且也展示了在投资组合风险既定的条件下，组合风险应如何分配到不同资产中；或者说，在完成组合投资后，各项资产对组合风险的贡献大小。在投资组合有效的情况下，所有资产相对于边际风险的超额收益率相同，从而实现风险与收益的良好配置。

例 11－2－1　ATT 公司的养老基金将其 68%的资产(大约 130 亿元)投资于股票市场。如果收益率服从正态分布且年度标准差为 15%，公司用 95%置信水平下的 VAR 度量绝对风险，其值为 32 亿元。假设该养老基金希望将风险分配给两个基金经理，他们有相同的 VAR 预算。如果这两个基金经理收益率的相关系数为 0.5，那么，每个基金经理的 VAR 预算应为多少？

(1) 32 亿元　　(2) 24 亿元　　(3) 19 亿元　　(4) 16 亿元

解　正确答案应为 (3)。假设 x 为分配给每位基金经理的风险预算，则它应满足条件：

$x^2+2\rho xx+x^2=32^2$，解之得 $x=18.5$ 亿元，近似于 19 亿元。根据题意，32 亿元是整体的 VAR，因此选项(1)不正确。选项(2)体现了相关系数为零的情况，也不正确。选项(4)是完全相关(即相关系数为 1)的情况，因此它也不正确。

11.3　对冲基金中的多头和空头

自从 1949 年 A. W 琼斯成立第一家对冲基金后，对冲基金发展迅速。对冲基金是由私人建立的、只对获准允许的投资者开放的基金。与传统的共同基金比较，对冲基金有较多优势，如它同时持有股票的多头和空头，它可以提供更灵活的投资机会并且很少被监管等。本节及以下几节主要介绍对冲基金的风险管理问题。

11.3.1　多头头寸的风险

为分析多头头寸，有必要了解对冲基金的资产管理费用、标杆比率以及多头。

一、基金管理费用和杠杆比率

对于基金经理而言，管理对冲基金能够为他们提供更高的收益。传统的投资基金经理的资产管理费是所管理资产规模的 0.5%与 2%之间的固定费用，而对冲基金的管理费不仅包括 1%到 2%的固定费用，而且还包括以奖金形式表现的投资利润的 20%。因此，管理对冲基金对基金经理有很大的诱惑力。

为了获取更高的投资收益，对冲基金可以通过其主要经纪商获得杠杆和实现卖空，而这些经纪商拥有多样化的服务功能，如出清和结算、保管资产、风险管理以及与此相关的记录存档等。在传统的公司资产负债表中，资产负债表的杠杆比率通常定义为资产超过权益的比率，它以所有风险来自于资产为假设条件。与此不同，对于对冲基金而言，风险可能来自于资产或负债，也可能产生于多头或空头。

二、多头头寸

假设投资者看好一只股票，并且希望拥有价值为 100 元的该只股票。他有两项选择：自己出资 100 元购买股票，或者在自有资金为 50 元的情况下借款购入股票。在后一种情况下，投资者就拥有了具有风险的多头头寸资产，这就是本节要讨论的对象。

根据美国 T 条例的最低要求，如果经纪商要求投资者交纳 50%的保证金，则投资者只需自己出资 50 元，剩余的 50 元由经纪商提供，从而得到价值 100 元的股票。此时，该投资者的总资产为 100 元，负债为 50 元，权益为 50 元。在定义杠杆为资产占权益比率的条件下，该多头头寸的杠杆比率为 $L=2$。

对于这个多头头寸资产，其风险来自于股票价格的下跌。如果股票价格下跌 1 元，则投资者的资产价值就会损失 1%，相当于权益的 2%，这说明由于使用了杠杆，风险扩大了 1 倍。

一般而言，权益的回报率 R_E 是股票多头回报率 R_S 的 L 倍减去贷款成本率(用无风险利率表示)的$(L-1)$倍，即

$$R_E=LR_S-(L-1)R_F=R_F+L(R_S-R_F) \tag{11.3.1}$$

由此看到，权益的波动率是股票头寸的 L 倍。相应地，权益的贝塔值 β_E 也是股票头寸贝塔值 β_S 的 L 倍，即

$$\beta_E = L\beta_S \tag{11.3.2}$$

以上讨论表明，杠杆有正负两方面的作用，它在放大收益的同时也会扩大风险。

11.3.2 空头头寸的风险

一、空头头寸

与资产多头的情况相反，假设投资者看空一只股票，希望通过借入股票出售并在股票价格下跌时买回的方式获取收益。根据股票出借协议，股票出借者将股票借给投资者，以换取现金和未来回收股票的权利。与此同时，投资者需将股票产生的任何现金流（如红利）归还给股票出借者。当投资者归还股票时，出借者要归还投资者的现金和短期利息与股票出借费的差额。出售股票要由经纪商操作，而经纪商不会将出售股票的所有现金交给投资者。根据美国 T 条例的规定，经纪商要保留股票出售价值的 50%作为保证金，而这些保证金只会在清算时归还给投资者。

假设投资者借入价值 100 元的股票，出售股票后得到 50 元，其余 50 元保留在经纪商那里作为保证金。如果投资者自己有 50 元，则将它和出售股票的 50 元交给股票出借者。此时，投资者利用自己的 50 元权益操作了价值 100 元股票的卖空头寸。在杠杆定义为空头头寸价值与权益比率前提下，空头头寸的杠杆比率为 $L=2$。

对于投资者而言，空头头寸的风险来自于股票价格的上涨。与多头的情况类似，如果股票价格上涨 1 元，则空头头寸损失 1 元，相当于权益损失 2 元，这是杠杆比率是 2 导致的结果。此时，权益的贝塔值 β_E 与股票头寸的贝塔值 β_S 有如下关系：

$$\beta_E = -L\beta_S \tag{11.3.3}$$

需要注意的是，由于股票价格上涨无限而下跌有界（如为 0），从而使股票空头头寸的风险比多头头寸大。

二、多头头寸和空头头寸的风险

在投资实践中，对冲基金通常同时持有多头头寸和空头头寸。如在初始资本为 100 元（即权益或净资本价值，NPV）的条件下，投资者可以购买价值 100 元的股票并且卖空价值 100 元的股票。表 11－3－1 是多头头寸和空头头寸的资产负债表。

表 11－3－1　资产负债表

资　产	负　债
100 元股票多头	100 元股票空头
100 元给股票出借者的现金	100 元权益

在这种复合情况下，度量风险的方法较多。

1. 系统性风险

令股票的多头头寸、空头头寸和权益的价值分别为 V_L、V_S 和 V_E，它们的贝塔值分别为 β_L、β_S 和 β_E，总资产的价值为 V_A，则权益的贝塔值（或净贝塔值）β_E 由下式给出：

$$\beta_L V_L - \beta_S V_S = \beta_E V_E \tag{11.3.4}$$

在式（11.3.4）中，权益的贝塔值（或净贝塔值）β_E 是对对冲基金系统性风险的度量。

2. 杠杆

杠杆也是对对冲基金风险的一种度量，定义为

$$杠杆=\frac{V_A}{V_E}=\frac{股票多头头寸价值+现金}{股本} \tag{11.3.5}$$

由于杠杆忽略了空头头寸的对冲作用，因而是不完全的风险度量。在本节例子中，杠杆为2。

3. 总杠杆

总杠杆定义为

$$总杠杆=\frac{V_L+V_S}{V_E}=\frac{多头头寸价值+空头头寸价值}{股本} \tag{11.3.6}$$

虽然总杠杆同时考虑了多头和空头头寸的对冲作用，但它没有考虑头寸的系统性风险。在本节例子中，总杠杆为2。

4. 净杠杆

净杠杆定义为

$$净杠杆=\frac{V_L-V_S}{V_E}=\frac{多头头寸价值-空头头寸价值}{股本} \tag{11.3.7}$$

净杠杆估计了系统性风险，在本节例子中，净杠杆为0。特别地，如果多头和空头头寸的贝塔值相同，则权益的贝塔值为

$$\beta_E=\frac{\beta_L(V_L-V_S)}{V_E}=\beta_L\times 净杠杆 \tag{11.3.8}$$

由以上分析可见，度量对冲基金的风险方法虽然较多，但它们的度量是不完全的，只是对风险的大概测量。

11.4 对冲基金的市场风险及其投资策略

对冲基金同时持有多头和空头头寸，所以当市场上的利率、汇率或其他因素发生变化时，它面临较大的市场风险，包括直接风险和间接风险。如果将直接风险定义为因市场变量的变化引起的对冲基金风险暴露，则由市场以外因素引起的对冲基金风险暴露就是间接风险。

对冲基金的直接和间接风险的度量方法不同。对冲基金的直接风险通常用一阶线性度量来估计，具体包括贝塔(用来度量整体股票市场变动引起的风险)、久期(用于度量利率变动引起的风险)、价差久期(用于度量信用价差变动引起的风险)和德尔塔(用于度量标的资产价格变动引起的风险)。对冲基金的间接风险是直接风险以外的风险，如非线性风险、对冲头寸风险等，它主要用资产价格变动的导数来估计，如基差风险(用相关资产价格的导数度量)、凸度风险(用利率的二阶平方度量)、伽玛风险(用期权的二价平方度量)、波动率风险(用波动率的变动度量)。由于直接风险来源于持有主要风险因子的股票、外汇、固定收益工具等，因而对冲基金面临的直接风险比间接风险更大，对冲直接风险成为对冲基金的主要工作。

基于以上的市场风险类型，对冲基金可分为直接风险策略基金、间接风险策略基金、事件驱动策略基金和其他基金四大类。

一、直接风险策略基金

直接风险策略基金包括股票多头或空头策略基金、新兴市场对冲基金以及全球宏观策

略基金。

1. 股票多头或空头策略基金

它是股票多头或空头头寸的组合，通常是净空头。

2. 新兴市场对冲基金

这是指持有新兴市场国家如中国、巴西、俄罗斯、印度的股票和债券头寸的基金，而且通常也是净空头。

3. 全球宏观策略基金

这是持有全球范围内的各类资产(如股票、固定收益证券、外汇及商品)的基金，承担的风险主要是直接风险。由于持有多样化资产多头和空头，而且在不同的市场进行交易，因而这类基金在拥有较多盈利机会的同时，也面临更大的不确定性风险。

二、间接风险策略基金

间接风险策略基金包括股票市场中性策略基金、固定收益套利策略基金和可转换套利策略基金。

1. 股票市场中性策略基金

它是期望通过平衡股票市场的多头头寸和空头头寸以保持组合具有零贝塔值的基金。虽然它能够消除或降低市场风险，但无法避免市场以外的风险，如政治、行业等因素导致的风险。因此，对其他风险的管理成为这类基金的重要任务。

2. 固定收益套利策略基金

这是针对固定收益证券及其衍生品的基金，需要对固定收益证券的多头和空头进行调整。通过评估不同固定收益证券的相对价值，基金经理会进行相应的资产调整，如购买价值被低估的资产，同时出售价值被高估的资产，期望使头寸的久期为零。虽然它避免了市场因素(如股票价格、利率等的变动)的风险，但它会暴露出其他间接风险。

3. 可转换套利策略基金

通过评估可转债券的相对价值，基金经理就会购买该债券以对冲其他风险，如股票价格和利率变动引起的风险。由于可转债包含看涨期权的多头头寸(具有正的德尔塔值)，因此，为使正的德尔塔接近零，基金经理应卖空股票；而对利率风险由卖空国债实现对冲。这种基金能够避免利率变动引起的直接风险，但会导致其他间接风险，如价差风险。

三、事件驱动型策略基金

顾名思义，事件驱动型策略基金是指利用公司的特殊事件进行资本运营的基金，如兼并套利策略基金(又称为风险套利策略基金)、困境证券策略基金。

1. 兼并套利策略基金

兼并和收购是指两家公司合并成一家公司的交易，它涉及提出收购要求的竞价方和被收购方。在交易过程中，竞价方会提出收购被收购方的并购溢价。当并购公告发出后，股票价格会产生强烈反应，出现快速上涨。并购交易可采用现金或股票置换的形式进行。在现金交易中，风险套利头寸通过购买目标公司的股票，并希望股票价格上涨到并购价格，从而获取投资收益。在股票置换形式中，风险套利头寸由目标公司多头头寸和竞价公司股票的空头头寸构成，以获取投资收益。

公司的并购事件为对冲基金提供了很好的投资机会。1998 年 12 月 1 日，埃克森石油公司宣布其将收购美孚石油公司，总交易额达 850 亿美元。根据协议，埃克森石油公司将以 1.320 15 的比率置换美孚石油公司的股票。如果交易完成，将形成世界上最大的石油公司。这一事件对双方股票价格产生了重大影响。在并购声明发布之前，美孚石油公司和埃克森石油公司的股价分别为 78.4 美元和 72.7 美元，即并购溢价为

$$1.320\,15\times\frac{72.7}{78.4}-1=22.4\%$$

在宣布并购声明后的三天内，股票价格做出了明显反应，美孚石油公司的股价上涨到每股 84.2 美元，而埃克森石油公司的股票价格下跌到 71.6 美元。该项并购经过了 1999 年 11 月 30 日的监管机构和股东大会的批准，此时，美孚石油公司和埃克森石油公司的股票价格分别为 104.4 美元和 79.3 美元。可以发现，如果用埃克森公司的股票价格 79.3 美元乘以置换比率 1.320 15，则得 104.7 美元，与目标公司美孚石油公司的股票价格近似。如果事件驱动型基金利用这一事件，则其风险套利为每股(104.4－84.2)－1.32015×(79.3－71.6)＝10.035 美元。

2. 困境证券策略基金

这是指通过持有处于经营困境公司的债务或股票头寸获取收益的基金。为获取收益，基金经理需要在明确相应法律条款的基础上，评估公司重组的可能性或者所持的处于破产状态证券的市场价值。这种基金虽然可能获取收益，但面临着并购或重组失败等风险，也面临着没有实现对冲的股票市场风险和利率风险。

四、其他基金

在对冲基金中，除了以上基金类型外，还包括管理期货策略基金、多种策略基金和对冲基金中的基金。管理期货策略基金是利用商品和金融期货交易的基金。多种策略基金是综合以上基金的组合性对冲基金，其优势是可以将资金快速从一种基金转移到另一种基金中。需要注意的是，虽然多种策略基金会利用不同基金类型，但它需要将资金集中于某几类基金上。对冲基金中的基金(也称为多样管理基金)是对冲基金的组合。由于具有组合优势，并持有多样化组合的便利，对冲基金中的基金比单一的对冲基金或多种策略型基金面临较低的风险。

例 11-4-1　一个对冲基金的基金含有一系列策略单元、基金经理和投资风格，因此对冲基金的基金经理需要了解常见的对冲基金投资策略。下列哪种说法是不正确的?

(1) 股票市场中性策略基金的目标是产生与整个股票市场低相关的收益率并且使它们的投资组合隔离于一般市场风险因子

(2) 可转换套利策略基金通常购买可转换债券并且同时卖空标的股票。这些基金的收益部分来自于股票波动率交易的伽玛(Gamma)值

(3) 兼并套利策略基金购买目标收购公司的股票并且同时卖空竞价公司的股票，这些基金具有大量暴露于成交风险的风险

(4) 股票空头策略基金卖空并不属于卖出者的股票，目的是对股票价格将要下跌的方向进行下注。这些基金和传统的多头股票投资组合没有相关性

解　(4)。选项(1)、(2)和(3)正确，但是股票空头策略基金具有和多头投资组合负的相关性，而不是不相关。

例 11-4-2　一个可转换套利策略基金持有一个可转换的多头头寸并用国债和标的股票的空头头寸进行对冲，那么它的风险是什么?

(1) 较低的隐含波动率　　(2) 较高的久期

(3) 较高的德尔塔(Delta)值　　(4) 正的伽玛(Gamma)值

解　(4)。该头寸用来对冲利率风险，因此选项(2)错误。这个头寸要对冲股票价格的变动，因此，选项(3)也是错误的。题中的头寸相当于一个期权多头(表现为将债券转换为股票的权利)，因此它相当于隐含波动率的多头，所以选项(1)不正确。期权的多头头寸具有正的伽玛值。

11.5　对冲基金的特殊风险及其监管

一、对冲基金的特殊风险

对冲基金除了面临市场等风险外，还包含其他特殊性风险，如包括机构风险、流动性风险和杠杆风险、欺诈风险和监管风险。

1. 机构风险

对冲基金自身也面临风险，它主要来自于基金经理和基金的主要经纪商。与机构投资者相同，对冲基金经理的目标是获取资产管理费，而奖金是其重要的构成部分。为了最大化自己的收益，基金经理可能采取激进的投资策略，从而使基金的投资者面临投资损失的风险。与此同时，由于基金的主要经纪商与对冲基金关心的问题不同，这也可能导致风险。例如，经纪商主要关心的是借给对冲基金的资金是否会有损失，因此，它会通过追加保证金的方式强迫对冲基金以不利的价格出售资产，从而使对冲基金的利益受损。

2. 流动性风险和杠杆风险

对冲基金通常持有杠杆头寸以增加回报，然而，这会导致流动性风险。流动性风险既可以来自资产方面的头寸规模和资产价格的波动，也可以产生于无法以合理价格从经纪商那里得到融资，或者由于盯市和削减头寸造成的现金流出或者投资者要求赎回基金。由于基金所使用金融工具的不同，流动性风险也有所差异。如信用良好的国债和外汇、大型公司的股票和债券以及高等级级别的其他债券的流动性高，因而它们不能迅速变现的风险较低。与此相反，小国家的外汇、小型公司的股票和低等级的债券的流动性较低，面临较大的流动性风险。具有较高流动性风险的对冲基金通常有较长的锁定期(基金持有投资者资金的最短时期)和赎回关注期(基金通知投资者能够赎回的期限)。

由于杠杆的使用，对冲基金在定价或模型中的小错误会被放大，从而加大基金投资者的损失。从整个市场的角度看，如果出现极端的情况，如所有或多数杠杆投资者的投资组合出现损失，就会要求追加保证金，而为了满足保证金的要求，他们会同时出售资产，从而引起市场的崩盘。杠杆的使用也会导致交易对手风险。通常，对冲基金需要向主要经纪商抵押资产后使用杠杆，但如果发生了经纪商破产，则对冲基金的风险会加大。

3. 欺诈风险

对于流动性较差的资产，对冲基金经理在计算资产净现值时会发生错误估值，而有些基金经理会掩盖由此产生的损失。例如，查尔斯·庞氏在1919年建立了一个金字塔骗局，用新投资者的资金来回报以前的投资者，这就是庞氏骗局，而高回报的诱惑和“以新还旧”的经营策略是庞氏骗局长期存在的重要原因。

错误的估值可能导致严重的后果。C. Kundro 和 S. Feffer(2003)在其工作论文“Valuation Issues and Operational Risk in Hedge Funds”中就发现，错误估值问题与35%的对冲

基金倒闭有关，而57%的错误估值问题是由欺诈或虚报引起的。正因为如此，美国证券交易委员会（SEC）2004年12月宣布对冲基金要像其他投资者一样进行注册并接受监管。SEC的监管主要是审查对冲基金的欺诈问题，以规范市场秩序。

4. 监管风险

对冲基金需要监管，然而，监管的变化也会使对冲基金面临风险。如禁止卖空行为就会使依赖卖空进行对冲的对冲基金面临许多困境。从结果上看，I. Marsh和N. Niemer（2008）在其工作论文"The Impact of Short Sales Restrictions"中指出，广泛一致的观点认为这些禁令并没有对抑制市场价格下跌产生有效作用，并且它们还离目标结果越来越远。这些禁令导致投资者离开市场，实际加大了市场的波动率，并破坏了对冲基金的主要机制和风险管理。这表明对于对冲基金的监管应采取谨慎的态度。

例11-5-1　下列哪一种流动性风险最为严重？

（1）1000万元的困境证券头寸　　（2）1000万元的国债头寸

（3）1亿元的困境证券头寸　　（4）1亿元的国债头寸

解　（3）最严重。流动性风险是头寸规模和金融工具内在流动性的函数。由于信用级别的不同，困境证券比国债更难交易，因此它有更大的流动性风险。在同一种金融工具中，1亿元的头寸规模比1000万元的头寸规模的流动性更差。

二、对冲风险的监管

基于对冲基金面临风险的多样性，对冲基金需要谨慎监管。对对冲基金的监管不仅需要对基金的文件、关键人员、基金服务人员（包括管理者、主要经纪商、法律咨询人员和会计人员）、运营过程等进行分析，同样需要对投资策略、风险因子及风险控制系统进行分析。为提高监管效率，对冲基金的透明性特别重要。公布信息可以帮助对冲基金避免基金经理突然增加杠杆或改变投资风格的情况，也可以提高投资者投资决策的准确性。然而，对冲基金一般不愿意公布其头寸信息，从而使投资者面临较大的风险。关于透明性问题的解决，一种方法是由对冲基金的基金获取对冲基金的头寸信息，并利用这些信息实施对对冲基金的监管；另一种思路是由基于保密协议的外部风险服务机构获取头寸信息，以协助投资者做出投资决策。

本章小结

随着投资活动的普及和金融资产价格的变动，投资风险成为经济活动中的重要风险之一。对于不同的经济主体，其投资目标都可以归纳为通过承担一定风险而获取最大收益，因而，对风险和收益的权衡就成为关键问题。在平衡收益与风险的过程中，对冲基金发展迅速，对冲基金中多头和空头的风险也值得关注。由于收益受到多种因素的影响，对投资经理业绩的评估成为投资者关注的问题，在这方面，就需要将组合的总体风险分配给不同类型的投资经理，并在投资完成后，评估实现的收益是否与事先设定的风险匹配，通过对投资业绩的分解，以考察投资经理是否实现了组合价值。

案例研究

2013年“中国十大并购”事件

一、案例描述

由中国并购公会、全球并购研究中心联合主办的2013年“中国十大并购”评选活动揭晓。该活动已连续成功举办了13年，所评出的“十大并购事件”和“十大并购人物”以及其展现的并购行业发展趋势，备受业界和海内外经济界所关注。

2013中国十大并购事件(按事件时间排序)

(1)中石油收购埃尼东非天然气区块权益。2013年3月15日，中石油斥资约255亿人民币(42亿美元)，收购了意大利石油集团埃尼运营的关键区块20%的权益，这标志着中石油进军东非的第一步，也是中国迄今为止对海外天然气田最大的一笔投资。

(2)阿里巴巴战略投资新浪微博。2013年4月29日，阿里巴巴集团以约35.6亿人民币(5.86亿美元)战略投资新浪微博公司发行的优先股和普通股，占稀释摊薄后总股份的约18%，成为新浪微博第二大股东。此外，新浪授予阿里巴巴一项期权，允许阿里巴巴在未来按事先约定的定价方式，将其在新浪微博的全稀释摊薄后的股份比例提高至30%。

(3)国家电网入股澳大利亚能源企业。2013年5月17日，国家电网公司与新加坡电力公司(Singapore Power International)签署协议，国家电网决定出资约364.8亿人民币(60亿美元)收购新加坡电力公司子公司澳大利亚Jemena公司60%的股权和澳大利亚新能源澳洲网络19.1%的股份。12月20日，交易获得了澳大利亚财政部有条件的批准。

(4)双汇收购史密斯菲尔德。5月29日，双汇国际控股有限公司和美国史密斯菲尔德食品公司发布联合公告，双方达成协议，双汇国际以约432亿元人民币(71亿美元)收购史密斯菲尔德。该收购获得了美国外国投资委员会的审批许可。9月26日，双汇国际与史密斯菲尔德食品公司联合宣布收购完成。

(5)清华紫光收购展讯。2013年7月12日，展讯通信与清华紫光联合宣布，双方已达成合并协议，紫光将以现金方式收购展讯通信的全部流通股份，收购总价约108亿人民币(17.8亿美元)。此次收购完成后，展讯通信将变成清华紫光旗下的全资子公司，其股票将在纳斯达克全球市场退市。

(6)百度收购91无线。2013年8月14日，百度与91无线正式签署收购协议，以约112.5亿人民币(18.5亿美元)收购网龙网络旗下91无线网络100%股权。10月1日，该笔交易顺利完成，91无线成为百度的全资附属公司。91无线是国内三大移动应用商之一，月活跃用户约9000万。

(7)中石化收购埃及项目。2013年8月30日中国石油化工集团宣布支付约188亿人民币(31亿美元)现金，收购阿帕奇集团的埃及油气业务33%的权益，这是中石化规模第三大的收购交易。

(8)越秀集团收购创兴银行股权。2013年10月25日晚，创兴银行及其大股东廖创兴企业发布联合公告称，向创兴银行股东收购最多3.2625亿股股份，占已发行股本75%。本次收购作价约116.44亿港元，是地方国企在香港的首个银行收购。越秀金融控股有限公司是越秀企业集团的全资公司。

(9)顺风光电收购无锡尚德。2013年11月1日，顺风光电发布公告称，将以30亿元人民币的总代价，收购无锡尚德所有股权。11月12日，无锡尚德重整计划获债权人高票通过，顺风光电开始接盘无锡尚德。12月20日，顺风光电发布公告称，该公司主要股东郑建明已经以其唯一个人身份向无锡尚德管理人支付了转让价余额25亿元。无锡尚德在2013年3月被无锡市中院裁定进入破产程序，随后无锡官方开始对无锡尚德实施破产重整工作。

(10)《中国并购行业行为准则》发布。2013年11月29日，由中国并购公会编著的《中国并购行业行为准则》在香港正式发布。这是中国及大中华地区首个并购行业行为规则，《准则》共六章、十四条，分别对核心原则、第三方服务机构、并购风险管理原则与争议解决做出了自律性约定。

资料来源:《2013年"中国十大并购"事件》(新浪财经，2014－01－13。http://www.cyzone.cn/a/20140113/248504.html)

二、案例分析问题

在经济全球化的大背景下，中国经济快速发展，并购全球化也成为一大热点问题。根据2013年中国的十大并购案例，试谈谈并购对中国经济的影响。

思考与练习

1. 假设投资组合包含4种资产，每种资产的风险贡献如下：英国大型公司股票风险贡献3.9%，英国小型公司股票风险贡献4.2%，英国债券风险贡献0.9%，非英国债券风险贡献1.1%。下列哪一项不太可能是英国股票具有相对较高风险价值的解释？

(1) 英国股票的高期望收益率

(2) 英国股票的高权重

(3) 英国股票的高波动率

(4) 英国股票与投资组合中其他资产的高相关性

2. 一个对冲基金持有3.15亿美元的股票多头和2.25亿美元的股票空头头寸。对冲基金的权益为1.85亿美元，该基金总的贝塔值为0.75。计算总杠杆和净杠杆是：

(1) 2.92和0.49　(2)2.18和0.36　(3)2.92和0.36　(4)2.18和0.49

3. A公司正式宣布要并购B公司，A公司提出的股票置换比率为2。在声明刚宣布后，公司A和B的股票价格分别为每股50元和90元。一个对冲基金持有B公司股票的多头并用A公司的股票进行对冲。随着并购的进行，A公司和B公司的股票价格分别涨到每股60元和120元。那么，对于公司B，每股收益是多少？

(1) 30元　(2) 20元　(3) 10元　(4) 0

4. 在金融市场中，一个竞价公司正式宣布并购一家目标公司。根据这种信息，一个兼并套利策略基金持有目标公司的股票多头并用竞价公司的股票进行对冲。如果并购成功，兼并套利策略基金可以获得500万元的收益，而如果并购失败，则将损失2000万元。假设并购成功率为83%，试问兼并套利策略基金的期望收益率是多少？

第十二章　操作风险管理

经济活动中的信用风险、投资风险可能会产生损失，而操作风险也可能导致经济主体的财富损失，并且可能造成严重的经济后果。正因为如此，金融活动受到了最严格的监管。例如，巴塞尔委员会不仅为银行业监管的操作风险确定了资本充足率的要求，也提出了为降低市场和信用风险的资本充足率要求。金融业在监管者的推动下使操作风险得到了更好的控制。与商业领域操作风险的管理主要是通过内部控制来实现的方法不同，金融业在识别、度量、监管和控制操作风险方面则确定了专业的机构和程序。本章主要介绍了操作风险的识别、度量、监管以及监管要求。

12.1　操作风险的识别

对于金融机构而言，操作风险可能产生的后果通常较为严重，历史上的案例也较多。1995 年，巴林银行的衍生证券交易员尼克·里森将秘密账户累积的亏损隐瞒了 2 年多，银行损失 13 亿美元，导致银行破产；1997 年 3 月，国民西敏斯银行的利率互换交易员奇瑞埃克·派伯斯谎报价格和夸大期权合约的价值并掩盖损失，使银行损失 1.27 亿美元，最终被苏格兰银行收购；2002 年 2 月，爱尔兰联合银行的交易员约翰·鲁斯南克将其在日元与美元交易的外汇损失隐藏在公司在美国的一个机构，使银行损失 6.91 亿美元；2008 年 1 月，法国兴业银行的交易员热罗姆·凯维尔欺骗银行系统，使其秘密建立的价值 490 亿欧元的股指期货头寸不受监管，从而使银行损失 49 亿欧元，并严重损害了银行声誉。这些事件的发生不仅导致了金融业的直接经济损失，而且造成了一些无法挽回的间接损失，从而使操作风险日益受到金融机构自身和监管机构的重视。

12.1.1　操作风险的含义

在金融领域中，由于经营业务的差异，操作风险在金融机构中的地位也不同。以存款为主要业务的商业银行面临的主要风险是信用风险，其次是操作风险，最后才是市场风险。由于要投资于标的资产，投资银行面临的市场风险的重要程度比操作风险更高，而资产管理公司面临的更大风险是操作风险。

与信用风险和投资风险不同，操作风险没有明确的定义，现有的讨论只是希望能够对操作风险进行度量，对于操作风险的识别体现为对于操作风险类型的认识。基于多次协商，巴塞尔委员会将操作风险定义为：由于内部流程的不完善或者失效，人力和系统以及外部事件导致的风险。为了深入理解操作风险的定义，英国银行家协会对其进行了进一步解释。操作风险可分为内部风险和外部风险两大类，而内部风险细分为人力风险、流程风险和系统风险三小类(见表 12－1－1)。

表 12-1-1　操作风险的表现

内部风险		
人力风险	流程风险	系统风险
雇员冲突/欺诈	会计错误	数据质量
雇员失误	能力风险	程序错误
雇员违法行为	合同风险	完全漏洞
雇主义务	不适当出售/合理性风险	战略风险(平台/供应者)
就业法	产品复杂性	系统容量
健康和安全	项目风险	系统兼容性
罢工	报告错误	系统支付
知识/技能的缺乏	结算/支付错误	系统失败
关键职员流失	交易错误	系统不合理性
	估价错误	

外部风险	
法律	火灾
洗钱	自然灾害
外部采购	物理安全
政治	恐怖主义
监管	盗窃
供应商风险	
缴税	

资料来源：菲利普·乔瑞. 金融风险管理师考试手册[M]. 王博，刘伟琳，赵文荣，译. 北京：中国人民大学出版社，2010：544.

由表 12-1-1 可以看出，操作风险的表现形式较多，包括经济主体的内部操作风险和外部操作风险。内部操作风险体现为三大类(每列为一类)，而外部操作风险包括两大类(每列为一类)，不同类别反映的事件是不同的。如在外部操作风险中，如果说第一列体现的是因经营环境引起的操作风险，则第二列体现的是因自然客观因素引起的风险。

12.1.2　操作风险事件的类型

操作风险需要通过操作风险事件体现出来。对于操作风险事件，巴塞尔委员会将其分为七类。

(1) 内部欺诈。内部欺诈指蓄意欺诈、资产误用或者规避监管、法律或者公司政策导致经济主体损失的事件，它至少涉及经济主体内部，具体包括未被授权的活动、内部偷盗与欺诈。

(2) 外部欺诈。外部欺诈指第三方的蓄意欺诈、资产误用或者规避法律造成经济主体损失的事件，具体包括偷盗与欺诈、破坏系统安全。

(3) 雇佣政策和工作场所安全。雇佣政策和工作场所安全指由于违反雇佣、健康以及相关安全法律或者协议而造成损失的事件，它体现在雇员关系、安全环境以及多元化与特殊性事件等方面。

(4) 客户、产品与业务操守。客户、产品与业务操守指由于不能对特定客户提供专业服务、产品缺陷或不正当业务活动对经济主体造成损失的事件。

(5) 实体资产破坏。实体资产破坏指由于自然或者实体资产破坏导致经济主体产生损失的事件。

(6) 业务中断和系统失败。业务中断和系统失败指由于业务异常或系统缺陷导致经济主体产生损失的事件。

(7) 执行、交割和流程管理。执行、交割和流程管理指由于交易处理或流程管理的失误以及因与交易伙伴关系的破裂导致损失的事件。

以这些操作风险事件为基础，《巴塞尔协议Ⅱ》将经济主体的业务类型分为公司金融、交易与销售、零售银行、商业银行、支付与结算、机构服务与托管、资产管理和零售经纪八个类型。

以操作风险的定义为基础，对操作风险的界定明确了操作风险的类型及其表现行为，从而形成了操作风险识别的行业标准。操作风险行业标准的形成有利于操作风险数据库的建立，操作风险数据交换协会(ORX)就提供了一个匿名的操作风险数据平台，从而为操作风险的研究提供基础。

12.2　操作风险的评估

为了对操作风险进行管理，就需要精确度量或评估操作风险。如果从实施的流程看，操作风险的评估可分为从上至下模型和从下至上模型两大类。从上至下模型是用更大范围内的数据度量操作风险的方法，如用公司层面或行业层次的数据度量操作风险，以确定缓冲操作风险所需要的资本金额。由于公司层次或行业的数据相对容易得到，因此，从上至下模型的最大优点是容易操作，但由此导致了评估结果不准确的弊端。与此相反，从下至上模型是从最底层的基本业务部门开始收集数据，然后对其进行汇总以度量操作风险的方法。其优点是有助于分析导致操作风险的原因，但它需要的时间较长，不利于对操作风险进行快速处理。

12.2.1　操作风险的评估方法

在评估操作风险时，可以利用的方法或工具较多，具体包括六个类型。

一、外部审计监督

外部审计监督是由外部审计部门实施对业务过程的再审查，体现了外部对经济主体内部操作风险的评估。显然，由于是由外部评估操作风险，因而评估的成本较高，需要的时间成本也较高，对经济主体的正常经营活动有一定影响。

二、自我评估

自我评估是经济主体对操作风险的自我评价。经济主体的每一个业务单元都需要对其面临的操作风险进行界定和分类，然后在此基础上对操作风险发生的频率和严重程度进行预测，并提供控制操作风险的可行路径。在具体实施时，操作风险的评估需要利用体现操作风险关键因素的选择清单、调查问卷以及操作风险分析会议等工具。其优点是能够节省外部审计评估的成本，缺点是可能忽略一些局外人能够看到的问题。

三、分析操作风险的关键性指标

为评估操作风险，经济主体要掌握并分析能够体现操作风险的关键性指标，如审计得分、人事变动率、交易数量及变化率。通常而言，这些关键指标越高，则操作风险发生的可能性也就越大。在获得足够数据的基础上，风险经理可以通过回归等技术预测操作风险的可能损失。

四、计算收入波动率

在排除信用风险、投资风险和市场风险的影响后，可用收入波动率评估操作风险。由于收入受到操作风险、宏观经济风险等多因素的影响，因而，这种方法的不足是不能准确区分产生收入波动的具体原因。

五、分析因果网络关系

体现因果关系的变量网络能够解释风险的来源及损失结果，因而为制定操作风险的管理措施提供了基础，它适合于分析包含多种活动的流程性业务的操作风险。这种自下而上的模型注重风险因子的分析，有助于更好地理解损失。

六、精算模型

精算模型有利于评估损失发生的频率以及严重程度的分布，从而对操作风险引起的损失分布进行客观评估。在分析思路上，既可以采用自下而上的模型或方法，也可以用自上而下的模型或方法。

12.2.2 评估操作风险的精算模型

为了评估操作风险，就需要收集历史数据，并对其进行分析，以估计损失的客观分布，精算模型就是这种方法。损失的客观分布可以通过损失频率分布和损失程度分布两方面体现出来。损失频率分布描述了一定时间内损失发生的次数，而损失严重程度揭示了所发生损失的大小，这种方法称为损失分布方法(Loss Distribution Approach，LDA)。

一、估计损失分布的程序

损失分布方法涉及的程序如下：

(1) 将损失的严重程度列表。损失的严重程度受到多种因素的影响，如内部因素以及行业、通货膨胀等外部因素。假设 k 时刻的损失严重程度为 g_k，损失的严重程度与行业情况和价格水平成比例，P_k 为同时刻的消费者价格指数，V_k 为同时刻的行业情况，则 t 时刻的损失 x_t 为

$$x_t = g_k \times \frac{P_t}{P_k} \times \frac{V_t}{V_k} \tag{12.2.1}$$

为了得到损失的严重程度，需要经济主体内部和外部两方面的历史数据。内部数据能够体现经济主体的真实经营环境，但也可能存在数据不全等情况。由于外部数据反映的经济主体的环境不同，用外部数据时就存在经济主体内部和外部环境的差异，从而引起偏

差。因此，使用数据时需要特别小心谨慎，并用情景分析等其他方法进行补充和修正。

(2) 确定损失频率。损失频率定义为一定时期内损失发生的次数，可用变量 n(非负整数)表示，其密度函数可以表示为 $f(n)$。

(3) 确定损失程度。假设一次损失的严重程度为 X，其密度函数可表示为

$$h(X|n=1),\ X\geqslant 0$$

密度函数可以用指数分布、韦伯分布等分布描述，最常见的是泊松分布和对数正态分布。

(4) 确定总损失。一定时间内的总损失为不同次数损失发生的损失之和，可表示为 $S_n=\sum_{i=1}^{n}X_i$。

二、估计损失分布

在使用估计损失分布方法时，经济主体要融合内部和外部的信息。F. Aue and M. Kalkbrener(2007)在其研究报告“LDA at Work”中提示了 LDA 在德意志银行的应用(见表 12-2-1)。

表 12-2-1　事件类型/业务矩阵

事件类型		业务线						
巴塞尔	德意志银行	1	2	3	4	5	6	7
内部欺诈								
内部欺诈	欺诈	1	2	3	4	5	6	7
实物资产破坏								
业务中断	基础设施				8			
客户、产品等	CPBP	9	10	11	12	13	14	15
执行、交割等	EDPM	16	17	18	19	29	21	22
雇佣政策等	EPWS				23			

资料来源：菲利普·乔瑞. 金融风险管理师考试手册[M]. 王博，刘伟琳，赵文荣，译. 北京：中国人民大学出版社，2010：551.

在实施 LDA 时，德意志银行将估计出损失分类与《巴塞尔协议》相同的事件类别放在一起进行比较，并将业务单元分为 23 个。其次，对每个单元的损失频率和损失严重程度的分布进行建模。它用泊松分布拟合单元内部的损失频率分布。在单元内，忽略了损失频率和损失程度的相关性，而在单元之间建立了损失频率的相关性，并用正态 Copula 函数对损失频率的相关性建模。操作风险的损失分布由蒙特卡罗方法模拟，得到下一年度损失的分布。关于风险的度量可以细分成各业务线对 VAR 的贡献，用于资金的分配，而由于业务和控制环境变化引起的操作风险的度量可通过调整模型来实现。

例 12-2-1　假设某银行操作风险损失的信息如表 12-2-2 所示，那么在置信水平为 95%的情况下，操作风险 VAR 的估计值是多少(包括期望损失)？

表 12－2－2 频率分布

频 率	次 数
0.5	0
0.3	1
0.2	2
频率	损失/美元
0.6	1000
0.3	10 000
0.1	100 000

(1) 100 000 美元 (2) 101 000 美元

(3) 200 000 美元 (4) 110 000 美元

解 (1)。由于 VAR 包括了期望损失，所以不需要计算期望损失。表 12－2－3提供了在 95%的置信水平下损失的最低值，为 100 000 美元。

表 12－2－3 损失计算表

损失/美元	概率/(%)	累积概率/(%)
0	0.5	50.0
1000	0.3×0.6=0.180	68.0
2000	0.2×0.6×0.6=0.072	75.2
10 000	0.3×0.3=0.090	84.2
11 000	0.2×0.6×0.3×2=0.072	91.4
20 000	0.2×0.3×0.3=0.018	93.2
100 000	0.3×0.1=0.030	96.2
101 000	0.2×0.1×0.6×2=0.024	98.6
110 000	0.2×0.1×0.3×2=0.012	99.8
200 000	0.2×0.1×0.1=0.002	100.0

例 12－2－2 资本是用来保护银行应对下列哪种风险的？

(1) 极端金融冲击风险 (2) 高频率低损失的事件

(3) 低频率但冲击大的风险 (4) 高频率且彼此不相关的事件

解 应选(3)。资本是用来吸收对银行造成显著金融冲击的风险的。极端金融冲击风险，如系统性风险不能只依靠资本来吸收，所以选项(1)错误。低损失的事件不是重要事件，所以选项(2)不对。不相关的事件可以进行分散化处理，所以选项(4)是错误的。

12.3 操作风险的管理

经过对操作风险的识别和评估，就需要对操作风险进行管理。然而，操作风险的类型较多，差异也较大，因此，有必要介绍对不同操作风险的管理。本节主要介绍不同损失的操作风险管理、模型风险的管理和操作风险最小化的方法。

12.3.1　不同操作风险的管理

一、三种不同损失的操作风险管理

从操作风险损失的分布角度，可以将操作风险管理分为三类：

1. 期望损失的管理

期望损失是指预期到的操作风险损失。在损失分布中，期望损失反映了损失频率高、损失程度低的操作风险事件，而这类风险事件通常发生在经济主体内部，属于经营过程中的风险。因此，期望损失可看成经营过程中产生的成本，它不对外界公布，主要通过内部控制来进行管理。

2. 非期望损失的管理

非期望损失指在一定置信水平下的概率分位点损失和期望损失的偏差，通常反映了发生频率低、损失程度高的风险事件。由于非期望损失发生在预期之外，经济主体内部难于控制，因此，非期望损失需要用经济主体的资本储备金来冲抵，或者通过付费方式将风险损失转移给外部的保险公司。

3. 重大损失的管理

重大损失指超过非期望损失的损失。虽然重大损失发生的概率很低，但它对经济主体有极强的破坏力，对社会也有一定的影响。如巴林银行的破产主要归因于操作风险。正是由于重大损失的规模大，经济主体难于通过自身的资本金进行补偿，因此，最优方法是将其转移给外部的保险公司。对于商业银行来说，通过保险防范重大损失时要求赔付金能够及时到位，否则可能引起银行挤兑现象，导致银行破产。与此同时，购买保险也会面临道德风险和逆向选择问题。

二、模型风险的管理

作为一种操作风险，模型风险是指因不适当地定价或使用不适当的风险度量模型造成损失的风险。模型虽然能够使计算更为精确，但其前提条件必须满足，如基础数据的完整性与准确性、模型的适当性和操作的正确性等，这些都会对模型结果产生影响。与此同时，由于经济活动的复杂性，导致引入到模型中的变量不可能包括所有的影响因素，它也会使模型结果与实际结果有差异。

模型风险的类型可根据风险产生的原因进行划分。导致模型风险的原因包括下述几种：

（1）输入的数据可能错误。要得到准确的模型预测结果，就要输入正确的数据。然而，由于原始数据来源不同、收集方法和口径不同，会影响数据的准确性。进一步看，即使原始数据正确，但由于操作等原因，也可能导致正确数据的输入错误。这些都会对模型结果产生影响。在缺少数据的情况下，如果使用替代性数据，也可能导致模型结果的偏差。

（2）模型参数估计错误。风险模型的运用需要对风险因子的分布进行描述，但它们不可能被精确地估计，从而产生误差，这会影响模型最终结果的准确性。

（3）模型选择错误。对未来事件的分析涉及随机变量的分布，而分布的类型呈现多样性特点，从而可利用的模型也较多。不同的模型要求的条件和适应的范围有所不同，如果模型选择不当，就会产生输出结果误差。

(4) 模型被错误地执行。由于计划、人员变化或操作失误等原因，会造成基于不正确参数的模型运算，从而得出不正确结果。

由此可见，模型的使用面临较多难题，模型风险也难于度量，这就对风险经理提出了更高的要求。为了降低模型风险，风险经理需要进行的工作包括：掌握不同模型的优势与不足，不断评估模型的关键假设条件是否被满足，利用已知结果检验模型的适用性，对模型进行压力测试和用真实数据对模型进行事后测试等。

12.3.2　降低操作风险的方法

要降低操作风险，就应在降低操作风险发生频率的同时，降低操作风险的损失程度，这就要求进行精细的操作。如一笔 6 年期的普通利率互换交易会产生大量的现金流，而每笔现金流都有可能发生错误。为降低操作风险，就应对每笔交易进行记录，并精确计算每笔现金流，以避免错误，防范操作风险。

从管理目标看，降低操作风险的目标是使操作风险最小化。W. Brewer (1997)的分析表明，最小化操作风险的方法包括内部和外部两大类。

一、内部控制方法

为了降低操作风险，可以使用内部控制方法。可以使用的操作风险最小化的内部控制方法有以下几种：

(1) 职责分离：负责交易的人不能同时担任结算和会计的职责；

(2) 双重记录：将两种不同来源的记录(输入)进行核对，如交易票据必须得到后台的确认；

(3) 再次调整：将不同来源的结果(输出)进行核对，如核对由交易员估计的利润和由中层管理者估计的利润；

(4) 定时系统：将重要的日期(如结算日期、执行日期)输入日历系统，以使在发生日之前自动产生信息；

(5) 修正控制：这要求对修正行为进行控制，如对原始交易单据的修改进行控制，并要求与对原始交易单据的控制同样严格，以保证修正的严谨性。

二、外部控制方法

最小化操作风险的外部控制方法包括：

(1) 确认票据：即由交易对手对交易进行独立审查，并确认交易票据；

(2) 确认价格：为了便于对头寸进行评估，经济主体就应获取外部的市场价格，并有能力在交易之前对交易标的进行估值；

(3) 授权：经济主体应向交易对手提供授权的交易人员名单，以及允许进行的交易列表；

(4) 清算：借助支付过程识别记录错误的交易，以便进行最后的清算；

(5) 内部和外部审计：通过内外两方面的审计，检查和发现组织结构和业务中存在风险的薄弱环节，以防范潜在风险和损失。

12.4 《巴塞尔协议》对操作风险资本要求的计算方法

操作风险是《巴塞尔协议》的重要构成部分，2004 年的《巴塞尔协议Ⅱ》新增部分的最显著增加就是操作风险资本要求(ORC)。对操作风险资本的计算包括基本指标法、标准化方法和高级计量法。

一、基本指标法

操作风险资本要求的最简单计算方法就是基本指标法(Basic Indicator Approach，BIA)，它是基于对业务活动总计量的方法。根据定义，操作风险的资本要求 ORC^{BIA} 等于一个固定的比率(α 因子，Alpha Factor，大约设定为 15%)乘以风险暴露指标，通常为总收入 GI，即有

$$ORC^{BIA}=\alpha\times GI \tag{12.4.1}$$

这种方法的优点是数据容易得到，计算简单，但它没有考虑风险控制的质量，只适应于业务和管理相对简单的银行。

二、标准化方法

操作风险资本的标准化方法(The Standardized Approach，TSA)要求把银行的业务分散为八种标准化业务流程，而每一业务流程用一个风险暴露指标描述。在此基础上，操作风险的资本要求 ORC^{TSA} 等于每一个风险暴露指标乘以一个固定的比率(β 因子)，然后再加总所有的业务流程，即有

$$ORC^{TSA}=\sum_{i=1}^{8}\beta_i\times GI_i \tag{12.4.2}$$

在式(12.4.2)中，β 因子通常按照表 12-4-1 确定。这种方法操作简单，且能够更好地反映不同业务流程的风险特征，这有利于提高风险管理的针对性和管理效率。

表 12-4-1　ORC 的 β 因子

业务部门	β 因子/(%)
公司金融	18
交易销售	18
零售银行	12
商业银行	15
支付结算	18
机构业务	15
资产管理	12
零售经纪	12

资料来源：菲利普·乔瑞．金融风险管理师考试手册[M]．王博，刘伟琳，赵文荣，译．北京：中国人民大学出版社，2010：559．

三、高级计量法

与前两种方法不同，高级计量法(Advanced Measurement Approach，AMA)允许商业银行利用自己的内部模型估计资本要求，以满足新资产协议的质量和数量标准。这种要求包括：

(1) 银行必须拥有独立的操作风险度量函数；

(2) 风险系统必须整合到每日的管理中；

(3) 必须有日常报告；

(4) 记录文件必须保存；

(5) 审计师必须经常检查；

(6) 必须有外部评估；

(7) 银行必须保留最小不低于5年的内部损失数据；

(8) 银行必须使用外部数据；

(9) 银行必须使用情景分析来评估高损失强度的风险暴露；

(10) 银行必须考虑其业务环境内部控制因子；

(11) 存款保险可以用来抵消20%的操作风险资本要求。

由于银行风险的波及面广，因而使用高级计量法需要满足的前提条件是银行能够证明它自己能够有效地管理和控制操作风险。在满足这些条件时，风险资本要求由非期望损失(UL)或者一年期99.9%置信水平的VAR得到，即

$$ORC^{AMA} = UL(1\text{ 年}, 99.9\%\text{ 置信水平}) \tag{12.4.3}$$

在通常情况下，在计算操作风险的资本要求时必须包括期望损失(EL)。

例 12-4-1　下列哪种操作风险资本要求的计算方法能够使当收入给定并且风险增加时导致更高的资本要求？

(1) 基本指标法　　　　(2) 标准化方法

(3) 高级计量法　　　　(4) 以上均是

解　应选(3)。基本指标法使用的因子为15%，而标准化方法的因子范围在12%到18%之间。对于相同的收入水平，当风险增加时，利用标准化方法计算的风险资本要求会随着风险的增加而增加。同样的分析也适合于比较基本指标法和高级计量法，它们对风险更为敏感。

本章小结

近年来金融领域不断出现的丑闻促进了人们对操作风险的重视。操作风险的内涵较为广泛，分析操作风险的表现可能是理解操作风险的较好方法。操作风险有不同的事件类型，这有助于识别操作风险。操作风险的评估有不同的方法，特别是巴塞尔委员会不仅为银行业监管的操作风险确定了资本充足率的要求，也提出了可以降低市场和信用风险的资本充足率要求。对于操作风险本身的认识和对相应规则的理解，有助于金融机构降低操作风险。

案例研究

光大证券股份有限公司重大事项的公告

一、案例描述

2013年8月18日，光大证券股份有限公司发布了《光大证券股份有限公司重大事项的公告》，内容如下：

证券代码：601788 股票简称：光大证券　公告编号：临2013-033

光大证券股份有限公司重大事项的公告

本公司董事会及全体董事保证本公告内容不存在任何虚假记载、误导性陈述或者重大遗漏，并对其内容的真实性、准确性和完整性承担个别及连带责任。

2013年8月16日13点00分，光大证券股份有限公司(以下简称"公司")因重大事项紧急停牌，随后发布提示性公告，披露了公司策略投资部门自营业务在使用其独立的套利系统时出现问题的事项。经公司核查，现将相关情况公告如下：

(一) 事件过程

2013年8月16日，公司策略投资部按计划开展ETF套利交易，部门核定的交易员当日现货交易额度为8000万元，并在交易开始前由审核人员进行了8000万元的额度设定。

9点41分，交易员分析判断180ETF出现套利机会，及时通过套利策略订单生成系统发出第一组买入180ETF成分股的订单(即177笔委托，委托金额合计不超过200万元)。

10点13分，交易员发出第二组买入部分180ETF成分股的订单(即102笔委托，委托金额合计不超过150万元)。

11点02分，交易员发出第三组买入180ETF成分股的订单(即177笔委托，委托金额合计不超过200万元)。

11点07分，交易员通过系统监控模块发现成交金额异常，同时，接到上海证券交易所的问询电话，迅速批量撤单，并终止套利策略订单生成系统的运行，同时启动核查流程并报告部门领导。为了对冲股票持仓风险，开始卖出股指期货IF1309空头合约。

截止11点30分收盘，股票成交金额约为72.7亿元，累计用于对冲而卖出的股指期货IF1309空头合约共253张。

事件发生后，公司相关管理人员召开紧急会议。由于当天增加了72.7亿元股票持仓，为最大限度减少风险暴露和可能的损失，公司需要降低持仓量，但当天买入的股票只能在T+1日实现卖出。可行的做法是尽量将已买入的ETF成分股申购成ETF卖出，以实现当天减仓，也可以通过卖出股指期货来对冲新增持仓的风险。为此做了如下处置安排：

对上午发生的事件所形成的过大风险敞口，尽量申购成ETF直接卖出；对于因ETF市场流动性不足而不能通过申购ETF卖出的持仓部分，逐步使用股指期货卖出合约做全额对冲。

下午开盘后，策略投资部开始通过将已买入的股票申购成50ETF以及180ETF在二级市场上卖出，同时，逐步卖出股指期货IF1309、IF1312空头合约，以对冲上午买入股票的风险。据统计，下午交易时段，策略投资部总共卖出50ETF、180ETF金额约18.9亿元，累计用于对冲而卖出的股指期货合约共计6877张，其中IF1309、IF1312空头合约分别为6727张和150张，加上上午卖出的253张IF1309空头合约，全天用于对冲而新增的股指期货空头合约总计为7130张。

（二）事件原因

经初步核查，本次事件产生的原因主要是策略投资部使用的套利策略系统出现了问题，该系统包含订单生成系统和订单执行系统两个部分。核查中发现，订单执行系统针对高频交易在市价委托时，对可用资金额度未能进行有效校验控制，而订单生成系统存在的缺陷，会导致特定情况下生成预期外的订单。由于订单生成系统存在的缺陷，导致在11时05分08秒之后的2秒内，瞬间生成26 082笔预期外的市价委托订单；由于订单执行系统存在的缺陷，上述预期外的巨量市价委托订单被直接发送至交易所。

（三）紧急停牌及信息披露

中午休市期间，上交所要求公司查明事件原因并及时公告，经公司申请、上交所同意，13点00分，公司股票实施了紧急停牌。随即，公司启动了临时公告披露流程，由于事发突然、事关重大，涉及的业务及系统较为复杂，为确保信息披露内容的准确性，公司要求相关部门紧急自查，在对该事件发生的原因进行了初步认定，并确认了出现问题的套利系统独立于公司其他业务系统、风险不会通过信息系统进行传递以影响公司客户交易之后，14点左右，公司通过上交所信息披露电子化系统递交了编号为临2013—032号提示性公告，向投资者披露了相关情况。

（四）直接影响

按照8月16日的收盘价，上述交易的当日盯市损失约为1.94亿元，其对公司造成的最终损失以及对公司财务状况的影响程度还可能随着市场情况发生变化。

本次事件导致8月16日公司“权益类证券及证券衍生品/净资本”指标超过了100%的监管红线，公司可能因此事件面临监管部门的警示或处罚，从而可能影响公司业务拓展和经营业绩，本次事件亦给公司品牌声誉及市场形象带来负面影响。

目前，公司其他各项经营活动保持正常。公司已通过自有资金、变现部分证券类资产等措施，保证交易正常清算交收。

（五）改进措施

公司已启动针对包括全资子公司在内的所有交易系统全面排查的工作，重点排查包括量化交易在内的新业务IT系统，重点关注资金校验、指令校验等前端风险控制节点，对于存在风险隐患的系统，责成相关部门及时整改。在此基础上，公司将全面检讨交易系统管理现状，严格完善并落实系统管理的制度和规范，切实消除系统操作风险隐患。

（六）风险提示

上海证券交易所和上海证监局正在对相关事项进行全面调查，此次事件可能对公司经营及业绩造成一定影响。

因本次事件对投资者可能产生的损失，本公司将依法履行应尽的职责和义务。

此次事件引发了当天股市的波动，市场反响较大，我们深感不安，心情十分沉重，在此，公司向广大投资者表示最诚恳的道歉。

公司将以此为戒、深刻反省、积极整改，不辜负广大投资者对光大证券的关注与期待。

特此公告。

光大证券股份有限公司

2013年8月18日

资料来源：百度网《光大证券股份有限公司重大事项的公告》

二、讨论题

试分析操作风险的成因、影响及其防范。

思考与练习

1. 下列哪种行为与操作风险无关？
(1) 看涨期权的出售被误记为购买
(2) 应该输入模型日波动率却误输入月波动率
(3) 由于波动率超出预期导致期权投资组合发生损失
(4) 基于时间序列的波动率估计包含了一个超出其他价格100倍的价格数据
2. 下列哪一项不是操作风险事件？
(1) 银行人员检查发现客户的账户低于平衡状态，当银行向该客户致电索要资金时，电话无法接通导致银行未能收到该笔资金
(2) 银行的贷款池由于贷款的延期偿付导致收到的还款低于计划
(3) 在市场发生不利变化情况下，计算机网络系统的中断使得银行交易账户无法进行操作，交易者无法改变对冲策略来应对价格下跌，导致大量损失的发生
(4) 一个银行的贷款官员向银行的信用风险模型输入了错误的客户金融信息
3. 保险是转移下列哪一种类型操作风险的有效工具？
(1) 高频率低严重程度的风险
(2) 低频率但高严重程度的风险
(3) 受公司行为影响的操作风险损失
(4) 保险公司出售低免赔限额保单承保的操作风险损失
4. 下列说法考虑了市场风险和操作风险VAR模型的不同，哪一种说法是错误的？
(1) 市场风险模型主要是由历史数据驱动，而操作风险模型则更为灵活
(2) 市场风险模型通常定义VAR为损失分布的特定分位数，而操作风险则更为灵活
(3) 相对于操作风险模型，事后测试是评估市场风险模型更为有用的形式
(4) 市场风险模型和操作风险模型的VAR评估时间范围不同
5. 下列关于《巴塞尔协议Ⅱ》中非高级计量法的说法哪一个是不正确的？
(1) 标准化方法使银行能够对于足以使得年度总收入为负值的损失进行及时记录，从而对银行有利
(2) 银行的金融交易销售以及支付和清算是监管资本要求最高的业务流程
(3) 标准化方法将银行分为不同的业务流程并使用最近三年的业务部门总收入的数据和β因子来得到业务流程的监管资本
(4) 标准化方法使用最近三年的总收入数据来得到银行的操作风险资本要求

第十三章 《巴塞尔协议》

作为社会资本融通的金融中介，商业银行在经济运行过程中起着重要作用，同时也使其承担着广泛的社会责任。为防范商业银行对社会经济发展造成不利影响，强化对商业银行的风险管理是国际社会的共识，而10国集团在其中起到了关键作用。10国集团又称G－10，是由参与一般借款协议的国家所组成的团体。一般借款协定设立于1962年，内容主要为由当时国际货币基金(IMF)的八国政府及德国、瑞典的两国央行共同筹募一笔60亿美元信用额度的紧急基金，为IMF与G－10各国间的预备信用(Stand－by Credit)。1974年由十国集团的央行行长发起设立了巴塞尔委员会，1988年7月15日巴塞尔银行监管委员会(Basel Committee on Banking Supervision，BCBS)签订了《巴塞尔资本协议》(简称《巴塞尔协议》，又称为《巴塞尔协议Ⅰ》(BaselⅠ)，成为国际商业银行监管具有里程碑意义的金融协议。为适应世界经济发展的需要，2004年6月，《巴塞尔协议Ⅰ》进行了修订，建立了对风险更为敏感的资本要求，并且增加了抵御操作风险的资本要求，形成了《巴塞尔协议Ⅱ》。2007年世界性信用危机揭示了原有监管框架的缺陷，这引发了对协议的进一步修订，形成了《巴塞尔协议Ⅲ》。BCBS在2009年7月讨论了关于资本要求扩充的决议，并于2010年9月最终达到一致。巴塞尔委员会制定了监管标准，但并不意味着它具有法律效力。虽然如此，《巴塞尔协议》得到了广泛的应用。2009年3月，中国人民银行和银监会代表我国正式加入巴塞尔委员会，全面参与国际银行业监管标准和准则的研究制定工作。

本章主要介绍《巴塞尔协议》的主要内容、资本的定义以及信用风险、市场风险的资本要求。

13.1 《巴塞尔协议》简介

20世纪70年代，受布雷顿森林体系解体、石油危机等一系列事件的影响，世界经济出现的汇率和利率不稳定等问题对银行业的发展提出了严峻挑战，强化了对银行业的监管要求。在国际银行业监管的不同阶段，形成了不同的监管协议，体现为《巴塞尔协议Ⅰ》、《巴塞尔协议Ⅱ》和《巴塞尔协议Ⅲ》。

13.1.1 《巴塞尔协议Ⅰ》

1988年7月巴塞尔委员会公布了《统一资本计量和资本标准的国际协议》，即《巴塞尔协议Ⅰ》。《巴塞尔协议Ⅰ》的最初目的是为商业银行设定最低的风险资本要求，以提高世界金融系统的稳定性和安全性，形成统一标准下的公平竞争环境。《巴塞尔协议Ⅰ》的基本理念为，用于抵御银行损失的资本数量应随着银行资产的风险而变化，监管重心从过去的银行资产负债状况转移到银行的风险资产。在内容上，《巴塞尔协议Ⅰ》设立了用风险加权资产(Risk - Weighted Assets，RWA)的一定比率表示最低资本要求，这就要求使用不同的风险权重对各项资产的信用风险进行分类，而资产包括表内和表外业务的资产。

1996 年，巴塞尔委员会修订了资本要求协议，增加了市场风险，公布了《资本协议市场风险补充规定》。这个修订案于 1997 年底实施。修订案将银行的资产分为交易账户和银行账户资产。交易账户资产指银行有意短期持有并准备再出售的金融工具组合资产，而银行账户资产指其他金融工具的资产，主要是持有到期的贷款。交易账户和银行账户采用的结算制度不同，前者采用盯市结算制度，而后者采用历史成本结算制度。基于这两类资产的划分，修订案不仅为交易账户的市场风险设立了资本要求，而且为银行账户的货币和商品风险设立了资本要求。为避免重复计算，删除了交易账户的债券和股票以及商品头寸的信用风险资产要求。

13.1.2 《巴塞尔协议Ⅱ》

1997 年东南亚金融危机爆发引起的经济不稳定现象，促进了巴塞尔委员会对金融监管措施的修正。巴塞尔委员会 1998 年开始对《巴塞尔协议Ⅰ》进行全面修订，2004 年 6 月正式出台了《资本计量和资本标准的国际协议：修订框架》，即《巴塞尔协议Ⅱ》。

一、《巴塞尔协议Ⅱ》的三大支柱

《巴塞尔协议Ⅱ》基于相互补充的三大支柱，包括最低资本要求、监管审查程序和市场规则。

1. 最低资本要求

最低资本要求不仅针对信用风险，而且也针对市场风险和操作风险。与《巴塞尔协议Ⅰ》相比，新协议使银行可以广泛地选择计算风险资本要求的模型，提高了商业银行的自主性和灵活性。

2. 监管审查程序

与《巴塞尔协议Ⅰ》相比，新协议要求监管者承担更大的监管责任。例如，监管者必须保证银行具有适当的程序确定自身的风险资本要求、切实执行了监管者要求的最低监管资本比率和能够及时应对出现的风险问题。

3. 市场规则

新协议强调了财务报表中风险信息披露的重要性。风险信息对于外部投资者有重要作用，它能够使这些外部投资者评价银行的风险状态及资本充足情况，从而降低整体经济风险。基于这种思路，《巴塞尔协议Ⅱ》列出了风险披露的要求和参考标准。如果商业银行无法达到这些标准，就不具备使用内部模型法评估风险的资格。这种规则会对商业银行遵守风险信息披露要求形成内在激励，并增加市场上信息的透明度。

二、《巴塞尔协议Ⅱ》的资本要求

为了保持银行资本要求的总体水平，《巴塞尔协议Ⅱ》增加了操作风险的资本要求。因此，商业银行就必须持有足够的资本以满足信用风险资本要求(Credit Risk Charge，CRC)、市场风险资本要求(Market Risk Charge，MRC)和操作风险资本要求(Operational Risk Charge，ORC)之和。其中，信用风险资本要求是信用风险加权资产的 8%。通常而言，商业银行的资本充足率可用式(13.1.1)表示：

$$银行资本比率=\frac{总资本}{信用风险+市场风险+操作风险}>8\% \qquad (13.1.1)$$

其中，分母中的后两项用市场风险资本要求（MRC）和操作风险资本要求（MRC）乘以（0.125%）来度量。为了计算各种风险资本要求，银行需要使用度量风险的清单(见表 13-1-1)。

表 13-1-1　度量风险的清单

风险分类	度量风险的方法
信用风险	标准化方法(根据 1988 年的《巴塞尔协议》)
	内部评级初级法
	内部评级高级法
市场风险	标准化方法
	内部模型法
	基本指标法
操作风险	标准化方法
	高级计量法

三、《巴塞尔协议Ⅱ》的应用

《巴塞尔协议》虽然制定了银行监管的规则，但它只是一个协议，各个国家有灵活使用它的权利。事实上，它在世界范围内的使用存在差异。在美国，金融监管者只把《巴塞尔协议Ⅱ》应用于一部分大的商业银行，而其他银行仍然采用《巴塞尔协议Ⅰ》。与此不同，通过资本充足率条例，欧盟将《巴塞尔协议Ⅱ》纳入欧盟的法律，从 2007 年开始适用于所有银行。这种应用范围的不同可能由于《巴塞尔协议Ⅱ》的缺陷，例如，它忽略了银行账户上的利率风险，使银行要面对源于资产期限、不同责任的重新定价风险，同时它也没有对流动性风险的资本要求作出规定，虽然流动性风险也很重要。

13.1.3 《巴塞尔协议Ⅲ》

在 2007 年的信用危机中，一些资本充足的银行经历了重大损失，世界经济呈现出不稳定状态，表明《巴塞尔协议Ⅱ》提出监管的三大支柱并没有有效阻止全球性金融危机的蔓延。为此，巴塞尔银行监管委员会补充了《巴塞尔协议Ⅱ》框架下的资本要求，发布了包括《增强银行业抗风险能力》与《流动性风险计量标准和监测的国际框架》在内的一系列监管指引和报告的征求意见稿，在广泛沟通和征求意见的基础上，形成了《巴塞尔协议Ⅲ》，其目标是通过增加资本的数量、质量以及覆盖面以增强银行系统的稳定性。2010 年 7 月巴塞尔银行监管委员会公布了增加的主要修订内容。

一、资市的定义

在可接受的资本定义中，排除了在信用危机中无法表现出来提供保护的一些部分。

二、杠杆比率

巴塞尔银行监管委员对杠杆比率进行了限制。拥有充足资本的银行出现重大损失的一个原因是使用了高杠杆，因此，有必要对杠杆比率作出约束。通常而言，杠杆比率是指资产和权益的比率。关于杠杆的定义包含了表外资产。杠杆比率是对风险的大致度量，但它具有计算简单、含义明确等特点。

三、流动性要求

流动性对降低信用风险具有重要作用，因此，巴塞尔银行监管委员会引入了全球最低流动性标准。它包括30天流动覆盖比率(30 - Day Liquidity Coverage Ratio, LCR)和净稳定融资比率(Net Stable Funding Ratio, NSFR)。30天流动覆盖比率(LCR)能够使银行及时拥有流动性，以应对财务困境。净稳定融资比率定义为可用来稳定融资的资产数量除以需要融资的数量，它强调资产和负债的平衡性，降低了信用风险。

13.2 《巴塞尔协议》中的资本

商业银行是以少量的自有资本经营货币的金融机构，其核心业务是存款和贷款，因而良好的信誉成为银行生存的根本。为维持银行的声誉，就必须有一定的自有资本。对于商业银行而言，资本的重要作用是吸收损失，缓解经营风险，并保护存款人和债权人的利益。因此，资本比权益资产的账面价值具有更为广泛的社会意义。为此，对商业银行资本的监管就成为监督机构的重要任务。1988年的资本充足规定要求任何国际商业银行持有的资本要大于总风险加权资本的8%。

《巴塞尔协议》对资本作出了较多规定。其中，《巴塞尔协议Ⅰ》和《巴塞尔协议Ⅱ》界定了一级资本、二级资本和三级资本，而《巴塞尔协议Ⅲ》对银行资本进行了更进一步解释。

13.2.1 三级资本

《巴塞尔协议》中的资本包括一级资本、二级资本和三级资本。

一、一级资本

《巴塞尔协议》的一级资本(Tier 1 Capital)包括股权资本和公开储备。其中股权资本包括公开发行的普通股和优先股，公开储备是股本溢价、留存收益以及一般储备。股权资本和公开储备都有缓冲风险的作用。与此不同，商誉不代表能够缓冲风险的资本，因此，它经常被忽略。商誉是记入账面股本的会计指标，反映了购买价值超过账面价值的部分。

在分析银行的一级资本时，狭义上的一级资本受到较多的关注。如讨论一级核心资本时有时排除了优先股，而有形普通股权进一步排除了优先股和无形资产，从而使有形普通股为股本减去无形资产、商誉和优先股的剩余部分。

二、二级资本(或补充资本)

《巴塞尔协议》的二级资本(Tier 2 Capital)包括：

(1) 非公开储备(或隐形储备)。非公开储备是指那些虽然没有公开但已经反映在资产负债表中的储备。由于这些信息没有公开，所以其合法性受到一些国家的质疑，使其不能成为核心资本的一部分。

(2) 资产重估储备。资产重估储备是指需要根据市场环境的变化进行调整的储备。例如，商业银行长期持有的股票等有价证券，通常是按照历史价格计价。如果按照目前市场价格进行估值，则这些储备可以用来吸收损失和缓冲风险。但在实际操作中，由于市场价格存在波动性且资本所得需要缴纳所得税，因此，这些储备在吸收损失时需要按照一定比率进行折扣。

(3) 普通准备金/贷款损失准备金。普通准备金/贷款损失准备金是用来防范未来没有确认的损失，体现为未来利息收入减去可能发生的信用损失的剩余部分。显然，这种准备金的提取降低了一级资本中的留存收益，但并没有减少某项资产的价值，所以它也归为二级资本。

(4) 混合型债务资本工具。混合型债务资本工具，这种资产结合了权益资产与债务的某些特征，当它们是无担保的、次级的和完全支付的证券时，就可以作为补充资本，以缓冲风险。

(5) 次级定期债务。次级定期债务是指初始期限大于 5 年，且最后 5 年的折扣率为 20%的债务。与其他债务相比，次级定期债务的等级更低，因此，当发生清算时，这种债务会处于不利的地位。

三、三级资本

《巴塞尔协议》的三级资本(Tier 3 Capital)只能用于应对市场风险，它包括到期日大于 2 年的短期次级债务。

以上三级资本在应用时也有相应的比率限制。例如，用于吸收信用风险的 8%的资本要求其中至少包含 50%的一级资本，三级资本的金额不能超过用于应对市场风险的一级资本的 250%等。需要明确的是，巴塞尔资本充足率规则要求总资本(一级资本和二级资本)至少为风险加权资产(RWA)的 8%，且一级资本至少为 RWA 的 4%。

13.2.2 《巴塞尔协议Ⅲ》对资本协议的修订

为了增强银行资本的水平和质量，通过对《巴塞尔协议Ⅱ》的修正，产生了《巴塞尔协议Ⅲ》，它主要关注普通股权资本，这被认为是能够吸引损失的最佳一级资本。这种修订主要体现在以下几个方面上。

一、资本要求

2010 年 9 月，巴塞尔银行监管委员会同意将普通股权资本要求增加到 4%，一级资本从 4%增加到 6%，但总资本仍然保留在最低的水平 8%。

二、资本保留缓冲

巴塞尔银行监管委员会增加了 2.5%的资本保留缓冲，银行被允许在压力期间引入这个缓冲，但将面临收入分配上的限制。

三、反周期资本缓冲

巴塞尔银行监管委员会增加了反周期资本缓冲，它由 0%到 2.5%之间的普通股权资本构成。增加的这些资本保留缓冲和反周期资本缓冲是为了在信用扩张时增加银行应对风险的资本金。表 13-2-1 是巴塞尔银行监管委员会对银行资本的年度要求。

表 13-2-1 《巴塞尔协议Ⅲ》的年度资本要求(1月1日)(包含资本保留缓冲(%))

资本	年度							
	2010	2013	2014	2015	2016	2017	2018	2019
总和	8	8.0	8.0	8.0	8.625	9.25	9.875	10.5
一级资本	4	4.5	5.5	6.5	6.625	7.25	7.875	8.5
核心一级资本	2	3.5	4.0	4.0	5.125	5.75	6.375	7.0
资本保留缓冲	0	0.0	0.0	0.0	0.625	1.25	1.875	2.5

资料来源:菲利普·乔瑞. 金融风险管理师考试手册[M]. 王博，刘伟琳，赵文荣，译. 北京：中国人民大学出版社，2010：612.

与以前的协议不同，《巴塞尔协议Ⅲ》对一级资本进行了限制，如海外子公司代表少数股东权益的股权资本不能作为一级资本，递延税务资产和抵押服务权益也不能作为一级资本。与此同时，《巴塞尔协议Ⅲ》还取消了三级资本。

13.3 《巴塞尔协议Ⅰ》与信用风险资本

巴塞尔协议对风险资本也作了要求，体现为对表内项目的风险资本要求和对表外资产项目的要求两个方面。

13.3.1 表内项目的风险资本要求

金融资产具有多样性，对风险资本的要求也就要根据资产的分类来进行。《巴塞尔协议Ⅰ》在将资产分为四类的基础上，对其分别设立不同的风险资本权重(见表 13-3-1)，并要求每单位的风险加权资产暴露必须用8%的资本来吸收。

由表 13-3-1 可以看出，不同资产面对的风险不同，其风险权重的设定也不同，基本规则是风险越大，则风险权重也越大。例如，对于基本上不存在违约风险的资产，其风险权重为零，如现金；由于应收现金等存在不高的风险，因此，风险加权比重也较低；对于私人部门的债权、不动产等，由于风险较大，则风险权重也大。

表 13-3-1 不同类别资产的风险资本权重

权重	资产类型
0%	现金持有
	OECD 国家中央政府的债权
	以本国货币融资的中央政府的债权
20%	应收现金
	OECD 国家注册的银行以及受监管的证券机构的债权
	非 OECD 国家注册的银行剩余期限低于1年的债权
	非本国的 OECD 国家公共机构的债权

续表

权重	资产类型
50%	住宅抵押贷款
100%	私人部门的债权(公司债券，股票等)
	非 OECD 国家注册的银行剩余期限大于 1 年的债权
	不动产
	厂房和设备

资料来源：菲利普·乔瑞. 金融风险管理师考试手册[M]. 王博，刘伟琳，赵文荣，译. 北京：中国人民大学出版社，2010：614.

如果表内项目用 BS 表示，风险加权资产为 RWA，RW_i 为第 i 项资产的风险权重，则信用风险资本要求(Credit Risk Charge，CRC)定义为

$$\begin{aligned} CRC(BS) &= 8\% \times RWA \\ &= 8\%\left(\sum_i RW_i \times \text{名义价值}\right) \end{aligned} \tag{13.3.1}$$

13.3.2　表外项目的风险资本要求

一、表外项目资产的分类

随着经济环境的变化以及金融工具的不断创新，银行的表外业务也快速发展，从而有必要对表外业务的风险资本提出要求。为了度量表外项目的风险资本要求，巴塞尔协议通过信用风险换算系数(Credit Conversion Factors，CCF)将表外项目等价于贷款名义金额的"信用风险暴露"，表外风险资产的类型包括：

(1) 贷款的替代工具。担保、银行承兑汇票、贷款和有价证券担保的备用信用凭证都属于这类工具。它们可以看做贷款的替代工具，具有 100%的风险权重(信用风险换算系数)。

(2) 与交易有关的或有项目。与特定交易相关联的履约保证或商业信用凭证就是一例。由于这类资产与一定的保证(如特定的交易或作为保证金的现金)相关，因此，它们的风险比贷款要低，其信用风险换算系数也低，为 50%。

(3) 与交易相关的短期自偿性负债。在国际贸易中，以基础货物为担保的跟单信用证就属于此类资产。这类资产的换算系数为 20%。

(4) 到期日(或成熟期)大于 1 年的信用承诺(如信用赊账)和票据发行便利。这些资产的信用换算系数为 50%。但应注意的是，对于没有设立准备金的短期信用承诺或无条件的承诺，由于其期限短，因而可将信用风险换算系数设为零。与此不同，设立了准备金的短期信用承诺应视为贷款，列入资产负债表中，根据《巴塞尔协议Ⅱ》，其信用换算系数为 20%。

(5) 其他衍生品。对于股票、外汇、利率、商品等的期权、期货以及互换类资产，由于涉及复杂的头寸风险暴露，应设计特别的对待措施。

二、表外项目资产的信用风险

基于以上五类表外风险资产的分类，就可以计算其风险资本要求。

1. 前四类资产的信用风险

对于上面前四类资产，其信用风险为信用风险换算系数与名义金额的乘积，即

$$\text{信用风险}=\text{信用换算系数}\times\text{名义金额} \tag{13.3.2}$$

2. 第五类资产的信用风险

对于包括衍生品的第五类资产，信用风险为净重置价值(Net Replacement Value，NRV)加上附加价值(Add - On)，即

$$\begin{cases}\text{信用风险}=\text{NRV}+\text{附加价值}\\ \text{附加价值}=\text{名义金额}\times\text{附加因子}\times(0.4+0.6\times\text{NGR})\end{cases} \tag{13.3.3}$$

由式(13.3.3)可见，要计算第五类资产的信用风险，就要明确附加因子和NGR。

(1) 附加因子。由式(13.3.3)可见，附加因子实质上相当于风险转换系数，它处于0与1之间。附加因子的设定取决于距离到期日的剩余期限和合约的类型。历史经验提供了对附加因子的粗略估计(见表13-3-2)。

表13-3-2 潜在信用风险的附加因子(%)

剩余期限	合约类型				
	利率	汇率/黄金	股票	贵金属	其他商品
小于1年	0.0	1.0	6.0	7.0	10.0
1至5年	0.5	5.0	8.0	7.0	12.0
5年以上	1.5	7.5	10.0	8.0	15.0

资料来源：菲利普·乔瑞．金融风险管理师考试手册[M]．王博，刘伟琳，赵文荣，译．北京：中国人民大学出版社，2010：616.

由表13-3-2可以看到，不同合约不同剩余期限的附加因子不同。从时间的角度分析，如果剩余期限长，则由于未来不确定性程度提高，附加因子就大。从合约的角度看，如果标的物价格的波动性大，则应有较大的附加因子。在合约类型中，商品的价格波动率大，而股票、汇率和利率的波动率相对较小，因而，商品的附加因子相对较大，而汇率、利率的附加因子相对较小。

(2) NGR。NGR是净额对总额的比率(Net - to - Gross Ratio，NGR)，如某个时刻净市场价值与总市场价值的比率。由于可能出现净额结算的情况，因此，为了降低此种情况下的资本要求，就引入了NGR。换而言之，NGR的作用是它同时强调了资产净额和非净额两部分对信用风险的影响，体现了对信用风险的度量更为谨慎的思想。

三、表外项目的风险资本要求

在以上分析基础上，就可以计算表外项目的风险资本要求。在正常情况下，考虑到大多数的交易对手有高的信用等级，因此，附加因子通常进行50%的折扣，这样，表外项目(Off Balance Sheet，OBS)的风险资本要求可以表示为

$$\text{CRC(OBS)} = 8\% \times \left(\sum_i \text{RW}_i \times 50\% \times \text{信用风险暴露}_i\right) \tag{13.3.4}$$

其中，RW_i 为第 i 项资产的风险权重。

例 13－3－1 花旗银行 2009 年 12 月的表内和表外项目的数据如表 13－3－3所示。

表 13－3－3 花旗银行的资产和风险权重分类

表内资产/十亿美元					
项　目	名义金额	风险权重分类			
		0%	20%	50%	100%
现金和应收现金	174.6	140.6	29.9	0.0	4.1
有价证券	267.7	129.5	64.2	11.0	63.0
贷款和租金	488.7	10.5	77.0	110.1	291.1
所有其他资产	81	6.7	14.6	1.0	58.7
表内资产合计	1012	287.3	185.7	122.1	416.9

表外资产/十亿美元							
项目	名义金额	换算系数	等价信用价值等于前两项乘积	风险权重分类			
				0%	20%	50%	100%
金融备用信用凭证	85.2	1.0	85.2	12.8	24.2	2.2	45.9
履约备用信用凭证	13.0	0.5	6.5	0.9	0.8	0.0	4.8
商业信用凭证	7.1	0.2	1.4	0.1	0.4	0.0	0.9
有价证券出售	53.5	1.0	53.5	53.1	0.4	0.0	0.0
其他信用替代物	0.2	—	2.6	0.0	0.0	0.0	2.6
其他表外项目	10.4	1.0	10.4	0.0	0.1	2.9	7.5
一年以上未使用承诺	111.5	0.5	55.7	1.2	13.9	0.8	39.0
一年以下未使用承诺	36.4	0.1	3.6	0.8	1.0	0.6	1.3
衍生合约	35265.0		198.9	12.8	89.8	96.4	0.0
表外资产合计			417.8	81.7	130.6	102.9	102.9

资料来源：菲利普·乔瑞．金融风险管理师考试手册[M]．王博，刘伟琳，赵文荣，译．北京：中国人民大学出版社，2010：618．原表中的部分加总数据有误，本表已进行了修正。

在表 13－3－3 中，首先是将表内和表外资产分为不同的项目，而每一项目的名义金额再划分到四个风险权重的类别中的一个，从而将资产与其面对的风险对应起来，以实现资产与风险的匹配。如果花旗银行同期的市场风险加权资产为 548 亿美元，试计算其监管资本要求。

解 根据表 13－3－3 中数据，加总不同类型的表内和表外资产，并计算其风险加权资产如表 13－3－4 所示。

表 13-3-4 花旗银行的风险加权资产 十亿美元

项 目	风险权重分类				总 计
	0%	20%	50%	100%	
表内和表外项目之和	369.0	316.3	225.0	519.8	
信用风险的风险加权资产	0.0	63.3	112.5	519.8	695.6
市场风险的风险加权资产					54.8
总风险加权资产					750.4

由表 13-3-4 可知，花旗银行的风险加权资产为 7504 亿美元。如果按照 8%的资本要求，则花旗银行需要准备的资本金额为 600.32 亿美元。

四、《巴塞尔协议 I》与监管套利

1988 年的《巴塞尔协议》会引起监管套利问题，它是指商业银行通过避开其监管规则进行套利的行为。事实上，这种行为符合经济人假设。例如，如果商业银行计划发放一笔贷款 1000 元，那么它是将这笔资金投向信用等级为 AAA 的投资级别的公司还是一家信用等级为 CCC 的投机级别的公司？在进行决策时，银行会考虑这种事实：即无论将这笔资金投向 AAA 或者 CCC 信用级别的公司，银行都必须持有监管部门要求的 80 元资本。假设投资于 AAA 信用级别公司时在扣除费用和期望损失后的收益率为 6%，借款成本为 5.6%，则银行能够分配其股东的利润总额为 1000×6%－920×5.6%＝8.48 元，相对于监管资本 80 元而言，其收益率为 10.8%。但如果银行将这笔资金投向 CCC 信用级别的公司，扣除费用和期望损失后的收益率要高，比如为 7%，则银行能够分配给股东的总收益为 1000×7%－920×5.6%＝18.48 元，相对于监管成本的 80 元，其收益率为 23.1%。显而易见，银行管理层及其股东更倾于投资于 CCC 信用级别的公司，从而导致贷款风险水平的增加，这说明监管规则会导致银行向信用级别低的借款人发放贷款。

13.4 《巴塞尔协议 Ⅱ》与信用风险资本

由于《巴塞尔协议 Ⅰ》存在监管套利，会导致提高银行贷款风险等问题，就需要对其进行修正，这体现在《巴塞尔协议 Ⅱ》中。

根据《巴塞尔协议 Ⅱ》，银行可以利用《巴塞尔协议 Ⅰ》中的简单扩充的资本概念或者内部评级法中的资本概念。简单扩充的资本概念与《巴塞尔协议 Ⅰ》一致，只是其二级资本中的普通准备金和贷款损失准备金在风险权重资产中不能超过 1.25%。关于内部评级法，《巴塞尔协议 Ⅱ》把损失分为期望损失和非期望损失，资本用于吸收非期望损失，而普通准备金和贷款损失准备金用于吸收期望损失，因此，在《巴塞尔协议 Ⅱ》的二级资本中没有普通准备金。

13.4.1 信用风险资本要求的计算

一、信用风险资市要求

通常来说，信用风险的资本要求要与一年期置信水平为 99.9%的资本要求一致。在计算时，如果 RW_i 为第 i 项资产的风险权重，CE_i 为第 i 项资产的风险暴露，则信用风险资本要求 CRC 由式(13.4.1)确定：

$$CRC = 8\% \times \left(\sum_i RW_i \times CE_i\right) \tag{13.4.1}$$

由式(13.4.1)可见，为了计算信用风险资本要求，就需要风险暴露和风险权重的信息。银行资产的风险暴露可通过风险识别来得到，因而，关键是要确定资产风险权重的数据。关于资产风险权重，银行可以在以下三种方法中进行选择。

二、资产风险权重确定的标准化方法

标准化方法是通过对《巴塞尔协议Ⅰ》进行扩展而形成的。它根据外部信用评级机构提供的信用级别信息对信用风险进行分类。根据这种方法，把银行和主权债务分为五类，企业债务分为四类。在确定银行债务的信用风险权重时，有两种方法可供选择。选择Ⅰ是在主权债务上加上一个风险权重等级，即用注册国家的评级确定银行的评级，选择Ⅱ是直接利用外部信用评级。这种新的风险权重见表 13-4-1。

表 13-4-1 风险权重：标准化方法

债 权	信用评级/(%)					
	AAA/AA−	A+/A−	BBB+/BBB−	BB+/B−	低于 B−	未评级
主权债权	0	20	50	100	150	100
银行债权——选择Ⅰ	20	50	100	100	150	100
银行债权——选择Ⅱ	20	50	50	100	150	50
短期债权(小于 3 个月)	20	20	20	50	150	20
公司债权	20	50	100	—	150	100

资料来源：菲利普·乔瑞. 金融风险管理师考试手册[M]. 王博，刘伟琳，赵文荣，译. 北京：中国人民大学出版社，2010：624.

三、资产风险权重确定的内部评级初级法

与标准化方法使用外部机构提供的信用信息不同，内部评级法(Internal Ratings-Based Approach，IRB)可以使用内部的信息，它又分为初级法和高级法两种。内部评级初级法是银行自己估计违约概率(Probability of Default，PD)，而标准法的其他变量的信息由监管部门提供。根据这种设计，就要求银行的估计违约概率和风险资本要求之间存在对应关系，表 13-4-2 提供了这方面的信息。

表 13-4-2 内部评级法的风险权重

违约概率(PD)/(%)	公司贷款/(%)	住房抵押贷款/(%)	其他零售贷款/(%)
0.03	16.44	4.15	4.45
0.10	29.63	10.69	11.16
0.25	49.47	21.30	21.15
0.50	69.61	35.08	32.36
0.75	82.78	46.46	40.10

续表

违约概率(PD)/(%)	公司贷款/(%)	住房抵押贷款/(%)	其他零售贷款/(%)
1.00	92.32	56.40	45.77
2.00	114.86	87.94	57.99
3.00	128.44	111.99	62.79
4.00	139.58	131.63	65.01
5.00	149.86	148.22	66.42
10.00	193.09	204.41	75.54
20.00	238.23	253.12	100.28
50.00	217.87	226.62	105.94

注：该权重适应于违约损失为45%、成熟期为2.5年以及重置资产超过5000万欧元的公司。

资料来源：菲利普·乔瑞. 金融风险管理师考试手册[M]. 王博，刘伟琳，赵文荣，译. 北京：中国人民大学出版社，2010：624.

四、资产风险权重确定的内部高级评级法

与内部初级评级法不同，内部高级评级法允许提供除了估计违约概率以外的其他输入变量信息，如违约损失(Loss Given Default，LGD)以及违约风险暴露(Exposure at Default，EAD)。在实施时，综合所有的违约损失和违约风险暴露就可以得到监管需要的风险权重，而风险资本要求为违约风险暴露、风险权重和8%三者的乘积。需要注意的是，内部高级评级法受到了一定的限制，表现为它适合于确定银行和公司债务的风险权重，但不适合于零售资产组合风险权重的计算。

银行可以在以上三种方法中进行选择，以确定风险权重。一般而言，拥有简单资产组合的银行使用标准化方法，而对于持有复杂资产组合的银行来说，采用内部评级法更合理。内部评级法使银行拥有较大的主动权，但要获得这种主动权需要满足至少两个基本条件：一是银行需要证明它已经满足了最低的监管要求，二是银行所建立的评级系统必须得到监管机构和独立机构的认可。这些条件不仅对于监管机构而言是合理的，而且对于其他银行来说也体现了公平性。

13.4.2 信用风险缓释及证券化

一、信用风险缓释

信用风险缓释(Credit Risk Mitigation，CRM)也是《巴塞尔协议Ⅱ》考虑的内容。抵押物、第三方担保、信用衍生品以及净值结算等技术具有减缓风险的作用，从这方面看，它类似于资本，但这需要得到监管部门的承认。监管机构能够承认的抵押品只包括现金、黄金、上市公司股权、BB一级或以上级别的主权债以及投资于相同资产的共同基金。

二、信用风险度量标准化方法下的简单方法和复杂方法

抵押品可能产生信用风险。度量这些风险时，在标准化方法下，可采用简单方法

(Simple Approach)或复杂方法(Comprehensive Approach)。如果采用简单的度量方法，抵押品的风险可以由交易对手的风险代替，资本要求大致为20%；如果采用复杂方法，风险资本的要求会较低。与此同时，违约时资产价值发生的波动也可能引起信用风险，如风险暴露的价值不断增加但抵押品的价值不断下降就会造成新的信用风险。这种波动性风险可以用折扣(Haircut)参数(H)来衡量。

如果采用标准化方法下的简单方法，E 为未抵押风险暴露价值，C 为抵押物当前的市场价值，H_e 为风险暴露的折扣，H_c 为抵押物的折扣，H_{fx} 为两者之间货币不匹配的折扣，则经济风险缓释的风险暴露价值 E^* 为

$$E^* = E\times(1+H_e)-C\times(1-H_c-H_{fx}) \tag{13.4.2}$$

以此为基础，有效违约损失 LGD* 可以由式(13.4.3)推导出，即

$$\text{LGD}^* = \text{LGD}\times\frac{E^*}{E} \tag{13.4.3}$$

三、双重违约

除了抵押品，担保和信用衍生品也是信用风险缓释的表现形式，它们是第三方对债务人违约提供的担保。在这种担保是直接的、明确的、无条件的和不可撤销的条件下，可以使用替代原则，如银行 A 购买了银行 C 提供的对银行 B 的担保，那么银行 A 就可以用银行 C 的信用风险代替银行 B 的信用风险。但此时会发生银行 B 和 C 同时违约的情况，可称为双重违约。

2005 年 7 月，巴塞尔银行监督委员会采用了双重违约的新资本要求 RW_{DD}：

$$RW_{DD} = RW_0(0.15+160\times PD_g) \tag{13.4.4}$$

其中，RW_0 为原资本要求，PD_g 为担保人发生违约的概率。

四、证券化

根据《巴塞尔协议Ⅱ》，证券化是指经济意义上或法律意义上将资产转移给作为第三方特殊目的机构(Special Purpose Vehicle，SPV)，典型的证券化是以贷款池作为抵押的资产抵押证券。由于资产负债表上的贷款会产生较高的监管成本，银行就有动机将贷款转为可交易证券。但是，银行要实现这种转移，必须满足以下条件：

(1) 资产必须转移给第三方；

(2) 资产出售者不能直接或间接控制这些资产；

(3) 出售者不再承担这些债券附加的权利和义务；

(4) SPV 的持有人有权抵押或交换这些证券。

如果实现了资产的转移，则要对证券化的资产确定新的风险权重(见表 13-4-3)。

表 13-4-3 标准化方法下证券化的风险权重 (%)

	AAA/AA	A+/A−	BBB+/BBB−	BB+/BB−	B+及以下或未评级
资产层次	20	50	100	350	1250(扣除)

资料来源：菲利普·乔瑞．金融风险管理师考试手册[M]．王博，刘伟琳，赵文荣，译．北京：中国人民大学出版社，2010：628.

五、《巴塞尔协议Ⅱ》的评估

巴塞尔银行监管委员会对《巴塞尔协议Ⅱ》的新资本要求进行了评估，表13－4－4是对G－10国家评估的结果。

表 13－4－4 资本要求的百分比变化(G－10 国家的银行) (%)

投资组合	大银行		小银行	
	标准化方法	内部评级法	标准化方法	内部评级法
公司	0.9	－5.0	－1.0	－4.5
银行	1.5	0.4	0.2	0.1
主权国家	0.2	1.3	－0.1	0.6
中小企业	－0.2	－1.3	－0.1	0.6
抵押贷款	－6.3	－7.6	－6.2	－12.6
零售	－0.7	－0.9	－2.5	－4.5
其他	0.8	2.5	0.0	1.5
信用风险加总	－3.8	－10.5	－9.7	－21.6
操作风险	5.6	6.1	8.3	7.5
总变化	1.8	－4.4	－1.4	－14.3

资料来源：菲利普·乔瑞．金融风险管理师考试手册[M]．王博，刘伟琳，赵文荣，译．北京：中国人民大学出版社，2010：629．

由表 13－4－4 可以看出，新资本要求对银行的影响是不同的。例如，具有更多零售业务风险暴露的小银行的资本要求会比以前更低。对于小银行来说，采用内部评级法比采用标准化方法时资本要求的降低更多。与此不同，对于大银行而言，它们更愿意用内部评级法。基于降低资本要求和提高利润的需要，这些结果对银行选择资产与评级方法的对应关系有重要作用。

13.5 市场风险资本要求

随着经济全球化的快速发展和市场范围的扩大，市场风险日益受到监管机构的关注。1996 年巴塞尔委员会对资本协议进行了修改，增加了市场风险的资本要求，并于 1998 年 1 月开始实施。市场风险资本要求的计算可采用类似于信用风险体系中的标准化方法和建立在银行自身风险管理系统上的内部模型法。

13.5.1 市场风险资本要求的标准化方法

一、总风险的度量

标准化方法采用高度模式化的计算过程，它先要按照特定的准则分别计算利率风险(IR)、股票风险(EQ)、外汇风险(FX)、商品风险(CO)以及期权风险(OP)的大小，再加总它们从而得到银行的总风险。

如果分别用 MRC_t^{IR}、MRC_t^{EQ}、MRC_t^{FX}、MRC_t^{CO} 和 MRC_t^{OP} 表示在 t 天表现在利率、股

票、外汇、商品和期权上的风险，则该天银行的总风险 MRC_t^{STD} 为

$$MRC_t^{STD} = \sum_{j}^{5} MRC_t^j = MRC_t^{IR} + MRC_t^{EQ} + MRC_t^{FX} + MRC_t^{CO} + MRC_t^{OP} \quad (13.5.1)$$

二、各类风险资本要求的计算特点

在计算各类风险资本要求时，总的原则是头寸加上一个附加额，但它们各有特点。

(1) 利率风险的资本要求。它是一般市场风险资本要求与特殊风险资本要求之和。其中，一般市场风险资本要求是金融工具久期的增函数，特殊风险资本要求能够覆盖发行人的特殊风险。

(2) 股票风险的资本要求。它也是一般市场风险资本要求与特殊风险资本要求之和。其中，一般市场风险资本要求是净头寸价值的8%，而特殊风险资本要求为总头寸的8%。

(3) 外汇风险资本要求。外汇风险资本要求是净外汇多头头寸价值和净空头头寸价值较大者的8%。

(4) 商品风险资本要求。在简单方法中，风险资本要求是每个商品净头寸价值的15%。

(5) 期权风险资本要求。在简单方法中，资本要求是标的证券和期权费的市场风险资本要求的较小者。

从总体上看，标准化方法简单易行，但它也存在着诸如分类随意、计算结果相对保守等不足。

例 13-5-1 如果你是银行分析师，需要确定在《巴塞尔协议Ⅱ》框架下银行能否用简单方法代替内部方法来报告期权的风险暴露。在满足下列哪一条标准后银行才能使用简单方法？

(1) 该银行出售期权，但是它的期权交易与它的总体业务活动之间的联系不显著

(2) 该银行购买和出售期权并且有显著的期权交易

(3) 该银行仅仅购买期权，并且它的期权交易与它的总体业务活动之间的联系不显著

(4) 该银行购买和出售期权，但是期权交易不显著

解 (3)。一家银行只有在购买期权并且期权交易不显著的情况下使用简单方法。另一种思考方法是相对而言，选项(3)具有最小的风险，最不可能产生最大的损失，适合于简单方法。

13.5.2 市场风险资本要求的内部模型法

在计算市场风险的资本要求时，如果银行已经得到监管机构的明确核准，它才能使用内部模型法(Internal Models Approach，IMA)，这是基于银行内部建立的风险管理系统计算市场风险资本要求的方法。

一、使用内部模型法的银行必须满足的要求

在使用内部模型法时，由于银行使用的是自己内部的风险管理系统，而不是监管机构的规则，因而，为了监管的需要，银行要满足定性和定量两方面的要求。

1. 定性要求

(1) 拥有独立的风险控制部门。它是指银行的风险控制部门必须独立于银行的交易部

门，并直接向银行高级管理层汇报。

(2) 能够进行事后测试。银行必须建立定期进行事后测试的程序，通过比较实际发生的风险损失与采用内部 VAR 模型计算的结果，形成反馈信息。

(3) 管理层的介入。银行的高级管理层和董事会应积极参与银行的内部风险控制过程，并对风险管理业务投入足够的资源。

(4) 管理整合。它是指银行的内部风险模型必须与日常的风险管理工作紧密结合，以实现对实际风险的有效管理，使内部模型真正成为管理银行市场风险的有效工具，而不是应对监管机构的设计。

(5) 使用风险限额。为了有效控制损失，银行应使用自身的风险测算系统建立内部交易和风险暴露的限度。

(6) 压力测试。为保证模型的准确性，银行应定期对模型进行压力测试，测试结果应汇报给银行的高级管理层，并体现在管理层和董事会制定的交易政策和限额中。

(7) 保持一致性。它是指银行必须保证模型与规定的政策相一致。

(8) 独立审核。银行必须定期(至少一年一次)对交易部门和风险控制部门进行独立的审核。审核必须包括事后测试等验证过程。

2. 定量要求

银行的内部模型需要满足一些定量要求，这包括：

(1) “足够”的风险因子。模型必须包括足够数量的风险因子，而“足够”的标准取决于银行交易范围、数量以及复杂程度等变量。

(2) 利率风险。对于重要的利率风险，模型必须包含至少 6 个风险因子，另外还要包括其他影响风险溢价的独立因子。

(3) 股票风险。模型必须包含反映股票价格与股票指数之间相关程度的贝塔值。

(4) 商品交易风险。风险模型必须考虑即期利率和收益率的变化指标。

由此可见，银行使用内部模型法时虽然拥有较大的自主权，但也会受到监管机构的较多约束。

二、市场风险资本要求的计算

1. 计算原则

在满足上述条件后，银行就可以根据以下原则计算市场风险资本要求：

(1) 定量参数。

银行在计算 VAR 时每天使用的输入变量必须满足统一的定量要求：

① 银行可以采用 10 天或一个交易周的时期计算 VAR。如果采用一天的 VAR，就需要利用时间的平方根得到 10 天的 VAR；

② 采用 99%的置信水平；

③ 历史观察期的最短时间为 1 年，如果采用不同的权重进行计算，其平均时滞不得少于 6 个月；

④ 数据至少每季度更新 1 次。如果发生重大的价格变化，则需要立即更新数据。

(2) 市场风险资本要求。

确定市场风险资本要求时，通常选择前一天的 VAR 值和过去 60 个交易日 VAR 的平均值乘以一个“乘数”因子 k 后的较大值。其中，“乘数”因子由当地监管机构确定，但不能小于 3，其目的是对因模型错误产生的损失提供缓冲。

(3) 附加因子。

银行的内部模型可能出现错误，从而导致由模型得到的 VAR 预测值小于银行实际承担的风险。在这种情况下，就要在“乘数”因子 k 上加上一个惩罚性因子，称为附加因子。

2. 市场风险资本要求计算

根据以上原则，就可计算市场风险资本要求，这可以分为以下两种情况：

(1) 不考虑增量风险资本要求。

如果用 SRC_t 表示为应对第 t 天因特殊因素所引发风险的风险资本要求，VAR_{t-i} 为置信水平为 99%、时间范围为 10 天的 VAR 值，k 包括了乘数因子和附加因子的共同作用，则任意的第 t 天的市场风险资本要求 MRC_t^{IMA} 为

$$MRC_t^{IMA} = \mathrm{Max}\left(k\frac{1}{60}\sum_{i=1}^{60}VAR_{t-i},\ VAR_{t-1}\right) + SRC_t \qquad (13.5.2)$$

(2) 考虑增量风险资本要求。

在计算市场风险资本要求时，2009 年的《巴塞尔协议》修订案增加了压力测试 VAR (SVAR)和增量风险资本要求(Incremental Risk Charge，IRC)，从而有公式：

$$MRC_t^{IMA} = \mathrm{Max}(k\frac{1}{60}\sum_{i=1}^{60}VAR_{t-i},\ VAR_{t-1}) + \mathrm{Max}\left(k_s\frac{1}{60}\sum_{i=1}^{60}SVAR_{t-i},\ SVAR_{t-1}\right) + SRC_t + IRC_t \qquad (13.5.3)$$

其中，SVAR 是当前投资组合对应 10 天范围内 99%置信水平的损失，以连续 12 个月作为计算周期。乘数 k_s 与前面公式中的 k 类似，但要加上取决于 VAR 压力测试结果的附加因子，且最小值为 3。

确定增量风险资本要求(IRC)的基础是增量风险度量(Incremental Risk Measure，IRM)，它度量了一年 99.9%置信水平的 VAR，至少每周计算一次。这样，增量风险资本来要求就是过去 12 周 IRM 的平均值和最近的 IMR 两者的最大值。

$$IRC_t = \mathrm{Max}\left(\frac{1}{12}\sum_{i=1}^{12}IRM_{t-i},\ IRM_{t-1}\right) \qquad (13.5.4)$$

总体来说，在计算市场风险资本要求时，既可以采用标准化方法(通过把五类风险各自的资本要求加总得到)，也可以利用内部模型法，还可以将利用以上两种方法的结果进行平均得到。

例 13-5-1 在《巴塞尔协议Ⅱ》下，经过监管机构批准和银行可以使用内部模型法估计它们的市场风险资本要求。下列哪一种是在内部模型法下计算资本要求的方法？

(1) 内部评级模型

(2) 压力测试和事后测试

(3) 期望尾部损失和 VAR 一样不是致性的风险度量

(4) VAR 方法

解 应选 (4)。内部模型法是基于银行内部 VAR 的方法。

本章小结

本章主要介绍《巴塞尔协议》的主要内容、资本的定义、资本要求、信用风险以及市场风险资本要求。由于商业银行在经济运行过程中起着重要作用，因而需要对其进行严格的监管。作为国际商业银行监管具有里程碑意义的金融协议，《巴塞尔协议》成为维护世界金融秩序的重要规范，许多国家要求其商业银行满足《巴塞尔协议》的监管要求。自从2009年3月中国人民银行和银监会代表我国正式加入巴塞尔委员会以来，了解和掌握《巴塞尔协议》有利于防范商业银行风险和金融风险。

案例研究

欧洲银行监管机制改革新进展

一、案例描述

2013年10月15日，于卢森堡举行的欧盟财长会议正式通过了欧盟的单一监管机制(Single Supervisory Mechanism，SSM)计划，并经欧洲议会同意以法规形式对外公布，进一步扫清了统一银行监管体系的法律障碍，为建立欧盟内新的银行监管机制和框架迈出了重要一步。

(一) 相关背景

近年来，欧洲银行危机和主权债务危机的恶性循环愈演愈烈，导致系统性风险不断蔓延。除有欧元区机制设计先天不足的原因外，一定程度上也暴露出欧洲在金融监管领域方面存在的监管规则不统一、监管手段相互割据、监管沟通不畅、风险处置机制难以有效执行等问题。为加强系统性风险的监管和防范，巩固并推动欧洲一体化进程，欧盟委员会在强化原有货币联盟的基础上，逐步推进财政联盟和银行联盟的建立(货币联盟、财政联盟与银行联盟并称为欧盟一体化的“三大联盟”)。

2011年1月，新的欧盟金融监管体系正式建立。为加强宏观层面对系统性风险的管理，欧洲系统性风险委员会(ESRB)负责对整个金融体系风险进行宏观审慎监管指导，并对欧洲经济中的各种风险提出预警和风险处置方案。2012年底，欧盟委员会提出了新的改革路线图，拟在欧洲央行、欧洲银行管理局和各国监管当局现有架构的基础上建立欧洲银行联盟(Banking Union)。其核心是两大方面：一是建立欧元区统一的银行监管机制，赋予欧洲中央银行对欧元区所有银行的日常监管职责；二是建立统一的处置与救助机制(Single Resolution Mechanism，SRM)。随着近期法规的出台，欧盟单一监管机制正式确立。它授予欧洲央行履行对欧元区信贷机构的审慎监管权力，同时也是迈向银行联盟的第一步。

(二) 欧洲单一监管机制的特征

一是监管中心化。欧洲央行将成为银行监管强有力的决策中心，以维护监管的统一性，避免重复监管。所有在欧元区成立的银行都将被纳入单一监管机制。

二是欧洲央行扩权。单一监管机制以欧洲央行为核心，拥有微观和宏观审慎监管的一揽子权力，涵盖对信贷机构审慎监管的所有关键职责。将宏观审慎监管权力纳入其中是关键。

三是非欧元区的欧盟成员国监管当局可自愿加入到单一监管机制中来。单一监管机制将扩展至所有的欧盟成员国。

（三）欧洲央行的具体职责

从具体的监管范围来看，欧洲央行将对欧元区内资产总额超过300亿欧元，或资产超过其母国国内生产总值20%的大型银行，或已经获得政府救助的银行进行直接的并表监管。目前该类银行有130家，约占欧洲银行业总资产的85%。每个成员国将至少有3家在该国最具系统重要性的银行受到欧洲央行的直接监管。

欧洲央行在具体履行监管职责方面的几个要点：

一是强调监管相对于货币政策的独立性。单一监管机制成立后，欧洲央行将同时承担欧元区货币政策制定与银行监管的双重职责。

二是与欧洲银行管理局的关系。根据新法规的要求，总部设在伦敦的欧洲银行管理局主要负责起草单一监管机制的规则手册（Single Rulebook）以及欧盟范围的银行监管标准和指引，而欧洲央行将按照规则手册的要求实施单一监管机制。未来两大机构间的协调推进将是使单一监管机制有效运行的关键。

三是与欧洲各国监管当局的关系。欧元区成员国监管当局将依法自动受到单一监管机制的管辖。

四是承担的具体监管职责。在单一监管机制下，欧洲央行主要担负对银行市场准入、日常监管及监管处罚方面的职责。在市场准入方面，在成员国区域内设立银行需由成员国监管当局初审，并转报欧洲央行，欧洲央行对此有否决权。在日常监管方面，欧洲央行的职责主要包括：确保银行遵守最低资本要求、杠杆率、流动性和拨备等规定；限制银行业务及风险承担；限制分红和高管薪酬；对银行额外的披露要求及撤换不称职高管等。在监管处罚方面，单一监管机制允许欧洲央行对违反规定的银行采取行政处罚，罚金相当于银行当年利润2倍或总营业额10%。

资料来源：《欧洲银行监管机制改革新进展》(中国银行业监督管理委员会，2014-05-27。http://www.cbrc.gov.cn/chinese/home/docView/576001E30F15400383D0DA73863D43 A9.html)节选。

二、讨论题

试分析欧盟银行监管机制对我国银行业监管的启示。

思考与练习

1. 下列哪种说法是一级监管资本的最合适定义？

(1) 股权资本、留存收益和公开储备

(2) 次级债券和非公开储备

(3) 股权资本和期限超过5年的次级债券

(4) 长期债务和资产重估储备

2. 考虑一银行的资产负债表：(a) 普通股600百万美元；(b) 未变现的长期股票证券市值收益5百万美元；(c) 为可能发生的信用损失计提的准备金5百万美元；(d) 商誉30百万美元。根据以上信息，一级资本和二级资本分别为多少？

(1) 595百万美元，45百万美元　　　(2) 570百万美元，10百万美元

(3) 600 百万美元，15 百万美元 (4) 630 百万美元，20 百万美元

3. 考虑一家银行的金融数据(以百万美元计)：股权资本 627.4，留存收益 65.6，非公开储备 33.5，商誉 21.3，次级债务 180.0，特别准备 11.7，二级资本占一级资本的比例为

(1) 30.81％ (2) 31.78％ (3) 33.53％ (4) 34.03％

4. 下列关于《巴塞尔协议Ⅱ》中的初级内部评级法和高级内部评级法的说法哪一个是不正确的?

(1) 在高级内部评级法下，银行可以使用自己对 PD、LGD、EAD 以及相关系数的估计，但必须使用监管机构提供的风险加权函数计算风险资本要求

(2) 在初级内部评级法下，银行提供自己对 PD 的估计并依赖监管机构对其他风险成分的估计

(3) 使用高级内部评级法的银行被寄希望于继续使用这种方法，当然这要在得到监管者的同意的情况下才能使用

(4) 在初级内部评级法和高级内部评级法下，期望损失没有包含在信用风险资本要求中

5.《巴塞尔协议Ⅱ》中内部评级法的风险权重函数是基于渐近单风险因子模型，此时影响所有债务人的系统风险都建模成一个系统风险因子。采用这种方法的主要原因是：

(1) 该模型不能依赖于投资组合的特性

(2) 该模型应不随投资组合变化，任意给定贷款的资本要求只反映它自身的风险，不依赖于它所在的投资组合

(3) 该模型应随投资组合变化，任意给定贷款的资本要求不能依赖于其他贷款的风险

(4) 该模型和一年期置信水平为 99.9％的 VAR 相关

6. 在《巴塞尔协议》1996 年的市场风险修正案下，银行可以使用它的内部模型从以下方面计算其市场风险资本要求，除了：

(1) 10 个交易日的期限

(2) 99％的置信水平

(3) 一年的历史观测记录，每半年更新一次

(4) 市场风险资本要求应当设置为前一天的 VAR 或过去 60 天的 VAR 平均值乘以一个乘数因子的较大者

7. 1996 年《巴塞尔协议》的市场风险修正案要求内部模型：

(1) 使用至少 6 个月的历史数据

(2) 使用至少一年等权重的历史数据

(3) 使用足够长的历史数据，以保证数据的加权平均时滞至少为 6 个月

(4) 使用两年的历史数据，非等权重加权

阅读专栏 1

巴塞尔委员会公布资本和流动性等监管新规并评估对宏观经济的影响

2010 年 12 月，巴塞尔委员会接连发布巴塞尔协议Ⅲ的四份技术文件和定量测算的最终报告。在报告中，巴塞尔委员会公布了资本、流动性和逆周期资本缓冲监管新标准，并

公布了资本和流动性监管新规则对宏观经济影响的评估报告。该系列报告对于完善巴塞尔监管体系，重塑全球银行业监管格局，促进全球银行业可持续发展具有十分重要的意义。

2010 年 12 月，巴塞尔委员会公布了银行资本、流动性和逆周期资本缓冲监管新标准，并对资本和流动性等监管新规对宏观经济的影响进行了充分评估。巴塞尔委员会认为，资本和流动性监管新规则对宏观经济的影响有限，监管成本长期可控，对经济增长具有正效益。来自 23 个委员会成员共计 263 家的银行参与定量影响评估工作，共计包括 94 家国际活跃银行和 169 家小型银行。

一、对资本监管新规则的评估

巴塞尔委员会再次强调了资本的定义，强化了对资本的监管要求：核心一级资本充足率要求达到 7%，包括 4.5%的普通股和 2.5%风险缓冲资本。截至 2009 年 12 月 31 日，国际活跃银行的核心一级资本充足率(CET1)为 5.7%，小型银行的核心一级资本充足率为 7.8%。为了满足 4.5%的核心一级资本充足率要求，国际活跃银行附加资本需求约为 1650 亿欧元，小型银行附加资本需求约为 80 亿欧元。

巴塞尔委员会预计，截至 2009 年底，国际活跃银行有 5770 亿欧元的资本缺口(2009 年此类银行税后分配前利润总额 2090 亿欧元)；小型银行的资本缺口也达到 250 亿欧元(2009 年此类银行税后分配前利润总额 200 亿欧元)。从 2009 年开始，银行应通过发行股票和利润留存的组合不断提高其普通股本资本充足水平。

为了准确的评估资本监管新规则对经济增长的影响，巴塞尔委员会评估了在不同模型情境下，资本充足率提高 1%对全球 GDP 增长的影响情况。经过测算，巴塞尔委员会指出，总体而言，资本监管的新规则对经济增长的影响有限：根据 8 年过渡期的安排，受到资本监管新规则影响的信贷规模的收缩幅度不超过 1.89%，同时贷款利差将增加 16.7 个基点，对全球 GDP 下降幅度的影响将不超过 0.22%，对全球 GDP 年均增长率的影响不超过 0.03%，影响的主要因素是来自各国国内经济环境的变化，还有部分影响来自于国际经济环境的变化。随后，全球经济增长率将会迎来反弹性的增长，资本监管的新规则对全球经济增长具有正效益。

二、提出流动性监管指标及其过渡期安排

(一) 提高流动性覆盖比率(LCR)

巴塞尔委员会首先提出了流动性覆盖比率这一监管指标，该监管指标旨在确保银行保持稳定的、高质量的流动性资产，以满足至少 30 天的流动性需求，并根据压力测试的结果进行动态调整。流动性覆盖比率包括两个要素：符合压力测试要求的高质量流动性资产以及满足不同情境要求的净现金。

1. 高质量流动资产储备

流动性覆盖比率本质上就是高质量流动资产储备。根据情景压力测试，银行必须持有无产权阻碍的高质量流动资产，来覆盖 30 天以上的净现金流出。高质量流动资产储备应该符合以下几个要求：一是要求高质量流动性资产极易变现，即使面对压力情景和时间限制也不会发生价值损失。二是要求高质量的流动资产应符合中央银行关于日流动资金和隔夜资金拆借要求。中央银行应向市场提供更多的信心，确保银行所持有的资产即使面对严重压力也不会破坏金融体系的稳定性。

高质量流动资产储备分为两类："一级"资产和"二级"资产。一级资产包括：① 现金；

② 中央银行储备；③ 主权国家、中央银行、非中央政府 PSEs、国际清算银行、国际货币基金组织、欧洲委员会或多边开发银行发行的证券；④ 非0%风险权重的由主权国家或中央银行以本币发行的主权或中央银行债券。⑤ 非 0%风险权重的由主权国家或中央银行以外币发行的主权或中央银行债券，与该债券相匹配的货币满足该司法管辖区银行的业务需求。二级资产包括：① 主权国家、中央银行、非中央政府 PSEs 或多边发展银行担保的有价证券；② 公司债券和抵押债券。

2. 总的净现金流出

长期总的净现金流出是指预期现金流出总额减去指定的压力情景预期下现金 30 个工作日内流入总额。长期总的净现金流出＝现金流出总额－MIN(现金流入总额；现金流出总额 * 75%)。现金流出包括：① 零售存款流出。② 无担保的批发融资。③ 担保资金流出。④ 衍生工具应付款等资产流出。制定现金流入总量上限是为了防止银行仅仅依靠预期流入来满足流动性要求，规定流入资金总量应不超过总预期现金流出的 75%。意味着银行必须维持至少相当于流出总量 25%的流动资产存量。

(二) 提高净稳定资金比率(NSFR)

为促进银行业机构的资产和业务融资能够满足中长期发展的要求，巴塞尔委员会提出了净稳定资金比率这一监管指标。净稳定资金比率定义是：银行可用的稳定资金与所需的稳定资金之比，这个比率必须大于 100%。“稳定资金”是指在持续存在的压力情景下，在 1 年内能够保证稳定的权益类和负债类资金来源。一家银行对这类资金的需求量是其所持有各类资产的流动性特点、发生在表外的或有风险暴露和/或所开展业务情况的函数。该指标根据银行在一个年度内资产和业务的流动性特征设定所需要的最低稳定资金量。

根据巴塞尔委员会的标准，银行可用的稳定资金包括：① 资本；② 期限超过一年的优先股；③ 有效期在一年或一年以上的负债；④“稳定”的无确定到期日的存款和/或期限小于一年但在银行出现极端压力事件时仍不会被取走的定期存款；⑤ 期限不到一年的大额资金。稳定资金(ASF)的计算方法是：首先根据五种类别分类计算银行权益和负债的账面价值，再用每类的数值乘以表中相应的系数得到加权稳定资金，总稳定资金就是所有加权稳定资金之和。监管所需稳定资金的数量主要使用监管假设对金融机构的流动性风险状况的广泛特点进行测量，所需的稳定资金数额为机构持有和储备的资产价值总和乘以一个特定的所需稳定资金因子，再加上资产负债表外经营与其相应的所需稳定资金因子的乘积。

设置净稳定资金比率这一指标的目的就是防止银行在市场繁荣、流动性充裕时期过度依赖短期批发性融资，减少银行资产期限匹配错位。作为一项强制执行的最低要求，提高净稳定资金比率成为了流动性覆盖率指标的重要补充，需要其对表内外资产的流动性风险进行更充分的评估，以引导银行通过结构调整减少短期融资的期限错配、增加长期稳定资金来源，提高监管措施的有效性。

巴塞尔委员会指出，假定银行对流动性风险预测和资本结构不发生变化，截至 2009 年年底，国际活跃银行的平均流动性覆盖比是 83%；小型银行平均流动性覆盖比为 98%。国际活跃银行的平均净稳定资金比率是 93%；小型银行平均净稳定资金比率为 103%。目前，巴塞尔委员会制定了一系列监管者应使用信息所反映的通用指标，如合约到期不匹配、资金集中度、可用的未支配资产、货币估计的 LCR 和与市场有关的监测工具。此外，监管人员也可使用更多指标，以便检测其国内的特定风险。

此外，巴塞尔委员会还提出了流动性监管法人过渡期安排。经过对历史数据的慎重分析，巴塞尔委员会认为对流动性监管的要求仍然需要观察过渡期，以便确定更加有效的监管标准。考虑到观察过渡期安排，银行应于2015年达到流动性覆盖比(LCR)标准，于2018年达到净稳定资金比率(NSFR)标准。

三、发布逆周期资本缓冲操作国际监管指引

金融危机表明，经历了信贷过度增长之后的下行期，银行部门所遭受的损失相当大。这些损失可以动摇整个银行体系，恶化实体经济，从而进一步导致银行体系下滑。巴塞尔委员会引入了调整资本缓冲范围的体制，当有信号显示信贷增长超出正常范围时，资本保护机制开始运转，以实现更广泛的宏观审慎目标。

(一) 明确目标，防止信贷过度增长诱发系统性风险

逆周期资本缓冲操作意在向银行业提供额外资本缓冲，防范系统性风险导致的潜在损失。当信贷周期逆转时，监管部门可及时释放缓冲资本，以消化损失、减少监管资本要求束缚信贷资金供给的风险。但应注意的是，资本缓冲操作效果可能会受货币政策、财政政策影响，因此，各监管部门因审慎评估相关宏观经济政策、财政政策、监管措施等对资本缓冲操作的影响，减少资本缓冲操作的偏差。

(二) 综合考虑多种变量，科学设置参考指标

一方面，信贷总量/GDP比值被认为是进行资本缓冲决策的参照起点，常被用于构建决策模型、解释决策影响因素，因此，各监管部门应建立贷款总量/GDP比值的常规披露制度。另一方面，监管机构可根据本国国情，采用多种变量因素及信息，如多种资产价格、实际GDP增长情况、信贷环境调查等，有效评估信贷的持续增长和系统性风险状况。

(三) 比较推论结果，谨防误导信号

各监管部门应谨防信贷总量/GDP比值及其他各类变量信息造成误导。在进行决策评估时，可以通过比较不同变量给出的推断结果是否一致来筛选出无关信息和错误信息。一是分析信贷总量/GDP比值时，应考虑分母GDP是否能反映出系统性风险积聚情况，当比值仅因GDP周期性变化而变化时，便不适合作为资本缓冲决策因素。二是信贷总量/GDP比值的长期变化趋势计算仅作为一种数理方法，无法很好地反映出拐点情况，因此，监管部门本身应对经济体中信贷持续水平作出独立判断，而该比值仅仅作为一项参考因素。

(四) 多种方式释放，有效防范信贷不足

当信贷增速减缓、系统性风险减弱时，监管部门可选择释放部分缓冲资本。一方面，可考虑采用长时间逐步释放的方法，及时公布银行系统的经营状况，利用缓冲资本消化商业银行的经营损失或冲抵新增风险加权资产要求。另一方面，可考虑采用迅速释放的方法，减少缓冲资本释放时间不确定对经济体信贷状况的冲击。监管部门在决定采用迅速释放法的同时，还应说明缓冲资本的预期释放期限，减少商业银行资本要求的不确定性，也便于各商业银行评估释放缓冲资本对其资本状况产生的影响。

(五) 资本缓冲操作为主，多种宏观工具审慎并用

当经济体中信贷增速过快、系统性风险积聚时，监管部门应采用资本缓冲操作防范银行业潜在损失。同时，可考虑审慎采用其他宏观调控工具，例如，存贷比限制、收入杠杆限制等。当经济体整体信贷增速正常，但对于某一特定行业的信贷增速过快时，还可以考虑设定行业资本缓冲操作以防范风险。

四、提示过渡期安排和国别差异的影响

巴塞尔委员会指出，在执行监管新规则的过程中，过渡期安排和国别差异对银行体系和宏观经济带来不同的影响。如果过渡期过短，则对经济增长造成较强烈的短期冲击；反之，则银行体形与经济体系能够更好的消化不利影响。同时，巴塞尔委员会还指出，监管新规则对各国的影响可能有所不同。对于目前资本充足率较高的国家，新规则不会造成强烈的冲击；而对于资本充足率不甚理想的国家，提高资本充足率的要求则可能带来一定的影响。

五、下一步的工作建议

巴塞尔委员会建议，要不断完善宏观经济增长的理论和模型，深入研究监管新规则实施后银行风险管理、贷款定价及贷款行为等问题的变化，研究银行贷款总量及利差变化对宏观经济的影响，研究如何提高银行对经济发展的支持能力，更好的促进全球宏观经济增长。

资料来源：http://www.bis.org/

阅读专栏2

银监会发布《商业银行流动性风险管理办法》

近日，银监会在借鉴国际监管标准、结合我国银行业流动性风险管理实践并广泛征求社会各界意见的基础上，制定并发布了《商业银行流动性风险管理办法(试行)》(以下简称《办法》)，以促进我国银行业加强流动性风险管理，维护银行体系的安全稳健运行。

近年来，随着我国银行业经营环境、业务模式、资金来源的变化，部分商业银行出现资金来源稳定性下降、资产流动性降低、资产负债期限错配加大、流动性风险隐患增加等问题，流动性风险管理和监管面临的挑战不断增加。随着金融市场的深化，金融机构之间的关联愈发密切，个别银行或局部的流动性问题还易引发整个银行体系的流动性紧张。2013年6月，我国银行间市场出现阶段性流动性紧张现象，既有一系列预期和超预期等外部因素的原因，也暴露了商业银行流动性风险管理存在的问题，反映其流动性风险管理未能适应业务模式和风险状况的发展变化。因此，加强流动性风险管理和监管的必要性和紧迫性日益突出。

在此次国际金融危机中，许多银行尽管资本充足，但仍因缺乏流动性而陷入困境，金融市场也出现了从流动性过剩到紧缺的迅速逆转。危机后，国际社会对流动性风险管理和监管予以前所未有的重视。巴塞尔委员会在2008年和2010年相继出台了《稳健的流动性风险管理与监管原则》和《第三版巴塞尔协议：流动性风险计量、标准和监测的国际框架》，构建了银行流动性风险管理和监管的全面框架，在进一步完善流动性风险管理定性要求的同时，首次提出了全球统一的流动性风险定量监管标准。2013年1月，巴塞尔委员会公布《第三版巴塞尔协议：流动性覆盖率和流动性风险监测标准》，对2010年公布的流动性覆盖率标准进行了修订完善。

银监会高度重视商业银行流动性风险监管工作。2009年，银监会出台了《商业银行流动性风险管理指引》。近年来，银监会广泛调研、深入分析新形势下我国银行业流动性风险管理存在的问题，借鉴《马塞尔协议Ⅲ》的流动性标准，对现行流动性风险监管制度进行梳理、补充、修改和完善，从2011年开始着手制定《办法》，并于同年10月向社会公开征求了意见。同时，银监会密切跟踪国际金融监管改革最新进展情况，在2013年1月巴塞尔委员会公布新的流动性覆盖率标准后，及时对《办法》进行了修订，于2013年10月再次向社会公开征求了意见，并根据反馈意见进行完善。

《办法》共4章66条，4个附件。第一章“总则”主要明确了适用范围、流动性风险的定义以及对流动性风险管理和监管的总体要求。第二章“流动性风险管理”提出了银行流动性风险管理体系的整体框架和定性要求。第三章“流动性风险监管”规定了流动性覆盖率、存贷比、流动性比例三项流动性风险监管指标，提出了多维度的流动性风险监测分析框架及工具，规定了流动性风险监管的方法、手段和程序。第四章“附则”明确了实施时间、流动性覆盖率的适用范围和过渡期安排等。4个附件具体说明了流动性风险管理重点环节的技术细节、流动性覆盖率的计算方法、流动性风险监测参考指标以及外资银行流动性风险相关指标的计算方法。

《办法》自2014年3月1日起施行。商业银行流动性覆盖率应当于2018年底前达到100%；在过渡期内，应当于2014年底、2015年底、2016年底及2017年底前分别达到60%、70%、80%、90%。2009年9月28日发布的《商业银行流动性风险管理指引》同时废止。

《办法》适用于在我国境内设立的商业银行，包括中资商业银行、外商独资银行、中外合资银行。农村合作银行、村镇银行、农村信用社和外国银行分行参照执行。农村合作银行、村镇银行、农村信用社、外国银行分行以及资产规模小于2000亿元人民币的商业银行不适用流动性覆盖率监管要求。

资料来源：中国银行业监督管理委员会，2014-02-19

阅读专栏3

中国银监会就修订《商业银行杠杆率管理办法》公开征求意见

近日，为进一步完善我国银行业杠杆率监管政策框架，中国银监会对《商业银行杠杆率管理办法》(银监会2011年第3号令，以下简称《办法》)进行了修订，现向社会公开征求意见。银监会将根据各界反馈意见，进一步修改完善后适时发布。

2010年12月，巴塞尔委员会发布了《第三版巴塞尔协议》，引入简单、透明、不具有风险敏感性的杠杆率指标，作为风险加权的资本充足率的有益补充。杠杆率是指商业银行持有的、符合有关规定的一级资本净额与商业银行调整后的表内外资产余额的比率。杠杆率水平越高，表明商业银行资本越充足，其抵御风险的能力越强。《第三版巴塞尔协议》发布后，相关国家监管当局和银行反映，由于各国会计准则存在差异，对杠杆率框架下衍生产品、证券融资交易等敞口的计量方法存在不同理解，影响了全球实施的一致性。同时，巴塞尔委员会对国际银行监管理念和资本监管框架进行了反思，提出监管框架应当进一步简化，提高规则的可比性和一致性。2014年1月，经巴塞尔委员会决策委员会审议通过，巴塞尔委员会发布了《第三版巴塞尔协议杠杆率框架和披露要求》。

中国银监会高度重视杠杆率监管工作。2011年6月，根据《第三版巴塞尔协议》，中国银监会发布了《商业银行杠杆率管理办法》(银监会2011年第3号令)。2014年，根据巴塞尔委员会修订后的杠杆率国际规则，结合近年来《办法》实施情况，中国银监会在广泛调研、充分论证、认真测算的基础上，对《办法》进行了修订。

修订后的《办法》共分5章、25条和3个附件，明确了杠杆率监管的基本原则、杠杆率的计算方法、披露要求和监督管理等。3个附件分别为《衍生产品资产余额的计算方法》、《证券融资交易资产余额的计算方法》和《杠杆率的披露模板》。

修订后的《办法》在维持原基本框架和杠杆率监管要求的同时，对调整后的表内外资产(杠杆率分母)的计量办法进行了调整，主要包括：一是改变了贸易融资、承兑汇票、保函等表外项目的计量方法，原《办法》规定，除可随时无条件撤销的贷款承诺按10%的信用转换系数计算外，其他表外项目按照100%的信用转换系数计算。修订后的《办法》将表外项目的计量方法调整为采用《商业银行资本管理办法(试行)》规定的信用风险权重法下的表外项目信用转换系数计算，但不得低于10%，即根据具体项目，分别采用10%、20%、50%和100%的信用转换系数。二是根据杠杆率国际规则，进一步明确了衍生产品和证券融资交易等敞口的计量方法，在计算衍生产品资产时，除《办法》规定的合格保证金外，不允许扣减抵质押品；在计算证券融资交易资产时，同时考虑证券融资交易的会计资产和交易对手信用风险。三是为进一步提高透明度，《办法》对商业银行的杠杆率披露提出了更为明确、严格的要求，即境内外已经上市的商业银行，以及未上市但上一年年末并表总资产超过1万亿元人民币的商业银行应当按季披露杠杆率指标信息，每半年按照《办法》规定的模板披露杠杆率相关信息；其他商业银行应当按发布财务报告的频率披露杠杆率指标信息。

定量测算结果显示，总体上，根据修订后的《办法》，我国商业银行的杠杆率水平将有所提升，修订后的《办法》不会提高我国商业银行的资本要求。

资料来源：中国银行业监督管理委员会，2014-11-20.

部分思考与练习参考答案

第五章

1. 证明：由两基金分离定理，w_u 和 w_v 可由 w_s 和 w_d 表示如下：

$$w_u=\alpha_u w_s+(1-\alpha_u)w_d,\quad w_v=\alpha_v w_s+(1-\alpha_v)w_d$$

由以上两式可以得到 w_s 和 w_d

$$w_s=\frac{1-\alpha_v}{\alpha_u-\alpha_v}w_u-\frac{1-\alpha_u}{\alpha_u-\alpha_v}w_v,\quad w_d=\frac{\alpha_v}{\alpha_v-\alpha_u}w_u-\frac{\alpha_u}{\alpha_v-\alpha_u}w_v$$

将以上两式代入 $w_\mu=\alpha_\mu w_s+(1-\alpha_\mu)w_d$ 中可得

$$w_\mu=\frac{\alpha_v-\alpha_\mu}{\alpha_v-\alpha_u}w_u+\frac{\alpha_\mu-\alpha_u}{\alpha_v-\alpha_u}w_v$$

显然，$\frac{\alpha_v-\alpha_\mu}{\alpha_v-\alpha_u}+\frac{\alpha_\mu-\alpha_u}{\alpha_v-\alpha_u}=1$，表明 w_μ 可表示为 w_u 和 w_v 的组合。

2. 证明：$\mathrm{cov}(R_{w_s},R_w)=w_s^{\mathrm{T}}\sum w=\frac{l^{\mathrm{T}}\sum^{-1}\sum w}{C}=\frac{1}{C}$

第六章

1. (1) 答案为C。因为期权的盈亏平衡点为105元。

(2) 答案为C。如果看涨期权当期以5元交易，且它的内在价值也是5元，则看涨期权的内在价值应为零，从而6个月期利率必须为零。

(3) 答案为C。看跌期权的内在价值为非负的执行价格与现价之差，因此为28－22＝6元。

(4) 答案为C。利用期权平价公式得。

(5) 答案为B。美式看涨期权的下限为 $S_0-K(1+r)^{-T}$，在到期日前执行期权产生的收益是 S_0-K，它小于价格边界。因此，不支付红利的美式期权的价值总是高于执行时的价值，所以提前执行都不是最好方案。

(6) 答案为B。考虑某一投资组合，它以 X_1 的价格卖出欧式看跌期权，以 X_2 的价格购买欧式看跌期权，其中 $X_1<X_2$。在到期日时，这个投资组合产生的最大收益为 X_2-X_1。当标的资产股票的价格小于 X_1 时，会产生最大的收益。投资组合的价格为 P_2-P_1。一个理性的投资者为这个组合所支付的收益不会超过这个组合产生的最大收益，这表明价格不会超过执行价格的差，因此，选择B是错误的。

2. **解**　在连续计息时，简化处理得到：$P^{++}=0$，$P^{+-}=1.0925$，$P^{-}=4.6075$。$P^{+}=0.3473$，$P^{-}=2.1908$，$P=0.9272$。

3. **解**

$$C^{+}=\max(100\times1.25-100,0)=25,\ C^{-}=\max(100\times0.8-100,0)=0$$

$$n=\frac{C^{+}-C^{-}}{uS-dS}=\frac{25-0}{125-80}=0.556,\ \pi=\frac{1+0.07-0.8}{1.25-0.8}=0.6$$

$$C=\frac{1}{1+0.07}(0.6\times25+0.4\times0)=14.02$$

4. **解**

$$C^{++}=\max(100\times1.25\times1.25-100,0)=56.25$$

$$C^{--}=\max(100\times0.8\times0.6-100,0)=0$$

$$C^{+-}=100$$

$$C^{+}=\frac{1}{1+0.07}(0.6\times56.25+0.4\times0)=31.54$$

$$C^{-}=\frac{1}{1+0.07}(0.6\times0+0.4\times0)=0$$

$$C=\frac{1}{1+0.07}(0.6\times31.54+0.4\times0)=17.69$$

5. 解
$$P^{++}=\max(100-100\times1.25\times1.25,\ 0)=0$$
$$P^{--}=\max(100-100\times0.8\times0.6,\ 0)=36$$
$$P^{+-}=100$$
$$P^{+}=\frac{1}{1+0.07}(0.6\times0+0.4\times0)=0$$
$$P^{-}=\frac{1}{1+0.07}(0.6\times0+0.4\times36)=13.46$$
$$P=\frac{1}{1+0.07}(0.6\times0+0.4\times13.46)=5.03$$

6. 解　资产价格上涨的比例是 $e^{\sigma\sqrt{t}}=e^{0.1825\times1}=1.2$。其中，$d=e^{-\sigma\sqrt{t}}=e^{-0.1825\times1}=0.83$，股票在 3 年中的变化路径有 4 个，其价格分别为

$$uuuS\approx75\times1.2\times1.2\times1.2=129.6,\quad uudS\approx75\times1.2\times1.2\times0.83=89.64$$
$$uddS\approx75\times1.2\times0.83\times0.83=62,\quad dddS\approx75\times0.83\times0.83\times0.83=42.89$$

只有当价格连续 3 次上涨时，期权才能在到期日时处于实值状态，这一概率大约为 60%×60%×60%=0.216。因此，当日期权的价值是

$$(129.6-90)\times0.216\times e^{-0.05\sqrt{3}}=7.36$$

7. 解　为使组合保持 Gamma 中性，应购买看涨期权的数量为$\frac{5000}{2.0}=2500$。由于购买了 2500 份看涨期权，因此，新组合的 Delta 值将由 0 增加到2500×0.60=1500。因此，为保持新组合 Delta 中性，该投资者需要出售 1500 份标的资产。

第七章

1. 答案为(3)。　　2. 答案为(2)。　　3. 答案为(2)。

4. 答案为(1)。理由如下：用每个 VAR 除以时间的开方得到每天的 VAR，即 $315/\sqrt{10}$，其他的为 120、120、120，因此，(1)和其他不一致。

第九章

1. 答案为(1)。当期限和时间一致时，基差风险最小。

2. 答案为(3)。当对冲期限不一致时就可能导致基差风险，因此说法 I 不正确。一个空头头寸相当于标的的多头头寸，这意味着当基差扩大时就会获利，因为这表明期货价格相对于现货价格下跌时将产生利润。

3. 答案为(3)。在同时持有不同期限或不同标的资产的期货合约多头头寸和空头头寸时会产生基差风险。头寸 II 由于持有的都是期货的多头头寸，因此没有基差风险，只具有方向性风险。

4. 答案为(3)。理由如下：

投资组合的 β 为

$$\beta=0.65\times\frac{7\%}{6\%}=0.758。$$

合约数量为

$$-\frac{\beta S}{F}=-\frac{0.758\times5000000}{1500\times100}=-25.3$$

即卖出 25 份期货合约。

第十章

1. 解　由于期望信用损失不依赖于违约事件的相关性，因而，这个组合的期望信用损失为

$$\sum p_i\times CE_i\times(1-f_i)=3\%\times100\times(1-60\%)+5\%\times60\times(1-40\%)=30\ (万元)$$

2. 解　三年后公司的生存率为

$$(1-d_1)(1-d_2)(1-d_3)=(1-8\%)(1-12\%)(1-15\%)=68.8\%$$

3. 答案为(4)。原因如下：根据式 (10.3.3)：

$$1+r_m=\frac{1+r_0}{1-\pi(1-f)}=\frac{1+3\%}{1-7\%\times60\%}=1.0752$$

即债券的到期收益率为 7.52%。

4. 答案为(1)。原因如下：由于 LIBOR 平缓，息票率也固定为 4.6%，产生了债券的差价(800－460)个基点。通过购买债券和通过购买 CDS 做空信用违约的年度收益率为(340－150)个基点。

第十一章

1. 答案为(1)。原因如下：风险贡献与权重和贝塔值的乘积成正比，而后者包含了资产和投资组合之间的相关性以及资产收益率的波动率(用标准差表示)。高权重、高相关性和高波动率会产生较高的风险贡献。与此同时，高期望收益率可以解释高权重，但不能解释高的风险贡献。

2. 答案为(1)。原因如下：总杠杆为(315＋225)/185＝2.9，杠杆为(315－225)/185＝0.5。

3. 答案为(3)。原因如下：每股 B 公司的股票多头被两股 A 公司的股票空头头寸所抵消，收益为(120－90)－2×(60－50)＝10 元。

4. 答：期望收益率为：83%×5＋(1－83%)×(－20)＝0.75 元。

第十二章

1. 答案为(3)。理由如下：其他三个选项都属于操作风险的范围。由于市场波动率变化引起的损失属于市场风险的范畴。

2. 答案为(2)。理由如下：选项(1)是外部欺诈，(3)为系统失效，(4)为内部流程失效，它们都属于操作风险的范围。

3. 答案为(2)。理由如下：保险的目的是赔付大损失或严重程度高的操作风险事件。选项(3)不正确。因为道德风险会产生更高的保费。

4. 答案为(2)。理由如下：因为操作风险在很大程度上依赖于情景分析，所以(1)是正确的。事后测试对操作风险更加困难，因此，选项(3)也是正确的。VAR 评估的时间范围通常较短，因此，选项(4)也正确。选项(2)错误，因为市场风险和操作风险都使用分布的分位数。

5. 答案为(1)。理由如下：根据本章节的信息可知，选项(2)正确。选项(1)错误，因为只有收入为正时才能考虑使用标准化方法。

第十三章

1. 答案为(1)。理由如下：一级资本包括股权资本、公开储备和留存收益；二级资本包括非公开储备、混合债务和次级债务。

2. 答案为(2)。理由如下：一级资本由股权资本减去商誉构成，为 5.7 亿美元；二级资本包括资产重估储备 500 万美元和贷款损失准备金 500 万美元。

3. 答案为(2)。理由如下：一级资本包括股权资本加上留存收益减去商誉，为 671.7；二级资本包括次级债务加上非公开储备，为 213.5，其比例为31.78%。注意的是，特别准备金不能包含在风险资本内，因为它们可能被质量差的贷款所吸收。

4. 答案为(1)。理由如下：银行不能使用自己关于相关性的估计。

5. 答案为(2)。理由如下：因为单个信用主体的资本要求加总一起，它必须不随投资组合剩余部分变化。这个模型也假设了信用主体的无限划分。

6. 答案为(3)。理由如下：内部模型法要求使用一年的历史数据，且每季度更新一次，而不是半年更新一次。

7. 答案为(3)。理由如下：如果使用固定权重，(2)就是正确的。否则，观察值的平均时滞不能少于 6 个月。

参考文献

[1] 亚当·斯密.国民财富的性质和原因的研究[M].上海：商务印书馆，1974.

[2] 李成.金融学[M]. 西安：西安交通大学出版社，2008.

[3] 何炼成，姚慧琴，李忠民.《资本论》教学与研究[M](修订版).西安：西北大学出版社，1997.

[4] 胡寄窗.西方经济学说史[M].上海：立信会计出版，2001.

[5] [美]罗伯特·考特，托马斯·尤伦. 法和经济学[M]. 张军，等，译. 上海：上海三联书店，1991.

[6] 赵万一. 民法的伦理分析[M]. 北京：法律出版社，2003.

[7] 杨云红. 资产定价理论[J]. 管理世界，2006(3)：156－168.

[8] 韩汉君. 利率形成机制的发展[J]. 上海经济研究，1997(7)：39－43.

[9] 中国人民银行金融消费权益保护局. 金融知识普及读本[M]. 北京：中国金融出版社，2014.

[10] 潘小明. 美国商业银行利率定价机制分析[J]. 金融论坛，2014(2)：27－34.

[11] 陈雨露. 公司理财[M]. 北京：高等教育出版社，2006.

[12] [美]乔治·彭纳齐.资产定价理论[M]. 杨墨竹，等，译. 大连：东北财经大学出版社，2006.

[13] [美]达雷尔·达菲.动态资产定价[M]. 潘存武，译. 上海：上海财经大学出版社，2004.

[14] 马成虎. 高级资产定价理论理论[M]. 北京：中国人民大学出版社，2010.

[15] [英] 威尔莫特.金融工程与风险管理技术[M].北京：机械工业出版社，2009.

[16] Neil A. Doherty. 综合风险管理[M]. 陈秉正，王君，译. 北京：经济科学出版社，2005.

[17] 温红梅，姚凤阁，王岩伟.金融风险管理[M].大连：东北财经大学出版社，2009.

[18] 陈守东.证券投资理论与分析[M].北京：科学出版社，2008.

[19] 朴明根，邹立明，王春红.证券投资学[M].北京：清华大学出版社，2009.

[20] 河北经贸大学.资产定价与风险管理.2011 年 8 月. http://www.docin.com/p－579595084.html.

[21] 曾和杰.论影响股票价格的因素[J].华南师范大学学报(社会科学版)，1994，(2)：132－135.

[22] 文凤华，肖金利，黄创霞，等. 投资者情绪特征对股票价格行为的影响研究[J].管理科学学报，2014，17(3)：60－69.

[23] 赵骅，张宗益，杨武.做市商制度下证券价格的形成机制分析[J].管理科学学报，2007，10(2)：90－94.

[24] Lee C M C，Shleifer A，Thaler R H. Investor sentiment and the closed－end puzzle [J]. Journal of Finance，1991，46(1)：75－109.

[25] Baker M, Wurgler J. Investor sentiment and the cross - section of stock returns [J]. Journal of Finance, 2006, 61(4):1645 - 1680.

[26] 池丽旭，庄新田. 我国投资者情绪对股票收益影响—基于面板数据的研究 [J]. 管理评论，2011，23(6)：41 - 48.

[27] 刘维奇，刘新新. 个人和机构投资者情绪与股票收益[J]. 管理科学学报，2014，17(3)：70 - 86.

[28] 张宗新，王海亮. 投资者情绪、主观信念调整与市场波动[J]. 金融研究，2013(4)：142 - 155.

[29] 宋泽芳，李元. 投资者情绪与股票特征关系[J]. 系统工程理论与实践，2012，32(1)：27 - 33.

[30] 腾昕. 国际金融[M]. 西安：西安电子科技大学出版社，2011.

[31] 郭多祚. 数理金融——资产定价的原理与模型[M]. 北京：清华大学出版社，2012.

[32] 陈守东. 证券投资理论与分析[M]. 北京：科学出版社，2008.

[33] 邬瑜骏，黄丽清，汤震宇. 金融衍生产品——衍生金融工具理论与应用[M]. 北京：清华大学出版社，2007.

[34] 汪忠，黄瑞华. 国外风险管理研究的理论、方法及其进展[J]. 外国经济与管理，2005，27(2)：25 - 31.

[35] 利普·乔瑞. 金融风险管理师考试手册[M]. 王博，刘伟琳，赵文荣，译. 北京：中国人民大学出版社，2011.